U0942789

大学体育与健康

DAXUE TIYU YU JIANKANG

主　编　龚建林
副主编　陈　青　景怀国
　　　　崔曼峰　谢冬兴

高等教育出版社·北京

内容提要

本书共分十四章，内容包括绪论、体育与健康、体质健康、运动损伤与安全防护、体育文化导向、体育素养与体育欣赏、田径运动、游泳运动、球类运动与体育竞赛、形体运动、民族民间传统体育、休闲娱乐运动、定向运动、推拿与导引养生。

本书可作为普通高等学校大学体育课的教材，也可作为体育爱好者进行体育锻炼的参考书籍。

图书在版编目(CIP)数据

大学体育与健康 / 龚建林主编. —北京：高等教育出版社，2019.8

ISBN 978-7-04-052310-2

Ⅰ. ①大… Ⅱ. ①龚… Ⅲ. ①体育－高等学校－教材 ②健康教育－高等学校－教材 Ⅳ. ①G807.4②G647.9

中国版本图书馆 CIP 数据核字(2019)第 155586 号

策划编辑 时俊龙 苏德绪 **责任编辑** 时俊龙 张晶晶
封面设计 张文豪 **责任印制** 高忠富

出版发行 高等教育出版社
社　　址 北京市西城区德外大街 4 号
邮政编码 100120
印　　刷 上海天地海设计印刷有限公司
开　　本 787 mm×1092 mm 1/16
印　　张 23.75
字　　数 629 千字
购书热线 010-58581118
咨询电话 400-810-0598
网　　址 http://www.hep.edu.cn
http://www.hep.com.cn
http://www.hep.com.cn/shanghai
网上订购 http://www.hepmall.com.cn
http://www.hepmall.com
http://www.hepmall.cn
版　　次 2019 年 8 月第 1 版
印　　次 2019 年 8 月第 1 次印刷
定　　价 46.00 元

物 料 号 52310-00

《大学体育与健康》编委会

主　编　龚建林

副主编　陈　青　　景怀国　　崔曼峰　　谢冬兴

编　委　（按姓氏笔画排序）

尹念龙　　邓小光　　石挺荣　　包桂莉
严　辉　　李　军　　李　勃　　杨小红
何广志　　张凤玲　　陈　帅　　陈向阳
陈泽全　　陈影红　　欧　威　　胡　铂
钟建明　　姚　嘉　　徐　惠　　唐新发
符　壮　　梁超英　　彭仕青　　葛新军
董　颖　　廖　勋

前　　言

大学生是祖国的未来与希望，肩负着实现中华民族伟大复兴中国梦的重任。党中央、国务院高度重视学校体育，要求落实“立德树人”的根本任务，培养德智体美劳全面发展的社会主义建设者和接班人。《中共中央国务院关于加强青少年体育增强青少年体质的意见》(中发〔2007〕7 号)中指出：“增强青少年体质、促进青少年健康成长，是关系国家和民族未来的大事。”党的十八届三中全会做出了强化体育课和课外锻炼的重要部署，国务院对加强学校体育提出明确要求。《国务院办公厅关于强化学校体育促进学生身心健康全面发展的意见》(国办发〔2016〕27 号)指出：“强化学校体育是实施素质教育、促进学生全面发展的重要途径，对于促进教育现代化、建设健康中国和人力资源强国，实现中华民族伟大复兴的中国梦具有重要意义。”

《全国普通高等学校体育课程教学指导纲要》(以下简称《纲要》)是国家对大学生在体育课程方面的基本要求，是新时期普通高等学校进行体育课程建设和评价的依据。高校体育教材在学校教育中对“健康第一”“终身体育”理念的贯彻起着重要的作用。体育教材应该丰富学生的体育学习内容，加深学生对健康的全面认识，加深学生对运动技能的学习理解，为终身体育服务。

有鉴于此，根据《学校体育工作条例》《纲要》和《学生体质健康标准》，我们组织编写了大学公共体育教材《大学体育与健康》。本书坚持以人为本，立德树人，突出体育育人和健康主题，紧紧围绕健康素养、运动技能和人文素质来进行编写。

本书具有以下特点。

第一，指导思想明确。本书编写的出发点和落脚点均在于《纲要》所确立的指导思想。“以人为本、健康第一、终身体育”的理念始终贯穿本书的始终。

第二，体例新颖。本书紧紧围绕《纲要》的精神进行编写，在此基础上继承创新，突出三维健康观和三种体育素质(体育健康的理论素质、体育运动的技能素质、体育文化的人文素质)，构建了“文化—理论—实践”的体育教材体系。

第三，内容覆盖面广。本书力求用科学的理论武装大学生头脑，让大学生掌握锻炼身体的缘由、锻炼身体的益处和锻炼身体的科学方法。本书内容融体育知识、健康知识、营养知识、体育文化、运动技术、安全防护、运动处方、体育欣赏、奥林匹克运动、保健按摩等为一体。

第四，形式的新颖性。本书本着“适用、实用、够用”的编写原则，内容贴近大学生实际，通俗易懂，图文并茂，版式新颖。为增强吸引力和可读性，将互联网＋的创新精神融入教材中，以二维码的形式加以体现，使本书更具特色更加实用。

本书由广东工业大学体育部组织编写，龚建林担任主编并负责统稿。全书共十四章，各章具体分工如下：第一章，谢冬兴、龚建林；第二章，胡铂；第三章，张凤玲；第四章，符壮；第五章，徐惠、陈青；第六章，廖勋；第七章，葛新军；第八章，梁超英；第九章，胡铂、钟建明、张凤玲、陈泽全、严辉、何广志；第十章，陈影红、尹念龙、刘丽萍、徐惠、杨小红、董颖；第十一章，彭仕青、李军、包桂莉、姚嘉、景怀国；第十二章，石挺荣、陈帅、唐新发、景怀国、李勃、邓小光；第十三章，陈向阳；第十四章，欧威。本书在编写过程中吸收、借鉴了国内外许多专家、学者的研究成果和出版文献，在出版的过程中得到了高等教育出版社的大力支持和热忱帮助，在此一并表示谢意！

由于编写人员水平所限，书中难免不妥之处，敬请读者批评指正！

编　者

2019 年 6 月

目　录

第一章　绪　　论

体育是一种社会现象，是人类为了适应自然环境和社会环境，完善自我身心与开发潜能的一种特殊的实践活动。体育是社会发展与人类文明进步的标志，体育事业发展水平是一个国家综合国力和社会文明程度的重要体现。在体育运动中锻炼身体、强健体魄，加强交流、学会交流，熟悉规则、遵守规则，在锻炼中促进身心和谐发展。

第一节　体育概述

一、体育的起源

对于体育的起源，世界上的体育史学者有各种不同的说法。由于各人的观点、认识水平不一样，研究方法各不相同，因而对体育的产生和发展的看法也存在差异。现代体育史学者一般根据考古学方法、文献学方法、文化人类学方法和心理学方法互相印证参照，来对体育的起源进行解析与阐释。

体育首先起源于劳动。恩格斯在《劳动在从猿到人的转变中的作用》一书中说："劳动创造了人本身。"人类正是通过劳动，不断改善和创造生产工具，并改善了本身的生理机能，完成了从猿到人这一漫长的转变。从这一意义上来说，劳动创造了人，创造了社会上的一切，当然也包括体育在内。原始人类为了获取小动物做食物，就要有快跑的能力；为了抵御和擒获大猛兽，就要有使用器械和投掷的力量；为了捞取水中的鱼虾做食物，就要学会游泳；为了采摘高树上的果实充饥，就要掌握攀登的技巧。当人类在劳动中认识到这些能力和技术的重要性，并有意识地去学习、锻炼这些技能时，就开始有了体育。最初的体育和劳动技术教育是一致的，很难划清两者之间的界限。只有随着社会不断发展，劳动方式逐步改变，才能区分劳动技术学习和身体锻炼。而追本溯源，许多产生较早的体育项目是在劳动的过程中产生的，如跑、跳、掷、游泳和攀爬，它们只是体育项目中的一部分。还有部分体育项目是社会的娱乐活动，如杂技、舞蹈、秋千、拔河和球类游戏等，都是人类在生产有了提高，生活资料逐步丰富，能够满足温饱之后，为寻求休闲时的娱乐活动而创造出来的。这说明了体育的部分项目起源于娱乐，体育是人类精神娱乐生活中不可缺少的一个部分。

人的走、跑、跳跃、投掷、游泳、攀登、爬越等基本活动能力，虽起源于劳动，却在争夺生活和生产资料的冲突与械斗中得到迅速的发展。人类在进入畜牧稼穑的生活阶段之后，和野兽拼搏的机会少了，而在争夺财物的战争中却需要发展身体能力，如追击对手的奔跑速度、搏斗的身体力量、准确的投掷技术，以及弓箭的使用能力，都较之人与野兽的斗争要求更高，这就使作为渔猎时代劳动技能的许多体育项目，在社会进入畜牧稼穑生活之后，不仅没有被废弃，反而得到更大的发展。后来，随着战争的发展扩大，又创造出更多的属于练武手段的体育项目，如举重、摔跤、驭车、武艺、足球、马球等。这些项目经过流传演变，都成为体育竞赛活动。在世界性的体育项目中这类情况颇多，如拳击、击剑、策马等，显然都是由军事训练手段转化而来的；至于射箭、射击和现代五项（游泳、越野、射击、击剑、马术）运动的兴起，则明显带着军事性质的痕迹。体育的许多项目和军事战争都有密切的关系，说明了体育的产生和发展与战争也有关联。

人类在原始社会，通过娱乐活动的实践，就认识到舞蹈可以"利关节"，治疗"筋骨瑟缩不达"（《吕氏春秋》）。但这只是感性的认识，还缺乏科学的依据。随着社会生产力的发展，文化、科学的进步，人类逐步认识了人体生理的奥秘，懂得"流水不腐"的自然哲理，于是就创造了导引、气功、按摩等健身练身的方法。其后通过实践，人们认识到，练武和娱乐的许多项目也能起到"健身娱神"的作用。这说明，某些体育项目的形成和发展，又是与社会文化、科学紧密相连的，是科学发展的成果。

二、体育的发展

体育的发展是随着历史的进步和人类社会对体育需要层次的提高而不断发展的。由于社会生产力的提高，剩余产品的出现，人类生活中出现了教育、军事、医疗保健、文化娱乐等复杂现象，体育的发展同这些方面的发展有密切的联系。体育的发展大致经过了以下三个时期：原始的体育萌芽时期；自觉从事体育时期；形成与完善体育制度时期。经过这三个时期，逐步形成了现代的体育体系，其中竞技体育的发展更是推动现代体育发展的主要动力。

（一）原始的体育萌芽时期

伴随原始社会后期生产力的发展、经济水平的提高，氏族、部落、民族之间血亲复仇、争夺地盘和资源财富的战争此起彼伏，在实践中人们逐渐认识到体育能使人身强体健，能为社会培养更多更好的劳动力，能为战争培养更多更优秀的勇士。因此，这时的体育是培养造就强壮机敏的身体的需要，是生存、战争和社会的需要。

（二）自觉从事体育时期

社会发展进入到奴隶社会，随着奴隶制经济的发展，战争的频繁发生，统治阶级仍需要教育和培养其成员具备参加战争的体魄。进入到封建社会的体育在发展的速度和规模上，都大大地向前迈进了一步，文武双全已成为封建社会衡量人才的重要标准，军事武艺在社会活动中越来越显露出它的重要性，使这一时期体育活动项目日益增多。如在五代及宋朝时，就出现了武学（体育学校），其学习内容有弓箭、武艺和阵法。

（三）形成与完善体育制度时期

17世纪英国资产阶级革命的胜利，标志着人类社会步入了新的历史时期。与这个历史时期相适应的体育，便随着资本主义的兴起而迅速发展。这时人类的体育有如下特点：① 体育开始形成独立的科学体系，重视广泛运用近代科学的研究成果作为它发展的理论基础；② 体育运动已具有强烈的竞赛性和广泛的国际性；③ 体育已成为造就全面发展的人才的重要内容与手段；④ 体育运动项目和规模都远远地超过了封建社会和奴隶社会，是奴隶社会无法比拟的；⑤ 体育已成为学校教育的重要组成部分。

社会主义社会力求把每个社会成员都培养成为德智体全面发展的人才，使之具备从事各种有益于社会的工作的能力和良好的思想品质。体育作为培养全面发展的人才的重要内容与手段，社会对它的要求也不断提高。在优越的社会主义制度下，体育事业不断发展，无论就它的内容、形式、深度或广度而言，还是从它在物质文明建设和精神文明建设中所起的作用来看，都是历史上任何一种社会形态的体育所难以比拟的。

综上所述，体育在人类社会发展的历史进程中，对于人类的生存、强身健体、子孙繁衍等方面起着相当大的作用。随着科学技术、教育事业的不断进步，体育已发展成为比较完善的、具有独立的理论与实践的学科体系，尤其与多学科的交叉和结合，大大促进了体育学科的飞速发展。体育与人们的生活越来越密不可分，体育对改善人类自身的特殊作用也越来越被人们所认识，体育已成为整个人类社会的一种独具特色的文化现象。

三、体育的概念

据世界体育资料记载，“体育”一词，最早是法国人于1760年在报刊上论述儿童身体教育问题的论文中首先启用的(Éducation physique〔法〕)。现在国际上普遍用“physical education”泛指“体育”。它的本意是指以身体活动为手段的教育，直译为“身体的教育”。“sport”一词一般被认为源于拉丁语“deportare”，它的本意是指离开工作去游戏、玩耍、进行娱乐活动等。后来逐渐形成具有新含义的一个概念，即竞技运动(竞技体育)。我国是100多年前才从国外引入“体育”一词的，体育史界一般认为最早是留学生从日本引入的。当时还有从德国传入的“体操”一词。1949年后，都用“体育”和“体育运动”这些词作为体育的总概念或第一位概念。“体育”有广义和狭义之分，体育理论界对它的定义有不同的观点。有人认为体育是根据人类社会生活的需要，依据人体生长发育、动作技能形成和机体机能提高的规律，以身体练习为基本手段，达到发展身体、增强体质、提高运动技术水平、丰富社会文化生活的一种有意识、有目的、有组织的社会活动，及其在人类社会发展中形成的全部财富。有人从教育的角度认为，体育就是身体教育，并把体育看成教育的一个组成部分，主张把体育与竞技分开；有的人从文化的角度认为，体育是人类社会一种独有的文化现象；有的人从经济、政治和文化综合的角度认为，体育是带有产业性的社会公益事业。在中国体育理论界，有关体育的定义还有很多，争议也很大，至今也没有一个大家一致认可的概念。国内一般把“体育”这个名词看成一个综合性的概念，包含身体教育和竞技运动，但也有主张分开的。

四、体育的分类

(一) 学校体育

学校体育是学校教育的组成部分，是全民体育的基础，是国家“全民健身”的战略重点。学校体育按不同教育阶段、年龄、性别特征，通过体育教学、课外活动、课余训练和体育竞赛的不同组织形式，以发展身体、增强体质、增进健康为核心，着眼于学生将来“享受”和“发展”的需要；力求在满足个人体育兴趣的基础上，启发主动参与意识，讲究体育锻炼的科学性，注重提高体育欣赏水平，并与其他教育环节共同构成一个完整的教育过程，使学生在德、智、体、美、劳等方面都获得全面发展，以适应社会不断发展的需要。

(二) 竞技体育

竞技体育也称“竞技运动”，指为了战胜对手，取得优异运动成绩，最大限度地发挥和提高个人和集体在体格、体能、心理及运动能力等方面的潜力所进行的科学的、系统的训练和竞赛，包含运动训练和运动竞赛两种形式。其特点是：① 充分调动和发挥运动员的体力、智力、心理等方面的潜力；② 激烈的对抗性和竞赛性；③ 参加者有充沛的体力和高超的技艺；④ 按照统一的规则竞赛，具有国际性，成绩具有公认性。

(三) 大众体育

大众体育也称“社会体育”“群众体育”，是为了娱乐身心、增强体质、防治疾病和培养体育后备人才，在社会上广泛开展的体育活动的总称。大众体育包括职工体育、农民体育、社区体育、老年人体育、妇女体育、伤残人体育等；主要形式有锻炼小组、运动队、辅导站、体育之家、体育活动中心、体育俱乐部、棋社，以及个人自由体育锻炼等。开展群众体育活动应遵循因人、因地、因时制宜和业余、自愿、小型、多样、文明的原则。广泛开展群众性体育活动，是发挥体育的社会功能，提高民族素质和完成体育任务的重要途径。

（四）娱乐体育

娱乐体育是指在闲暇时间或特定时间所进行的一种以愉悦身心为目的的体育活动，具有业余性、消遣性、娱乐性等特点，内容一般有球类游戏、活动性游戏、旅游、棋类以及传统民族体育活动等。娱乐体育按活动的组织方式可分为个人的、家庭的和集体的；按活动条件可分为室内的、室外的；按竞争性可分为竞赛性的和非竞赛性的；按经营方式可分为商业性的和非商业性的；按参加活动的方式可分为观赏性活动和运动性活动。开展娱乐性体育活动，有益于身心健康，陶冶情操，培养高尚品格。

（五）医疗体育

医疗体育是指运用体育手段有目的地治疗某些疾病与创伤，增强机体对疾病的抵抗力和免疫力，加强对外界自然环境的适应力，改善和提高机体的代谢水平，恢复和改善机体功能的一种医疗方法。与其他治疗方法相比，其特点有：① 是一种主动疗法，要求患者主动参加治疗过程，通过锻炼治疗疾病；② 是一种全身治疗，通过神经、神经反射机制改善全身机能，达到增强体质，提高抵抗力的目的；③ 是一种自然疗法，利用人类固有的自然功能（运动）作为治疗手段，一般不受时间、地点、设备条件的限制。通常采用医疗体操、慢跑、散步、自行车、太极拳和特制的运动器械（如拉力器、自动跑台等），以及日光浴、空气浴、水浴等为治疗手段。宜因人而异、持之以恒、循序渐进，并配合药物或手术治疗和心理疏导。两千多年前中国古人已用“导引”“养生”“八段锦”“易筋经”作为防治疾病的手段，后又不断发展与提高，成为中国运动医学的重要组成部分。

五、体育的功能

体育的功能取决于体育本身的特点和社会的需要。随着社会的进步、科学技术的发展以及人类需求层次的提高，特别是近年来体育的飞速发展，人们对体育的认识水平也不断提升，体育的功能和作用日益突显出来。体育的功能主要体现在两个方面，即促进社会物质文明和精神文明建设。体育属于人类文化的范畴，它本身就是精神文明的一部分。尽管在体育产生的初期以及以后一个相当长的历史时期中，人们更多地强调了它强身健体的生物学作用，但随着社会的发展，体育的精神方面、文化方面的价值越来越明显地表现出来，并被人们所认可。体育的功能归纳起来有以下几种。

（一）体育的强身健体功能

1. 改善和提高中枢神经系统的机能

经常参加体育运动，可以促进大脑皮层兴奋性的增强，加深抑制，增强兴奋和抑制的转换能力；可以使神经过程的均衡和灵活性得到提高，对体内外刺激反应更加迅速、准确；可以提高大脑皮层的分析、综合能力，改善神经系统对各器官系统的调节作用，从而使各器官系统的活动更加灵活、协调；可以提高对内外环境的适应能力和整个有机体的工作能力。

2. 促进人体有机体的生长发育，提高运动器官的功能

经常进行体育运动可以使管状骨变粗、骨密质增厚、骨结节粗隆增大，骨小梁的排列也随着发生适应性变化，使骨骼更加结实粗壮，抗折性提高。由于体育运动加强了肌肉的工作，使肌肉中毛细血管扩张，血液供应增加，对蛋白质等营养物质的吸收和贮存能力增强，肌纤维增粗，因而肌肉收缩更加有力、强健，关节更加灵活和牢固，机体的运动能力也随之提高。

3. 促进内脏器官构造的变化和机能的提高

体育运动使人体能量消耗增加，代谢物增多，促使新陈代谢旺盛、血液循环加速，因而心血管系统、呼吸系统、消化系统和排泄系统的机能都能得到改善。如使心脏运动性肥大、心肌增强、心壁增厚、心脏容积增加等，从而使每搏输出量增加，心搏频率减少，出现工作“节省化”现象。肺的功能也会提高，肺活量增大，呼吸深度增加，在剧烈运动时，能高度发挥呼吸器官的机能，使能量物质的氧化过程进行得更加完善，以保证运动时能量物质的供应。

总之，体育运动能增强人的体质，使人健康长寿，这是体育运动健身功能的直接效果。同时，体育运动的健身功能还可以派生出其他一些功能，如促进生产，提高劳动效率，提高部分战斗力，促进其他事业的发展等。

（二）体育的娱乐功能

体育运动能得到广大社会成员的喜爱，一个重要原因是体育与文化、艺术等活动一样，具有较强的娱乐功能。人们在体育运动的过程中能够体验到乐趣和快感，因而它也成为人们娱乐的一种形式。随着社会的发展，人们生活中的余暇增多了，如何利用余暇成了一个社会性的问题。丰富多彩、健康向上的余暇生活，不仅可以使人们在紧张的劳动后获得积极性休息，而且可以陶冶情操、愉悦身心、培养高尚的品格。体育运动娱乐功能的客观依据是体育能够满足人们的精神需要，这主要体现在观赏体育比赛、参与体育运动两个方面。现代体育运动比赛是一项最大限度地发挥人的体力和智力的竞技运动，运动技艺日益向难、新、尖、高的方向发展。一些杰出的运动员可以在一定的空间和时间内把身体控制到几近完美的程度，使健、力、美高度统一起来。和谐的韵律、鲜明的节奏、巧妙的配合，给人以诗情画意般的享受。在紧张激烈的比赛场上，观众或屏息凝神，或欢呼雀跃，他们的心情与比赛进程紧紧联系在一起。观众在观赏比赛时的强烈的移情作用，是对观念的一种“净化”，能使人们由于工作和劳动所带来的紧张的神经、疲劳的脑力、紊乱的情绪得到积极有益的调节，不仅有利于元气的恢复，而且是一种精神上的享受。此外，人们通过参加体育活动，特别是参加那些自己所喜爱、所擅长的运动项目，能够在完成各种复杂练习，以及征服自然障碍的过程中，体验到一种美妙的快感，可以增强自尊、自信、自豪感。各种运动项目的不同特点，能够使人在运动实践中获得不同的情感体验。

（三）体育的教育功能

1. 激发爱国热情

体育竞赛具有群众性、国际性、技艺性和礼仪性的特点，因此它成为传播价值观的一个理想载体，成为激发人们爱国热情、振奋民族精神的形式之一。体育竞赛的国际性，不仅扩大了它的活动范围，而且加深了它所产生的影响，把本来属于运动技艺的比赛的意义，扩大延伸到国与国之间的竞争，使竞赛超越了体育活动本身的价值，产生了不可低估的教育作用。在国际比赛中，运动员须按规定胸前佩戴代表国家（或地区）的标志；竞赛规程又明文规定，比赛结束时要为获胜方升国旗、奏国歌，更增加了体育竞赛的祖国意识。虽然人们不会简单地以运动竞赛的胜负来衡量国家的优劣，然而人们总是把一个国家的运动员在国际比赛中的表现和所取得的成绩，看成一个国家综合国力和民族精神的反映，民族自豪感也会因在国际比赛中获胜而提高。随着全球性通信网络的快速发展，体育竞赛成了一种富于感染性、易于传播的精神力量，人们可以通过电视直播看到国际比赛实况，本国运动员的举动历历在目，如身临其境。体育竞赛与人民生活息息相通，产生了巨大的教育作用。

2. 促进社会主义精神文明建设

学校体育作为社会主义精神文明建设的组成部分，是培养社会主义接班人的重要内容和手段。精神文明建设，包括文化建设和思想建设两个方面。学校体育的内容和形式极其丰富，体育知识、技能、运动规则和方法都是人类长期实践经验的总结，是社会文化的一个有机组成部分。学生通过体育活动，可以学习、掌握体育知识、技术和技能，提高体育文化素养。学校体育的竞技性、娱乐性，可以丰富校园文化生活，扩大学校文化阵地，防止和矫正学生的不良行为，陶冶学生的情操。

在思想建设方面，学校体育是对学生进行思想品德教育的重要手段。各种运动项目，不同的体育运动手段和方法，都具有不同的健身、启蒙、德育的价值。有的项目要求速度，有的项目要求耐力，有的项目动作惊险，有的项目动作富于变化，需要集体配合，这就有助于培养学生的勇往直前、勇敢坚毅、意志顽强、团结协作的集体主义精神。实践证明，学校体育对于培养学生高尚的思想品德、道德情操与良好的个性品质都起着积极的作用。由于学校体育是一个开放的系统，它对文化建设、思想建设的积极作用，必然会影响到社会，因此，它有助于推动整个社会的精神文明建设。

（四）体育的经济功能

经济学界认为，劳动生产力的提高是社会经济发展的重要标志。在对生产力进行价值评估时，人的素质是最主要的衡量标准。一般来说，人的素质包括身体素质、文化素质和道德素质三个方面，而身体素质作为文化素质、道德素质的物质基础，对生产力的提高起着至关重要的作用。体育对发展社会经济的功能，最初是由体育的健身作用决定的。体育在提升身体素质、提高劳动者健康水平方面具有明显效果，可以保持和增强劳动者的劳动能力，因此，对体力、体质的投资，能有效地促进社会经济的发展。

体育是人的活动，特别是体育成为一种很多社会成员参加的经常性活动后，总是在一定的物质消费基础上进行，必然要消耗一定的人力、物力和财力。因此，与体育活动相关的服装、器材、装备和体育场地设施等就随之产生，体育服务等社会行业就必然会出现。特别是在现代社会，体育中的很多内容已经发展成为人类社会的第三产业，在社会经济生活中发挥着越来越大的作用。一些经济发达国家非常重视体育的经济功能，采取多种途径追求体育的经济效益，如大型运动竞赛出售电视转播权，发行纪念币和体育彩票，出售门票，收取广告费等；在日常体育活动中提高体育设施的利用率，举办热门项目的比赛，开展娱乐体育，开发体育旅游，开展体育咨询等。在改革开放的过程中，我国体育的经济功能也得到显著发展。

（五）体育的政治功能

体育是一种社会现象，受一定社会政治的制约，反过来，体育又以特有的方式能动地反作用于政治，为政治服务。体育的政治功能主要体现在以下两个方面。

1. 提高民族威望，振奋民族精神

国际体育竞赛的胜负直接关系着民族和国家的荣辱，金牌从一个侧面反映着国家的实力、地位，反映着民族的精神面貌。现代世界各国政府，无不重视体育运动的政治意义。体育健儿在国际赛场上顽强拼搏、为国争光，五星红旗高高升起，这大大振奋了民族精神，提高了中华民族的威望和国际地位，增强了民族凝聚力。

2. 为外交活动服务

体育为外交活动服务主要表现在两个方面：一是通过体育交往促进各国人民之间的了解和友谊，加强国与国之间的文化交流和团结。在国际体育竞赛中，运动员不仅被视为具有高超技艺和智慧的个人，而且被看作一个国家的形象代表，是国际友好关系的政治使者。运动员被称为“微笑的大使”“外交的先行官”“穿运动衣的外交家”，在沟通各国之间的关系，打开外交通道方面起着积极作用。二是体育运动被用来作为反对和抵制某一国家、某一项活动的政治手段。例如，1980 年苏联入侵阿富汗，六十多个国家对莫斯科奥运会进行抵制；1984 年洛杉矶奥运会，以苏联为首的14个国家拒不参加。

体育的功能是相互交叉、相互联系的，不是孤立的。体育功能的实现是有条件的，不是自然实现的。例如健身的功能，是建立在科学锻炼和训练的基础上的；教育功能、经济功能必须依靠领导者、组织者、教师、教练员的教育意识和善于捕捉有利时机而实现。体育的功能随着社会进步和体育本身的发展也会不断地变化和发展。正确认识体育的功能，有助于了解体育在人类社会中的地位和作用，充分地发挥体育的功能，使体育更好地为人类社会进步和发展服务。

第二节 体育与人的发展

一、体育是人的发展的重要内核

体育是培养全面发展人才的重要内容与手段，在促进人的全面发展过程中具有积极的作用。自古以来，中外历代的著名哲学家、思想家、教育家，都著书立说论述体育与人的全面发展问题，指出实施人的全面发展教育的主张与措施。其共同特点是大家都认为体育与德育、智育、美育是相互联系、相互促进、相互制约的，应把体育列为培养全面发展人才的重要内容与手段。在古代，希腊哲学家柏拉图就认为身体与精神相互影响，道德不良产生于教育不当和身体不健全，因此提出要为造就完美和谐发展的人而健身。希腊哲学家、科学家亚里士多德是第一个在理论上论证了体育与德育、智育的相互联系的人，认为智力的健全有赖于身体的健全，体育应先于智育，并主张国家负责对儿童进行公共教育，使儿童的身体、德行和智慧得以和谐发展。中国春秋末期的思想家、教育家孔子，首创私人讲学，在所设“礼、乐、射、御、书、数”等课程中，也将具有身体锻炼价值的“射、御”列为教育内容之一。捷克教育家夸美纽斯非常重视体育，认为通过体育活动可达到身心健康，主张学校要设立充足的运动场所，开展形式多样的体育活动，增强学生体质。文艺复兴后，英国哲学家、教育家洛克把教育分为德育、智育和体育三部分，认为体育是一切教育的基础，强调“健全之精神寓于健全之身体”。法国思想家、教育家卢梭主张教育应“回到自然”，认为应“经由游戏、运动、手工艺与直接熟悉自然的方式学习”。瑞士教育家裴斯泰洛齐认为体育对人格的形成和发展具有重要作用，主张体育与教育的其他方面密切配合，促进人的和谐发展。马克思一方面深刻揭露了资本主义生产方式是阻碍人全面发展的瓶颈，其社会文明的繁荣是“用最大限度地浪费个人发展的办法”来进行的；另一方面，在分析现代工业变革中，又指出了现代化社会的生产力必将要求消灭体力劳动和脑力劳动的对立以及各种职业的固定分工，使人的全面发展成为可能，从而揭示了在新的社会条件下，未来教育对于人来说，就是生产劳动同智育和体育的结合，这不仅是提高社会生产力的一种方法，而且是造就全面发展的人的唯一方法，使人的全面发展成为科学的思想，成为全面发展教育的理论基础和追求的根本目标，因而真正确立了体育在人的全面发展教育中的重要地位，使体育成为人的全面发展教育不可缺少的组成部分。

二、体育促进了人的全面发展

人的全面发展是社会进步的必然趋势，也是马克思主义的一个基本观点。人的全面发展是指人的自我意志获得自由体现，人的各种需要、潜能素质、个性获得最充分的发展，人的社会关系获得高度丰富，是人的体力、智力、道德品质及个性的充分、自由、和谐的发展，使综合素质获得全面的提高。人的全面发展是一个历史范畴。人的全面发展，就个人而言，是指人的整体素质的和谐发展，个人潜力和智能的最大限度的发挥，个人需要的全面丰富和满足，人的本质的真正实现。

关于人的全面发展的主张，是针对个人的片面发展提出来的。个人的片面发展，在人类社会发展的一定历史阶段上，是一种不可避免的必然现象，并且是发展生产力所必需的。随着大工业生产的进一步发展，个人的片面发展成了社会前进的障碍，因此必然要被个人的全面发展所取代。人的全面发展是人类社会发展的必然趋势。社会化生产的发展，要求人的素质全面提高；科学技术的发展，为个人的全面发展提供了可能；生产力的高度发展，为个人的全面发展提供了物质基础。毛泽东把人的全面发展具体化为在德育、智育、体育几方面都得到发展。邓小平把人的全面发展与现代化建设紧密结合起来，提出了“有理想、有道德、有文化、有纪律”的要求。因此，人的全面发展是人的物质生活发展与思想精神生活发展的高度统一，是人与自然、社会协调发展的高度统一，是达到自我本质的全面实现、自我的自由生存和发展、自我与他人和谐一致的发展之路，是使个人朝着有利于人类社会的方向发展的重要途径。

（一）体育提高人的健康水平

通过体育手段来实现增强人的体质的目的，促进人自由、全面地发展，这正是体育的独特之处，也是体育区别于其他社会活动和事物对人和社会作用的根本点，并且具有不可替代的基本特征。身体是人们一切活动的物质基础，也是知识和能力的载体。人的身体素质是思想道德素质和科学文化素质的物质基础，也是一个民族和国家强盛的基础。毛泽东在《体育之研究》一文中指出：“体育一道，配德育与智育，而德智皆寄于体。无体是无德智也。”还指出：“体者，载知识之车而寓道德之舍也。”体育最基本的作用和本质功能恰恰是作用于一个人、一个民族的身体素质，对人民的健康和身体素质的提高以及民族的强盛具有独特作用。

（二）体育提升人的精神力量

体育作为人类社会几千年积累下来的精神文化财富，是一种具有丰富精神内涵的社会活动，具有很强的政治功能，自古以来就是德育的重要方式和手段。通过艰苦训练，体育运动可以培养人的坚强的意志品质，增强人的责任感和事业心，提高人的毅力、耐久性、果敢性、抗挫折能力和坚韧性，对塑造和强化社会主流价值观与道德观有独特作用。体育具有勇于竞争、敢于胜利、遵守规则、尊重对手、团结协作、诚信友爱、爱国主义的精神。“人生能有几回搏”“冲出亚洲，走向世界”等口号培养和弘扬了民族精神，成为中华民族共同的精神财富。体育运动提出的“更快、更高、更强”的口号能够促进观念更新，鼓励人们公平竞争、永不满足、敢于拼搏，努力超过别人、超过前人、战胜自我。体育竞赛中所表现出来的时代精神，一旦与整个民族发展联系起来，就会成为一种巨大的精神力量。几十年来，我国体育健儿在国际赛场上取得的重大胜利，对振奋民族精神和激发爱国热情的作用，大大超过了体育本身。体育健儿“为国争光、无私奉献、科学求实、遵纪守法、团结协作、顽强拼搏”的精神，能激发全国各族人民的爱国热情，增强中华儿女的民族自信心和自豪感，激励全国人民自强不息，提高人们的思想道德素质，形成积极向上的民族精神，进而成为建设社会主义精神文明，特别是激发人民爱国热情，创造和谐社会环境的一个重要渠道，是构建和谐社会的一个重要手段。

（三）体育促进人的社会化

体育有利于人的社会化。竞赛是体育运动的一个最显著的特征。体育竞赛能有效地培养人们的竞争意识和团结协作精神。没有强烈的取胜欲望和良好的团结协作精神，在体育竞赛中就不可能取得胜利。现实社会是一个充满激烈竞争的社会，需要团结协作精神。体育竞赛，特别是在集体项目的竞赛过程中，要想取得胜利，既要有力争胜利的顽强竞争意识，又要懂得与同伴和队友团结协作。而体育的这种“模拟社会”的功能，是体育运动所独有的。

现代社会人们工作节奏和生活节奏越来越快，人与人之间的竞争也越来越激烈，工作和生活中的不确定因素越来越多。这种状况容易造成人际关系紧张，人们容易产生嫉妒、敌意、不满、颓丧等不良情绪。而体育运动作为一种独特的社会活动，是人们以一定的方式结合起来共同进行的，体育运动中的人际关系和交往折射着社会中的人际交往。在共同的活动中，人们互相认识，互相了解，产生了情感。一场酣畅的体育锻炼，往往将人从烦恼、紧张、压抑等不良情绪中解脱出来，成为亲和、亲情、友情的纽带，成为创造健康向上的社会氛围的平台。体育运动使人们在相互交往中缓解精神压力，实现对自己精神状态的调节。体育还可以培养人们的情感，增进人们的交流，增加相互了解，改善人际关系，是促进友谊、增强团结的重要手段。

（四）体育丰富个人和社会的文化生活

人们通过参加和欣赏体育运动，不仅能增强体质，还能够愉悦身心，丰富文化生活。世界上还没有其他任何一种活动能像体育竞赛那样有规律地举行，特别是以奥运会为最高层次的国际体育竞赛，已经成为现代人们关注的焦点和欣赏的热点。各种不同形式和类型的体育竞赛，以它独有的形式和方式为人类社会生产出丰富多彩的精神文化食粮，提高了人类的生存和生活质量。群众体育的趣味性和娱乐性是体育带给普通大众的特殊享受，它改变和改善着当今人们的生存和生活方式。

（五）体育促进人的“公平、公正”价值观的形成

公平是人类社会所共同追求的一种理想社会状态。竞赛是体育最鲜明的特点，通过竞赛，优胜劣败、决出名次，可以激发荣誉感，激励上进心。运动员参与体育竞赛，在公平的规则下，在公开场合中，最大限度地发挥个人和集体的体力和智力，优胜者得到人们的奖励和尊重。体育运动向人们和社会所展示的以公平、公开、公正为核心的价值体系和价值标准，得到了不同民族和国家的普遍尊重与推崇。“阳光下的公平竞争”正是现代人类社会所需要重新构建的价值体系和价值标准的核心。

（六）体育增强人的审美观

体育是人体形态美、精神美和运动形式美的综合表现。体育运动蕴含美育因素，人体运动美、形态美体现了自然美与艺术美的有机结合。体育运动不仅使人获得美感，还可升华人的美感。一场国际比赛，在某种程度上代表着一个国家的荣誉，拨动着亿万人的心弦。当我国运动员获胜，国歌声中五星红旗冉冉升起的壮丽情景激发了人们的爱国主义情怀，将人们带入一种奋发向上的美好境界，促进人的精神内在美。可见，体育运动使外在美与内在美达到了和谐的统一。另外，体育具有人与自然浑然一体的特点。大部分体育活动都是在优美的自然环境中进行的。此外，各种体育场馆的布置设计、建筑与装饰，既可供人们健身、娱乐、丰富精神文化生活，又具有美化、装点城市的审美价值。

第三节　大学体育的使命

一、大学体育的内涵

大学体育承担着增强大学生体质的重任，并与德育、智育、美育相配合，共同实现培养全面发展的人才的任务。体育作为一种社会现象，其概念并非一成不变的。随着社会的不断发展和人类需求进入更高层次，人们对体育的认识也将进一步深化。体育不但在高校占有十分重要的地位，在我国当代教育的发展中也占有相当重要的地位，对提高我国国民素质做出了极为重要的贡献。高校还是我国竞技体育重要的战略基地。高校通过建设高水平运动队，发挥其教育优势，对进一步提高我国竞技运动技术水平做出了重大的贡献。大学体育在增强体质、增进健康，奠定学

生终身体育的基础，加强校园精神文明建设和社会效应等方面发挥着相当重要的作用。大学体育更加强调的是学生的参与性，而不再是以教师为主的授课性，贯彻了“以人为本”的教育观。同时，大学体育主张使人回归到自然中去，把人的运动同周围环境联系起来，让学生在体育锻炼中感受和谐、领悟和谐、发扬和谐，为大学生将来进行和谐社会建设提供了内在动力。具有中国特色的大学体育精神，是中华民族精神在体育实践中的落实，所以，大学体育教育必须也必然蕴含着积极的民族精神，因此，学习大学体育，体验大学体育文化，本身就是一个培养中华民族精神的过程。

二、大学体育的组织形式

（一）体育课

体育课是体育教学的基本形式，它是教师按照大纲和教学任务，有目的、有计划、有组织的教学过程。体育教学必须遵循人体全面发展的规律去教育学生，使学生掌握体育与保健的基础知识、基本技术、技能，实现学生思想品德教育，提高学生运动技术水平。大学体育课主张充分发挥学生学习的主动性和创造性，为学生思考问题和独立创造留有余地。体育教师要善于发现学生的学习动机，并善于引导和强化学生学习的积极性，要积极转变学生对体育课学习的价值观，使他们认识到，体育学习不仅仅是为了玩，而是要把单纯的兴趣升华到更高层次的终身体育，并确立学习和锻炼的目标，提高学习的动机。

（二）课外体育活动

课外体育活动是相对于体育课而言的，它是指学生利用课余时间参与的，以锻炼身体、愉悦身心为目的的体育活动。课外体育活动作为体育课的补充、学校体育的组成部分和教育手段之一，已有百余年的历史，在世界上已成为一种教育制度，且在内容和形式上都有新的发展。它包括早操、课间操和班级体育锻炼。课外体育活动的内容、方法不同，对人体产生的影响也不同。不同的内容和方法具有各自不同的特征，有的可以提高各项运动素质，增进健康；有的可以促进身体正常发育，形成良好的体型；有的可以增长肌肉力量；有的可以强身娱乐，调节精神，丰富文化生活；有的可以防病、治病，消除生理功能障碍；有的可以增强心肺功能。因此，在制订课外锻炼方案，选择锻炼内容或项目时，应尽量考虑到各项目的锻炼效果，从个人的年龄、性别、健康状况、兴趣爱好、锻炼目标等实际情况出发，有针对性地选择最有效的内容。在练习的方法上要注意不同运动之间以及运动练习与其他练习的有机结合，如动力性练习与静力性练习结合、大肌肉群练习与小肌肉群练习结合等，并要注意把个人的兴趣与实际需要结合起来，既要发展自己有兴趣的特长项目，又要努力发展自己的弱项，克服不足，做到重点突出，兼顾其他。

（三）课余体育训练

课余体育训练是学校利用课余时间，对部分身体素质较好并有体育专长的学生进行系统训练的一种专门教育过程。运动训练一般安排在早晨、下午及晚上的课余时间。它能进一步推动学校体育活动的广泛开展，促进运动技术水平的提高。课余体育训练是学校贯彻“普及与提高”要求的重要内容，是我国运动训练体制的一个组成环节，是培养体育后备人才的必经之路，对于全面贯彻我国教育和体育方针，实现学校教育目标和体育目标，推动全民健身计划的实施具有积极的意义。课余体育训练具有基础性、业余性、广泛性。课余体育训练组织形式主要有学校运动队、业余体校、竞技学校、体育传统项目学校、体育俱乐部、体育特长班等。

（四）体育竞赛

体育竞赛是指按统一的规则要求组织与实施的运动员个体或运动队之间的竞技较量，是竞技体育与社会发生关联并作用于社会的媒介。大学的体育竞赛有助于培养学生勇敢、顽强、进取和拼搏的精神，以及遵守纪律、服从裁判的优良品质和集体主义精神。

三、大学体育的目的和任务

（一）大学体育目的

大学体育的目的是以运动和身体练习为基本手段，对大学生机体进行科学的培育，在提高人的生物潜能、心理潜能的过程中促进德、智、体、美、劳全面发展，最终实现身心健康、全面发展的教育总目的。随着大学生身体及心理的逐渐成熟，面临的学习和工作压力也在逐步加大。通过体育课让大学生在锻炼身体的同时，学会释放压力，调节心情，养成一个通过运动缓解压力的良好习惯，无疑是大学体育最有价值的目标之一。教学过程是具有目的性和计划性的，它可以根据具体的教学内容，从中挖掘出具有心理健康教育的素材，从而有目的地改善和调节大学生的精神状态，使其适应繁重的学习、生活及来自各方面的压力，形成积极向上的思想意志品质，培养自强、自立、自尊、自爱的健康人格，为成功走向社会打好基础。其次，体育活动是在一定的社会环境中进行的，总是与人群发生着交往和联系，在活动中要努力控制和约束自己的内心冲突，这对协调人际关系，扩大社会交往，遵守公共生活中的基本道德行为规范有着积极的影响。

（二）大学体育的任务

大学体育的任务，可以归纳为：① 锻炼学生身体，增强体质，提高健康水平；② 让学生更好地掌握体育健康基本知识、技术和技能；③ 培养学生良好思想品德，促进学生个性完善发展；④ 培养学生体育兴趣，培养终身体育的能力；⑤ 提高学生运动技术水平，为国家培养高素质体育人才。

四、大学体育的地位和作用

（一）大学体育的地位

大学体育是全面发展教育的重要组成部分，是实现高素质人才培养目标不可缺少的一个方面。《全国普通高等学校体育课程教学指导纲要》中明确指出："体育课程是大学生以身体练习为主要手段，通过合理的体育教育和科学的体育锻炼过程，达到增强体质、增进健康和提高体育素养为主要目标的公共必修课程；是学校课程体系的重要组成部分；是高等学校体育工作的中心环节。……体育课程是寓促进身心和谐发展、思想品德教育、文化科学教育、生活与体育技能教育于身体活动并有机结合的教育过程；是实施素质教育和培养全面发展的人才的重要途径。"大学体育在促进社会主义精神文明建设、促进文化建设中起着重要作用，这一作用首先通过学校体育促进学生的智力表现出来，同时学校体育也是对学生进行思想品德教育的重要手段。

（二）大学体育的作用

1. 增强体质，促进身体正常生长发育

学校应把"健康第一"作为一切工作的出发点和归宿。"增强体质，增进健康"是体育最主要的功能。体育锻炼有利于人体骨骼、肌肉的生长，并能增强心肺功能，改善血液循环系统、呼吸系统、消化系统的机能状况，有利于人体的生长发育，提高抗病能力，增强有机体的适应能力。据调查，一年的体育锻炼就能使男孩子的身高比不锻炼的同龄人多长 1～2 厘米，女孩子多长 2～3 厘米。经常锻炼的小学生比不锻炼者高 5 厘米左右。体育锻炼之所以能促使身材长高，一是因为它能促进生长激素的分泌；二是因为它加强了骨细胞的血液供应；三是因为它对骺软骨的增殖有良好的刺激作用；四是运动还会锻炼肌肉、骨骼，使之更加健壮。因此，国内外研究者一致肯定：运动有助于长高。大学生的身体还在生长过程中，身体的可塑性还很大，学校根据他们的生理特

点，选择合适的体育锻炼内容，使他们掌握适宜的运动负荷，坚持经常锻炼，能有效地促进大学生的正常生长发育。

2. 促进身心的全面发展

体育锻炼对于人体身心健康起着重要的作用，是最能积极促进身心健康的锻炼。科学的体育锻炼不仅能增强人体各器官系统的免疫功能，全面促进机体的新陈代谢和身体的正常发育，还能磨炼意志，培养自信心，提高抗挫力，陶冶美的性情，增强社会适应能力。体育锻炼不但能锻炼体质，促进人的心理健康发展，而且能够提高人适应社会的能力，促进社会交往和增进友谊，实现生理、心理、社会交往的三重健康。因此，体育锻炼与身心健康密不可分。在校大学生的年龄一般处在17～24岁，生理上的急剧变化主要表现在身体形态、身体机能、身体素质等方面向成人化发展并基本定型。随着生理上的急剧变化，大学生的心理也随之变化。“生命在于运动。”通过大学体育的课堂教学、课外体育活动、课余锻炼和运动竞赛，能够促进大学生身体的正常发育，从而增强体质，全面提高学生的体能和对环境的适应能力。

3. 推动校园精神文明建设

体育作为社会主义精神文明建设的重要手段，既是文化建设的一项重要内容，也是思想建设的重要手段。大学体育，不仅要育“体”，而且要育“心”。不管是在大学教育中还是在中小学教育中，都要把德育放在首位，并且要贯穿学校教育的始终。大学体育作为高等教育的重要组成部分，也必须根据体育自身的固有特点，通过大学体育的具体过程，面向全体大学生开展体育活动，丰富大学生课余生活，引导大学生健康文明生活，抵制精神污染，加强思想品德教育，提高道德素养，防止和纠正其不良行为。大学体育是大学生文化娱乐活动的组成部分，能使大学校园充满生机与活力，并以其丰富多彩、形式多样的内容，吸引广大学生参与其中，是一种外向型的文化活动，使学生热情开朗，精力充沛，学习生活劳逸结合，趣味多多。大学体育的内容多种多样、直观形象，很符合大学生的身心特点，很容易被大学生理解接受，也能取得较好的效果；在陶冶学生的情操，锻炼学生的意志，培养学生的爱国主义和集体主义精神，增强学生的组织纪律性，提高学生的思想道德境界等方面发挥着重要的作用。

4. 奠定学生终身体育的基础

终身体育的含义包括两个方面的内容：一是指人从生命开始至生命结束的过程中学习与参加身体锻炼，使终身锻炼有明确的目的性，使体育成为一生中始终不可缺少的重要内容；二是在终身体育思想的指导下，以体育的体系化、整体化为目标，为人在不同时期、不同生活领域中提供参加体育活动机会的实践过程。在体育教学过程中，学生可以复习巩固体育课教学的内容，从而促进体育课教学质量的提高；另外还可以选择从事自己所喜爱的活动，以便能体验到运动带来的成功与喜悦，对锻炼产生满足感，逐渐培养起对运动的兴趣，形成爱好，养成锻炼习惯。体育锻炼往往由学生自主去选择活动，因此，特别有助于培养学生的能力。通过体育锻炼，学生提高自学、自练、自评的能力，以至组织、裁判、交往以及运动能力等都会得到良好发展，可以为社会培养出许多未来的体育骨干。学校按作息制度安排的早操、课间操、班级体育锻炼等，是学校课外体育锻炼基本的、重要的组成部分，是学生每天学习生活中必不可少的内容，只要学生持之以恒，就会帮助他们养成良好的锻炼习惯，并由学生时代延续到终身，可以在生命历程的各个阶段都进行与自己的年龄、个性、兴趣、爱好、身体状况相适应的体育锻炼。

5. 提高社会效应

大学体育不仅仅是高校课程体系的一个重要组成部分，它在增强社会效应方面的独特作用也不容忽视。在市场经济条件下，高等教育应适应国家的需要，适应社会发展的要求。形式活泼多样的群众性体育活动可以加强校际联系，通过辐射作用扩大社会影响；精彩激烈的体育比赛具有很强的观赏性，以运动员高超的技术、娴熟的战术、默契的配合、精湛的表演以及宏大的比赛场面吸引着广大观众，欣赏高水平的竞技比赛已成为人们生活中不可缺少的一部分，同时，它作为一种极富感染力又容易传播的精神力量，除了在参赛高校中产生较大影响外，还可通过媒体、网络等多渠道发挥社会效应。大学体育的这种作用频率之高、影响之广、程度之深，是其他教育教学或学术交流活动无法比拟的，应该受到重视。实际上很多高校已经自觉或不自觉地付诸行动，并获得很大成效。大学体育增强社会效应的作用即使不是全国性的或国际性的，而是局部地区的，其作用也不可小觑。

五、大学生体育意识的培养

（一）加强对大学生体育意识的培养，是提高体育健身能力的基础

改革开放以来，虽然大学体育教育取得了可喜的成绩，然而，大学体育与健身的课程体系尚未真正形成，终身体育与健身教育思想及理论并未落到实处。很多高校学生普遍存在着体育和健身基本知识贫乏、锻炼方法单一、兴趣不大、体育行为习惯不稳定等问题。因此，以终身体育和健身为主线，加强体育、健身基本知识教育，建立内容丰富、灵活、个性化的课程体系，突出以人为本、健身育人的目标，有利于提高大学生的体育健身意识。

（二）培养体育情感与兴趣

动机是学生学习的内在动力，是发动或维持个人兴趣的心理活动。当人们对某种东西的内容或过程有了兴趣的时候才会形成稳定的心理状态。大学生在体育意识的培养过程中，首先要激发参与体育运动的热情，变被动体育为主动体育。充分调动大学生的主动性和积极性，才能使大学生自觉地从事体育锻炼；只有在体育活动过程中体验到体育所带来的满足感和喜悦感，感受到生理和心理上的满足，才会真正激发学生参与体育活动的自觉性。其次要培养学生体育锻炼的习惯。中国有句老话叫“习惯成自然”，英国教育家洛克曾经说过：“一切教育都归结为养成良好的习惯，往往自己的幸福都归于自己的习惯。”事实证明，许多身体健康的人，一定有良好的体育健身习惯，如每天坚持跑步的习惯、坚持打球的习惯等。

（三）加强校园体育文化建设

环境心理学的研究表明：环境可以直接影响人的行为，而环境的不同特性能对人产生不同的影响。大学校园体育文化是社会文化在一定程度上的缩影，是一种具体化了的文化氛围，对大学校园生活和大学生的健康成长有着积极而深远的影响。学校体育的教育环境是大学生体育价值观、体育兴趣及体育行为、习惯形成的土壤。因此，学校要加大对体育健身的宣传力度，加强体育文化设施建设，创设和突出体育文化氛围。

六、加强大学体育的学科建设

现代大学体育不仅应具有培养健康体魄与健全人格的教育功能，同时，还应具有传授知识和创造知识的科学研究功能。由于历史的和现实的问题，大学体育的学科建设还是一个相对薄弱的环节。无论是大学体育的师资队伍，还是反映学科水准的科学研究成果，都是当今大学体育需要关注的问题。大学体育作为高等教育的重要组成部分，如果忽视了自身的学科建设，不仅不能和以学科建设为龙头的大学教育的主流相融合，而且也会因为缺乏应有的学科动力而影响大学体育本身的发展。事实上，我国大学体育工作的低水平徘徊局面与忽视自身学科建设有很大关系。大学体育的发展思路、指导思想来自大学体育的实践，大学体育教学训练的理论与方法来源于大学体育的实践，同时，这些发展思路和指导思想乃至教学训练的理论与方法必须经过理性的探索，才能形成新知，为大学体育的发展提供源源不断的“智力”支持和“动力”保障。

思考题

1. 体育的概念是什么？
2. 如何加强大学生体育意识的培养？
3. 大学体育有哪些基本形式？
4. 体育是如何促进人的社会化的？
5. 为何说体育是人的发展内核？

延伸阅读书目

[1] 郝勤.体育史[M].北京：人民体育出版社，2014.
[2] 沃尔夫冈·贝林格.运动通史[M].丁娜，译.北京：北京大学出版社，2015.
[3] 张瑞林.体育管理学[M].3版.北京：高等教育出版社，2015.
[4] 杨文轩.当代大学体育[M].北京：人民体育出版社，2005.
[5] 周西宽.体育基本理论[M].北京：人民体育出版社，2007.

参考文献

[1] 吕高飞.大学体育健康基础理论与实践教程[M].北京：北京理工大学出版社，2008.
[2] 左庆生.体育管理学[M].北京：北京师范大学出版社，2010.
[3] 潘绍伟，于可红.学校体育学[M].3版.北京：高等教育出版社，2016.
[4] 陈融，沈建华.体育与健康学科知识与教学能力[M].北京：高等教育出版社，2011.

第二章　体育与健康

现实世界是一个竞争激烈的社会，追求事业成功必然面临各种竞争。赢得竞争靠什么？靠意识，靠能力，也靠身体。在同等条件下，谁的精力旺盛，在工作上、学习上付出的时间更多，效率更高，谁就能赢得成功。健康是促进人的全面发展的必然要求，是经济社会发展的基础条件。实现国民健康长寿，是国家富强、民族振兴的重要标志，也是全国各族人民的共同愿望。现代医学和体育科学的研究也表明，体育锻炼是增进健康之法宝。法国思想家伏尔泰有句名言："生命在于运动。"教育部也给青少年们提出了"每天锻炼一小时，健康工作五十年，幸福生活一辈子"的希望。

第一节　健康与亚健康

一、对健康的新认识

(一) 健康的四点要素

世界卫生组织(WHO)对"健康"一词的注释是："健康不仅意味着疾病与羸弱的消除，健康是体格、精神与社会的完全健康状态。"从这个定义出发，目前人们对健康的理解有如下四个维度：生理健康、心理健康、道德健康和社会适应性健康。生理健康是所有健康的基石，心理健康则是生理健康的发展，道德健康是更高一级的健康要求，而社会适应能力是健康的最高要求。它们相互之间既有区别、又有联系，共同构成健康新概念。

1. 生理健康——健康的基础

生理健康是身体健康，就是器官健康，功能健全，能抵抗一般的疾病，是人们正常生活和工作的基本保障，达不到这一点，就谈不上健康，更谈不上长寿。生理健康是健康的基础，是人们对健康最基本的认识和要求，是人赖以生存的前提条件。

2. 心理健康——健康的发展

心理健康是指人的内心世界丰富充实，处世态度和谐安宁，与周围环境保持协调，包括两层含义：一是自我人格完整，心理平衡，有较好的自控能力，有自知之明，能正确评价自己，能及时发现并克服自己的缺点；二是有正确的人生目标，不断追求和进取，对未来充满信心。

3. 道德健康——健康的升华

道德健康是指能够按照社会规范的细则和要求来支配自己的行为，能为人们的幸福做出贡献，表现为思想高尚、有理想、有道德、守纪律。

4. 社会适应健康——健康的最高境界

健康的新时代大学生，应能与社会保持良好的接触，对于社会现状有清晰、正确的认识。既有远大的理想和抱负，又不会沉迷于不切实际的幻想与奢望，注重现实与理想的统一。对于现实生活中所遇到的各种困难和挑战不怨天尤人，而是用切实有效的办法去解决。当发觉自己的理想、愿望与社会发展背道而驰时，能够迅速地进行自我调节，以求与社会发展一致，而不是逃避现实，更不妄自尊大、一意孤行。

（二）健康的五大基石

早在1992年，世界卫生组织就提出了健康的“四大基石”(合理膳食、适量运动、戒烟限酒、心理平衡)。随着社会的不断进步，人们原有的工作和生活习惯受到了强烈冲击，发生睡眠障碍的人逐渐多了起来，缺乏良好的睡眠必然影响到身体健康。因此，健康基石还应包括睡眠充足，共同构成维护人们健康的“五大基石”。

1. 合理膳食

世界卫生组织的一项研究报告指出，在众多影响健康的因素中，膳食成为仅次于遗传的第二大因素，这是因为人类赖以生存的各种营养成分都要通过“吃”来补给。

(1) 营养全面，摄入平衡。第一种是谷类食物，作为主食是人体热能的主要来源，应占膳食总量的30%多；第二种是瘦肉、禽蛋和奶等动物蛋白质，应占膳食总量的15%；第三种是豆类等动植物蛋白质，应占膳食总量的10%；第四种是提供维生素及纤维素来源的蔬菜和水果等，应占膳食总量的40%多；第五种是油脂，它们不仅可改善食物的色、香、味，还可提供热量，促进脂溶性维生素的吸收。

(2) 按需而入。节日期间经常出现在医院急诊室的急性胃肠炎、胰腺炎等疾病都是由于暴饮暴食造成的恶果；长期进食高热量、高蛋白、高脂肪饮食，又缺少运动，日积月累导致大肠癌的发病率较高；过量饮食，还会促使大脑早衰。除饮食的量和种类要合理之外，有规律的进餐习惯也非常重要。每日三餐的间隔应在4～6小时之间，“早吃饱，午吃好，晚吃少”。

(3) 低盐少糖，多吃蔬菜水果，少吃油。千万别忘了好吃的速食中多以油炸食品、低纤维的饮食为主，长期食用油炸食品只会增加血脂质、心血管疾病的罹患率，引起肥胖、便秘而造成身体额外的负担。

2. 适量运动

(1) 因人而异选择运动项目。青年时期人的各系统的功能都处在一个发展成熟的过程中，只要准备充分，各项锻炼都是适合的；而对于中老年，则适合中小强度的耐力性项目，不适合速度性项目。中长跑等有氧锻炼项目，可以增强心肺功能，是维护健康的基础性锻炼方式，适合所有人采用。

(2) 合适的运动强度。了解运动强度和运动方式的对应关系也是非常必要的，其基本对应关系：步行属于轻度运动；慢跑、爬楼梯和骑自行车属于中度运动；快跑和打球属于较大强度运动。

(3) 注意循序渐进。循序渐进是必需的，欲速则不达。

3. 戒烟限酒

(1) 彻底戒烟，立即行动。吸烟对身体健康的危害：① 香烟的烟雾长期刺激口腔，可致牙龈炎、牙周炎、口腔炎、舌炎、口腔癌等疾病。② 吸烟刺激呼吸道的鼻、喉、气管、肺，会引起炎症与肺气肿，对支气管和肺的早期损害使呼吸道免疫功能和抗感染能力下降。③ 吸烟是缺血性心血管病和高血压的主要危险因素。④ 大量吸烟者机体解毒功能降低。⑤ 烟雾中的氰损伤视神经可致弱视。⑥ 妇女吸烟的危害更大。⑦ 吸烟会引起膀胱癌、胰腺癌、食管癌。⑧ 吸烟的男性患阳痿者较普遍，因为吸烟会使阴茎动脉硬化。

(2) 主动限酒，适量适度。过量饮酒的危害：伤胃伤肝、伤脑害胰、升高血压、引发猝死。长期过量饮酒会造成酒精积累，损害肝功能，降低人体对疾病的抵抗力。

4. 心理平衡

心理失衡的现象在生活中是时有发生的。消极情绪占据内心的一部分，而由于惯性的作用使这部分越来越沉重、越来越狭窄；而未被占据的那部分却越来越空、越变越轻，因而心理明显分裂成两个部分，重者压抑，轻者浮躁，使人出现暴戾、轻率、偏颇和愚蠢等难以自已的行为。这是心理积累的能量在自然宣泄，其行为具有破坏性。这时需要的是“心理补偿”，纵观古今中外的强者，其成功之秘诀就包括善于调节心理的失衡状态，通过心理补偿恢复平衡，甚至增加建设性的心理能量。

5. 睡眠充足

睡眠是人们生命活动的重要组成部分，睡眠有严格的质量要求，对睡眠的忽视就是健康状况恶化的开始。每天必须保证7～8小时的睡眠，只有这样才能及时恢复工作、学习所需要的能量储备。每年的3月21日被世界卫生组织定为“世界睡眠日”，由此可见，睡眠对于人类的重要性是不言而喻的。

二、走出亚健康

（一）亚健康的类型与表现

近年来，亚健康成为人们关注的热门话题。所谓亚健康，是指人的机体虽无明显疾病，但已有不同程度的各种患病的危险因素，有发生某种疾病的高危倾向，甚至已处于某种疾病的边缘或早期状态，是人们处于健康与疾病之间的健康低质量状态及体验。

1. 亚健康的主要表现类型

（1）身体成长亚健康：主要是成长期的青少年学生，营养过剩和营养失衡同时存在，体质较弱。

（2）心理素质亚健康：来自家庭、学校的压力，引发了青少年的逆反心理、反复心理、自卑心理、厌学心理等，抗挫折能力较差。

（3）情感亚健康：本应关心社会，对生活充满热情，但实际上他们对很多事情都很冷漠，使自己的“心理领空”越来越狭小。

（4）思想亚健康：思想表面化，脆弱、不坚定，容易接受外界刺激并改变自我。

（5）行为亚健康：表现为行为上的程式化，时间长了容易产生行为上的偏激。

2. 亚健康的表现症状

（1）心病不安，惊悸少眠。主要表现为心慌气短，胸闷憋气，心烦意乱，惶惶无措，夜寐不安，多梦。

（2）汗出津津，经常感冒。经常自汗、盗汗、出虚汗，稍不注意，就感冒，怕冷。

（3）舌赤苔垢，口苦便燥。舌尖发红，舌苔厚腻，口苦、咽干，大便干燥、小便短赤等。

（4）面色有滞，目围灰暗。面色无华，憔悴；双目周围，特别是眼下灰暗发青。

（5）四肢发胀，目下卧蚕。有些中老年妇女，晨起或劳累后足踝及小腿肿胀，下眼皮肿胀、下垂。

（6）指甲成象，变化异常。中医认为，人体躯干四肢、脏腑经络、气血体能信息层叠融会在指甲上成象，称为“甲象”。如指甲出现卷如葱管、相似蒜头、剥如竹笋、枯似鱼鳞、曲类鹰爪、塌同瘪螺、月痕不齐、峰突凹残、甲面白点等，均为甲象异常，病位或在脏腑，或累及经络，营卫阻滞。

（7）潮前胸胀，乳生结节。妇女在月经到来前两三天，四肢发胀、胸部胀满、胸胁串痛；妇科检查，乳房常有硬结。

（8）口吐黏物，呃逆胀满。常有胸腹胀满、大便黏滞不畅、肛门湿热之感，食生冷干硬食物常感胃部不适，口中黏滞不爽，吐之为快。重时，晨起非吐不可，进行性加重。

(9) 体温异常，倦怠无力。下午体温常常在 37℃～38℃之间，手心发热、口干、全身倦怠无力，应到医院检查是否有结核。

(10) 视力模糊，头胀头疼。平时视力正常，突感视力下降(非眼镜度数不适)，且伴有目胀、头疼，此时千万不可大意，应及时到医院检查是否有颅内占位性病变。

(二) 大学生亚健康的成因

随着教育制度的改善，教育公平的推进以及社会的经济、文化不断发展，已经有越来越多的人上大学，因此大学生逐渐发展成了一个庞大的社会团体，随之而来的则是关于大学生的各种问题。大学生活是丰富多彩的，但是这些丰富多彩的生活背后，总是伴随着各种不利于健康的因素，以下这些因素是大学生亚健康的主要成因。

1. 睡眠较晚

如今大多数大学校园都提供校园网，也有宽带网，因此喜欢网游的学生，尤其是男生，常常会熬夜玩游戏，导致精神亢奋，无法入眠，因此睡眠严重不足。熬夜易伤肝，这一习惯会导致肝火过旺，也就是上火。

2. 饮食不科学

多数大学生对于自己的饮食并不是很留意，忙碌时常常以泡面为食，或是食用其他低蛋白高热量的食物，甚至是零食。一些女生采用不科学的减肥方法，经常不吃正餐，因此导致身体营养供应不足，免疫力也随之下降。

3. 心理压力大

某些高校的学业比较繁重，加之学生工作、升学、就业等所带来的压力，一些大学生终日处在焦虑的状态，精神紧张，感到总是有做不完的事，心理压力很大。

4. 上网时间过长

大部分大学生都有上网的习惯，有些甚至在网上做兼职，因此，课余大部分时间消耗在网上，但是上网时间过长也是健康的一大威胁，电脑的辐射会损伤皮肤，降低视力，长时间对着电脑屏幕甚至会引起精神紧张，大脑混沌。

5. 沉迷游戏

网络游戏已经风靡大学校园，大学生玩家们经常在宿舍花上一个晚上或是下午攻克游戏，对生活中其他事物的兴趣已经逐渐消退，精神也萎靡不振，常常对事物提不起兴趣，沉迷游戏总是与不健康的生活习惯密切相关。

6. 缺乏锻炼

虽然学校有体育课，但是一周也仅有一两节，而在其他的课余时间里，很多大学生会选择宅在宿舍、出门逛街或是去图书馆自习，很少会自发地参加体育锻炼。长期缺乏锻炼容易引起发胖，无力，头晕，眼花，记性差，耐力差。最重要的是，可能会导致有暴力倾向，因为体育锻炼是在自己无意识时最能宣泄身体情绪的方法，缺乏锻炼，也缺少了很多正常的情绪宣泄，容易发脾气。

第二节 营养与健康

一、对营养的认识

(一) 营养的定义

营养是机体摄取食物，经过消化、吸收、代谢和排泄，利用食物中的营养素和其他对身体有益的成分构建组织器官，调节各种生理功能，维持正常生长、发育和防病保健的过程。不同时代人体对营养的需求是不一样的。在贫困年代，蛋白质、脂肪、糖类是人体最缺少的，这些就是最好的营养；在现代，蛋白质、脂肪、糖类在人体中严重超标，人体现在最缺乏的是维生素、矿物质、纤维素。

（二）营养素的内涵

1. 营养素的定义

营养素是指食物中可给人体提供能量、机体构成成分和组织修复以及生理调节功能的化学成分。凡是能维持人体健康以及提供生长、发育和劳动所需要成分的各种物质均称为营养素。现代医学研究表明，人体所需的营养素不下百种，其中一些可由自身合成、制造，但无法自身合成、制造，必须从外界摄取的约有四十余种。人体所必需的营养素可概括为水、蛋白质、脂肪、碳水化合物、维生素、矿物质、膳食纤维七类。

2. 七大营养素

(1) 水。水是生命的源泉，人对水的需要仅次于氧气，水是维持生命必需的物质，机体的物质代谢、生理活动均离不开水的参与。人体细胞的重要成分是水，正常成人体重的70%是水，婴儿体重的80%左右是水，老年人体重的55%是水。每天每公斤体重需水约150毫升，水来源于各种食物和饮水。人如果没有水，只能活几天。水有利于体内化学反应的进行，在生物体内还起到运输物质的作用。水对于维持生物体温度的稳定起很大作用。

(2) 蛋白质。蛋白质是维持生命不可缺少的物质。人体组织、器官由细胞构成，细胞结构的主要成分为蛋白质。机体的生长、组织的修复、各种酶和激素对体内生化反应的调节、抵御疾病的抗体的组成、维持渗透压、传递遗传信息，无一不是蛋白质在起作用。肉、蛋、奶、豆类含丰富的优质蛋白质，是每日必须提供的。需要注意的原则有：① 搭配的原则。如动、植物食品的搭配，多品种食物的搭配。② 不过量提供的原则。婴幼儿期蛋白质热量占总热量12%～14%为宜，过多会影响蛋白质正常功能的发挥，造成蛋白质消耗，影响体内氮平衡。③ 不过少提供的原则。蛋白质提供过少明显影响生长发育的速度，生化反应下降，抗病能力下降，甚至导致营养不良。结果不仅造成生长落后，还会因影响脑细胞发育，造成智力落后。

(3) 脂肪。脂肪是储存和供给能量的主要营养素。每克脂肪所提供的热能为同等重量碳水化合物或蛋白质的2倍。机体细胞膜、神经组织、激素的构成均离不开脂肪。脂肪还起保暖隔热的作用，支持保护内脏、关节、各种组织，促进脂溶性维生素吸收的作用。每日脂肪供热应占总热卡的20%～25%。脂类是指一类在化学组成和结构上有很大差异，但都有一个共同特性，即不溶于水而易溶于乙醚、氯仿等非极性溶剂中的物质。通常脂类可按不同组成分为五类，即单纯脂、复合脂、萜类和类固醇及其衍生物、衍生脂类及结合脂类。脂类物质具有重要的生物功能，脂肪是生物体的能量提供者。

(4) 碳水化合物。碳水化合物是为生命活动提供能源的主要营养素，它广泛存在于米、面、薯类、豆类、各种杂粮中，是人类最重要、最经济的食物。这类食物每日提供的热卡应占总热卡的60%～65%。任何碳水化合物到体内经生化反应最终均分解为糖，因此亦称之为糖类。除供能外，它还促进其他营养素的代谢，与蛋白质、脂肪结合成糖蛋白、糖脂，组成抗体、酶、激素、细胞膜、神经组织、核糖核酸等具有重要功能的物质。

(5) 维生素。维生素对维持人体生长发育和生理功能起重要作用，可促进酶的活力或为辅酶之一。维生素可分两类，一类为水溶性维生素包括维生素B族、维生素C等，这一类占大多数，它们不在体内储存，需每日从食物中获取；另一类是脂溶性维生素，可在人的肝脏中贮存。维生素A、D、B、C、E、K、叶酸……各司其职，缺一不可，并能对帮助人体对物质的吸收起到一定的作用。

(6) 矿物质。矿物质是人体主要组成物质，碳、氢、氧、氮约占人体重总量的96%，钙、磷、钾、钠、氯、镁、硫占3.95%，其他则为微量元素共41种，常为人们提到的有铁、锌、铜、硒、碘等。每种元素均有其重要的、独特的、不可替代的作用，各元素间又有密切相关的联系，在儿童营养学研究中这部分占很大比例。矿物质虽不供能，但有重要的生理功能：① 构成骨骼的主要成分；② 维持神经、肌肉正常生理功能；③ 组成酶的成分；④ 维持渗透压，保持酸碱平衡。矿物质缺乏与疾病相关，比如说缺钙与佝偻病，缺铁与贫血，缺锌与生长发育落后，缺碘与生长迟缓、智力落后，等等，均应引起足够的重视。

(7) 膳食纤维。膳食纤维的定义有两种，一是从生理学角度将膳食纤维定义为哺乳动物消化系统内未被消化的植物细胞的残存物，包括纤维素、半纤维素、果胶、抗性淀粉和木质素等；另外一种是从化学角度将膳食纤维定义为植物的非淀粉多糖和木质素。膳食纤维可分为可溶性膳食纤维和非可溶性膳食纤维。

3. *缺乏营养素的各种症状*

缺不缺营养，这是很多人关心却不容易判断的问题，其实，身体会有意或无意地发出种种营养缺乏的信号，提醒大家迅速找出应对之策。

(1) 信号：头发干燥、变细、易断、脱发。

可能缺乏的营养：蛋白质、能量、必需脂肪酸、微量元素锌。

营养对策：每日保证主食的摄入，以最为经济的手段为机体提供足够的能量。每日保证3两瘦肉、1个鸡蛋、250毫升牛奶，以补充优质蛋白质，同时可增加必需脂肪酸摄入。每周摄入2～3次海鱼，并可多吃些牡蛎，以增加微量元素锌。

(2) 信号：夜晚视力降低。

可能缺乏的营养：维生素A。如果不及时纠正，可能进一步发展为夜盲症，并出现角膜干燥、溃疡等。

营养对策：增加胡萝卜和猪肝等食物的摄入。两者分别以植物和动物的形式提供维生素A，后者吸收效率更高。应注意的是，维生素A是溶解于油脂而不溶解于水的维生素，因此用植物油烹炒胡萝卜相比于生吃胡萝卜，维生素A的吸收效率可大为提高。

(3) 信号：舌炎、舌裂、舌水肿。

可能缺乏的营养：B族维生素。

营养对策：淘米、蒸饭等可造成B族维生素的大量丢失。长期进食精细米面，长期吃素食，同时又没有其他的补充，很容易造成B族维生素的缺失。为此，应做到主食粗细搭配、荤素搭配。如果有吃素的习惯，每日应补充一定量的复合维生素B族药物制剂。

(4) 信号：牙龈出血。

可能缺乏的营养：维生素C。

营养对策：维生素C是最容易缺乏的维生素，因为它对生存条件的要求较为苛刻，光线、温度、储存和烹调方法都会造成维生素C的破坏或流失。因此，每日应大量进食新鲜蔬菜和水果，最好能摄入1斤左右的蔬菜和2～3个水果，其中，蔬菜的烹调方法以热炒和凉拌结合为好。

(5) 信号：味觉减退。

可能缺乏的营养：锌。

营养对策：适量增加贝壳类食物，如牡蛎、扇贝等，是补充微量元素锌的有效手段。另外，每日确保1个鸡蛋、3两红色肉类和1两豆类也是补充微量元素锌所必需的。

(6) 信号：嘴角干裂。

可能缺乏的营养：核黄素(维生素 B_1)和烟酸。

营养对策：核黄素（维生素 B_1）在不同食物中含量差异很大，动物肝脏、鸡蛋黄、奶类等含量较为丰富。为此，每周应补充 1 次（2～3 两）猪肝，每日应补充 250 毫升牛奶和 1 个鸡蛋。应注意对谷类食品进行加工可造成维生素 B_1 的大量丢失，如精白米维生素 B_1 保存率仅有 11%，小麦标准粉维生素 B_1 保存率仅有 35%，因此主食应注意粗细搭配。而烟酸主要来自动物性食物，特别是猪肝、鸡肝等。

二、合理营养与人体健康的关系

合理营养要求三大营养素供热占总热能的百分比分别为蛋白质 10%～15%、脂肪 20%～30%、糖类（碳水化合物）60%～70%。蛋白质是构成人体组织不可缺少的物质，也是构成各种酶、抗体及某些激素的主要成分。蛋白质可促进生长发育，维持毛细血管的正常渗透性，并供给热能，缺乏时可致生长发育迟缓、体重减轻、容易疲劳、循环血容量减少、贫血、对传染病抵抗力降低、创伤和骨折不易愈合、病后恢复迟缓，严重缺乏时可致营养不良性水肿。脂肪可供给热能，构成组织脂肪及储存脂肪，供给必需脂肪酸（亚油酸），脂肪还可促进脂溶性维生素的吸收。但脂肪摄入过多可致肥胖和动脉粥样硬化。动物性脂肪中含饱和脂肪酸较多（鱼类除外），植物油含多不饱和脂肪酸较多（棕榈油、椰子油除外），饱和脂肪酸可使血清胆固醇量增高，多不饱和脂肪酸可降低血胆固醇及甘油三酯，减少血小板的黏附性。所以膳食中饱和脂肪酸与多不饱和脂肪酸的比例（S/P）以 1∶1 为宜，这样既照顾到必需脂肪酸的供应，又可预防一些与脂肪营养有关的疾病（如冠心病、肥胖症等）的发生。碳水化合物是热能的食物来源，有节省蛋白质的作用，可保证正常量的血糖、肝糖原和肌糖原，以维持大脑活动、肝脏解毒和肌肉活动。碳水化合物摄入不足可导致热能不足，生长发育迟缓，易于疲劳，摄入过多可致肥胖。膳食纤维为人体健康所必需，为人体内物质代谢所必需，不能由人体合成，只能由食物供给。钙、磷、镁、钾、钠等无机盐是组成机体的必要成分，具有重要的生理功能。在人体组织中含量少于体重的 0.01%的铁、碘、铜、锌、锰、钛、钼、硒、铬、氟、镍等为人体必需的微量元素，与酶、维生素、激素、核酸有密切关系。

三、合理营养的基本要求

合理营养是指适合各种情况（年龄、性别、生理条件、劳动负荷、健康状态等）的食物、营养素供给量和配比。合理营养可维持人体的正常生理功能，促进健康和生长发育，提高机体的劳动能力、抵抗力和免疫力，有利于某些疾病的预防和治疗。中国营养学会根据中国居民的膳食结构特点，设计的"中国居民平衡膳食宝塔（2016）"十分形象地指出了人类的合理膳食结构：底层为水，每天应喝水 1 500～1 700 毫升；第二层为谷薯类，每天应吃 250～400 克（全谷物和杂豆 50～150 克，薯类 50～100 克）；第三层为蔬菜类（每天吃 300～500 克）与水果类（每天吃 200～350 克）；第四层为畜禽肉（每天吃 40～75 克）、水产品（每天吃 40～75 克）、蛋类（每天吃 40～50 克）；第五层为奶及奶制品（每天吃 300 克）、大豆及坚果类（每天吃 25～35 克）；第六层为盐（每天少于 6 克）与油（每天 25～30 克）。

第三节　体育锻炼与健康

一、体育锻炼与身体健康的关系

（一）体育锻炼对身体形态结构的作用

身体形态结构主要由先天遗传因素决定，但是后天因素对形态结构的影响也是不容忽视的。

可以将人体生命的全部过程大致分为3个时期，即儿童少年时期、青少年时期和中老年时期。不同时期生长发育的速度不同，而且每个人在相同时期的发育速度也是不同的。也就是说，虽然总的发育规律不可改变，但变化的速度却可以控制。青少年时期是人体生长发育的最佳时期，也是人的体型、体力和健康奠定的关键时期。此时，后天因素对机体的影响比任何时期都大。

（二）体育锻炼对生理机能的作用

人体是一个完整、统一的有机体，它由不同的器官构成，按功能可分为神经系统、呼吸系统、血液循环系统、消化系统、运动系统等。体育锻炼可对人体各个系统产生影响，促进机体全面发展。

1. 体育锻炼对神经系统的作用

神经系统由中枢神经系统和周围神经系统组成，体育锻炼可以改善神经系统的功能。

(1) 体育锻炼可以提高人体对刺激的反应速度。体育锻炼的项目种类繁多，技术复杂，越是对抗性和技术性强的运动，越能有效地强化脑细胞的生理功能，使神经细胞的兴奋强度、反应速度、兴奋抑制转换的灵活性及均衡性都得到提高。

(2) 体育锻炼有助于增强记忆力，提高大脑工作效率。经过长时间的思考学习，专管学习的神经细胞群会产生疲劳，进而由兴奋转为抑制。在此时进行体育锻炼，专管运动的神经细胞群开始兴奋，而其他细胞群可以得到良好的休息，使头脑更清醒，思维更敏捷。

(3) 体育锻炼可以帮助改善神经衰弱，使大脑的兴奋与抑制两种功能保持平衡。

2. 体育锻炼对呼吸系统的作用

呼吸系统包括鼻、咽、喉、气管、支气管和肺。其中，肺是气体交换的场所，其他器官是气体交换的通道。在安静状态下，呼吸系统的各个器官只需很小的工作强度就能完成呼吸过程，长此以往，很可能会导致相关器官的萎缩，使呼吸系统功能降低。体育锻炼时，人体对氧的需求量增加，呼吸频率加快，使呼吸系统的各个器官逐渐改善自身机能。坚持锻炼，可以使呼吸肌逐渐发达、有力、耐久，可以提高呼吸深度，增大肺活量。

3. 体育锻炼对血液循环系统的作用

血液循环系统又称心血管系统，是由心脏和血管组成的闭锁的管道系统。心脏相当于生命的“发动机”，推动血液在血管里不断地流动，以便把氧气和营养物质运送到身体各处，同时把细胞代谢过程中产生的废物和二氧化碳运出体外。

(1) 体育锻炼可以使心脏组织结构增强，心脏工作寿命延长。体育锻炼时，血液循环加速，进而改善心肌的供血机能。心肌得到更多的营养物质，心壁增厚，心脏容量增加，使外形更加圆满，搏动更加有力。长期运动的人在正常状态下的心跳频率要比一般人每分钟减少20次左右，由于总体上减少了心脏的搏动次数，因此延长了心脏的工作寿命。

(2) 体育锻炼可以使血管功能变强，血红蛋白增多，血液微循环强化。体育锻炼使血液循环加快，血流量变大，血管经常收缩或扩张，使得血管壁弹性增强、血管表面积增大，血管对血液的运输功能增强。经常锻炼也可使血液中的白细胞、红细胞和血红蛋白含量增多，结合氧的含量增大，代谢和耐缺氧的能力提高，从而改善血液循环系统的功能。

4. 体育锻炼对消化系统的作用

消化系统由口腔、咽、食道、胃肠、胰腺、肝脏和肛门等器官组成。

(1) 体育锻炼可以促进食物的消化和营养物质的吸收。经常参加体育锻炼使消化腺分泌的消化液增多，腹部运动促使消化管道的蠕动加强，胃肠的血液循环得到改善，使食物的消化和营养物质的吸收更加充分和顺利。

(2) 体育锻炼可以促进肝脏健康。体育锻炼使体内糖分的消耗增加，因此肝脏需将储备的糖原及时向外输送，肝脏工作量的增加使其机能得到锻炼和提高。

5. 体育锻炼对运动系统的作用

运动系统是人们从事生产、生活活动的器官，由骨骼、关节和肌肉 3 部分组成。体育运动是在运动系统的协调工作下完成的，并在完成运动的同时使运动系统的各个部分更加坚固、灵活、结实且粗壮有力。

(1) 体育锻炼可以使骨骼性能、形态发生良好变化。长期的体育锻炼使骨骼变得粗壮、坚固，增强其抗折、抗弯、抗压缩和抗扭转等方面的机械性能。

(2) 体育锻炼可以提高关节的稳固性和灵活性。经常从事体育锻炼，可使关节囊、肌腱和韧带增厚，关节的稳固性、延展性增强，关节的弹性、灵活性和柔韧性提高。

(3) 体育锻炼可以提高肌肉性能。运动过程中，肌肉工作加强，对蛋白质等营养物质的吸收、存储能力加强，使肌纤维增粗，肌肉体积增大，从而使肌肉结实有力。

(三) 体育锻炼对身体素质的作用

人体的基本活动能力是通过身体素质来描述的。体育锻炼可以提高身体素质，提高基本活动能力。身体素质的好坏是以速度、力量、耐力、灵敏和柔韧等人体机能的综合能力作为标准的。

1. 速度素质

速度素质是指人体快速运动的能力，是人体身体素质中最基本的素质之一。体育锻炼可使人体对外界刺激的反应速度加快，并使人在较短的时间范围内完成指定动作。

2. 力量素质

力量素质是指人的机体或机体的某一部分肌肉工作(收缩和舒张)时克服外界阻力的能力。力量素质在体育运动中最为重要，没有力量素质作为基础，任何体育运动都不可能完成。日常的体育锻炼和专门的练习可以显著提高肌肉力量，有利于更好地学习、生活和娱乐，使人体受益终身。

3. 耐力素质

耐力素质是指人体长时间活动或对抗疲劳的能力，是反映人体健康水平或体质强弱的一个重要标志。进行体育锻炼可发展肌肉耐力和全身耐力，促进心肺功能的提高。

4. 灵敏素质

灵敏素质是指在外界刺激突然变换的条件下，人体能迅速、准确、协调地改变身体运动方向和位置的能力。它是人的运动技能、神经反应和各种身体素质的综合表现。进行体育锻炼可较好地发展灵敏素质，例如，体操、武术、滑冰、球类运动等都是发展灵敏素质的有效项目。

5. 柔韧素质

柔韧素质是指人体在运动时各关节的活动幅度和范围，以及肌肉和韧带的伸展能力。柔韧素质由 3 个因素决定，即关节的骨结构，关节周围组织体积的大小，关节的韧带、肌腱、肌肉和皮肤的伸展性。体操、艺术体操、武术、跳水和田径运动等项目可较好地发展人体的柔韧素质。

二、体育锻炼与心理健康的关系

体育锻炼既是一种身体活动，也是一种心理活动。因此，体育锻炼不仅有助于身体健康，而且对心理健康也有着积极的作用。

(一) 改善情绪状态

情绪状态是衡量体育锻炼对心理健康影响的最重要的指标之一。不良情绪是导致生理和心理不健康的重要因素之一，而体育锻炼能直接给人带来愉快和喜悦，并能降低紧张和不安，从而调控人的情绪，改善心理健康状况。大学生常因学习压力、同学间的竞争、人际关系的复杂以及对未来前程的担忧而持续产生紧张、焦虑和不安。大学生通过参加体育运动，特别是自己所喜爱的项目，在完成的过程中，在与同伴的配合中，在与对手的斗智拼搏中，在征服自然胜利后，可以得到美妙的快感和心理上的满足感，产生愉快情绪，从而乐在其中。

(二) 促进智力发展

经常参加体育锻炼有利于头脑清醒、精力充沛，有助于血液循环和神经细胞兴奋与抑制的交替，更有助于促进注意力集中稳定、知觉敏锐精确、记忆状态良好、想象力丰富、思维灵活。同时体育锻炼对兴趣广泛、动机良好、情绪稳定等非智力因素的发展也有利，对提高智力具有促进作用。

(三) 强化自我概念

自我概念是指个体主观上对自己的身体、思想和情感等的总体评价。它是由许多自我认识组成的，如“我是什么人”“我的学习优秀”“我喜欢什么”“我不喜欢什么”等。自我概念包括身体表象(指头脑中形成的身体图像)和身体自尊(指个体对自己运动能力及身体外貌、身体抵抗力和健康状态的评价)。身体表象与身体自尊障碍在正常人群中是普遍存在的。据报道，有一半的大学生对自己的身高或体重不甚满意，这种不满意会导致其身体自尊降低，并产生不安全感或抑郁症状。研究表明，坚持体育锻炼可使人体格健壮、精力充沛、魅力四射，能有效地改善人的身体表象和身体自尊，强化自我概念。

(四) 培养坚强的意志品质

意志品质是指一个人的果断性、坚韧性、自制力以及勇敢顽强和主动独立等精神。意志品质既可在克服困难的过程中表现出来，又可在克服困难的过程中培养起来。体育锻炼本身就要不断克服各种客观困难(气候变化、动作难度、外部障碍等)和主观困难(胆怯、畏惧、疲劳、运动损伤等)，才能获得成功。

(五) 消除疲劳

疲劳是指人们连续学习或工作以后效率下降的一种现象，可以分生理疲劳与心理疲劳。当一个人的情绪低落或任务超额时生理上和心理上都会产生疲劳。大学生持续紧张的学习压力极易造成身心疲劳和神经衰弱，通过参加中等强度的体育锻炼，可以提高身体抵抗疲劳的能力，从而使身心得到放松。

(六) 治疗心理疾病

社会竞争的日趋激烈和生活压力的增大，极易使人产生悲观、失望的情绪，进而导致忧郁、孤独、焦虑等各种心理障碍的产生。体育锻炼是一种公认的心理疾病治疗方法。美国的一项调查显示，1 750 名心理医生中，80%的人认为体育锻炼是治疗抑郁症的有效手段之一，60%的人认为应将体育锻炼作为一种治疗方法来消除焦虑症。在大学生中，有不少人由于学习和其他方面的挫折而引起焦虑和抑郁等症状，可以通过体育锻炼来缓解或消除这些心理问题。

体育锻炼的生理学与心理学基础

思考题

1. 什么是健康和亚健康？
2. 简述合理营养与身体健康的关系。
3. 体育锻炼对人的健康有什么重要作用？

延伸阅读书目

[1] 李平，刘宇星，黄佑琴.大学体育与健康教育[M].北京：中国经济出版社，2007.

[2] 田国祥.体育与健康[M].北京：人民邮电出版社,2011.

参考文献

[1] 詹中辉,李丽,周葛龙.体育与健康教程[M].北京：航空工业出版社,2014.
[2] 李连芝,李淑清.体育与健康[M].北京：人民军医出版社,2007.
[3] 赵广涛.大学体育与健康[M].北京：新华出版社,2015.
[4] 井玲.体育锻炼与大学生心理健康[M].武汉：湖北科学技术出版社,2009.

第三章 体质健康

体质是指人体的质量，它是在遗传性和获得性的基础上表现出来的相对稳定的特征，是人的生命活动和劳动能力的物质基础。同时，体质也与健康息息相关。随着人们生活水平的提高，对体质健康的需求也日益提高，形态更美、机能更好、素质更高的健康体质成为大学生追求的新目标。

第一节 体质健康概述

一、体质健康的含义

健康的概念包括身体健康、心理健康和社会适应良好。体质健康则是为避免与三维的健康概念混淆，将“体质”作为“健康”的定语以揭示其内涵，实为身体健康，包括身体形态、身体机能和身体素质三部分。

影响体质健康的因素是多方面的，它与遗传、环境、营养、体育锻炼等有着密切的关系。遗传只对体质健康的状况和发展提供了可能性或前提条件，体质的强弱则有赖于后天环境、营养、卫生和身体锻炼等因素。

研究显示，积极参与体育活动的人，在其一生中，可能具有的优势是：发展成肥胖者的机会只有运动不足者的1/10；在同样条件下，考试成绩可能提高40%；在一些国家，吸烟、吸毒等危险行为的概率将有所下降；一生的收入比别人多出7%～8%；医疗费用每年可以节省2 741美元；一生中生病的时间缩短，致残率比别人低1/3；平均寿命可能增加5年。因此，有计划、有目的地进行科学锻炼，才是增强体质、促进健康、努力奋斗和享受人生最积极有效的手段。

二、我国学生体质健康现状

青少年体质健康关乎民族发展、国家振兴、家庭幸福，党和国家高度重视。教育部等部委从1979年开始组织实施“中国学生体质与健康调研”，1985年至2005年，共进行了5次。在这20年间的检测中，前10年中国青少年学生在身体形态、生理功能和身体素质的多个指标呈现出不同程度的水平下降现象；而自1995年到2005年，部分指标的下降呈加速趋势。2010年国家发布《2008—2010年国家学生体质健康标准测试数据分析报告》（以下简称《分析报告》），结果表明：这三年，总体上，学生《国家学生体质健康标准》的测试成绩有向好趋势，从2008年至2010年，总体平均分别为73.77分、75.07分、74.29分；2008年至2010年，学生体质健康等级分布比例整体合格率有所提高，分别是85.94%、86.73%、87.11%。特别是优良率提高明显，由2008年的

52.80%增长到2009年、2010年的57.73%和56.24%。这表明,我国学生体质健康改善出现了转机,下降速度得到遏制。但是,大学生群体体质仍呈现下降趋势,因此大学生体质健康亟待改善。

第二节　体质健康测试

一、我国学生体质健康测试制度的演变

我国学生体质健康测试制度由来已久,可以划分为以苏联《劳卫制》为参考阶段(1951—1974年)、自主研制阶段(1975—2003年)和与世界接轨阶段(2004年至今)3个阶段。第一阶段始于20世纪50年代,我国参考苏联的经验制定了《劳卫制》,"军事化"色彩浓厚;第二阶段始于1975年,颁布了《国家体育锻炼标准》,这是中国自主制定并实施的第一个学生体质测试制度,"身体素质化"与"达标化"成为当时测试项目的典型特征;第三阶段始于2004年,我国的学生体质健康测试制度充分吸收国际上先进的体质健康测试制度的经验与成果,在评价标准中强化了对健康的综合评价,测试指标从单一的运动素质类增加到身体形态、身体机能和运动素质3类,实现了体质评价的"多维化"转变。体质健康测试项目全部为必测项目,凸显了我国学生体质健康测试制度的测试项目的"强制化"特征。

二、国家学生体质健康标准(2014年修订)

2014年7月7日教育部印发的《国家学生体质健康标准(2014年修订)》为最新的《国家学生体质健康标准》,其具体内容如下:

(一) 测试对象

《国家学生体质健康标准》(以下简称《标准》)是国家学校教育工作的基础性指导文件和教育质量基本标准,是评价学生综合素质、评估学校工作和衡量各地教育发展的重要依据,是《国家体育锻炼标准》在学校的具体实施,适用于全日制普通小学、初中、普通高中、中等职业学校、普通高等学校的学生。

(二) 测试依据

本标准的修订坚持健康第一,落实《国家中长期教育改革和发展规划纲要(2010—2020年)》《国务院办公厅转发教育部等部门关于进一步加强学校体育工作若干意见的通知》(国办发〔2012〕53号)和《教育部关于印发〈学生体质健康监测评价办法〉等三个文件的通知》(教体艺〔2014〕3号)有关要求,着重提高《标准》应用的信度、效度和区分度,着重强化其教育激励、反馈调整和引导锻炼的功能,着重提高其教育监测和绩效评价的支撑能力。

(三) 测试意义

本标准从身体形态、身体机能和身体素质等方面综合评定学生的体质健康水平,是促进学生体质健康发展、激励学生积极进行身体锻炼的教育手段,是国家学生发展核心素养体系和学业质量标准的重要组成部分,是学生体质健康的个体评价标准。

(四) 测试的组织

本标准将适用对象划分为以下组别:小学、初中、高中按每个年级为一组,其中小学为6组、初中为3组、高中为3组。大学一、二年级为一组,三、四年级为一组。

(五) 测试内容

小学、初中、高中、大学各组别的测试指标均为必测指标。其中,身体形态类中的身高、体重,

身体机能类中的肺活量，以及身体素质类中的50米跑、坐位体前屈为各年级学生共性指标。

（六）测试评价

本标准的学年总分由标准分与附加分之和构成，满分为120分。标准分由各单项指标得分与权重乘积之和组成，满分为100分。附加分根据实测成绩确定，即对成绩超过100分的加分指标进行加分，满分为20分；小学的加分指标为1分钟跳绳，加分幅度为20分；初中、高中和大学的加分指标为男生引体向上和1 000米跑，女生1分钟仰卧起坐和800米跑，各指标加分幅度均为10分。

根据学生学年总分评定等级：90.0分及以上为优秀，80.0～89.9分为良好，60.0～79.9分为及格，59.9分及以下为不及格。

（七）测试管理及监督

每个学生每学年评定一次，记入《〈国家学生体质健康标准〉登记卡》。特殊学制的学校，在填写登记卡时可以按规定和需求相应地增减栏目。学生毕业时的成绩和等级，按毕业当年学年总分的50%与其他学年总分平均得分的50%之和进行评定。

学生测试成绩评定达到良好及以上者，方可参加评优与评奖；成绩达到优秀者，方可获体育奖学分。测试成绩评定不及格者，在本学年度准予补测一次，补测仍不及格，则学年成绩评定为不及格。普通高等学校学生毕业时，《标准》测试的成绩达不到50分者按结业或肄业处理。

学生因病或残疾可向学校提交暂缓或免予执行《标准》的申请，经医疗单位证明，体育教学部门核准，可暂缓或免予执行《标准》，并填写《免予执行〈国家学生体质健康标准〉申请表》，存入学生档案。确实丧失运动能力、被免予执行《标准》的残疾学生，仍可参加评优与评奖，毕业时《标准》成绩需注明免测。

各学校每学年开展覆盖本校各年级学生的《标准》测试工作，《标准》测试数据经当地教育行政部门按要求审核后，通过“中国学生体质健康网”上传至“国家学生体质健康标准数据管理系统”。测试和数据上传时间由教育行政部门确定。

三、学生体质健康测试

《国家学生体质健康标准》的落实，具体体现就是学生体质健康测试工作。根据教育部印发的《学生体质健康监测评价办法》的通知，各级各类学校每学年开展覆盖本校各年级全体学生的体质健康测试工作，并将测试数据（含学生基本情况、单项指标分值、测试成绩、评定等级以及实施测试的时间、地点、方式和人员等信息）进行汇总整理，按照规定的权限、程序和方法，上报至国家学生体质健康标准数据管理系统。因病或残疾学生可依申请准予暂缓或免于体质健康测试。

大学生体质健康测试包括以下几个项目：

（一）身高/体重

身高/体重测试对应的是身体质量指数，简称体质指数，英文为Body Mass Index，简称BMI（公式3-1），是用体重公斤数除以身高米数平方得出的数字，主要用于统计，当需要比较及分析一个人的体重对于不同高度的人所带来的健康影响时，BMI值是一个中立而可靠的指标，是国际上常用的衡量人体胖瘦程度以及是否健康的一个标准。

$$\mathrm{BMI}=\frac{\text{体重(公斤)}}{\text{身高}^2(\text{米}^2)}$$

公式3-1

测试方法：受试者赤足，站在底座踏板上，身体自然挺直，上肢自然下垂，足跟并拢。足跟、骶骨部及两肩胛骨贴近立柱，耳屏上缘与眼眶下线呈水平位。

注意事项：测试时站在底座踏板中央，上下踏板动作要轻。

（二）肺活量

肺活量是指在不限时间的情况下，一次最大吸气后再尽最大能力所呼出的气体量，这代表肺一次最大的机能活动量，是反映人体生长发育水平的重要机能指标之一。肺活量能够显示一个人的心肺功能，肺活量大的人，身体供氧能力更强。

肺活量检测数值低（与正常数值相比），说明机体摄氧能力和排出废气的能力差，人体内部的氧供应就不充裕，机体的一些工作就不正常。一旦机体需要大量消耗氧的情况（如长时间学习、工作、剧烈运动时）就会出现氧供应的严重不足，从而导致如头痛、头晕、胸闷、精神萎靡、注意力不集中、记忆力下降、失眠等不良反应，这不仅会影响学习与工作，而且会给身体健康造成许多无法挽回的损失。肺活量因性别和年龄而异，男性明显高于女性。在20岁前，肺活量随着年龄增长而逐渐增大，20岁后增加量就不明显了。成年男子的肺活量约3 500～4 000毫升，成年女子约2 500～3 000毫升。肺活量主要取决于胸腔壁的扩张与收缩的宽舒程度。肺活量随年龄的增长而下降，每10年下降9%～27%，但长期坚持体育锻炼的人，其肺活量仍能保持正常。

测试方法：双手握住吹筒，在主机提示“开始测试，第一次测试”后深吸气对准吹嘴，以中等速度呼气，中途不准换气，直到不能呼气为止。

注意事项：测试前请将吹嘴插牢，吹气过程中不要用手堵住吹筒出气孔。测试完毕请将吹嘴收放到指定的位置。

（三）坐位体前屈

坐位体前屈的测试目的是测量在静止状态下的躯干、腰、髋等关节可能达到的活动幅度，主要反映这些部位的关节、韧带和肌肉的伸展性和弹性及身体柔韧素质的发展水平。

坐位体前屈是用于反映人体柔韧性的测试项目。柔韧性是指人体完成动作时，关节、肌肉、肌腱和韧带的伸展能力。柔韧素质的好坏，取决于关节的解剖结构和关节周围软组织的体积大小及韧带、肌腱、肌肉及皮肤的伸展性。通过体育锻炼能提高关节的灵活性，改善关节周围软组织的功能以及肌肉、韧带、肌腱的伸展性，而当人们缺乏体育锻炼，体质下降时，很多都是从柔韧素质的下降开始的。一个人的柔韧性程度越好，表示其关节的活动幅度越大，关节灵活性越强。柔韧素质与健康的关系极为密切，柔韧性的提高，对增强身体的协调能力，更好地发挥力量、速度等素质，提高技能和技术，防止运动创伤等都有积极的作用。

测试方法：脱鞋，采用坐位，两腿伸直，双脚平蹬测试纵板，两脚分开10～15厘米，上体前屈，两臂伸直向前，两手中指指尖往前匀速推动滑板，直到不能前推为止。

注意事项：请做好热身活动，避免受伤。推动滑板过程中，膝关节需保持伸直、手指不可离开滑板，否则成绩无效。

（四）立定跳远

立定跳远是从立定姿势开始的跳远。测试时运动员双脚站立的位置不限定。跳时，只准离地一次，如双脚离地后不起跳，落下后再起跳，即为连续离地两次，作一次试跳失败论。立定跳远是反映下肢爆发力与弹跳力的运动项目。它要求下肢与髋部肌肉协调快速用力，并与上肢的摆动相配合，所以它也需要一定的灵巧性。

影响立定跳远的因素包括：

(1) 力量因素：特别是下肢肌群的爆发用力能力，而且对踝关节的力量提出了较高的要求。因为立定跳远的最后用力点是在前脚掌（甚至是脚尖），所以需要踝关节的跖屈用力有相当大的强度。

(2) 协调用力的能力：指骨盆肌群与下肢肌群协调用力的能力(包括踝关节)。协调用力正确的标志是髋、膝、踝三关节能迅速有力地蹬直，上肢能做出协调的摆动，起到带、领、提、拉的作用。

(3) 臂的摆动作用：立定跳远必须直臂摆动，摆幅越大，带、领、提、拉动作越强。请注意观察，凡屈臂摆动者，必然造成上体的波浪动作，从而影响跳的远度。

(4) 能量的转换：从站立状态到下蹲状态，势能转化为动能，这样就相当于有一定的助跑，从而可以更有效地提高初速度，增加跳远的远度。

1904 年，在美国圣路易举行的第三届奥运会上，尤里蝉联了立定跳跃的全部三项冠军，成绩为立定跳高 1.50 米、立定跳远 3.476 米(创世界纪录)、立定三级跳远 10.55 米。在这届奥运会上，由于许多欧洲选手付不起昂贵的路费，未能前往美国参赛，只有 12 个国家出席，选手共 625 人(其中美国人占 533 个)。参加立定跳跃的 4 名选手均是美国人，因此尤里很轻松地战胜了对手。后期世界田径大赛里面取消了立定跳远这个项目，所以这个 100 多年前的世界纪录就成为迄今为止的最后一个记录了，后期即便有人超过这个距离，也因为没有世界级的体育组织承认而没有成为新的纪录。

测试方法：双脚开立，膝微屈，身体前倾，然后两臂自然前后预摆两次，两腿随着屈伸，当两臂从后向前上方做有力摆动时，两脚用前脚掌迅速蹬地，膝关节充分蹬直同时展髋向前跳起，身体尽量前送，身体在空间成一斜线，过最高点后屈膝、收腹、小腿前伸，两臂自上向下向后摆，落地时脚跟先着地，落地后屈膝缓冲，上体前倾。

注意事项：首先要听清主机提示，开始测试后再起跳；其次，起跳时不要踩线，当听到“嘀嘀”警报声，应将双脚后移至起跳线后直至警报声消失再起跳；跳时，出现垫步或者两次起跳视为无效，需重测。

(五) 引体向上

引体向上主要测试上肢肌肉力量的发展水平，为男性上肢力量的考查项目，是自身力量克服自身重力的悬垂力量练习。引体向上是最基本的锻炼背部的方法，也是衡量男性体质的重要参考标准和项目之一。引体向上要求男性有一定的握力、上肢力量和肩带力量，这个力量必须能克服自身的体重才能完成一次。引体向上对发展上肢悬垂力量、肩带力量和握力有重要作用。它是以按动作规格完成的次数来计算成绩的，做得多则成绩好，因此，它是一种力量耐力项目。

引体向上种类多种多样，主要分为静力引体向上和借力引体向上(可以摆动身体)两大类。另外，5 045 次是人类有记载的在引体向上这个简单运动上所能达到的最高数字。一分钟世界纪录：2007 年 10 月 25 日，美国人马太·博格丹诺维茨(Matthew Bogdanowicz)，正手，46 次。浙江农林大学大三男生 6 小时做了 2 016 个引体向上。

测试方法：受试者双手正握、直臂悬垂挂在杠上，两臂屈臂同时用力引体，上拉到下颌超过横竿上缘算一次，直臂还原进行下一个。

注意事项：必须双手正握；从悬垂挂杠状态开始(从地面跳到挂杠状态，不计为一次引体向上，必须悬垂挂杠后才开始计算)；引体向上时身体不得出现大的摆动，也不可借助其他附加动作撑起；过下颌计为一个引体向上；下一个引体向上需手臂还原伸直，连续屈臂状态下的引体向上不计数；中间停顿超 10 秒，测试结束。

(六) 仰卧起坐

仰卧起坐作为一个经典的力量练习动作，在竞技体育、全民健身等领域中已存在多年。腰腹部、后背部被称为人体的“核心”，是支撑和保障人们行走、跑步、上下楼、负重等日常活动的基础，每个人都应该加强核心肌群的力量。仰卧起坐主要测试的是腹肌耐力。30 岁以下的女性，很多是出于防止妇科病的目的练习的，这时频率最好控制在每分钟 60～70 个，随年龄的增加而递减。

然而这个经典的技术动作因为一则新闻深处风口浪尖：2014 年 8 月 22 日，中国台湾 TVBS 新闻台曾经报道称，一名 25 岁的台湾男子在做了几个仰卧起坐后，觉得颈部以下全身无力，被送到医院时，男子意识清楚，但四肢无法动弹并伴随大小便失禁。当地医生检查后解释称，男子以手抱头的方式仰卧起坐，导致颈椎内血管受不了连续施力而爆裂，血块压迫神经，进而导致颈部以下全身瘫痪。

一时间"仰卧起坐或致瘫"等标题夺人眼眶、引发社会恐慌。广州市第一人民医院脊柱外科副主任医师肖文德医生认为这是偶然案例，并不能完全怪仰卧起坐，仰卧起坐应该是诱因。而发生血管破裂往往是因为患者本身患有颈椎管内动、静脉血管畸形，所以在做仰卧起坐这样需过伸、过屈颈椎的剧烈锻炼时，挤压了血管，从而发生了血管瘤破裂。对有基础疾病的患者，不主张做仰卧起坐这样的运动。

图 3－1

北京体育大学博士生导师张一民教授指出只要让学生掌握仰卧起坐正确的动作要领，就能够规避运动损伤风险。

测试方法(图 3－1)：受试者仰卧于软垫上，两腿稍分开，屈膝呈 90 度，两手手指交叉贴于脑后。同伴按压其踝关节，以固定下肢，受试者利用腹肌的力量起身，而不是利用双手抱头的力量起身。强调一下两手的作用是固定颈部，也可以理解为托住颈部，使颈部保持微微前屈的姿势，以防止颈部后伸仰头，造成背部肌肉紧张，影响动作质量。

注意事项：腰椎间盘突出患者、颈椎病患者不可进行仰卧起坐练习。身体健康的大学生练习前也需要做好热身，让身体活动开之后才开始做，切记量力而行。练习前还要选择有弹性有厚度的垫子，保护背部；在仰卧起坐过程中，后背部的肌群是对抗肌，在运动中起拮抗作用，即要想圆满完成仰卧起坐，该肌群在运动全过程中是要放松的。头部要保持姿势固定，不要用力抱头或甩头。准备姿势从仰卧屈膝开始，听到提示音后双肘触膝算一次。还原，两肩胛骨着垫准备下一个。凡肘未触膝、肩胛骨未着垫，手臂通过抱腿、拉衣服等借力动作、伙伴帮忙拉扯推送等违规动作一律不计数。一分钟限时。

(七) 50 米跑

50 米跑是一个能体现快速跑能力和反应能力的体育项目。世界纪录是加拿大的多诺万·贝利创造的 5 秒 56。

50 米跑要注意的几个问题：

(1) 穿轻便的运动鞋，系好鞋带。

(2) 穿好适合运动的服装，做好充分的准备活动。

(3) 起跑前要注意力集中，听到信号马上启动。

(4) 起跑后，先增加步频再增大步长。

(5) 跑进过程中，脚尖着地，脚后跟不着地。

(6) 要跑直线，不可跑曲线或串道。

(7) 未过终点线，冲刺不能减速。

(8) 后摆有力，身体协调，后蹬充分。

测试方法：按指定位置站立式起跑，听到指令“预备，跑”后方可起跑，冲过终点后测试结束。

注意事项：抢跑需召回重测；串道，成绩无效，需重新测试。

（八）800 米跑（女）/1 000 米跑（男）

800 米/1 000 米属于中长跑，主要测试速度耐力。大学生长期进行中长跑锻炼，能增强与提高心血管系统、呼吸系统、消化系统和神经系统等功能，并有助于培养坚定的意志、顽强的斗志，塑造完善的个性心理特征。

测试技巧：

(1) 做好跑步准备，跑步前拉拉筋，压压腿，最重要的是要活动手脚腕（脚腕不活动好，很容易使自己扭伤或者在活动后会感觉脚腕有点疼痛）。

(2) 找一个合适有利的位置，起步时不要太焦急（注意安全，在一群人冲出去的时候很容易受伤）。跑前半部分时不要冲，这会使你体力耗尽，使自己保持在上位圈就行，也就是人群中的第一梯队，然后找一个人跟在他身后，调整自己的步伐，使自己和前面一人步伐一致（前面的人帮你抵挡了风的阻力，你会感到更轻松）。然后调整呼吸，可以采取三步呼吸法，即跑三步一大呼吸，使自己减轻压力。呼吸时用嘴和鼻子同时呼吸，舌头顶上颚，让空气从舌头两侧通过，可以湿润空气，也避免凉空气直吹嗓子。当觉得自己能够超过前面的人时，可以加把劲，然后寻找下一目标，方法如前。

(3) 中段，坚持就是胜利，不要跑小步子，将大腿迈起来，使用大腿肌肉，最重要的就是调整呼吸，千万不要被别人把呼吸带乱。

(4) 尾段，大约 200 多米，若觉得自己还有余力，就尽量加把劲，冲一冲，你会看见胜利在向你招手。

(5) 跑完步后，慢跑半圈，使自己心跳平缓下来。注意，就算觉得太累也不要立即坐下，这时坐下，会导致血液积聚在臀部不能进行良好循环，长此以往，屁股会越变越大。拉伸下肌肉会使肌肉不至于变得僵硬，会更匀称。

目前各高校一般采用两种测试仪器：一种是佩戴外设芯片式感应装置，另一种是手持机终点输入方式。到指定起点听指令起跑，到终点按名次站好上交外设装置或输入成绩。

第三节　体质健康评价

体质健康测试之后，下一环节就是体质健康评价。每个大学生各项的测试结果是什么？如何折算成分数？如何计算评价等级？

一、权重

大学生体质健康测试的单项指标，各项权重并非完全相同（表 3-1）。

表 3-1　单项指标与权重

单项指标	权重(%)
体重指数(BMI)	15
肺活量	15
50 米跑	20

续 表

单 项 指 标	权重(%)
坐位体前屈	10
立定跳远	10
引体向上(男)/1 分钟仰卧起坐(女)	10
1 000 米跑(男)/800 米跑(女)	20

二、单项评价

(一) 身高体重比(体重指数 BMI)

身高体重比是所有体质测试中最轻松、最容易拿分的部分(表 3-2)。不论高矮胖瘦,每个大学生都有分,如果身材匀称还可以轻轻松松拿到满分。就算身材不佳,最差也可拿到及格分。

表 3-2 大学生体重指数(BMI)单项评分表(单位: 千克/米²)

等 级	单项得分	大学男生	大学女生
正 常	100	17.9～23.9	17.2～23.9
低体重	80	≤17.8	≤17.1
超 重		24.0～27.9	24.0～27.9
肥 胖	60	≥28.0	≥28.0

大学生可以根据 BMI 公式计算,对照表 3-2 计算自己的身体形态等级。如一个身高 170 厘米、体重 68 千克的男生,$BMI=68/1.7^2=23.52$,即该男生体重指数在 17.9～23.9 之间,属于身体形态正常,不需要减肥。

低体重的大学生要吃好一日三餐,保证合理营养的同时加强体育锻炼;而超重和肥胖的大学生,则需要减糖、减脂、增加运动来保持良好身体形态和健康。

(二) 坐位体前屈

坐位体前屈对于柔韧性差、身体僵硬的大学生也存在一定难度,个别大学生测试值为负数而拿不到分(表 3-3),有的大学生突然发力测试导致身体拉伤。因此,该项测试前和平常练习时要做好充分的准备活动。柔韧性差的同学更要平时要勤加练习。

表 3-3 大学生坐位体前屈单项评分表(单位: 厘米)

等 级	单项得分	大一 大二 男生	大三 大四 男生	大一 大二 女生	大三 大四 女生
优秀	100	24.9	25.1	25.8	26.3
	95	23.1	23.3	24.0	24.4
	90	21.3	21.5	22.2	22.4
良好	85	19.5	19.9	20.6	21.0
	80	17.7	18.2	19.0	19.5

续 表

等 级	单项得分	大一 大二 男生	大三 大四 男生	大一 大二 女生	大三 大四 女生
及格	78	16.3	16.8	17.7	18.2
	76	14.9	15.4	16.4	16.9
	74	13.5	14.0	15.1	15.6
	72	12.1	12.6	13.8	14.3
	70	10.7	11.2	12.5	13.0
	68	9.3	9.8	11.2	11.7
	66	7.9	8.4	9.9	10.4
	64	6.5	7.0	8.6	9.1
	62	5.1	5.6	7.3	7.8
	60	3.7	4.2	6.0	6.5
不及格	50	2.7	3.2	5.2	5.7
	40	1.7	2.2	4.4	4.9
	30	0.7	1.2	3.6	4.1
	20	−0.3	0.2	2.8	3.3
	10	−1.3	−0.8	2.0	2.5

（三）肺活量

肺活量是一项有技巧的测试内容，掌握不好技巧影响测试成绩。按照测试要领，听到提示音"开始测试，第一次测试"后深吸气慢吐气，多数学生能轻松及格。测试筒有测试结果，如对结果不满意可重新测试(表 3 - 4)。

表 3 - 4 大学生肺活量单项评分表(单位：毫升)

等级	单项得分	大一 大二 男生	大三 大四 男生	大一 大二 女生	大三 大四 女生
优秀	100	5 040	5 140	3 400	3 450
	95	4 920	5 020	3 350	3 400
	90	4 800	4 900	3 300	3 350
良好	85	4 550	4 650	3 150	3 200
	80	4 300	4 400	3 000	3 050
及格	78	4 180	4 280	2 900	2 950
	76	4 060	4 160	2 800	2 850
	74	3 940	4 040	2 700	2 750

续 表

等级	单项得分	大一 大二 男生	大三 大四 男生	大一 大二 女生	大三 大四 女生
及格	72	3 820	3 920	2 600	2 650
	70	3 700	3 800	2 500	2 550
	68	3 580	3 680	2 400	2 450
	66	3 460	3 560	2 300	2 350
	64	3 340	3 440	2 200	2 250
	62	3 220	3 320	2 100	2 150
	60	3 100	3 200	2 000	2 050
不及格	50	2 940	3 030	1 960	2 010
	40	2 780	2 860	1 920	1 970
	30	2 620	2 690	1 880	1 930
	20	2 460	2 520	1 840	1 890
	10	2 300	2 350	1 800	1 850

（四）立定跳远

立定跳远是重测率最高的一个项目，曾有学生跳了 10 次才有成绩，究其原因是不会立定跳远，每次立定跳远都会二次起跳，单脚或者双脚踩线导致成绩无效。大学生立定跳远标准如下表所示（表 3－5）。

表 3－5 大学生立定跳远单项评分表（单位：厘米）

等级	单项得分	大一 大二 男生	大三 大四 男生	大一 大二 女生	大三 大四 女生
优秀	100	273	275	207	208
	95	268	270	201	202
	90	263	265	195	196
良好	85	256	258	188	189
	80	248	250	181	182
及格	78	244	246	178	179
	76	240	242	175	176
	74	236	238	172	173
	72	232	234	169	170
	70	228	230	166	167
	68	224	226	163	164
	66	220	222	160	161

续 表

等级	单项得分	大一 大二 男生	大三 大四 男生	大一 大二 女生	大三 大四 女生
及格	64	216	218	157	158
	62	212	214	154	155
	60	208	210	151	152
不及格	50	203	205	146	147
	40	198	200	141	142
	30	193	195	136	137
	20	188	190	131	132
	10	183	185	126	127

（五）引体向上（男）、一分钟仰卧起坐（女）

男生引体向上、女生一分钟仰卧起坐单项评分标准如下表所示（表 3－6）。

表 3－6　男生引体向上、女生一分钟仰卧起坐单项评分表（单位：次）

等级	单项得分	大一 大二 男生	大三 大四 男生	大一 大二 女生	大三 大四 女生
优秀	100	19	20	56	57
	95	18	19	54	55
	90	17	18	52	53
良好	85	16	17	49	50
	80	15	16	46	47
及格	78			44	45
	76	14	15	42	43
	74			40	41
	72	13	14	38	39
	70			36	37
	68	12	13	34	35
	66			32	33
	64	11	12	30	31
	62			28	29
	60	10	11	26	27
不及格	50	9	10	24	25
	40	8	9	22	23

续 表

等级	单项得分	大一大二男生	大三大四男生	大一大二女生	大三大四女生
不及格	30	7	8	20	21
	20	6	7	18	19
	10	5	6	16	17

（六）50 米跑

50 米跑距离近，而且标准不高，却占比 20%，应该是比较容易拿分的项目(表 3－7)。

表 3－7 大学生 50 米跑单项评分表(单位：秒)

等级	单项得分	大一大二男生	大三大四男生	大一大二女生	大三大四女生
优秀	100	6.7	6.6	7.5	7.4
	95	6.8	6.7	7.6	7.5
	90	6.9	6.8	7.7	7.6
良好	85	7.0	6.9	8.0	7.9
	80	7.1	7.0	8.3	8.2
及格	78	7.3	7.2	8.5	8.4
	76	7.5	7.4	8.7	8.6
	74	7.7	7.6	8.9	8.8
	72	7.9	7.8	9.1	9.0
	70	8.1	8.0	9.3	9.2
	68	8.3	8.2	9.5	9.4
	66	8.5	8.4	9.7	9.6
	64	8.7	8.6	9.9	9.8
	62	8.9	8.8	10.1	10.0
	60	9.1	9.0	10.3	10.2
不及格	50	9.3	9.2	10.5	10.4
	40	9.5	9.4	10.7	10.6
	30	9.7	9.6	10.9	10.8
	20	9.9	9.8	11.1	11.0
	10	10.1	10.0	11.3	11.2

（七）1 000 米跑(男)、800 米跑(女)

男生 1 000 米跑、女生 800 米跑单项评分表如下表所示(表 3－8)。

表 3-8 中长跑单项评分表(单位: 分·秒)

等级	单项得分	大一 大二 男生	大三 大四 男生	大一 大二 女生	大三 大四 女生
优秀	100	3′17″	3′15″	3′18″	3′16″
	95	3′22″	3′20″	3′24″	3′22″
	90	3′27″	3′25″	3′30″	3′28″
良好	85	3′34″	3′32″	3′37″	3′35″
	80	3′42″	3′40″	3′44″	3′42″
及格	78	3′47″	3′45″	3′49″	3′47″
	76	3′52″	3′50″	3′54″	3′52″
	74	3′57″	3′55″	3′59″	3′57″
	72	4′02″	4′00″	4′04″	4′02″
	70	4′07″	4′05″	4′09″	4′07″
	68	4′12″	4′10″	4′14″	4′12″
	66	4′17″	4′15″	4′19″	4′17″
	64	4′22″	4′20″	4′24″	4′22″
	62	4′27″	4′25″	4′29″	4′27″
	60	4′32″	4′30″	4′34″	4′32″
不及格	50	4′52″	4′50″	4′44″	4′42″
	40	5′12″	5′10″	4′54″	4′52″
	30	5′32″	5′30″	5′04″	5′02″
	20	5′52″	5′50″	5′14″	5′12″
	10	6′12″	6′10″	5′24″	5′22″

(八) 附加分

当男生引体向上、女生一分钟仰卧起坐超过满分标准,增加的数量对应一定的加分,最多加10分(表 3-9);当男生 1 000 米跑、女生 800 米跑,用时少于满分标准,减少的时间对应一定的加分,最多加 10 分(表 3-10),即体质健康测试满分实为 120 分。

表 3-9 男生引体向上、女生一分钟仰卧起坐加分评分表(单位: 次)

加 分	大一 大二 男生	大三 大四 男生	大一 大二 女生	大三 大四 女生
10	10	10	13	13
9	9	9	12	12
8	8	8	11	11

续　表

加　分	大一 大二 男生	大三 大四 男生	大一 大二 女生	大三 大四 女生
7	7	7	10	10
6	6	6	9	9
5	5	5	8	8
4	4	4	7	7
3	3	3	6	6
2	2	2	4	4
1	1	1	2	2

注：引体向上、一分钟仰卧起坐均为高优指标，学生成绩超过单项评分 100 分后，以超过的次数所对应的分数进行加分。

表 3－10　男生 1 000 米、女生 800 米跑加分评分表(单位：分・秒)

加　分	大一 大二 男生	大三 大四 男生	大一 大二 女生	大三 大四 女生
10	−35″	−35″	−50″	−50″
9	−32″	−32″	−45″	−45″
8	−29″	−29″	−40″	−40″
7	−26″	−26″	−35″	−35″
6	−23″	−23″	−30″	−30″
5	−20″	−20″	−25″	−25″
4	−16″	−16″	−20″	−20″
3	−12″	−12″	−15″	−15″
2	−8″	−8″	−10″	−10″
1	−4″	−4″	−5″	−5″

注：1 000 米跑、800 米跑均为低优指标，学生成绩低于单项评分 100 分后，以减少的秒数所对应的分数进行加分。

第四节　提升体质健康的运动处方

当前我国大学生体质测试成绩优秀率较低，良好率也只徘徊在个位数。若要提升体质健康等级，必须采用有针对性的运动处方进行干预。

一、运动处方的概念

运动处方的概念最早是美国生理学家卡波维奇在 20 世纪 50 年代提出的。20 世纪 60 年代以来，随着康复医学的发展及对冠心病等的康复训练的开展，运动处方开始受到重视。1969 年世界卫生组织开始使用运动处方术语，运动处方在国际上得到认可。运动处方的完整概念：康复医师或体疗师，对从事体育锻炼者或病人，根据医学检查资料(包括运动试验和体力测验)，按其健康、体力以及心血管功能状况，用处方的形式规定运动种类、运动强度、运动时间及运动频率，提出运动中的注意事项。运动处方是指导人们有目的、有计划和科学地锻炼的一种方法。

二、体质健康运动处方

运动处方是指针对个人的身体状况，采用处方的形式规定健身者锻炼的内容和运动量的方法。其特点是因人而异，对"症"下药。但大学生还是有很多共同的运动不足，因此我们从体质健康测试单项入手给出了改善体质健康的建议。至于运动量，以锻炼心肺耐力为例，建议每周至少5次中等强度的有氧运动，或者每周至少3次较大运动强度的有氧耐力，或者每周3～5次中等和较大强度相结合的运动。何为中等强度？体感尚且轻松到有些吃力，脉搏控制在每分钟120次左右。何为较大强度？体感有些吃力到很吃力，脉搏控制在每分钟160次左右。每个人的性别不同，体质不同，因此要根据自身状况，循序渐进进行锻炼。

研究表明，每周通过1～2次中等到较大强度的活动来促进健康的"周末勇士"，尽管有些运动者可以通过这种锻炼获得好处，但是由于锻炼不规律和做不习惯的运动会增加运动者发生肌肉骨骼损伤和心血管意外的风险，所以不向大多数人推荐这种锻炼计划。锻炼要形成习惯，长期规律的锻炼有益健康。

(一) 身高

身高有一半是一定的遗传因素导致的，当然还有一半是靠后天的努力。男性在25岁停止身体增高，女性则是23岁，也就是说大学生还有长高的可能。

(1) 如果要增高，要保证充足的睡眠，不要熬夜。

(2) 饮食方面，饮料可以选择牛奶，好处是补钙。食物推荐蛋白质高的肉类，当然营养均衡也很重要。吃饭不可以挑食，一定要吃早餐。

(3) 晒太阳，能够补充身体里的钙质，有助于长身高。

(4) 运动，首选需要跳跃的运动，如篮球、排球、跳绳等。然后，伸展类运动、悬垂类运动，如体操、游泳等也有利于长高。

(二) 体重

减脂增肌是维持良好体态的总体原则。肥胖者应该管住嘴、迈开腿，减少高脂肪高热量食物的摄入，多餐少食。每次20分钟以上中等强度的有氧运动对于减脂才有帮助，如快走、慢跑、游泳、登山、骑车等。而身体偏瘦弱的大学生，则应保证充足的营养物质摄入，同时伴随力量练习增加肌纤维围度，让自己更强壮，身材更健美。

(三) 肺活量

体育锻炼可以明显提高肺活量，譬如可以经常做一些扩胸、振臂等徒手操练习，坚持耐久跑、游泳、踢足球、打篮球、折返跑等。

(四) 坐位体前屈(柔韧素质)

大学生可以通过以下几种方法提升柔韧素质。

(1) 站位体前屈：两腿并立，两膝伸直，上体前屈，两手掌触地，上体与腿尽量贴近，复原姿势后连续再做(也可两手扶小腿后部来做)。如果无法触底，可将双腿分得更开，但要保证膝关节伸直，双手手指触底，逐渐拉伸。经过一段时间练习，当整个手掌可以轻松触地，缩小两腿之间的距离。

(2) 正踢腿：直立，两臂平举，左脚向前迈出一小步，右腿绷脚面伸直，起腿要轻，急速有力地向上踢腿，高度要高，落腿要稳。两腿交替练习(有难度的练习——腾空飞脚)。

(3) 正压腿：一腿直立，另一腿举起放入于肋木上，身体正对高腿，上体向前尽量用胸部贴腿，双膝不得弯曲，复原姿势后连续再做，一定次数后左右腿互换。

注意事项：

在锻炼柔韧性练习的时候一定要注意做准备活动，不要急于求成，不能练得过快、幅度过大、前屈过猛。尤其在冬季锻炼时，必须充分做好准备活动。锻炼前不热身容易引起肌肉、韧带拉伤或扭伤。坐位体前屈成绩的提高不是一时可以完成的，需要我们循序渐进，从易到难，持之以恒，通过自己的努力，逐步来提高。

(五) 立定跳远(弹跳力)

下肢的弹跳力可以通过以下几种方法进行练习：

(1) 跳绳：可以单脚跳、双脚跳、高抬腿跳、组合跳。每次 3 组，每组之间休息一分钟，注意力放在跳的高度上，所以可以不用跳得很快。

(2) 蛙跳：两脚分开成半蹲，上体稍前倾，两臂在体后成预备姿势。两腿用力蹬伸，充分伸直髋、膝、踝三个关节，同时两臂迅速前摆，身体向前上方跳起，然后用全脚掌落地屈膝缓冲，两臂摆成预备姿势。连续进行 5～7 次，重复 3～4 组。

(3) 跳台阶：两手背在身后，两脚平行开立，屈膝半蹲，用前脚掌力量做连续跳台阶动作。一次可跳 20～30 个台阶，重复 3～4 组。

(4) 背人游戏：玩石头剪刀布，输的人背赢的人。

(六) 引体向上(背肌耐力)

要提高引体向上成绩，初学者及比较重的人可以使用弹力带辅助练习，或请人上托助练。同时做直臂悬垂、屈臂悬垂、低杠斜身引体、悬垂摆动、低杠仰卧引体(有一人抬腿)、各种俯卧撑、屈臂引体、仰卧起坐等练习。每周 2 次，每次定额完成 20 个，逐渐缩减完成的组数，如最初 10 组完成，逐渐过渡到 5 组完成、2 组完成、1 组完成。

(七) 仰卧起坐(腹肌耐力)

要提高仰卧起坐成绩，女生可以练习卷腹、仰卧举腿、平板支撑，当然男生也可以参加到该项锻炼中来。动作不求快，而要体味用腹肌的力量抬升上身或者下肢，循序渐进。

(八) 50 米跑

通过提高步频、加大步幅来提高快速跑能力，通过反应能力练习提高反应速度。把步频和步幅练习作为准备活动，将 60 米作为练习内容，结合起跑练习，一周 2 次，每次 4 组，每组之间要充分休息。

(九) 中长跑

通过匀速跑、变速跑、上坡跑、弯道跑等练习提升有氧耐力；通过足球、羽毛球、游泳等项目丰富训练形式。跑前做好准备活动，每周跑 2 次，逐渐提高成绩，跑完要做好放松。

不积跬步，无以至千里，良好的体质有赖于科学的锻炼和不懈地坚持。为了享受高质量的人生，规划好自己的体育人生吧！

三、运动计划

美国运动医学学会推荐给大多数成年人的运动量：每天至少进行 30 分钟，每周至少 5 天，累计不少于 150 分钟的中等强度的有氧运动；或者每天至少 20 分钟，每周至少 3 天，累计不少于 75 分钟的较大强度心肺耐力训练。另外所有成年人应每周进行 2～3 天的针对所有主要肌群的抗阻训练，以及包含平衡、灵敏性、步态和协调性的神经动作练习(如瑜伽中的各种平衡姿势、跳舞、平衡木上走跑）。建议每周对每一主要肌肉、肌腱群进行至少2～3天的柔韧性练习以保持关节灵活度。训练计划要因人而异，适当调整；建议包括从事体力活动的人在内的所有成年人，都应该减少静坐少动的时间，并在整天的静坐生活中穿插频繁的、短时间的站立或者体力活动。

思考题

1. 如何让体重保持在合理范围？

2. 如何提高自己的体质健康等级？

3. 李明是大四的一名男同学，当年体测结果为身高178.3厘米，体重78.6公斤，肺活量4 326，立定跳远237厘米，引体向上4个，50米跑9.7秒，耐力跑5分30秒，请问他当年的体测成绩为多少？

延伸阅读书目

［美］Jay R.Hoffman.体能训练设计指南［M］.周志雄，译.北京：北京体育大学出版社，2015.

参考文献

［1］美国运动医学学会.ACSM运动测试与运动处方指南［M］.王正珍，王艳，王娟，等，译.9版.北京：北京体育大学出版社，2014.

［2］许斌.现代大学体育：理论篇［M］.北京：北京体育大学出版社，2012.

［3］沈剑威，阮伯仁.体适能基础理论［M］.北京：人民体育出版社，2008.

第四章　运动损伤与安全防护

第一节　运 动 损 伤

一、运动损伤的含义

人体在体育运动过程中所发生的损伤称为运动损伤。运动损伤多与体育运动项目、专项技术特点、运动水平等因素密切相关。因此，研究和总结运动损伤发生的原因、规律、预防、治疗、康复等问题，不仅可以有效地防止运动损伤，提高运动成绩，延长运动寿命，也为改善运动条件、改进教学和训练方法提供了科学依据和实践指导。

二、运动损伤的分类

（一）按伤后皮肤、黏膜是否完整分类

(1) 开放性损伤：伤口与外界相通，较易引起出血和感染，如擦伤、刺伤及开放性骨折等。

(2) 闭合性损伤：伤后皮肤或黏膜仍保持完整，受伤组织无裂口与外界相通。

（二）按受伤组织结构分类

可以分为皮肤损伤、关节损伤、软骨损伤、血管损伤、肌肉损伤、内脏损伤、脑震荡、神经损伤等。

（三）按损伤的病程分类

(1) 急性损伤：直接或间接力量一次作用而致伤，伤后症状迅速出现，病程一般较短。

(2) 慢性损伤：局部长期负担过度，由细微损伤积累而造成的损伤，发病缓慢，病程较长。

（四）按损伤程度分类

(1) 轻伤：受伤后能按锻炼计划进行练习，不影响体育活动。

(2) 中等伤：受伤后不能按锻炼计划进行练习，需停止或减少患部的活动。

(3) 重伤：需住院治疗，完全不能参加体育活动。

三、发生运动损伤的直接原因

（一）思想上不够重视

运动创伤的发生，常与大学生对预防运动创伤的意义认识不足或麻痹大意有关。他们多存在着某些片面认识，平时不重视安全教育，在体育教学、运动训练和比赛中没有积极采取各种有效的预防措施。发生运动创伤后，也不认真分析原因，吸取教训，使伤害事故时有发生。

（二）缺乏合理的准备活动

(1) 不做准备活动或准备活动不充分。

(2) 准备活动的内容与运动的内容结合得不好，或缺乏专项准备活动。

(3) 准备活动的量过大。运动量过大会导致人体产生过度疲劳或局部产生过度疲劳。

(4) 准备活动的强度安排不当，违反了循序渐进的原则和功能活动的规律。

(5) 准备活动的时间过长。准备活动所产生的生理作用已经减弱或消退，容易引起损伤。

(三) 运动技术动作上的错误

不遵守人体解剖学规律，违反人体结构功能的特点及运动时的力学原理，就会出现运动技术动作上的错误，造成运动性创伤。

(四) 运动负荷(尤其是局部负担量)过大

运动量安排不当，尤其是运动量过于集中，使局部运动量过大，是运动中受伤的主要原因。

(五) 身体功能和心理处于不良状态时

在睡眠或休息不好，患病或伤病初愈阶段，以及过度疲劳的状态下，生理功能和运动能力都相对下降，这个时候参加剧烈运动，就可能因为肌肉力量弱、反应迟钝、注意力减弱、身体协调性差导致运动损伤。心理状态和运动损伤的发生也有密切关系，如心情不畅、情绪不高、急躁、胆怯、恐惧等，都易导致动作失常而引起损伤。

(六) 组织管理方法不当

在组织运动时，不遵守循序渐进原则和区别对待原则，缺乏必要的保护措施以及自我保护能力，都极有可能发生运动损伤。

(七) 场地、设备不符合要求

场地、器材设备、服装和鞋子不符合运动要求，缺乏必要的防护器具(如护膝、护踝、护腿等)，运动场地不平坦或有小碎石、杂物，器械安装不牢固，都会在运动中引发运动损伤。

(八) 不良气候的影响

气候条件不好，如气温过高易引发疲劳或中暑，或者大量出汗导致体内代谢失常，引发肌肉痉挛。气温过低，容易发生冻伤或肌肉拉伤。此外，黄昏或黎明(尤其是大雾天)时，光线不足，能见度小，影响视力，神经反应迟钝，兴奋度低，也容易发生运动损伤。

四、运动损伤的预防

(一) 强化运动损伤的预防意识，加强安全教育

普通锻炼者可以通过阅读相关书籍和咨询专家的途径，了解一些基本的运动损伤发生的原因和基本预防知识，使自己尽量避免由于“无知”而导致运动损伤现象的发生；树立预防运动损伤的意识，主观上积极避免运动损伤的发生。

(二) 合理安排运动负荷

运动系统的劳损，大多由于长期局部负荷过大所致。为了减少这些损伤，大学生应严格遵守运动训练原则，根据年龄、性别、健康状况、各项运动项目的特点，个别对待，循序渐进，合理安排运动负荷。

(三) 认真做好准备活动

不做准备活动或准备活动不合理都会使运动损伤发生的可能性大大增加。因此，锻炼者应该重视准备活动，尽可能根据选择的锻炼内容做好准备活动。

(四) 合理选择锻炼内容

锻炼者要根据自身周边的客观锻炼环境和身体运动能力的实际情况，选择适合自身条件的运动内容。

（五）加强易伤部位的练习

例如，为了预防腰部损伤，应加强腰背肌和腹肌的锻炼；为预防关节扭伤，应加强关节周围肌肉和韧带的力量、弹性和柔韧性，以加强关节的稳定性；为预防肌肉拉伤，在发展肌肉力量的同时，还应注意发展肌肉的伸展性。

（六）加强医务监督工作

大学生应定期进行体格检查，参加比赛前后，要进行身体检查，以观察体育锻炼和比赛前后的身体机能变化；伤病初愈的大学生参加体育活动，应取得医生的同意并做好自我监督；大学生还要掌握必要的自我医务监督知识和方法，及时了解自己的身体和心理状态，及时调整自己的锻炼计划。

五、大学生常见的运动损伤

（一）肌肉拉伤

在体育运动中，肌肉拉伤是比较常见的一种外伤，肌肉拉伤的主要原因有三种：第一，身体状况不良。比如过度疲劳，使肌肉技能下降，协调性失调等容易引起肌肉拉伤；第二，准备活动不充分或不做准备活动就进行运动；第三，身体训练水平不够，肌肉的弹性、伸展性和肌力差。

肌肉拉伤预防：第一，在进行身体锻炼前要充分做好准备活动，特别是容易受伤的部位。准备活动的内容与运动量，应根据个人身体状况和气候条件等决定，一般来说以身体觉得发热，微微出汗为好。第二，做肌肉伸展练习，根据参加的不同运动项目，拉伸有关部位的肌肉。

无论是哪一种肌肉拉伤，只要患部没有明显淤血和肿胀，都应该早些考虑恢复训练和进行肌肉伸展练习。如果伸展练习太晚，肌肉内的疤痕不能随肌纤维拉长而拉长，一旦活动伸展肌肉的时候，患部就会疼痛。

（二）踝关节扭伤

踝关节扭伤都发生在外踝，受伤后疼痛，很快肿胀，皮下淤血青紫，踝关节扭伤的程度不同，症状也有差异。第一种是轻度外伤，受伤后的瞬间脚踝感觉疼痛，但不久就消失；第二种是中度损伤，关节轮廓模糊，围长已增至2厘米左右，已感到剧疼，不能再进行体育锻炼；第三种是严重扭伤，疼痛感强烈，踝关节已不能负荷，踝下侧肿得最明显，直到趾底。稍动剧疼，且恢复较慢，踝关节处只能勉强做10～20度的屈伸。

踝关节扭伤的预防：进行体育运动时应穿高帮运动鞋，以加强防护。

踝关节扭伤的治疗：急救时先用氯乙喷射扭伤部位，减少其出血。如无条件就将受伤关节放入冷水中20～25分钟，也可用冰块或冷毛巾敷受伤部位。冷敷后将扭伤关节用绷带紧紧包扎，并静息1～2日。卧床休息时，应将伤足抬高，以利静脉回流，消除肿胀。第3日起每日应做2～3次热敷或用温水烫脚，每次约30分钟，同时做伸屈、绕环、外展等动作，促使血液循环，恢复受伤关节的正常动作幅度。当疼痛感和肿胀消失后，运动强度不宜太大，运动量也要适可而止。

（三）腰部损伤

腰部软组织损伤主要包含肌肉、筋膜、韧带和滑膜等。损伤中有明确外伤史，伤后立即或一两天后发生腰痛，为急性扭伤，俗称“闪腰”；无明显外伤史，逐渐发生腰痛为腰部劳损，亦称腰软组织慢性损伤。

腰部损伤的预防：① 在进行体育锻炼时，注意力要集中，对所承担的负荷和动作，思想要有所准备。② 注意发展腰腹肌的力量，加强自我保护能力，同时应做好力量练习后的放松活动。

腰部损伤的治疗：急性腰部扭伤在未明确诊断时，不要轻易找人按摩，以免发生危险，要请医生进行明确诊断。伤后初期，宜仰卧于有垫子的木板床休息，腰部垫一个薄枕，以便放松腰肌，也可以与俯卧位相交替，要避免受伤组织再度被牵拉。轻度扭伤休息 2～3 天，较重扭伤应休息 7～8 天。而对于腰部劳损，应该锻炼与治疗结合进行，按摩治疗对腰部肌肉劳损引起的腰部肌肉痉挛和组织粘连较为有效。锻炼的方式很多，举例如下：俯卧背弓，俯卧，缓缓地做背弓（头抬起，双腿背举，仅以胸腹着地），维持 10～15 秒后缓缓地放下，接着缓慢跪地，弓腰，也维持 10 秒。反复 30 遍，每日 1～2 次。

（四）肘部损伤

肘关节由肱骨滑车、肱骨小头、桡骨小头、尺骨半月切迹及关节囊、韧带组成，包括肱尺、肱桡、尺桡 3 个关节。关节的活动有伸屈及旋转运动。肘关节两侧有尺侧和桡侧副韧带加强以防止肘关节过度内收和外展。由于尺骨半月切迹前端冠状突较短小，关节囊前后壁没有韧带加强容易产生肘关节后脱位。

肘关节脱位的预防：加强运动保护，防止运动中意外跌倒；保持运动场地和运动器械的完好；掌握运动技能，加强自我保护意识，特别是在跌倒时尽量不要用手撑地。

肘关节脱位的治疗：应争取早期复位，复位后用超过肘关节的夹板或石膏托将肘关节固定于屈曲 90 度位，掌心向内、向下再用三角巾悬吊臂 2～3 周。早期固定时可进行肩、腕、手指各关节活动，但避免肘关节活动以防损伤加重及关节内、周围反复出血。固定解除后应及时练习肘部伸屈及前臂旋转活动，以防关节粘连。练习幅度以不发生疼痛为准。不要进行肘关节粗暴被动的牵拉活动，以防再次损伤。

（五）脑震荡

脑震荡是指头部受外力打击后，脑神经组织普遍受震荡所引起的意识和功能的一时性障碍。

脑震荡处理：急救时应让伤者平卧、安静，不可坐起或立起。身上保暖，头部冷敷。若有昏迷可指掐人中，呼吸发生障碍可施行人工呼吸。如果损伤严重，应立即送医院进行处理。伤者在转送医院时要平卧，头部两侧要用衣服或枕头垫起固定，避免颠簸振动。意识不清者，要注意保持呼吸道的通畅，伤者侧卧，以防止呕吐物吸入气管或舌头后坠而发生窒息。损伤不严重的，可安静卧床休息 1～2 周。伤后不宜过早训练，否则易造成头痛、头晕。

（六）开放性软组织损伤

1. 擦伤的处理

创口较浅，面积较小的擦伤，可用生理盐水洗净创口，创口周围用 75% 的酒精消毒，一般无须包扎，也可覆以无菌纱布。而关节附近的擦伤经消毒处理后，多采用消炎软膏并用无菌敷料覆盖包扎。如果创伤面积较大而且有异物镶擦入皮肤，急救时先用生理盐水冲洗干净，再用已消毒的刷子将异物刷净，创口用双氧水冲洗，然后用凡士林纱布覆盖并包扎。创口较深，污染较重时，应注射破伤风预防针，并以抗生素治疗。

2.刺伤、撕裂伤的处理

处理时主要是早期清洁创面，缝合及预防破伤风。如果被生锈的铁钉刺伤感染，应先用冷开水和双氧水冲洗，除去铁钉，再进行消毒包扎，并注射破伤风血清。若撕裂伤创面较小时，先压迫止血，用生理盐水清洗消毒创口后，用无菌纱布盖住伤口。如若较大的撕裂伤，也应首先止血，止血后送医院清创缝合并注射破伤风抗毒素。

（七）闭合性软组织损伤

常见闭合性软组织损伤可分为急性损伤和慢性损伤两类。软组织损伤有肌肉肌腱损伤、挫伤，滑囊炎，关节韧带损伤，肌腱炎，腱鞘炎等。

1. 急性损伤的处理

急性损伤发病较急，病程较短，病理变化和临床症状及体征都较明显，损伤早期会出现局部红肿、热、痛及功能障碍等一系列急性炎症。急性损伤的早期应止血、制动、镇痛及减轻炎症。伤后应立即冷敷、加压包扎并抬高伤肢。冷敷可用冰袋或冷水浸泡，然后用一定厚度的棉花置于患部，用绷带稍加压力包扎，24 小时后拆除包扎固定。中期应热疗和按摩，按摩手法应从轻到重，从损伤周围到损伤局部，前几次按摩损伤局部必须较轻以防发生骨化性肌炎。后期应以理疗、按摩和功能锻炼为主，配合支持带固定。

2. 慢性损伤的处理

慢性损伤的处理与急性损伤中、后期的处理大致相同，但要特别注意功能锻炼。安排练习时，要考虑局部的负荷量大小，应以练习后不引起明显的疼痛为准。另外应减少或停止加重伤情的练习，遵循循序渐进的原则，从对伤肢影响较轻的动作开始，逐渐过渡到专项练习。

（八）膝部损伤

膝关节是机体主要的持重关节，且位置表浅，两端杠杆长，周围肌肉少，是容易发生运动损伤的部位。较常见的有膝关节前十字韧带损伤、膝侧副韧带损伤、髌骨劳损、膝关节半月板损伤等。膝关节的主要功能是屈伸，同时在屈膝时小腿内旋，伸膝时外旋。膝部运动损伤可见于各种运动项目，以排球、篮球、田径及足球运动较为多见。

1. 膝关节前十字韧带损伤

预防：主要是在运动中掌握正确的技术，防止粗暴的动作。

治疗：伤后部分断裂用石膏托固定即可，全部断裂需手术缝合，术后固定 6～8 周后，可在 120～180 度间进行活动，10～12 周后拆除固定可逐渐做股四头肌的各种力量练习。

2. 膝侧副韧带损伤

预防：第一，认真做好准备活动；第二，掌握正确的技术动作要领，避免粗暴的动作；第三，加强膝部肌肉力量练习，增强膝关节的稳定性。

治疗：外侧韧带损伤，一般都要进行手术探查，根据情况进行缝合，可配合使用绷带包扎固定。而内侧韧带损伤早期主要以止血防肿为目的，可用弹力绷带将伤肢包扎固定于微屈位，在患处实施冷敷并抬高伤肢。待出血停止后局部可用热疗及外敷中药，并以不引起疼痛为原则。

3. 髌骨劳损

预防：第一，加强股四头肌的力量练习；第二，加强髌腱周围腱止点的适应性牵拉练习；第三，运动要遵循循序渐进、个别对待、全面发展的原则；第四，运动后充分进行膝关节周围的自我按摩保健。

治疗：① 按摩：先在小腿的上 1/3 到大腿的下 1/3 间用推摩、捏揉、搓等手法，然后再将髌骨固定，用拇指在髌骨边缘疼痛部位用刮法并点压髌骨周围的穴位。② 封闭：不宜过多采用，否则会使软骨损伤加重。③ 理疗：可用超短波及直流电药物离子导入方法。④ 对于采用上述疗法无效且症状较重或严重影响训练者可考虑手术。

4. 膝关节半月板损伤

预防：第一，做好准备活动，提高关节的灵活性；第二，掌握正确的自我保护技术，避免在疲劳状态下做高难度动作；第三，加强股四头肌的力量练习，增强膝关节的稳定性；第四，伤后治疗期间禁止参加训练。

治疗：急性期主要是治疗急性滑膜炎，以制动、消肿、止痛为主要原则，在无菌条件下可抽出关节积液。需固定 2～3 周，在 2～3 天后可用超短波促进积液的吸收。慢性期治疗方案需结合运动项目和损伤情况确定；伤后疼痛缓解后即可在膝关节伸直固定位进行股四头肌的“绷劲”“抽动”练习，一周后可直腿抬高，两周后可扶拐站立，膝关节轻微屈伸，3～4 周后可下地练习行走并逐渐加大强度。

（九）肩部损伤

肩关节由大而圆的肱骨头与小而浅的肩胛盂构成，起于肩胛骨盂上结节的肱二头肌长头肌腱在关节内行走，经狭窄的肱骨结节间沟下行。肩关节外侧的肌肉有两层，外层是三角肌，内层是肩袖，两层肌肉之间有肩峰下滑囊。由于肩袖肌腱与周围组织间的空间非常狭小，在肩关节外展和旋转时，易和周围组织发生挤压和摩擦，在外力的作用下易发生关节脱位。

1. 肩袖损伤

预防：肩部剧烈活动前应进行肩部准备活动，尤其是在气温较低的情况下。进行无负荷的大范围肩关节活动或伸展练习也可进行肩部按摩，以加强柔韧性，防止损伤发生。平时运动注意动作要领和动作的协调性，并注意加强肩部肌肉力量练习和柔韧性练习。

治疗：在急性损伤后应及时制动和治疗，以防病情加重。治愈后恢复锻炼时应循序渐进，防止再度受伤。急性炎症期间，应卧床休息，并将上臂外展 30 度固定。损伤后期应练习肩关节的回环及旋转运动。局部封闭、针灸、理疗也有一定疗效。慢性病例应减少或避免引起疼痛的动作，严重病例可以手术治疗。

2. 肩关节脱位

预防：加强准备活动和掌握运动技能，防止意外跌倒。

治疗：首先应及早复位，固定复位后将肩关节置于内收、内旋位屈肘 90 度，患侧腋窝处放一大棉垫用胶布和绷带固定，前臂用三角巾悬吊固定 3 周。在固定期间可进行手指、手腕的屈伸活动，固定解除后伤者进行主动锻炼，以促使肩关节功能恢复，但应避免强力被动牵拉，以防再度损伤。

（十）手指关节损伤

手指关节损伤包括指间关节和掌指关节扭挫伤，是运动中常见的软组织损伤。当手指受到侧向的暴力冲击或在手指伸直位暴力冲击自掌侧向背侧推压，使手指过度背伸时均可引起指间及掌间关节扭挫伤，尤以篮球、排球、手球运动中多见。

预防：运动前做好手指各关节的准备活动，特别是气温较低时手指动作僵硬，更应在做全身准备活动基础上做好手和前臂的准备活动。

治疗：急性损伤后应立即冷敷，然后局部外敷新伤药并固定；指间关节韧带扭挫伤时应将伤指与邻近健指做环形胶布固定；并发关节脱位者可立即用手法复位，施救者一手的拇指和食指捏住伤者患指远端。先做畸形方向的牵拉，另一手的拇指向远侧推压伤指的近端，双手的动作要协调配合以矫正移位，然后使该关节屈曲即可复位，复位后固定 2 周；固定解除后即可开始手指屈伸练习，随关节功能恢复逐步参加运动，禁止做猛烈被动屈伸活动以防再度损伤。

六、运动损伤的康复训练

康复训练是指锻炼者遭受损伤后进行有利于恢复或改善功能的身体活动。对锻炼者来说，除严重的损伤需要休息治疗外，一般的损伤是不必绝对停止身体练习的。而且，通过适当的、有目的的身体练习和功能锻炼，对于损伤的迅速愈合和促进功能的恢复有着积极的作用。

（一）康复训练的目的

（1）保持锻炼者已经获得的良好身体状态，使其一旦伤愈便能立即投入到正常的体育锻炼中去。

（2）防止因停止锻炼而引起的各种疾病。这是因为个体在长期的体育锻炼中建立起来的各种条件反射性联系，一旦突然停止锻炼便可能遭到破坏，进而产生严重的机能紊乱，如神经衰弱、胃扩张、胃肠道机能紊乱（功能性腹泻）等，即出现所谓的“停训综合征”。

(3) 锻炼者伤后进行适当的锻炼，可加强关节的稳定性，改善伤部组织的代谢与营养，加速损伤的愈合，促进功能、形态和结构的统一。

(4) 通过伤后的康复训练，可以使机体能量代谢趋于平衡，防止体重的增加，缩短伤愈后恢复锻炼所需的时间。

(二) 康复训练的原则

(1) 伤后的康复训练以不加重损伤、不影响损伤的愈合为前提。应尽量不停止全身的和局部的活动。而且伤部肌肉的锻炼开始得越早越好。

(2) 在进行康复训练时，要根据自己的年龄、损伤的部位和特点来选择伤后锻炼的手段和内容，安排好局部和全身的锻炼时间和活动量。

(3) 康复训练时活动量的安排，必须遵守循序渐进的原则。特别是在进行损伤愈合过程中的局部锻炼时，其动作的幅度、频率、持续时间、负荷量的大小等都应逐渐增加。否则，会加重损伤或影响损伤的愈合，甚至会使损伤久治不愈而成陈旧性损伤。

(4) 康复训练应注意局部专门练习与全面身体活动相结合。在损伤初期，由于局部肿胀充血、疼痛和功能障碍等，这时以全面身体活动为主，在不加重局部肿胀和疼痛的前提下，进行适当的局部活动。随着时间的推移，损伤逐渐好转或趋向愈合，局部活动的量和时间可逐渐增加。

(三) 康复训练的内容和方法

(1) 主动运动：是由伤者自己主动完成的一种训练，它包括静力练习、动力练习和等动练习。静力练习时肌肉的收缩方式属于等长收缩，练习时只是肌肉保持在一个固定的长度上，关节不活动。动力练习时，关节要产生活动，收缩时肌肉缩短，其产生的活动属于等张运动。等动练习是利用一种特殊的器械“等动练习器”所进行的一种肌肉练习法。练习时肌肉以最大的力量，做全幅度的收缩运动。该练习依靠器械的作用，将运动的速度限制在适宜的水平上，使肌肉在运动的过程中保持高度的张力，从而获得更好的锻炼效果，它兼有等长与等张收缩两者的优点。

(2) 被动运动：适用于伤后的各类功能障碍。通过各种被动活动，使痉挛的肌肉得到放松，挛缩的肌肉、韧带和关节囊得到牵伸，增大关节的活动度，恢复关节功能。

(3) 渐进抗阻运动：该练习可以增进肌力和耐久力，抗阻练习可以增加关节的活动范围与柔韧性，对伤愈后从事正常的锻炼时防止损伤也有益处。

第二节　运动性疾病

运动性疾病一般是指机体对运动不适应造成体内调节平衡的功能紊乱而出现的一类疾病、综合征或功能异常。常见的有运动性晕厥、运动性腹痛、运动性肌肉酸痛、运动性中暑、重力性休克、运动性脱水、运动性猝死、运动性肌肉痉挛等。

一、运动性晕厥

晕厥(又称错腋)是大脑一时性缺血、缺氧引起的短暂的意识丧失，常分为心源性、脑源性和反射血管性三类。晕厥与昏迷不同，昏迷的意识丧失时间较长，恢复较难。在运动中或运动后发生晕厥并非少见，往往发生在大强度训练或激烈比赛中或比赛后。晕厥发生的危险性不是引起晕厥的病变，而是在晕厥发生刹那间摔倒后的骨折或外伤。

预防：坚持体育锻炼，提高心血管功能。久蹲后要慢慢站立。疾跑后应继续慢跑，并做深呼吸，逐渐停下来。进行长距离耐力活动要及时补充糖、盐与水分。饥饿或空腹时不宜参加体育活动。

处理：使伤者处于仰卧位或下肢抬高，松解衣服，注意保温，做双下肢向心性重推摩或揉捏，必要时嗅以氨水或点掐。如有呕吐，将其头部转向一侧，以免因舌头后坠或呕吐物堵塞气道而妨碍呼吸。如呼吸停止，立即进行人工呼吸。

二、运动性腹痛

运动性腹痛是由激烈运动引起的一时性的机能紊乱，不一定是疾病，随着运动停止，症状可以逐渐缓解。

处理：在运动中发生腹部疼痛时，应立即减慢运动速度并降低运动强度，缓慢深呼吸，调整呼吸和动作节奏，可针刺、手刺和手指点揉内关、足三里、大肠俞、阳陵泉、承山等穴。如属腹直肌痉挛，可作局部按摩和背伸动作，拉长腹部肌肉。运动中如出现受伤导致腹痛，应迅速检查伤情，采取急救措施后迅速就医。

预防：第一，做好充分的准备活动。第二，运动前要特别注意饮食的内容、时间和量，不吃容易胀气或不易消化的食物。

三、运动性肌肉酸痛

在进行体育锻炼，尤其是进行不习惯动作或较大负荷的训练时，常常会感到肌肉酸痛，对继续参加体育锻炼带来不利的影响。在体育锻炼中要如何避免出现肌肉酸痛？第一，要重视运动中和运动后的放松练习，例如跳跃、举重等，每个动作完成后的间歇，不要静止不动，而是要主动做好放松肌肉的活动，促使即刻产生的乳酸及时地排出和氧化，减少乳酸在肌肉中堆积，有利于体育锻炼的继续进行。第二，要坚持经常性的体育锻炼。经常进行体育锻炼，可增强肌肉的血液循环，有充足的氧气供应，提高肌肉对乳酸的适应能力。第三，体育锻炼的部位要全面。如锻炼上肢后应安排些下肢训练，锻炼了右侧则要安排些左侧的锻炼。

预防：① 初次参加体育锻炼，运动量应该循序渐进地增加；② 运动前要做好准备活动，运动后注意保温，有条件可以洗热水澡；③ 适当注意营养，多摄取些碱性食品，有利于预防和减轻运动后出现的肌肉酸痛。

四、运动性中暑

运动性中暑是指肌肉运动时产生的热超过身体发热而造成运动员体内的过热状态。中暑是由高温环境引起的，以体温调节中枢功能障碍，汗腺功能衰竭和水、电解质丢失过多为特点的疾病。运动性中暑常在高温、高湿和通风不良的环境中进行运动时发生。

处理：一般处理，迅速将患者转移到通风阴凉处休息，静卧，解松衣服，加用风扇吹风，用4℃～11℃凉水摩擦皮肤扩张加速血液循环，在头部、腋窝、腹股沟放置冰袋以降温。对昏迷者，要保持呼吸道通畅，测量血压、脉搏、直肠温度，口服凉盐水或含盐饮料可迅速好转。严重者一定要及时送医院，让患者尽早接受专业的急救。

预防：夏天炎热季节要安排好训练时间，避免在一天中最热的时间进行，热天运动时宜穿浅色衣服，保证充足的睡眠及休息，防止过度疲劳。安排好炎热天气训练和比赛时的营养、饮水，注意补充食物中的蛋白质，额外增加维生素 B_1、B_2、C 供给量。运动过程中适当加入水盐饮料，要少量多次，避免一次暴饮。运动时要注意运动环境的卫生和通风。

五、重力性休克

重力性休克指疾跑后立即站立不动而引起的晕厥症状。一般发生在较长距离的耐力项目，因突然停止运动,下肢毛细血管和静脉失去肌肉收缩时的节律性挤压作用,加上血液本身的重力,使血液大量积聚在下肢血管中而导致暂时性脑贫血。主要出现头晕、头痛、眼发黑、恶心、呕吐等不良感觉和脸色苍白、嘴唇无血色、脉搏微弱、全身瘫软无力等机能失调症状,甚至陷入昏迷或半昏迷状态。

处理:当伤者发生重力性休克时,若症状轻微,可搀扶伤者继续慢走,便可在短暂时间内消除不良感觉;若症状严重,先拨打120,再将伤者置于阴凉通风的地方,头低腿高卧放,并在腿部轻轻按摩,促使血液向头部流动。

预防:运动前认真做好准备活动;对"重点人"进行重点观察;运动后做好整理活动。

六、运动性脱水

运动性脱水是指人体由于运动而引起体内水分和电解质(尤其是钠离子)丢失过多的现象。单纯失水者少见,水丢失时大多数伴有电解质的丢失,常见原因是在高温高湿情况下进行大强度运动,人体大量出汗而未及时补水。也可见于某些运动项目如举重、拳击等,运动员为参加低体重级别的比赛而采取快速减体重措施,造成体内严重脱水。轻度脱水时可影响运动能力;中度脱水时便可出现脱水综合征,表现为烦躁不安、精神不集中、心率一般增快。重度脱水可出现神经精神症状,严重者神志不清以至昏迷。

处理:最主要的治疗措施是及时补充丢失的体液,中度脱水常需辅以静脉补液,重度脱水则需从静脉补给,补液速度是先快后慢。

预防:提高对运动性脱水的耐受性。及时的补液,保持身体的水平衡,补充要采取少量多次的原则。应根据运动情况和运动特点,在运动前、中、后补水补液。

七、运动性猝死

运动性猝死是指有或无症状的运动员和进行体育锻炼的人在运动中或运动后24小时内意外死亡。病因是冠心病、先天性心脏病和马凡氏综合征等。

预防:① 密切观察运动时出现的各种症状。对运动中或运动后出现的胸闷、胸疼、胸痛压迫感、头痛和极度疲乏等症状要引起足够的重视,进行详细的检查。对运动中出现晕厥的病例,要做全面系统的检查。此外还需普及心肺复苏方法,及时进行抢救。② 严格鉴别长期运动引起的心脏生理性变化与病理性变化。③ 参加体育锻炼前进行严格体格检查,识别运动猝死的高危人群。

八、运动性肌肉痉挛

肌肉痉挛俗称抽筋,是指肌肉突然、不自主地强直收缩的现象。运动中最易发生痉挛的肌肉是小腿肱三头肌,其次是足底的屈拇肌和屈趾肌。发生肌肉痉挛时,肌肉僵硬,疼痛难忍,而且一时不易缓解,邻近的关节活动也受到限制,可持续几秒到数十秒之久。抽筋大多是缺钙、受凉、剧烈运动、睡眠不足、局部神经血管受压引起的。

处理:不太严重的肌肉痉挛,只要向相反的方向牵引痉挛的肌肉,一般都可缓解。但要注意处理时注意保温,牵引时用力要均匀、缓慢,以免造成肌肉拉伤。也可做局部肌肉的热敷、按摩,加强局部的血液循环,如果还无改善,就应到医院检查治疗。

预防:首要加强体育锻炼,提高身体素质。平时可适量补钙,多晒太阳,坐姿、睡姿避免神经血管受压。运动前必须认真做好准备活动,对容易发生肌肉痉挛的肌肉可事先做适当按摩。冬季锻炼时要注意保温,夏季运动可适当喝点淡盐水。游泳下水前应先用冷水冲淋全身,使身体逐渐适应冷水刺激,水温过低时游泳时间不宜过长。

第三节 体育安全与卫生防护

体育运动必须注意安全,还要讲究卫生,这是实施体育锻炼必须遵循的原则。下面介绍体育运动中的个人体育安全与卫生防护、运动环境安全与卫生防护两个方面的知识。

一、个人体育安全与卫生防护

体育运动能否促进人体的健康,关键在于运动是否科学。因此,提高体育运动的科学性意义重大。在体育运动中采取适当的卫生措施,使体育与卫生紧密结合,便是提高体育运动科学性的重要途径之一。

(一) 合理的作息制度

作息制度是指一日内学习、课外活动(含体育锻炼)、进食、睡眠和休息时间的分配和顺序。锻炼者应建立合理的作息制度,每天要按时睡觉,按时起床,养成早睡早起的有规律的生活习惯。合理的作息制度可以保证劳逸结合,使生理和心理的各种需要得到满足,有利于大学生的身体发育和健康,使各种生理过程形成一定的生物节律,神经活动过程变得更均衡、更灵活。相反,起居无常,劳作无度,不仅会影响学习效率,在体育活动中还容易发生伤害事故。

大学生每天应有 1 小时的体育活动,保证有 8 小时的睡眠时间,最好有一定时间的午睡,因为睡眠是维持正常生命活动的自然需要,睡眠是消除疲劳最好的方法,能使人的体力和精力得到休息和恢复。只要经济许可,还应提高营养质量,补充足够的能量,但也要注意供求平衡。

(二) 运动服装和运动鞋

运动服装和运动鞋应符合运动项目的要求,合适的运动服装和运动鞋不仅有助于体育锻炼和提高运动成绩,而且可以减少伤害事故的发生。

运动时服装大小要适宜,并符合运动要求。应选择宽松、柔软、弹性好、衣料透气性强、容易吸汗的服装。夏季运动时要注意散热降温,服装应浅色轻薄,透气而易于散热,如直射日光强时还应戴帽子,必要时,最好多带一套衣服以便更换。冬季运动时要注意保持体温,应穿质地厚的运动服,并带适量的备用衣服。

运动鞋应适合脚形又合尺码,太松或太紧会令脚部磨出水泡。必须配合运动场地选择适当种类的运动鞋。跑鞋应选择鞋面较柔软而又轻盈的,底部则须较厚及有弹性,以吸收脚部着地时的震荡。室内球鞋鞋底要有抓地力,以免滑倒。室外运动应选择耐磨并有厚垫的运动鞋,使足部不会过度疲劳。

(三) 运动前做好准备活动

通过准备活动,可预先克服内脏机能的惰性,提高中枢神经系统的兴奋性和提高全身的物质代谢水平;加强肌肉、韧带的柔韧性、弹性,扩大肌肉活动幅度。这不仅能提高运动的能力,而且能预防运动创伤的发生。

(四) 运动后做好整理活动

人在剧烈运动以后,身体的许多变化并不能随着运动停止而立即恢复正常,只有通过整理活动才能使心跳、呼吸逐渐平静下来。同时,整理活动还能使肌肉在逐渐放松的情况下继续推动血液向前流动,防止血液在下肢肌肉淤积,造成心输出量突然减少,血压下降,从而引起头晕、心慌、面色苍白、皮肤潮凉、脉搏细弱甚至休克。

（五）正确的呼吸方式

正确的呼吸方式不仅能很好地保护呼吸系统，还能有效地提高运动成绩和增强呼吸机能。人体在进行体育锻炼时，会需要更多的氧气，只靠鼻来呼吸不能满足机体的需要。因此，人们常常采用口鼻同用的呼吸方法，即用鼻吸气，用口呼气。运动量较大时，可同时用口鼻吸气，口鼻呼气，这样一方面可以减小肺通气阻力，增加通气；另一方面通过口腔增加体内散热。在严冬进行体育锻炼时，开口不要过大，以免冷空气直接刺激口腔黏膜和呼吸道而产生各种疾病。另外，在进行体育锻炼时要有意识地控制呼吸频率，呼吸宜慢而深，使进入肺内进行有效气体交换的量增加。过快的呼吸频率还会由于呼吸肌的疲劳造成全身性的疲劳反应，影响锻炼效果。

二、运动环境安全与卫生防护

做好运动环境的卫生工作，对于更好地利用环境条件，发挥体育运动的效能，预防疾病和增进健康，具有十分重要的意义。

（一）非正规的室外运动场所

随着人们体育锻炼的意识加强，锻炼的场所也开始多样化，很多人为了方便而选择一些非正规的室外运动场所，如公园、广场、健身走廊、人行道等。在非正规的室外运动场所进行体育锻炼时，应尽量选择绿树成荫、空气比较清新、噪声小、地面平坦干净的地点。

（二）正规的运动场馆

运动场馆有室外和室内之分。体育馆内除了应该具有良好、舒适的馆内环境外，还应该具有完整的卫生和生活服务设施。田径场和球场是学校最常见的室外运动场地，田径场的跑道应具有一定的弹性且平坦，无凹坑、碎石、浮土和其他杂物，也不能太滑，以防止运动者滑倒摔伤。

（三）运动器械设施

运动器材设施使用前要注意检查是否安全卫生可用。运动时使用器械设施要得当，选择器械的重量和大小要符合练习者的年龄、性别和当时的身体状态。特别是在进行力量训练时，最好有同伴保护，预防运动过程的运动伤害。

第四节　体育运动中常见的现场急救处理

一、现场急救定义及意义

现场急救是指对意外或突然发生的伤病事故，现场进行紧急的临时性处理。在创伤的第一现场如果能迅速而规范地急救，不仅能抢救伤者的生命、减少伤残、稳定情绪、减轻痛苦和预防并发症，而且可为下一步医务人员专业的治疗创造有利条件。因此，无论何种急救伤害，做好现场急救都是十分重要的。

二、现场急救的原则

救护人员要稳定情绪，保持冷静，保持自控，迅速评估现场，理智科学地判断，辨认出伤者的受伤程度，确保自身和伤者的安全，分轻重缓急，先救命，后治伤。如果伤者受伤情况严重，尽快寻求帮助，第一时间拨打“120”，请求医务人员到现场救治。

(1) 先复苏后固定的原则：是指遇有心跳呼吸骤停又有骨折者，应首先用人工呼吸和胸外按压等技术使心肺复苏，直到心跳呼吸恢复后，再进行固定骨折。

(2) 先止后包的原则：是指遇到大出血又有创口者，首先立即用指压、止血带、药物等方法或物品止血，接着再消毒创口进行包扎。

(3) 先重后轻的原则：是指遇到垂危的和较轻的伤者时，应优先抢救危重者，后抢救较轻的伤者。

(4) 先救后送的原则：过去遇到伤者，多数是先送后救，这样常常耽误了抢救时机，致使不应死亡者丧失了性命，而现在应把它颠倒过来，先救后送。

(5) 急救与呼救并重的原则：在遇到成批伤者时，又有多人在现场的情况下，急救与呼救同时进行，可以较快地争取到急救外援。

三、常见的运动现场急救处理方法

(一) 溺水的急救

溺水是常见的意外，溺水后会迅速引起窒息缺氧。根据溺水者是否有脉搏可分为近乎溺水(有脉搏)和完全溺水(无脉搏)。

(1) 发现溺水者后应迅速将其救出水面，要立即清除其口、鼻腔中的淤泥、杂草和呕吐物，佩戴假牙的要摘掉假牙，用纱布(手帕)裹着手指将溺水者舌头拉出口，并松解衣领和腰带，保持其呼吸道畅通，同时找其他人拨打120急救电话。急救者右腿膝部跪在地上，左腿膝部屈曲，将溺水者腹部横放在急救者左膝上，使溺水者头部下垂，急救者右手按压溺水者背部，让溺水者充分吐出口腔、呼吸道以及胃内的水。

(2) 对呼吸停止者应立即进行人工呼吸，一般以口对口吹气为最佳。急救者位于溺水者一侧，托起溺水者下颌，捏住溺水者鼻孔，深吸一口气后，往溺水者嘴里缓缓吹气，待其胸廓稍有抬起时，放松其鼻孔，并用一手压其胸部以助呼气。反复并有节律地(每分钟吹16～20次)进行，直至恢复呼吸为止。

(3) 对心跳停止者应立即进行胸外心脏按压。让溺水者仰卧，背部垫一块硬板，头稍后仰(保持呼吸道畅通)，急救者位于溺水者右侧，面对溺水者，右手掌平放在其胸骨下段，左手放在右手背上，借急救者身体重量缓缓用力，不能用力太猛，以防骨折，将胸骨压下4厘米左右，然后松手腕(手不离开胸骨)使胸骨复原，反复有节律地进行，对成人溺水者每分钟至少不低于100次，直到心跳恢复为止。

(二) 心肺复苏

心肺复苏(CPR)是针对呼吸、心跳骤停的伤者采用的最初急救措施，是对伤者“基础生命支持”(BLS)的技术，即以人工呼吸代替伤者的自主呼吸，以胸外心脏按压代替伤者的自主心搏。对心脏性猝死、溺水和创伤等引起的心跳呼吸骤停，及时正确地实施心肺复苏，对挽救伤者的生命既是可能的也是现场急救所必需的。

1. 判断意识和脉搏检查

在安全的场地，应先检查伤者是否丧失意识、自主呼吸、心跳。检查意识的方法：轻拍重呼，轻拍伤者肩膀，大声呼喊伤者。检查呼吸的方法：一听二看三感觉，将一只耳朵放在伤者口鼻附近，听伤者是否有呼吸声音，看伤者胸廓有无起伏，感觉脸颊附近是否有空气流动。检查心跳方法：检查颈动脉的搏动，颈动脉在喉结下两厘米处，检查脉搏的时间一般不能超过10秒，如10秒内仍不能确定有无脉搏，应立即实施胸外按压。

2. 胸外按压(circulation, C)

急救者应跪在伤者躯干的右侧，两腿稍微分开，重心前移，之后选择胸外心脏按压部位(胸骨下1/3)，再将左手放在右手上，十指交错，握紧右手。按压时不可屈肘，按压力量经手跟而向下，手指应抬离胸部。胸外心脏按压方法：急救者两臂位于伤者胸骨下 1/3 处，双肘关节伸直，利用上身重量垂直下压，对中等体重的成人下压深度应为 4～5 厘米、幼儿 2.5～3.5 厘米，婴儿 1.5～2.5 厘米，而后迅速放松，解除压力，让胸廓自行复位。如此有节奏地反复进行，按压与放松时间大致相等，频率为每分钟不低于 100 次，不论单人还是双人均为 30∶2 按压比例，即按压 30 次人工呼吸 2 次。

3. 开放气道(airway, A)

有两种方法可以开放气道提供人工呼吸：仰头抬颏法和推举下颌法。后者仅在怀疑头部或颈部损伤时使用，因为此法可以减少颈部和脊椎的移动。

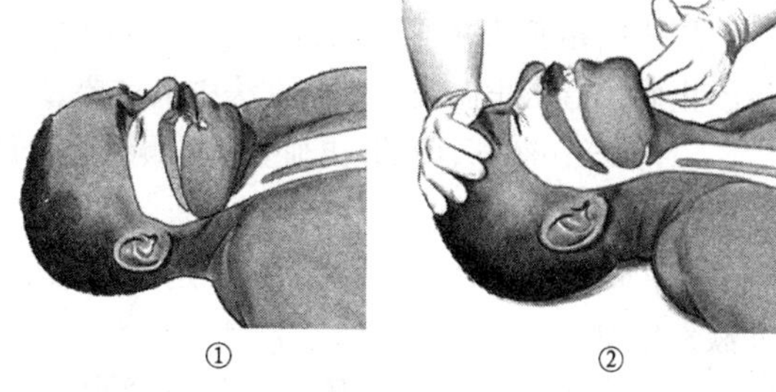

①　②

图 4－1

仰头抬颏法：一手置于伤者前额使头部后仰，另一手的食指和中指置于下颌骨近下颌角处，抬起下颌，使颏骨上抬。注意在开放气道同时应该用手指挖出伤者口中异物或呕吐物，有假牙者应取出假牙，确保呼吸道通畅(图 4－1)。

4. 人工呼吸(breathing, B)

在保持伤者仰头抬颏前提下，急救者用拇指和食指捏住伤者的鼻孔，然后深吸一大口气，张开口紧贴伤者的口(口对口人工呼吸时要用呼吸膜防止伤者体内细菌传播)，快而深地向伤者口内吹气，应该持续吹气 1 秒以上，保证有足够量的气体进入并使胸廓起伏，如第一次人工呼吸未能使胸廓起伏，可再次用仰头抬颏法开放气道，给予第二次通气。一次吹气完毕后立即与伤者口部脱离，放松捏鼻的手指，以便伤者从鼻孔出气，轻轻抬起头部，同时吸入新鲜空气，准备下一次人工呼吸。

（三）出血的急救

出血根据受伤部位和损伤血管不同可分为：动脉出血、静脉出血和毛细血管出血。正确判断出血种类是进行有效止血的第一步。具体出血类型与特征如下表所示(表 4－1)。

表 4－1　出血类型与特征

类型 / 特征	动脉出血	静脉出血	毛细血管出血
血色	鲜红	暗红	由红转暗
流出特点	喷射状	缓慢流出	点、片状渗出
危险性	出血量大，易合并出血性休克，要立即止血	大静脉损伤，出血量大，要立即止血	加压包扎止血

确定出血部位采用一问、二触、三看的方法，即询问伤者出血部位、触摸出血部位有无动脉搏动、观察伤者有无出血性休克的症状和出血部位。判断出血程度应观察伤者的全身状况。出血多者有以下特征：脉搏细速，四肢发凉，皮肤湿润，口渴，严重者可出现昏迷等出血性休克的症状。现场急救常用的止血方法有多种，使用时可根据以上具体情况选用其中一种，也可以把几种止血法结合起来应用，以达到最快、最有效、最安全的止血目的。

1. 加压包扎法

用消毒纱布或干净的毛巾、布块折叠成比伤口稍大的垫，盖住伤口，再用绷带或折成条状布带或三角巾紧紧包扎，其松紧度以能达到止血目的为宜。加压包扎法多用于静脉出血和毛细血管出血。当伤口在肘窝、腋窝、腘窝、腹股沟时，可在加垫后屈肢固定在躯干上加压包扎止血。加压包扎止血法适用于上下肢、肘、膝等部位的出血，但有骨折、可疑骨折或关节脱位时，不宜使用此法。

2. 抬高伤肢法

将肢体抬高，使出血部位高于心脏，从而使出血部位的血压降低，减少出血。此法适用于四肢毛细血管及小静脉出血。

3. 指压止血法

用手指指腹直接压迫出血动脉的近心端。为了避免感染，宜用消毒敷料盖在伤口上，再进行指压止血。指压止血法是止血方法中最重要、最有效且极简单的一种方法。下面介绍 7 个止血点。

(1) 头部(额部、颞部)出血，压迫颞动脉。压迫部位在耳屏前方，用手指摸到搏动后将该动脉压向颞骨面。

(2) 面部出血，压迫额动脉。压迫部位在下额角前面约 1.5 厘米处，用手指摸到搏动后，正对下额骨压迫。

(3) 肩部和上臂出血，压迫锁骨下动脉，压迫点在锁骨上窝中点，用手指将该动脉向后向内对第一肋骨压迫。

(4) 前臂出血，压迫肱动脉，使患肢外展，用四指压迫上臂内侧。压迫部位在上臂肱二头肌内侧沟，向肱骨压迫。

(5) 手指出血，压迫指动脉，压迫点在第一指节根部两侧，用拇指、食指相对夹压。

(6) 下肢(大腿、小腿部)出血，压迫股动脉。压迫点在腹股沟皱纹中点搏动处，用手掌或拳向下方的股骨面压迫。

(7) 足部出血，压迫部位在内外踝连线的中点和深部压迫足背动脉，压之可减少足背出血。胫后动脉在内踝与跟结节之间，压之可减少足底出血。

4. 止血带止血法

当遇到四肢大动脉出血，使用上述方法止血无效时，可以采用止血带止血法。常用的止血带有橡皮带、布条带等。用橡皮带或布条带缠绕伤口上方肌肉多的部位，其松紧度以摸不到远端动脉的搏动、伤口刚好止血为宜，过松无止血作用，过紧会影响血液循环，易损伤神经，造成肢体坏死。上止血带的伤者，必须在明显的部位标明上止血带的部位和时间。一般应每小时放松一次，每次放松 1 至 2 分钟，再次上止血带。止血带结扎时间最长不超过 5 小时。放松期间可改用指压法临时止血。

(四) 包扎

包扎是运动现场急救中常用的重要技术之一，应用十分广泛，急救人员必须熟练掌握。包扎的作用在于：保护创口，预防或减少感染，压迫止血，防止或减轻伤部肿胀，固定夹板和敷料限制伤肢活动，支持伤肢使之保持舒适的体位，减轻伤者痛苦。

在进行包扎时注意：① 包扎时动作要熟练、柔和，不要触碰伤口，以免加重损伤、加剧疼痛；② 包扎四肢时应使指端外露，以便观察血液循环情况；③ 包扎的松紧度要适中，过紧会妨碍血液循环，过松则起不到包扎的作用；④ 包扎时要使伤者处于舒适体位，包扎过程中尽可能不要改变伤者的位置；⑤ 绷带包扎要从伤部远端开始，包扎结束时可用胶布或打结固定，但结不要打在伤口处。

1. 三角巾包扎法

救护时应迅速、准确地将伤口用创可贴、纱布、绷带、三角巾或现场可以利用的布料、衣服及手帕等替代物包扎。三角巾是一个等腰三角形，一个顶角、两个底角，两条斜边和一个底边。在顶角和一个底角处各有一条系带。将三角巾的两底角对折重叠，然后将两底角错开并形成夹角即成为燕尾式。

(1) 头部包扎法：将三角巾的底边置于前额，顶角朝向头后正中，然后将底边从前额绕至头后，在枕后交叉再绕至前额打结，最后把顶角拉紧并向上翻转固定。

(2) 手部包扎法：三角巾平铺，使伤者手掌向下，指尖对着三角巾的顶角，手平放在三角巾的中央，底边横放于腕部，然后将三角巾的顶角向上反折，再将两底角向手腕背部交叉围绕一圈，在腕背打结。

2. 前臂悬挂法

(1) 小悬臂带：此法适用于锁骨和肱骨骨折，将三角巾叠成四横指宽的宽带，其中央置于伤肢前臂的下 1/3 处，两端在颈后打结(图 4-2)。

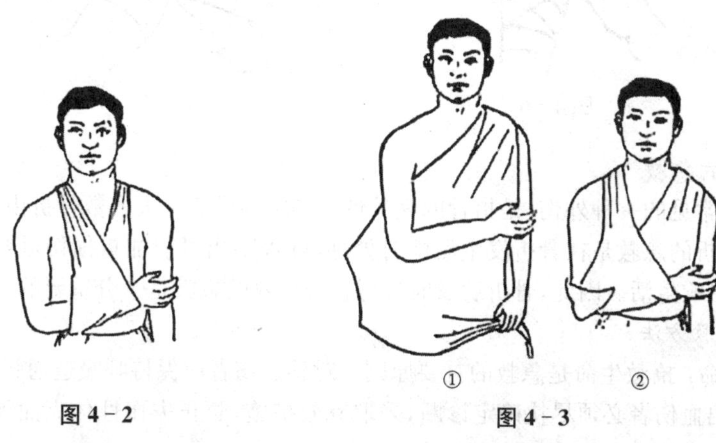

图 4-2　　图 4-3

(2) 大悬臂带：适用于前臂骨折，将三角巾顶角放在伤肢的肘后，一底角置于健侧的肩上，肘关节屈曲放在三角巾的中央，将下方的底角上折，包住前臂，在颈后与上方底角打结，最后把肘后的顶角折向前面，用别针固定(图 4-3)。

3. 绷带包扎法

(1) 环形包扎法：适用于包扎额部、手腕和小腿下部等粗细均匀的部位，也可用于其他绷带包扎法的开始和结束。包扎时将绷带一头斜放于包扎处，用一手拇指压住将卷带环绕包扎一圈后，再将斜放的带头一个小角反折过来，后一圈覆盖前一圈，包扎 3～4 圈即可。

(2) 螺旋形包扎法：适用于包扎前臂、上臂、大腿下段和手指等肢体粗细均匀的部位。包扎时以环形包扎法开始，然后将卷带向上斜行缠绕，后一圈盖住前一圈的 1/2 到 2/3，将伤处完全包住(图 4-4)。

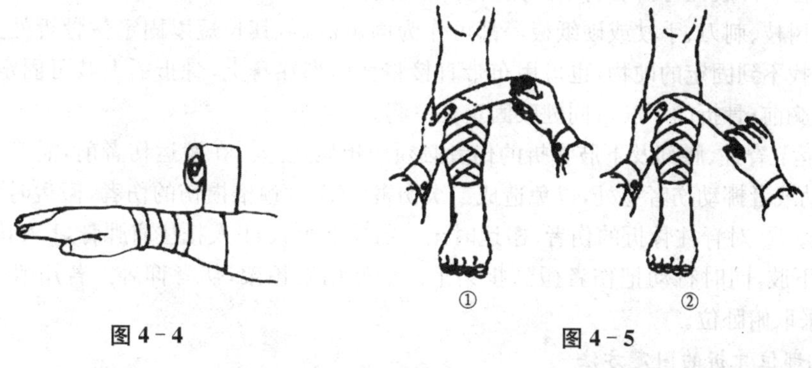

图 4-4　　图 4-5

(3) 螺旋反折包扎法：适用于包扎前臂、上臂、大腿下段和手指等肢体粗细相差较大的部位。包扎时以环形包扎法开始，然后用一拇指压住卷带上缘，将其上缘反折(注意要避开伤处)并压住前一圈的 1/2 到 2/3，每圈的折线应相互平行(图 4-5)。

(4)“8”字形包扎法：多用于包扎肘、膝、踝等关节处，有两种包扎顺序。第一种是从关节开始，先做环形包扎法，后将绷带斜形缠绕，一圈绕关节的上方，另一圈绕下方，两圈在关节凹面交叉，反复进行，逐渐远离关节，每圈压住前一圈的1/2(图4-6)；第二种从关节下方开始，先做环形包扎，后由下而上、由上而下地来回做“8”字形缠绕，逐渐靠拢关节，最后以环形包扎结束(图4-7)。

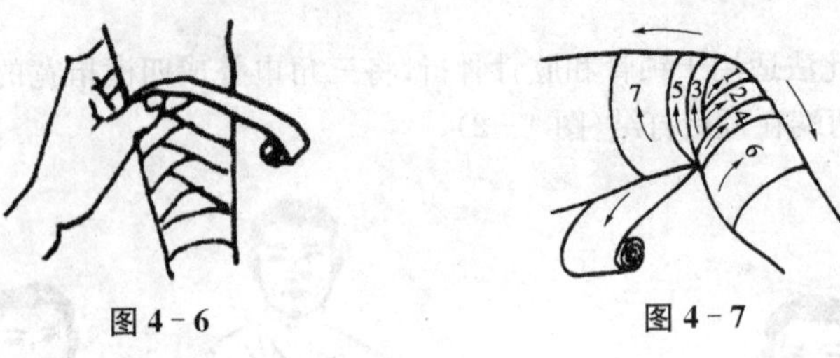

图4-6　　　　图4-7

(五) 骨折的急救

骨折是极为常见的一种外伤，是指骨的完整性和连续性中断。大多数骨折由创伤引起，称为创伤性骨折。骨折的急救是在骨折发生后即时处理，处理不当可能加重损伤，增加伤者的痛苦，甚至造成残废，影响生活。因此，骨折后及时进行合理有效的急救是十分重要的。

1. 骨折的急救方法

(1) 抢救生命：抢救生命是急救的首要原则。对昏迷伤者应保持呼吸道通畅，及时清除口咽异物；对急性大出血伤者必须尽快确定诊断，采取有效措施，防止失血性休克而死亡。有生命危险的骨折伤者，应尽快运往医院救治。

(2) 止血、包扎：① 若为轻度无伤口的骨折，在尚未肿胀时，有条件的情况下，应先进行冷敷处理，使用冰水、冰块或者冷冻剂敷住骨折部位，防止肿胀。冰袋和皮肤之间要隔毛巾或布，禁止冰袋直接与皮肤接触以免冻伤，冰敷的时间不要超过20分钟。② 对有伤口的开放性骨折伤者，可用干净的消毒纱布压迫，压迫止不住血时可用止血带环扎伤口的近心端止血。要记住必须记录扎带的时间，每隔40～60分钟放松1次，每次1～2分钟，以免时间过长导致肢体缺血坏死。③ 若遇到骨折端外露的情况，应继续保持外露，不要将骨折端放回原处，以免将细菌带入伤口深部引起深部感染。

(3) 简单固定：现场急救时及时正确地固定断肢，可减少伤者的疼痛及周围组织继续损伤，同时也便于伤者的搬运和转送。但急救时的固定是暂时的，因此，应力求简单而有效，不要求对骨折准确复位。开放性骨折有骨端外露者更不宜复位，而应原位固定。急救现场可就地取材，如木棍、板条、树枝、刺刀、手杖或硬纸板等都可作为固定器材，其长短以固定住骨折处上下两个关节为准。如找不到固定的硬物，也可用布带直接将伤肢绑在身上，骨折的上肢可固定在胸壁上，使前臂悬于胸前；骨折的下肢可同健肢固定在一起。

(4) 转运：脊柱、腰部及下肢骨折的伤者必须用担架运送。在搬运伤者前，需确认伤者的情况，不能搬动或者挪动伤者患处，以免造成二次伤害。① 对颈椎损伤的伤者，搬运时要有专人扶住伤者头部。② 对脊柱骨折的伤者，搬运时至少需要3个人，1人托住肩胛骨，1人扶住腰部，另1人托住双下肢，同时行动把伤者搬到担架上。最好用硬担架，伤者仰卧。若用帆布软担架搬运，伤者应采取俯卧位。

2. 常见部位骨折的固定方法

(1) 前臂骨折固定：用两块夹板(可用木板、木棒、杂志等替代)分别放在背侧和掌侧，若只有一块就放于背侧，加垫子，用手帕、三角巾或布条叠成带状，在骨折上端、下端分别绑扎固定，然后用腰带或三角巾将前臂悬吊于胸前。

（2）上臂骨折固定：在上臂外侧放一块木板，加垫子，用两条布带分别绑扎固定骨折上下两端，然后用三角巾、腰带将前臂悬吊于胸前。

（3）大腿骨折固定：先脱下伤肢的鞋袜，用两块木板，长木板置于外侧腋下到外踝，短木板从大腿根内侧到内踝，在腋下、膝关节、踝关节骨突起部位放棉垫保护，夹板空隙处用柔软物填实，用七条宽布条，先绑扎骨折上下两端，然后绑扎腋下、腰部、髋部、小腿及踝部。最后“8”字法固定足踝部。

（4）小腿骨折固定：用两块木板置于伤肢两侧（固定方法同大腿骨折方法基本相同，在小腿骨折上下端、大腿、足踝绑扎四根布带），也可以用健肢进行固定。

（5）骨盆骨折固定：伤者呈仰卧位，双下肢屈曲，双膝下放置软垫，将三角巾置于臀后，顶角朝下，两底角向前绕骨盆在下腹部打结，顶角经会阴部拉至下腹部与两底角连接处打结。两膝之间加垫子，用宽布条捆扎固定。

3. 骨折固定要领

（1）凡有或疑有骨折的伤者，均应妥善固定。

（2）夹板长度要超过骨折部位上下两个关节。

（3）肢体与夹板之间用棉垫垫好，以防软组织损伤。

（4）指尖或趾尖要暴露在外，以便观察末梢血液循环状况。

（5）开放性骨折断端外露，不要拉动，不要纳到伤口内，现场不要冲洗伤口或上外用药，只进行止血、包扎、畸形固定。

（六）关节脱位的急救

关节脱节是指关节面间失去正常的连接关系。根据关节面错位的大小可分为半脱位和全脱位，关节脱位的复位，时间越早越易复位，效果越好。关节复位的原则是使脱位的关节端，按原来脱位的途径退回原处。严禁动作粗暴和反复复位，以免加重损伤，造成骨折和血管神经损伤。复位成功的标志是被动活动恢复正常，骨性标志复原，X线检查显示已复位。复位后将关节固定在稳定的位置上，固定期间要加强功能锻炼。无整复条件时应立即用夹板和绷带在脱位所形成的姿势下固定伤肢，保持伤者安静，尽快送医院。

（1）肩关节脱位的固定方法：取三角巾两条，分别折成宽带，一条悬挂前臂，另一条绕过伤肢上臂，在健侧腋下打结。

（2）肘关节脱位的固定方法：用铁丝夹板弯成合适的角度，置于肘后，用绷带缠稳，再用小悬带挂起前臂。如无铁丝夹板，可直接用大悬臂带包扎固定。

（七）伤者的搬运方法

1. 徒手搬运法

徒手搬运法适用于伤势轻和搬运距离较短的伤者。它又可分为单人、双人和多人搬运法。

（1）扶持法：急救者位于伤者的体侧，一手抱住伤者腰部。伤者的一手绕过急救者颈后至肩上，急救者的另一手握住其腕部，两人协调缓行。它适用于伤势轻、神志清醒而又能自己步行的伤者。

（2）抱扶法：急救者一手托住伤者的背部，另一手托住伤者的大腿及腘窝将伤者抱起，伤者的一臂挂在急救者的肩上。此法适用于伤势较轻、神志清醒但体力较差或虚弱的伤者。

（3）托椅式搬运法：两名急救者相对而立，各以一手互握对方的前臂，另一手互搭在对方的肩上。伤者坐在急救者互握的手上，背部支持于急救者的另一臂上，伤者的两手分别搭于两名急救者的肩上。此法适用于神志清醒、足部损伤而行走困难的伤者。

（4）卧式三人搬运法：三名急救者同站于伤者的一侧。第一个以外侧的肘关节支持伤者的头颈部，另一肘置于伤者的肩胛下部，第二人用双手自腰至臀托抱伤者，第三人托抱伤者的大腿下部及小腿上部。三人行走要协调一致。此法适用于身体较重、昏迷或肢体骨折后没有担架等情况的伤者。

2. 器械和车辆搬运法

在伤者不能被徒手搬运时应采用担架或车辆搬运。

(1) 担架搬运法：可用棉被或毛毡垫好作为担架，将伤者放入并盖好保暖。若伤者神志不清，需用绑带将其固定于担架上。如有脊柱骨折，不宜使用特制担架，可采用门板作为临时担架。

(2) 车辆搬运法：当伤者伤势严重，运送路程较远时，应用救护车，车宜慢行，避免震动。

思考题

1. 什么是运动损伤？
2. 如何掌握常用的止血、包扎急救方法？
3. 如何正确使用心肺复苏术？

延伸阅读书目

[1] 范清惠.大学生健身安全指南[M].北京：北京体育大学出版社，2009.

[2] 刘传进，朱礼金.体育与健康[M].2版.北京：高等教育出版社，2015.

参考文献

[1] 朱建春，伍胜福，魏金标.现代大学体育教程[M].北京：北京邮电大学出版社，2009.

[2] 何秋华，龚建林.现代大学体育·理论篇[M].北京：北京体育大学出版社，2012.

[3] 荆光辉，柳克奇.大学生体育与健康教程[M].长沙：中南大学出版社，2008.

第五章 体育文化导向

第一节 校园体育文化

一、校园体育文化的概念和类型

（一）校园体育文化的概念

校园体育文化是指在学校这一特定的范围内所呈现的一种特定的体育文化氛围，以学生为主体，以课外体育文化活动为主要内容，以校园为主要空间，以校园精神为特征的一种群体文化，是全校师生员工们在教学和科研实践过程中所创造的体育精神财富和物质财富的总和，即学校的师生员工在体育教学、健身运动、运动竞赛、体育设施建设等活动中形成和拥有的所有的物质和精神财富，以及体育观念和体育意识。它是以学生、教师为参与主体，以课外体育文化活动为主要内容，以校园为主要空间，以校园精神为主要特征的一种群体文化。这种特定的文化氛围是和学校的培养目标、校风校纪、生活方式等内容相联系的。校园体育文化是一种特别的文化现象，它既是校园文化的一部分，又是体育文化的一部分，是校园内所呈现的一种特定的体育文化氛围，是对学生实施体育教育，促进学生身心全面发展，具有时代特点的一种群体文化。

（二）校园体育文化的类型

校园体育文化作为学校教育的重要组成部分，在德、智、体、美、劳全面发展的教育方针中，在培养身心健康、具有创新精神和实践能力的社会主义现代化合格人才中具有十分重要的作用。

1. 特色型体育文化

特色型体育文化是指具有鲜明特色的体育文化活动形式，是属于某一个学校或某一些学校的。例如，北方高校开展冰上运动，南方高校开展游泳项目；有些学校定期开展体育文化节或体育周等具有特色的体育文化活动。随着我国高校体育工作的深入发展，校园体育文化活动越来越受欢迎，具有特色的体育项目和体育文化逐步为学生所青睐。

2. 传统型体育文化

传统型体育文化是一个具有悠久历史本土风情和本校特色的，以增强体质为目的的各种身体练习和娱乐活动。传统体育作为校园体育文化的一个部分，其自身又有传承体育文化，宣传体育活动，扩大校园活动和交流空间的作用。例如大学里一年一度的田径运动会，师生共同参与，运动会的开幕式、娱乐活动与宣传活动等形成了体育的节日盛会。另外学校长期形成的冬季长跑比赛、武术比赛和体育协会的单项比赛逐步形成了校园传统型体育文化。

3. 现代型体育文化

现代型体育文化是通过校园体育文化以及身体运动的方式来体现的，它也是学校体育工作最主要的内容之一，它体现在学校体育教学、课外体育活动和学生体育协会活动方面。第一，它以最直接的形式向学生传播体育文化，以促进学生身体正常发育、增强体质和健康为目标。第二，学生课外体育活动是实现现代型校园体育文化的重要途径，通过自我锻炼、群体小型竞赛、参与体育协会和体育俱乐部来开阔学生的视野，培养学生的社会适应能力和工作组织能力。第三，学校体育运动竞赛作为现代型校园体育，使学生有机会发展自己的运动爱好和特长。另外积极参加和观赏各级大学生体育比赛和国内高水平比赛，如"CUBA"篮球联赛、大学生足球比赛以及省内高校间各级各类体育比赛，可以丰富自己的体育知识，增强体育运动意识。第四，大学里建有现代化的体育场馆和较为齐全的器材，加上高水平的体育师资和图书资料，为大学生开展校园体育文化提供了良好的物质保证。

二、校园体育文化的特点和功能

（一）校园体育文化的特点

每一种文化都有其独立性和特殊的规定性。同样，校园体育文化的产生和发展既会受到社会文化特性的制约，又有其自身在精神形态方面的独特表现。其特点具体地讲有以下五个方面。

1. 校园体育文化的客观性

凡是在社会中有着良好声誉的学校必定有着丰富多彩、生动活泼的校园体育文化，校园体育文化对学校发展所起到的推动或抑制作用表明了它的客观存在性。

2. 校园体育文化的时代性

校园体育文化的内容和形成受到一定时代的政治体制、经济体制、教育体制以及社会结构、文化风尚等因素的制约，在一定程度上反映了每个时代的体育面貌和主旋律。

3. 校园体育文化的继承性和新颖性

每一项体育活动都会根据其特点来开展，并延续一定的习惯传统。在传承的同时还要发展，要拓宽思路不断创新。

4. 校园体育文化的连续性与延展性

校园体育活动是一种带有普遍参与、重复出现且相对稳定的集体行为，具有周期性、延续性。体育活动不再局限于校园内，体育教师要鼓励更多学生参与体育活动，展现自我。

5. 校园体育文化的动态性与开放闭合性

动态性是体育活动与文化课学习最大的区别。体育竞赛可以把全班、全年级、全系乃至全校的学生集合、团结起来，一起享受胜利的喜悦，共同分担失败的苦涩，齐心协力共进退。

（二）校园体育文化的功能

校园体育文化的功能主要表现为传承体育文化，实施素质教育，培养学生终身体育意识和完成学校体育任务。在学校体育教育实施过程中，向学生传授的并不是单一的文化内容，而是许多相关联的体育文化要素。校园体育文化是营造学校人文气息和文化氛围不可缺少的内容，是推动校园文化发展的最有力的手段。校园体育文化的传承，主要是系统地传授体育文化体系，通过学校体育教育获得的理论在实践中应用的能力，发展学生的合作能力和组织能力，崇尚公平竞争、团结协作的体育道德风尚；培养尊重自己、尊重他人、自强不息、顽强拼搏的意志品质；营造健康向上、积极进取的校园体育文化氛围，为广大学生提供展示自己才华和特长的平台。更为重要的是，通过丰富多彩的体育文化娱乐活动和体育比赛，提高广大学生的体育人文素质，增强广大学生的参与意识，促进学生人格的完善和情感态度价值观的形成。

校园体育文化是学校在长期的体育教育实践过程中逐步形成的，是在广大师生直接参与和精心培育下发展起来的。校园体育文化对改善学生的智能结构，加强学校与社会的交往，提高学生体育学习的积极性、主动性，促进学校体育教育改革向纵深的方向发展和素质教育目标的实现都具有重要的功能。必须指出的是，校园体育文化的本体功能只有通过学校制定长期的规划、方案，并通过具体的、细化了的实施方法和途径，在实践过程中逐步形成特定的体育文化氛围才能够实现。校园体育文化的不断完善，为教书育人提供了良好的环境，从而为实现学校教育的培养目标创造了优越的条件。

总之，校园体育文化是维系学校团体的一种精神力量，校园体育文化开展的好坏直接影响到校园文化的开展，它对学校的校风、学风都起着重大的推进作用，能综合地反映一个学校体育建设和发展的方方面面。因此，要充分利用体育文化资源，以人为本，让师生通过参与校园体育文化活动，培养其团结协作、顽强拼搏、勇于进取、尊重事实、崇尚理性的精神风貌，促进素质教育的全面贯彻实施。随着社会的发展，经济水平的日益提高，校园体育文化的开展必将越来越受到重视，校园的体育场地设施会不断地改善，校园体育文化活动必将更加蓬勃地开展。

三、校园体育文化与终身体育观念

校园体育文化作为一种社会文化，是学校在长期的教学实践过程中逐步形成的，更是在广大师生直接参与和精心培养下发展起来的。它对促进学生养成体育锻炼的习惯，培育终身体育观念具有积极作用。

丰富多彩的校园体育文化是挖掘学生潜能、启发智力、促进能力发展的广阔天地，是最受学生欢迎的一种群体文化，也是学生从“自然人”向“社会人”转轨的助动力。校园体育文化生活可谓是精神文化的大舞台。有了校园体育文化，就能营造出教育的氛围，增添了学校的活力，使校园生活变得多姿多彩，有效地提高了人们生活的质量。

校园体育文化可以影响学生的体育精神和运动情绪，使学生得到美的享受和体育文化的熏陶，培养了体育锻炼的兴趣和习惯，从而影响着学生的体育观念、体育行为和体育思想。

第二节 奥林匹克文化

奥林匹克运动是科学理性的深情寄托，是公平竞争的光辉典范；奥林匹克精神是一种理想，一种不断寻求和重新发现的理想；奥林匹克教育是奥林匹克运动的核心，也是奥林匹克运动的出发点和归宿；奥林匹克文化是以体育为载体的多元文化交融的世界先进文化，是人类创造的宝贵的精神财富，体现了人类对真、善、美的追求；北京的人文奥运充分展示了东方文化的魅力，将中国传统文化和东方哲学智慧对奥林匹克文化所面临的问题与挑战给予了富有启迪意义的回应，促进了东西方文化的交流，丰富了其内涵，为奥林匹克文化注入新的活力。

一、奥林匹克运动的由来

有关古希腊运动会的宗教起源传说在古希腊流传很广，但是说法不一。其中，古希腊奥林匹克竞技赛会是献给天神宙斯的祭祀性宗教礼仪。天神宙斯就是奥林匹克竞技赛会的创始人的说法流传最为普遍，希腊至今仍然保留着这一传说。古奥运会从公元前 776 年起，到公元 393 年止，经历了 1169 年，共举行了 292 届。随着比赛项目的不断增多，从第 22 届古代奥运会开始，组织者决定将比赛时间改为 3 天，加上开幕式、闭幕式及庆典活动，整个会期为 5 天。竞赛项目增多为五项全能（铁饼、标枪、跳远、角力、跑步）、拳击、摔跤、战车赛跑、赛马等。

法国教育家顾拜旦是公认的现代奥林匹克创始人，他为奥林匹克运动的诞生和发展做出了卓越贡献。1888年，顾拜旦就任法国学校教育、体育训练筹备委员会秘书长。1889年顾拜旦代表法国参加在美国波士顿举行的国际体育训练大会，进一步了解世界体育的动态，他认为近代体育的发展正在走向国际化，应该借助古希腊体育的经验和传统影响来推进国际体育，于是产生了复兴奥运会的想法。为了实现这一想法，顾拜旦做了大量工作，他认为：现代奥运会应该像古代奥运会那样，以团结、和平和友谊为宗旨，但应该比古代奥运会有所发展和有所创新，它应该向一切国家、一切地区和一切民族开放，并在世界各地轮流举办；现代奥运会应从一开始便冲破民族和国家的界限，具有鲜明的国际性。在国际上各种因素的促进和顾拜旦的不懈努力下，1896年4月6日—15日，第一届现代奥运会终于如期在雅典举行。奥林匹克运动终于又登上历史舞台，揭开了人类文明史上又一页新的篇章。

二、奥林匹克运动的思想体系

（一）《奥林匹克宪章》

第一部《奥林匹克宪章》是由皮埃尔德·顾拜旦亲自制定的，于1891年6月在巴黎召开的国际体育会议上正式通过。100多年来，随着人类社会和奥林匹克运动的发展，宪章曾多次修改和补充，但其基本原则和精神未变。在奥林匹克宪章中，对奥林匹克运动宗旨、格言、标志等都有明确说明。

奥林匹克运动主要宗旨是通过体育活动，增进青少年身心健康，促进世界相互了解和建设一个更美好和平的世界。这一宗旨具体的体现为使体育运动为人类的和谐发展服务，以提高人类尊严；以友谊、团结和公平竞赛的精神，促进青年更好地相互了解，从而有助于建立一个更加美好和平的世界；使世界运动员在每4年一次的盛大节日——奥林匹克运动会中联欢聚会在一起。一句话，“和平、友谊、进步”是奥林匹克宗旨的高度概括，也是奥林匹克精神的重要内容。

奥林匹克格言“更快、更高、更强”是现代奥林匹克运动创始人顾拜旦的朋友狄东于1895年提出的体育教育口号。顾拜旦对此十分赞同，并经他提议，国际奥林匹克委员会于1913年将这一口号定为正式的奥林匹克格言。

奥林匹克标志是由五个奥林匹克环组成，五环自左至右互相套接，颜色分别为蓝、黄、黑、绿、红。上面三环是蓝、黑、红，下面二环为黄、绿；在使用中也可以五环均为单色。五环的寓意是象征五大洲的团结和全世界的运动员在奥林匹克运动会上相聚一堂。奥林匹克标志是顾拜旦提出的，1913年为国际奥委会所批准，正式图样存放在国际奥委会总部。奥林匹克标志也是奥林匹克徽记、旗及各国奥林匹克委员会会徽、会旗的必要部分。各届奥运会的会标也都以奥林匹克标志为必要内容。奥林匹克宪章禁止把奥林匹克标志用于一般的广告和其他商业目的。

奥林匹克徽记是由奥林匹克标志加上其他特殊部分组成的图样，必须经过国际奥委会执委会的批准。最多见的奥林匹克徽记为各国奥委会的会徽和各届奥运会的会标以及历届奥林匹克代表大会和国际奥委会全会的会标。

奥林匹克旗是国际奥委会于1913年根据顾拜旦的构思和建议而制作的。1914年为庆祝现代奥林匹克运动恢复20周年而在巴黎召开的第6届奥林匹克代表大会上首次使用。1920年在安特卫普举行的第7届奥运会开幕式上，比利时奥委会绣了一面同样的锦旗升在主体育场，之后赠给国际奥委会并成为夏季奥运会正式会旗。旗为白底，无边，中央是五色的奥林匹克标志。

奥林匹克会歌是希腊著名作曲家萨马拉斯于1896年创作的。原是献给第一届奥运会的赞歌，后由希腊诗人帕拉马斯配词而成《奥林匹克颂歌》。1958年国际奥委会在东京举行的第55届全会，正式决定将雅典奥运会演奏的赞歌作为奥林匹克会歌。

（二）奥林匹克主义

奥林匹克主义是奥林匹克运动和奥林匹克运动会的指导思想，是一种增强人的体质、意志并使之全面发展的生活哲学。体育不仅是一种健身方法，而且是一种反映人类理想的健康的生活方式。奥林匹克主义谋求把体育运动与文化和教育融合起来，创造一种在努力中求欢乐、发挥良好榜样的教育价值并尊重基本公德原则为基础的生活方式。奥林匹克运动，是从现代奥林匹克主义中诞生的一种社会运动，其目的是通过组织没有任何歧视和符合奥林匹克精神的体育活动来教育青年，从而为建立一个更加和平和美好的世界做出贡献。

顾拜旦称奥林匹克主义是一种精神形态——对奋斗、和谐的狂热崇拜，即表现为对自我超越和自我节制的追求。一位加拿大学者把奥林匹克主义概括为对教育、国际理解、机会均等、公平竞争、体育运动独立、文化和美七个方面的追求。他们的阐述，被认为是清楚地表达了奥林匹克主义的实质。奥林匹克主义是一种源于体育的生活哲学，但它所宣扬的友爱、平等、尊重、理解、宽容、无私和奉献等，超越了体育本身的范围，而是对人类生活准则和道德规范的追求。这一本质，使奥林匹克主义作为一种观念形态传向全球，使奥林匹克运动和奥林匹克运动会发挥了促进人类和社会进步的作用，这是其他任何一种体育现象所不可企及的。

（三）奥林匹克精神

1. 奥林匹克精神的含义

奥林匹克精神是奥林匹克运动的实质内容，《奥林匹克宪章》指出，奥林匹克精神就是相互了解、友谊、团结和公平竞争的精神。通常它包括参与原则、竞争原则、公正原则、友谊原则和奋斗原则。参与原则是奥林匹克精神的第一项原则，参与是基础，没有参与，就谈不上奥林匹克的理想、原则和宗旨等。“参与比取胜更重要”这句格言最早是美国一位主教提出来的。1908 年伦敦举行第 4 届奥运会时，顾拜旦引用了这句话。后来，顾拜旦在 1936 年奥运会演讲时也说过：“奥运会重要的不是胜利，而是参与；生活的本质不是索取，而是奋斗。”这一原则已被世界各国运动员和广大群众所广泛接受。竞争原则表明奥林匹克运动是一项倡导挑战与竞争的社会活动。竞争是奥林匹克运动的基本形式，也是推动人类社会进步的基本形式之一。人类在竞争中，勇于向世界强手和先进水平挑战，不断超越自我、超越他人，有所发展、有所创新、有所前进。公正原则是参与奥林匹克竞争的行为规范。奥林匹克精神蕴含了公正、平等、正义的内容，承认一切符合公正原则的优胜，唾弃和否定一切不符合道德规范的行为。公正原则使奥林匹克精神具有了极大魅力。友谊原则是奥林匹克运动的目的。奥林匹克运动不仅仅是一项单纯的体育活动，其最高目标，是要通过体育活动的手段，把世界上不同国度、不同种族、不同语言、不同宗教信仰的人凝聚在一起，使大家相互交往，增进了解和友谊，进而达到世界的团结、和平、进步的目的。奋斗原则是奥林匹克精神的灵魂。奋斗精神是人类得以繁衍生息、繁荣昌盛的重要品质，是人类最伟大、最可称颂的内在力量。赛场的奋斗是人类奋斗的一个缩影。奥林匹克精神要求人们具有坚忍不拔的进取精神和克服一切困难的英雄气概。

萨马兰奇说奥林匹克运动就是文化加体育。奥林匹克精神是奥林匹克运动文化意识形态的本质内容。人类的各项竞技运动成绩和运动记录，是社会文化的一部分。在这部分社会文化的积累、更新和创造过程中，奥林匹克运动起了重要作用，众多凝聚着人类智慧和体能的历史记载，多半是经过奥运会确立的。奥林匹克运动属于全人类，只有真正了解奥林匹克精神，人类才能真正拥有它。

2. 中国传统文化对奥林匹克精神的贡献

中国传统哲学讲究天人和谐、“神人以和”，从不过分强调人对自然、对自身的挑战，也不孤立地、片面地强调人对自然、天地的超越，而是讲究“象天法地”，向“天”与“地”来学习合乎自然，遵循自身限度的立身处世原则。“天行健，君子以自强不息。地势坤，君子以厚德载物”，就是讲人要不断进取，承担对个体存在的责任，但又要有所警惕，不要一味强调进取，要保持个人、环境和社会之间的协调。这对于主张“更快、更高、更强”的奥林匹克精神是一个重要的回应与补充。

中国礼乐文化主张万物和谐，阴阳协调，以中和、和谐、协调为美的最高境界。中国古代有所谓“六艺”，即“礼”“乐”“射”“御”“书”“数”。“六艺”强调的不是技艺的竞赛，而是通过技艺的修养来完善人格，达到内心的和谐，促进心灵与体格之间的和谐互动。这与奥林匹克精神旨在推动人的体育与心灵的和谐发展的理想有着巨大的契合，对于当今奥林匹克比赛过度强调比赛成绩，忽视心灵提升的现象有着重要的启发意义。中国传统文化不但主张和，而且提倡和而不同，强调统一之中的差异、和谐之中的多样，在寻求一致的同时包容个别。对于奥林匹克精神中西方文化对世界其他地区弱势文化的强势压迫与侵犯，这是一个很好的回应与补充。今天，奥林匹克文化更应强调不同文化的和谐交流与对话，尊重文化身份、文化个性、文化多元化。这在全球化时代有着重大意义。

贵生、达生精神是中国传统文化一个重要维度。中国古代认为，人是“天地之心”，“天地之性人为贵”，“天地人之才等耳，人岂可轻，人字又岂可轻”。从这种观念出发，中国古代文化不是把对物的追求和占有作为人生的目标，而是把提高人的德行修养，完善人的内在德性作为人生的最高目标。这对于当代奥林匹克运动中过度商业化、过度竞争化和相应的体育腐败是一个富有启发意义的回应与补充。

中国传统自然伦理观念认为天地宇宙间人与万物是都和谐共处的，主张克己复礼，把人的作用与行为限制在与天地万物和谐共处的宇宙秩序之中。中国古代社会提倡节制与合理控制人的欲望，反对对生命的无度消费和对外物的无度占有。这种伦理观念对于奥林匹克文化中的过度商业化和兴奋剂丑闻都是有力的回应，它从东方哲学和智慧的角度回应了促进人的身心和谐发展的奥林匹克精神。同时，它对于回答当代人类文明所面临的生态问题、可持续发展问题等许多重大挑战提供了启迪。

奥林匹克精神作为当代人类优秀的文化遗产和精神财富面临许多问题与挑战。由于奥林匹克精神以西方文明为根基，它面临的这些问题与挑战已经无法仅靠西方文明自身提供答案。中国传统文化和东方哲学智慧对奥林匹克文化所面临的问题与挑战给予了富有启迪意义的回应，为奥林匹克文化注入了新的活力。

（四）奥林匹克理想

奥林匹克理想是奥林匹克主义和奥林匹克精神的综合，是人们对奥林匹克运动未来和前景的向往和希望。奥林匹克运动提倡人的全面发展，提倡人类社会的和谐和公正，提倡建立一个和平的更加美好的世界。这些都是人类中的大多数人所追求的理想和愿望。古代奥林匹克运动包含了这些朴素的思想，现代奥林匹克运动的创始人从一开始就对此予以肯定和赞扬。正是因为现代奥林匹克运动提出了符合人类社会所追求的崇高目标，在不到一个世纪的时间里，奥林匹克运动从欧洲走向了全球，形成了包括地区组织和国际单项体育组织在内的大家庭。大家庭的所有成员遵循奥林匹克主义和基本原则，以奥林匹克理想为追求目标，从而使奥林匹克运动成为一个世界影响的社会文化现象。

现代奥林匹克运动在其经历的一百多年中，它的理想曾经受多次的冲击和“危机”，两次世界大战打断奥运会的正常进程，长期政治干扰使奥运会处于纠葛之中。过度的商业化问题、业余和职业化问题、兴奋剂问题、奥运会规模过大和暴力事件都是与“团结、友谊、和平、进步”为宗旨的奥林匹克理想相违背的。尽管存在着这些与奥林匹克理想相背离的现象，奥林匹克运动仍是在自己宗旨所规定的轨道上运行着。这是因为奥林匹克运动把人自身的力量淋漓尽致地展现在人类面前，人可以跑得更快，跳得更高，变得更强；人类可以举办超级规模的奥林匹克运动大会；人可以创造出尽善尽美、高度发达的运动场地设施；人可以使全球观众同时观看奥林匹克比赛；这一切，充分展示了人的强大、人的威力，奥林匹克运动可以使人感到自豪，感到满足，鼓舞人们去战胜人生征途上的困难。奥林匹克运动可能满足人类对自身崇拜的精神需要。在此基础上，人类一切美好的愿望与理想也同时注入“奥林匹克”，形成了奥林匹克理想。古代奥运会是人们一种对神的崇拜。而现代奥运会是人们一种对人的崇拜，也是一种愿望的寄托，希望人类自己去求得团结、友谊、进步，求得一个和平美好的世界。这正是维系现代奥林匹克运动发展的精神力量。

三、奥林匹克运动的组织体系

奥林匹克运动自从创立以来，之所以能够发展到当今这样的规模，是因为奥林匹克运动有一个结构完备、功能齐全的组织体系，它包括国际奥委会、国际单项体育联合会和国家奥委会。三个组织构成了奥林匹克运动组织的三大支柱。

国际奥委会是奥林匹克运动的领导机构，它的任务是按照奥林匹克宪章领导奥林匹克运动。它根据奥林匹克宪章所做出的决定是最终决定。国际奥委会的绝对领导地位是奥林匹克运动顺利发展的保证；国际单项体育联合会由各个国家或地区的单项体育协会组成，其最高权力机构是定期召开的代表大会，它在奥林匹克运动中的主要任务是负责其所管辖的运动项目的技术和行政管理方面的工作；国家奥委会是按照《奥林匹克宪章》的规定建立起来，并得到国际奥委会承认的负责在一个国家或地区开展奥林匹克运动的组织，它担负着各自国家或地区发展和维护奥林匹克运动的重大任务。

在发展奥林匹克运动的过程中，三大支柱互相协调、互相配合、互相依赖又互相制约，在共同目标下，促进奥林匹克运动的发展。

此外，为使国家奥委会在区域性的范围内更好地合作，促进各大洲奥林匹克运动的发展，在五大洲还设有国家奥委会的洲级协会。

四、奥林匹克运动的活动体系

奥林匹克运动的活动内容是实现奥林匹克理想的具体手段和途径，通过国际奥委会与各国际单项体育组织、各国奥委会及各方面的人士密切合作，大胆地创新与设计，逐步改进与完善，使奥林匹克运动具有丰富多彩的活动内容与形式，包括奥林匹克运动会、大众体育以及与体育有关的教育、科学和文化等活动，以奥林匹克主义贯穿一系列活动，形成一个具有鲜明特色的奥林匹克活动体系。

在奥林匹克运动众多的内容中，4 年一度的冬、夏奥运会是最重要的活动，是奥林匹克运动的主旋律。奥林匹克运动会的活动内容包括竞技运动比赛、奥林匹克仪式、奥林匹克文化节、奥林匹克青年营等。

五、奥林匹克价值观

从奥林匹克的章程可以看出：第一，奥林匹克价值目标是一个多层次的教育过程，是一个社会、心理、文化、伦理、身体均衡发展的过程，是通过体育教育与文化教育实现奥林匹克教育价值的过程；第二，体育是奥林匹克教育的核心，同时也是培养青年身心和谐、合作、容忍、互助达到公平竞争的一种手段。因此，奥林匹克价值观包含相互尊重、友好公平、追求卓越三个方面。

（一）相互尊重

《奥林匹克宪章》明确指出，奥林匹克运动的宗旨是："通过没有任何歧视、具有奥林匹克精神——以友谊、团结和公平竞争的精神相互了解的体育活动来教育青年，从而为建立一个和平的更美好的世界做出贡献。"这表明，奥林匹克运动之人文价值聚焦于建设公平和谐的社会，推广着人人拥有平等权利的价值观念，蕴含着以公正、平等、正义为核心内容的社会理想。顾拜旦曾具体阐释了奥林匹克价值观的魅力。在他看来，奥林匹克价值观是人类汲取古代传统精华以构筑未来的力量之一，它虽"不足以确保社会和平"，但仍可促进和平；虽"不能更加均衡地为人类分配生产和消费物质必需品的权力"，但仍可促进公平；虽"不能够为青少年提供免费接受智力培训的机会"，但仍可促进教育。倘若这种价值观得以普遍践行，则人与人、国与国、民族与民族、文明与文明之间，就能够以理解代替误解、以尊重代替歧视、以交流代替屏蔽、以互补代替排斥、以公平竞争代替激烈对抗、以和平共处代替生死冲突，并以此为基础建构一个维护人的尊严的社会，进而建立和平、和谐的社会。北京奥运会所倡导的"人文奥运"的宗旨，即在于促进人与人、人与社会、人与自然、文明与文明以及人的心灵与体魄之间的和谐发展。

和谐是奥林匹克价值观与中华文化的最佳结合点。在中华文化内一脉相承的和平、和好、和爱、和美、和为贵、和而不同、和衷共济、天人合一等和谐理念，是对奥林匹克价值观更快更高更强的竞技理念的必要补充。

（二）友好公平

作为奥林匹克精神之硬核，"相互了解、友谊、团结"具有丰厚的人文底蕴，它所倡导的，是人与人彼此之间，国与国、民族与民族之间的和平共处。大家的个性、需要、偏好、追求各自迥异，但这并不构成人们由此而发动"战争"的充足理由。若有必要一争高低，就在具有共识的规则约束下进行公平竞争。即便是竞争，由于它是公平的，其最终目的也是达到更高层次的"相互了解、友谊、团结"。国际奥委会前主席罗格在其就任宣言中指出："奥林匹克的格言是更快、更高、更强。在新世纪来临的时候，或许对体育来讲需要新的格言，那就是更干净、更人性、更团结。""人字的结构是相互支撑"，竞争只是手段而非目的，和平共处才是目的。从古代奥林匹克实行的"神圣停战"，到联合国第 48 届大会第 36 次全体会议签署的"奥林匹克休战"提案，无不彰显着对和平的向往。

现代奥林匹克运动堪称人类社会有史以来公平竞争的典范。它创造了一种方式，使人们或是通过"我在现场"的亲身体验，或是通过新闻媒介来了解，若采用公平、平等、自由的思想方式和行为方式去迎接社会生活的改革和变迁，将会为人们带来何等益处。一句话，它为人类社会构筑了一个公平、公开、公正竞争和规范竞争的范式。诚如人们评价的那样："这是一个平等得使每一个人都乐于接受，通俗得使每一个人都能够接受的模式。"

（三）追求卓越

"更快、更高、更强"之格言，固然是要鼓励运动员持续不断的参加竞技，努力追求超越对手，超越既有记录，更是要鼓励运动员对自己永不满足，不断地超越自我，挑战新的极限。大多数奥运冠军（特别是中国的奥运冠军）在谈到自己曲折夺冠的心路历程时，最大的感受就是战胜和超越自我。更多的运动员在总结自己取得成功的心路历程时，最有感受的也是战胜和超越自我。战胜进而超越自我，或许是运动员在竞技场上所直面的最大挑战，也是他们最难以克服的"极限"。一旦超越这个极限，小我就会升华为大我，无意识、潜意识、显意识之我就会升华为自觉自为之我乃至"忘我"。那是人生的极高境界。因此，在人们熟知的"更快、更高、更强"之表象意义的背后，是动态无极限的理念，是非最大化之诠释。奥林匹克价值观是一种在弘扬个性、公平竞争的基础上追求和谐发展的观念体系，它主张人们要在不断追求的过程中，实现自我进而超越自我，动态性是其鲜明特征。通俗地讲，就是“没有最好，只有更好”；实现自我只是初级阶段、入门条件、达标手段，超越自我才是高级阶段、涅槃条件、人生目的。

六、北京奥运会的文化遗产

北京奥运会从文化遗产的内涵来说，主要体现在“绿色奥运、科技奥运、人文奥运”三个理念之中。

北京申办奥运提出的“绿色奥运、科技奥运、人文奥运”三个理念，其中，渗透奥林匹克运动之中的绿色奥运强调的是环境保护，科技奥运强调的是科学技术，人文奥运强调的是以人为本。应当说，这方面的理念在以往奥运实践中不同程度地或分别地有所体现，而北京综合提炼以往经验，将这三个理念综合一体，是对奥林匹克运动的创新，也促使北京办了一届有特色、高水平的奥运会。三个理念之中，人文奥运是灵魂与核心。迄今奥林匹克运动以西方文化为主导，这种主导与奥林匹克运动要求多元文化发展是不相融的。北京的人文奥运充分展示东方文化的魅力，促进东西方文化的交流，并为奥林匹克文化注入新的活力。因此，北京提出的三个理念，尤其是人文奥运理念，为举办地北京乃至整个中国留下了独特的奥运文化遗产。

北京申办奥运提出的三个理念，不仅是一种思想观念、理想口号，而且是一种发展战略、行动规划。它们属于广义的奥运文化遗产的组成部分。通过绿色奥运的实施，构筑首都北京的城市生态基础，建设绿色生态屏障，推进绿化和美化工程、实施环境保护和治理工程、合理开发水资源、建立生态性的农业体系，营造绿色家园。这些措施以及工程充分体现了北京城市“以人文本”的价值取向和创建美好易居城市的目标。可以说，“绿色奥运”是人与自然和谐的中国传统文化与当代先进环保理念相互融合的结晶，是北京对当今国际环保运动和奥林匹克运动的重要贡献。

科技奥运的实施，广泛应用当代最先进的科技成果，集成全国科技创新成果，举办一届高科技含量的体育盛会。我们已经进入了“知识体育”的时代，我们的运动技术只有依靠高新技术才能提高。要让科学精神、科学成就渗透到信息化、交通、环境、安全、场馆设计及体育科研各领域，体现在奥运会的每个细节。尤其在信息化方面，实现任何人、在任何时间、任何奥运相关场所都能有效获取可支付得起的、丰富的、无语言障碍的、个性化的信息服务。北京借助科技奥运的契机，进一步普及科学知识，鼓励科学创新，发展高新产业，提高科技创新能力和社会发展水平，使北京奥运会成为展示高新技术成果和创新实力的窗口。

人文奥运以中国五千年的文化底蕴为依托，以全国人民的广泛参与为基础，适应多元文化要求，推进中外文化的交融。奥运会来到地球上人口最多的中国，中国人民的直接参与，千百万中国青少年接受奥林匹克的价值观，将是最为宝贵的遗产和财富。按人文奥运要求，北京实施了提升市民素质工程、文化建设推进工程、城市景观营造工程、志愿者培训工程等，以举办奥运会为主线，开展丰富多彩的文化教育活动，弘扬中华民族优秀文化，展现北京历史文化名城风貌和市民的良好精神面貌。在与奥林匹克文化接触和碰撞中，中华文化与外来文化一起和谐共存发展。

第三节　民族传统体育文化

一、民族传统体育文化概述

民族传统体育文化是人类体育文化的一个重要组成部分，它既是一种带有民族特点的文化形式的表现，又是一种颇具传统色彩的文化形态。它既是人类体育文化的组成部分，又是民族传统历史文化的重要内容。作为一种体育文化，它应是不同的民族有目的地、能动地改造人类社会及人类自身的一种客观物质活动；作为一种民族的传统文化，它应具有作为一种文化形态自身的形成、发展及生存的历史过程，具有属于其自身的突出而丰富的科学内涵和与其他相关文化形态相融、相隔的文化限定。

二、民族传统体育文化的内涵

民族传统体育的形成，是特定历史时期的产物，它既是人类自身实践活动的结果，同时在其发展和形成过程中，更深深地受到传统习俗、传统道德、传统教育等相关传统文化形态的影响。

正是由于其本身的"民族性"和"传统性"，使民族传统体育成为一种具有特殊形式的体育活动方式。这就是以竞技强身为核心的体质训练和以表述情感为核心的心理再现。而这两种价值的表现方式，常常是寓于同一种体育行为，成为民族传统体育作为一种文化形态而存在的重要基础。

民族传统体育作为一种民族文化的综合形态，始终与周围环境的其他文化体系有着互相依存和互相作用的紧密联系，成为一种与外界自由地进行物质和信息交换的文化开放系统。这既为不同运动方式和特点的民族传统体育向世人展示提供了条件，同时也为民族传统体育的不同形式从不同民族和现代体育中汲取"营养"打下了基础。

三、民族传统体育文化的特征

（一）娱乐性

民族传统体育文化是一种以闲暇消遣、健身娱乐为主要目的，而又有一定模式的民俗文化活动。它是人类在具备起码的物质生存条件的基础上，为满足精神的需要而进行的文化创造。

（二）竞技性

竞技性是民族传统体育活动中竞争意识的体现。竞赛活动是自古以来为报答神灵的宗教庆典的重要内容。在交往中维系与传承的民族体育活动，有着独特的技击、练武和宗教信仰等特点，是古代体育竞技精神的突出表现，它产生于该民族，又流传于该民族，使参加者在相互较量的竞赛中，获得心理的愉悦，起到磨炼意志、开启心智的作用。

（三）广适性

民族传统体育在其漫长的发展过程中，逐渐产生了与人的生理、心理、生存环境、文化传统相适应，又能满足不同层次人群需要的属性。男性可以从事赛马、摔跤等体现勇武精神的活动；女性可以从事秋千、跳板等淡雅、平静、细腻的活动，推崇心灵手巧。

（四）地域性

某一地区的一个民族或几个民族所处的区域环境以及由区域环境而带来的自然条件不同，使得各个民族都在自己文化背景之上形成了有别于其他民族的传统体育活动方式，这就是民族传统体育的地域性特征。北方天高地阔，在与大自然的严酷斗争中培养了勇武精神，赛马、摔跤、角力等赛力竞技较发达。南方山环水绕，气候温和，物质条件优于北方边地，游泳、潜水、赛龙舟等活动经久不衰。除南北两大差异外，风俗习惯、社会进程、文化繁荣的差异，即使是同一民族也因地域关系，其传统体育开展水平又有多样化的特色，并受自身民族心理意识的影响。

四、民族传统体育文化演进的规律

（一）民族性是民族传统体育发展的基本内核

民族性是指民族传统体育体现在特定的民族文化类型中，并作为其基本内核而存在的民族文化心理素质的特征，是对于特定的文化类型的最高层次的抽象，具有沟通特定民族中成员心灵的普遍性。

（二）传承性是民族传统体育发展的内在规律

传承性是指民族体育文化在时间上传衍的连接性，即历时的纵向延续性。它是民族传统体育的一种传递方式。特定的社会关系和社会要求规定了人们对于文化遗产选择的自由度，也规定了先哲们对先进思想资料进行诠释的性质。

（三）共适性是民族传统体育发展的根源所在

共适性是中华民族传统体育科学性的体现。它是剖析体育起源和发展各阶段形态的活化石，又是挖掘和创造新的体育项目和形式的源泉。一方面民族传统体育由各民族共同创造，类别繁多，结构多元，兼具表演和竞赛的特点；另一方面由于民传统体育项目不同，动作结构不同，技术要求不同，运动风格各具差异，并不受时间、场地、器材、季节的限制，人们从中可以选取简单易行、生动活泼、喜闻乐见的项目进行健身养生活动。

（四）凝聚力是民族传统体育发展的思想动力

凝聚力是指一个民族随着历史的演进逐渐形成的一种极具个性、颇有特色的文化形态，成为团结一致、推动本民族发展的一种力量。民族传统体育作为中华文化的组成部分，包含着这种凝聚力的品格。民族传统体育是一种综合的民俗文化，它重于人的身心需要和情感愿望的满足，不以高超复杂的技艺、深邃的思索和深厚的文化修养等条件要求其对应的公众，而是以普适的、自娱自乐的消遣性与游戏性等特征迎合它所对应的民众。

思考题

1. 什么是校园体育文化？
2. 校园体育文化的主要特点是什么？
3. 民族传统体育文化的内涵有哪些？
4. 民族传统体育文化有哪些特征？

延伸阅读书目

[1] 纪超香.校园体育文化构建与课程设置[M].北京：中国纺织出版社，2017.
[2] 任莉英.校园体育文化理论及管理策略探析[M].北京：中国原子能出版社，2016.
[3] 周之华.中华民族传统体育文化概论[M].北京：北京体育大学出版社，2015.
[4] 李繁荣.民族传统体育文化及其传承研究[M].济南：山东大学出版社，2014.

参考文献

[1] 赵可悦.高校校园体育文化的认识与思考[J].当代体育科技，2013(26).
[2] 芦平生.中华民族传统体育的内涵及其特征[J].西北师范大学学报：自然科学版，2004(1).

第六章　体育素养与体育欣赏

人们经常有所困惑，比如身材是决定一个人体育能力的决定因素吗？一个人再努力是否能达到其希望的体育运动能力？有哪些因素可以衡量一个人的运动能力？为什么会这样？其实这些问题都是在体育素养中要讨论的问题。面对自己喜欢的体育运动，怎么才能告诉别人它的妙处？这恐怕是人们都感到很为难的事情。将体育中美好的东西加以区分和归纳，这就是体育美学的作用，而这一过程就是欣赏的过程。

第一节　体育素养

体育素养是在先天遗传素质的基础上，通过后天环境与体育教育的影响所形成的，是体质水平、体育知识、体育意识、体育行为、体育技能、体育个性、体育品德等要素的综合。一般来说，体育素养是建立在先天的基础上，通过后天体育锻炼所获得的体育能力，这正是开展大学生体育教育的理论出发点之一。

要提高体育素养，必须具备一些基本素质，如先天的身体能力通过后天锻炼达到更高的水平；同时通过学习掌握一些相关的知识，有利于从事体育锻炼和竞技比赛，获得更好的体育运动体验；并且通过体育活动的参与培养意志品质，进一步提高自身的道德修养。

一、体质与遗传

良好的体质和健康的身体是具有良好全面体育素养的前提，但是遗传和体育运动在这里有个让人困惑的问题，就是如果没有非常好的遗传条件，就一定不能很好地从事体育运动吗？良好的体质是具有高水平运动能力的先决条件，可是良好的体质一定就来自遗传吗？或者说运动水平是生下来就命中注定的吗？

（一）体质的定义和体育运动的关系

体质由先天遗传和后天获得所共同形成，是人类个体在形态结构和功能活动方面所固有的、相对稳定的特性，与心理性格具有相关性，所以体质对人体有双重作用，可以通过加强体质增强自信心等，也可能因为体质的缺陷而长期影响心理健康。

体质在医学上是指由于个体体质的不同，表现为在生理状态下对外界刺激的反应和适应上的某些差异性，以及发病过程中对某些致病因子的易感性和疾病发展的倾向性。因此增强体质可以提高对疾病的抵抗力，也可以通过体育运动增强某些反应和适应能力，如寒冷、炎热、高原环境中的生活能力。在体育运动方面，医学上的体质研究可以了解在相应项目上所能达到的水平，如田径、举重、游泳等项目。所以对体质的研究也有助于分析哪些人适合哪些运动项目，为训练和锻炼提供理论依据。

（二）遗传和体育运动的相互作用关系

对于遗传，我们首先了解它的科学含义，遗传是指经由基因的传递，使后代获得亲代的特征。通俗地讲，遗传就是从父辈或者更远的亲代获得的身体和生理特征。遗传学就是研究此一现象的学科，目前已知地球上现存的生命主要是以DNA作为遗传物质。

除了遗传之外，决定生物特征的因素还有环境，以及环境与遗传的交互作用。比如中国南方学生的爆发力一般要好于中国北方的同龄学生，而中国北方的学生在耐力方面要好于南方的学生；此外心肺功能方面，高原的学生明显好过平原地区的学生。这些都是由各自不同的地理气候环境造成的。

既然地理气候的不同能造就不同的生物个体，那相应的体育运动也经常被认为可以改变一些先天遗传获得的体质特征和适应力。比如经常参加长跑、游泳锻炼的人，心肺功能要好过同一地域内的同龄人，这和高原环境对人的造就有同样效果；经常参加室外活动的人，对高温的忍耐力也好过同地域内的同龄人；而在普遍的对比中，经常参加体育运动的人体质和运动能力都要好过不参加体育活动的人。这些能力的增强，反映了体育运动在后天改变了遗传所获得的生理适应能力。

二、意识与爱好

体育爱好是怎样产生的？尽管知道体育运动对人的好处，可是为什么有人可以狂热地喜爱某项体育运动，有人却一生都不大从事体育运动？

（一）体育意识的定义与特点

体育意识是指人脑特有的对体育和体育活动的态度控制系统。体育意识是相对稳定的，它主要由态度状态和体育素质构成。

态度状态包括人们对体育和体育活动的认识状态、情感状态和意志状态。其中，认识状态是体育意识的源泉和基础，没有对体育和体育活动的认识，就谈不上有体育意识；情感状态和意志状态对体育意识的发生和发展，有支配和调节作用。它们三者之间相互联系、相互作用，在认识到体育、体育活动的功能和效用的基础上，形成对体育和体育活动的积极体验，产生体育需要和体育行为倾向，从而构成统一的完整的态度状态。

整体来说，体育意识既包括人们关于体育和体育活动的认知及其水平（即了解和熟悉程度），也包括人们关于体育和体育活动方法和技能的熟练程度，以及对体育和体育活动的接受和吸收能力。体育素质不同，人们反映体育和体育活动的广度和深度就会不同。体育素质高的人，其体育意识就可能较强；体育素质低的人，其体育意识就可能较弱。

（二）体育爱好是体育意识的延伸

体育爱好是从体育意识出发，经过体育锻炼，上升到体育习惯，最后成为爱好。

爱好是从事某种活动的倾向。爱好首先来自个人的兴趣，当兴趣进一步发展成为从事某种活动的倾向时，就发展成为爱好。在体育运动中，良好的体育意识是体育爱好的前提，体育爱好是和体育活动紧密联系在一起的，有时人们只对某种事物感兴趣而没有从事相应活动的爱好。

提高对体育的兴趣是进一步将体育意识发展到体育爱好的必经之路。兴趣是在需要的基础上发生和发展起来的，是积极探究某种事物的认识倾向。根据兴趣的倾向性可以把兴趣分为直接兴趣和间接兴趣。直接兴趣是由事物或活动本身引起的兴趣，间接兴趣是由活动的目的、任务或活动的结果所引起的兴趣。人总是对有兴趣的事物积极地探究，并带有情绪色彩和向往的心情。

有些人天生跑得快，有些人天生耐力好，于是在运动中获得不同的运动体验。这些体验如果是快乐、成功的，将进一步加强他从事运动的信心，于是就成为特长，最后就将这项体育运动作为自己最喜欢的运动项目，于是产生了体育爱好。

当然这种成功体验有时候是相对于别人的，如自己的同学或者熟人、朋友。有时候是和自己比较的，比如对自己接触的各个运动项目比较，从中找到相对容易的项目。但是不管出发点有多少不同，最后都必须在了解和接触相关体育活动之上，才能有所选择，因此经常积极地参加不同的体育活动，是形成体育爱好的前提。

三、常识与规则

体育常识和规则，就像一个人生活在社会中必须掌握的社会准则和法律规则，两者有重复的地方，也有更多的不同，但却是体育素养形成的最起码的知识之一。

（一）体育常识的定义和包含的内容

常识一般被认为是普通的知识，或者是众所周知的知识、一般的知识。一是指与生俱来、无须特别学习的判断能力，或是众人皆知、无须解释或加以论证的知识；二是指对一个理性的人来说是合理的知识，即“日常知识”。

体育常识作为体育素养的组成部分，它的养成是潜移默化的，通过对各种体育运动的接触参与，通过对一项体育活动的喜爱和投入，可以获得体育规则、体育项目的历史、运动器械的材质和性能等诸多知识，这些知识成为欣赏和参与体育活动的基础，成为我们的体育常识。

（二）体育规则是对体育常识的归纳

按照社会学的定义，规则是指由人群共同制定和公认或由代表人统一制定并通过的，由群体里的所有成员一起遵守的条例和章程。规则具有普遍性，但是在不同的时候有不同的适应性和差异性。

体育规则一定程度上是对体育常识的概括，它是一种行为准则，规定了体育运动参与者如何规范自己的行为、胜利的条件等。如果不懂得体育规则，那体育行为将倒退到与其他生活行为混淆的地步，将失去竞争的乐趣。因此，体育素养中对规则的掌握也是必需的。

四、个性与品德

在体育运动中人的个性是必然存在的，因为这是每个人与生俱来的特点。但是在体育中尊重个性和遵守道德方面有没有矛盾？

（一）个性的定义和区分

个性就是个别性、个人性，就是一个人在思想、性格、品质、意志、情感、态度等方面不同于其他人的特质，这个特质表现于外就是他的言语方式、行为方式和情感方式等，任何人都是有个性的，也只能是一种个性化的存在，个性化是人的存在方式。这一点在运动比赛中，更通过项目的不同和对手的不同表现得淋漓尽致。比如射击运动员的沉稳、健美操运动员的激情，都是体育项目里面的个性趋同化，回到现实生活中，同项目的运动员可能又有不同的个性。

（二）个性品质如何能和道德品质不相冲突

首先了解品德的含义，品德即道德品质，又称品性、德性，是一个人依据一定社会的道德原则和规范，行动时所表现出来的某些稳定的心理特征和倾向。所以道德品质更多的是外在的行为规范，而个性是内在的品质，往往具有遗传性、先天性。两者之间天然存在一些矛盾，比如体育竞赛中为了团队荣誉有时必须舍弃个人的名利。两者的和谐将是成为一个具有良好体育素养的运动员，或者组成一支成功的运动队的重要内容。

大学生的基本品德素质要求如下：

(1) 良好的言谈举止和文明礼貌。这是大学生应有的修养和风度，是人际交往的前提，也是人与人、个人与社会之间得以和谐发展的基本要求。

(2) 尊重他人、关心他人、富有同情心。待人处事要有风度、风格、风貌，要严于律己、宽以待人，能团结人，能维护与他人的和睦相处。

(3) 遵守社会公德和学生道德。比如在赛场上有良好的风度，尊重对手，团结队友，有团队精神，既要敢于担起责任，也要愿意为他人牺牲，换取团队的荣誉，这是所有的体育行为必须遵守的体育规则和体育道德规范。

在体育运动中，体育素养更多是在体育规则和常识中逐步养成的，体育运动有自己的道德和游戏规则。个性必须服从于规则，自我必须服从于团队集体，否则将是对体育道德的违背，失去被他人尊重的权力。

五、行为与技能

行为和技能是从属的关系，体育技能是从属于体育行为的，但是所指的范围更小，也更具有专业性。我们的哪些行为可以称为体育行为？体育行为有哪些能成为体育技能？

(一) 体育行为的定义和内容

行为原本指生物适应环境变化的一种主要的手段，主要表现为生存行为，如取食、御敌、繁衍后代等，研究生物行为的学科被称为行为生物学。但是人类进入社会化生活后，产生和分化为不同的行为，并产生不同的准则，如我们的体育规则，并且由此分化出不同的体育行为，而体育行为经过提高和规范后，成为更为专门的体育技能。

体育行为是人类有目的、有意识地利用各种手段和方法，为满足某种体育需要而进行的活动。它是一个比较宽泛的概念，即凡是与体育发生联系的行为活动，都可称为体育行为。这些活动既包括体育行为的主要表现形式——运动行为，也包括体育的组织、管理、宣传、科研、教学、消费、观赏等方面的行为活动。体育行为的产生和发展，既受行为者内在生理、心理条件的制约，又受到外界环境包括自然环境、社会文化环境的影响，表现出多方面的行为特征。

在学校体育里面，体育行为主要体现为对体育课程的参与、课外体育活动的参与，对体育文化的欣赏和追崇等。前者是上体育课、参加体育竞赛、坚持体育锻炼等，后者主要是对竞技体育明星的崇拜、观看比赛、了解体育的相关历史文化知识等。

(二) 体育技能是对体育行为有目的地归纳和提高

技能是指通过练习获得的能够完成一定任务的动作系统。技能按其熟练程度可分为初级技能和技巧性技能。初级技能只表示“会做”某件事，而未达到熟练的程度。初级技能如果经过有目的、有组织的反复练习，动作就会趋向自动化，而达到技巧性技能阶段。

尽管有体育行为，但是如果不好好加以锻炼提高，还是无法达到更高的水平。技能按其性质和表现特点，可区分为如书写、骑车等活动的动作技能和像演算、写作之类的智力技能两种。技能形成过程中，各种技能动作之间会相互影响。若已形成的技能促进新技能的形成，叫技能正迁移，如已经掌握排球项目的同学再进行标枪或者羽毛球练习就会感觉很容易。如果已形成的技能阻碍了新技能的形成，叫技能干扰，或技能负迁移，比如学习了羽毛球的同学再学习网球，就会出现击球点和手型、步法方面的难以适应。

技能与知识不同，例如生活常识、物理知识、化学知识、数学知识，可以通过语言文字等形式传授，而技能必须亲自学习，并坚持练习才能掌握其中的技巧。体育技能是一种熟能生巧的体力活，对眼手的协调能力要求很高，在大脑皮层中的记忆需要反复加强，如果停止的话，技能将很快变得生疏，并且会随时间的推移而被遗忘。

第二节 体育欣赏

体育欣赏的动机是对体育美的追求，体育美对于人们参加体育的积极作用，既体现在审美的价值评价中，又体现在具体典型示范活动中。体育欣赏在广泛的内容、多层次的形式方面，以获得自身的美感体验来激发人们参与锻炼和观赏比赛的兴趣。

一、体育欣赏与体育美学

体育欣赏就是对体育运动中美的一种体会，因为体育运动的特殊性，所以它具有与众不同的特质。而这一欣赏过程就必须具备一定的体育美学知识。

体育美学是探讨人在体育领域内如何进行审美活动的一门新兴学科。体育是人类生活不可缺少的部分，其中包含着丰富的审美因素，是认识人对现实的审美关系的一个特殊领域。从审美关系上去认识体育，是鸟瞰体育、丰富体育理论的新方式。美学能帮助人们认识体育，更好地理解、判断和洞察其实质，使之日臻完善和丰富。体育美学是美学的一个分支，也是体育学的一个分支。它既是现代体育科学的组成部分，也是把美学应用于社会实际的新领域。对体育实践来说，体育美学是理论性的人文学科；对美学而言，体育美学是一门应用性的分支学科。

二、体育欣赏与运动中的美学体验

体育欣赏的过程，就是对体育美的体会过程，美感是非常重要的。美感的形成需要许多相关知识，可以牵涉到一个人生活的方方面面。运动中美感的形成则需要对运动的各个环节都有所了解。

体育美的价值就在于它能满足人们对体育的审美需要。体育作为现代生活不可缺少的一部分，随着现代体育运动的发展，其价值已逐步显示出来。体育美的价值，对于竞技体育的作用，是既能实现自然美、社会美和艺术美的有机结合，又能使人们从中获得一种体育艺术的力量。

体育美的魅力使审美的主体（观众）在观赏体育表演或比赛中产生美感，从而诱导人们积极开展体育运动，促使群众性的体育活动向新的阶段发展。在体育竞技比赛中，特别像花样滑冰、艺术体操、冰上芭蕾等项目，它们的美的融合力就更大，其审美价值就更高。

将体育美归纳出来，再重新投入对体育的欣赏，有助于提高对体育运动的鉴赏水平，激发参与体育运动的热情。

（一）体育动作和身体美的欣赏

马克思曾指出“美是人的本质力量的对象化”，法国著名艺术大师罗丹说“自然界中没有任何东西比人体更美”，苏联的马雅可夫斯基也说“世界上没有任何一件衣衫比健康的皮肤和发达的肌肉更美”。这些观点精辟地指出人体与健康美的关系。体育运动是以人体美的运动形式来表现和创造美感的。

1. 思想与身体的结合是运动美的根本因素

运动美是体育运动的特征，美体现在动作的质量和表现力上。运动中的动作是有目的性的，而这些目的的完成，需要身体去执行，这个应激过程是生命的起码特征，而这一个过程的完成反映了一个生命的活力。

一个漂亮的动作无疑是很多因素的良好结合，动作完成的速度、幅度、角度和时空的变化，体现了技术的准确和动作的质量，需要大脑的及时判断、神经的迅速响应、肌肉的恰当配合。动作的姿态、节奏、韵律、轻柔、表现力等给人以美感，而技术的掌握和熟练运用，依赖于身体的运动能力和运动机能的适时状态。

2. 创造力的不同将欣赏其他人体动作与运动美区别开来

运动美是以人体及人的运动实践表现出自身的美，并通过动作来显示和创造美。在显示和创造美的过程中表现出人与自然界的抗争、人向自身阻力的挑战和人永远的进取精神。运动技巧体现美，是因为体育美的表现需要运动的技巧。任何一项身体运动，只有当身体最本质的特征得到充分体现时，才能显示其特殊的美。运动技巧的完善反映出运动的科学性，而科学的技术动作为表现运动美提供了光辉的前景。苏联美学家弗连金认为："没有完美的运动技术，没有对运动技术有意识地正确使用，那么真正的运动美是无从谈起的。"

体育运动的过程是一个运动者智力和身体对抗的过程，每一个回合都不可能完全相同，这需要运动者在技战术上有不同的选择，这个选择过程就是一个创造的过程。体育运动中不乏大师级或者天才型的选手，也不断有经典的比赛涌现，这都是因为创造力赋予了相同的运动不同的过程，这是一个事物生命力的源泉。

3. 运动者的心理交往过程是运动美的重要立足点

体育运动是力量和技术的结合，这一点无论是徒手运动还是器械运动都可以体会到。奔跑中的急停急起，击球动作的挥洒自如，都表现了人体的运动之美，但仅仅这些还是不够的。比如网球、乒乓球、羽毛球中鹅黄色或者白色的小球所划出的不同弧线，需要击球的动作赋予，同时又要回击者给予另外一个弧线，使得这种智力、力量、耐心相结合的运动变成一种非常有乐趣的沟通交往过程，这无疑又是另外一道风景。

当体育运动参与者在他自己交际圈中一展运动风姿时，其快乐不仅仅是眼前的抽击或拍打，更多的是对技术掌握的成就感，而这种感觉正是形成对各项运动欣赏能力的基础。试想，在做出一次漂亮的动作后，努力回忆当初想着每一个技术动作，体会动作完成的快乐，享受现在每次熟练的完成这样的动作，看着对手疲于奔命的快乐，再看看旁边场地稚嫩的初学者的快乐，体育动作能给不同的人不同的快乐。而这种快乐又是在今后的练习、比赛中不断增进的。人们是在进行体育运动也是在自我陶醉，对于不同的对手，运动员做出不同的动作组合，充分展现身体的运动能力，体会行为和目的的契合，这时与体育运动的关系就更紧密。

体育美是借助于人的自然实体来表现的，因而它融合人的美的动作和美的意识、美感于一炉，这正是体育美的个性及特点。具体说来，体育美是人体以机体和动作表现出自身的美，通过动作塑造美，创造美。这是体育美学所要提示的特殊规律之一。

4. 运动者的动作美是与身体美相应并且进一步提升的美感

运动中的人体美是结合生命活力的人体美感。体会动作的美感是人们在观赏表演时的审美情感体验，它通过愉快、满足、赞赏、舒畅等心理反应，对选手的表演进行充分的肯定。在观赏一些体育比赛时，选手匀称、协调的体型，富有弹性的肌肉，肤色健康的皮肤，优美的击球姿态给人们带来朝气勃勃的青春之美感。男选手挺拔、稳健的体态与女选手的轻盈、苗条形成了鲜明的对比，配以色彩、线条、造型新异的服饰的烘托，构成了一个完整、鲜明的可感形象，使人产生了快捷而直接的美感。

论技术，俄罗斯美女莎拉波娃并不是最为优秀的，但有她的地方就聚集着大批的观众，有她的比赛就会汇集更多的赞助商，这就是网球明星的魅力。从体育的角度出发，一个美好的体型是最健康的体型，这种身体美在网球明星中非常明显。

尽管人们希望男女运动员都有匀称的身体、良好的力量、灵巧的步伐，但是体育运动不会将身体的美感仅仅停留在静态的形象上。这反映的是一个非常健康和矫健的人类生命个体，是大家所共同期望的，可是很多足球、篮球运动员展现的是另外一种动作的美感，给人的是另外一种运动中的人体美感。比如马拉多纳、乔丹、罗纳尔多等，他们在运动中体现的攻城拔寨、力挽狂澜的能力，使得运动的美感已经超越了对脸谱化的、遗传学的美的理解。

一个文明的人体美的理念标准，即康德所说身体构造的一般观念，有普遍的生物学内涵。按照进化论的观点，一个种族中个体的身体构造，是自然界长期进化的结果，是由自然选择造成的，它体现在特定的环境和条件下，是生物生存最需要的结构。

这一点在各个项目的赛场上无疑是最有说服力的，纵观纵横驰骋的男女选手，因为项目的不同具有不同的体型，但是其中的优秀选手无一例外地证明他们对从事的体育项目的适应性，无不证明自身的身体是出众技术的根本，这无疑是对相关身体和动作美的最好诠释。

（二）体育服装和器材美的欣赏

体育服装和器材是体育发展最直接的物质承载者，它们的发展历史就是体育的发展历史。我们可以从体育服装和器材上看到体育的运动之美。

1. 体育服装和器材是体育文化最直接的物质载体

标准的运动服装是什么？这个问题或许会让被提问者一时反应不过来，因为运动项目太多了，基本上覆盖了人类身体所能做的各种身体动作，是各种脑力和动作行为结合的大全。与之相应，运动服装与各种环境和身体运动相适应，从南北极的皑皑冰雪到热带海洋的珊瑚礁畔，不同的运动服装给人的是不同的美感。同时运动器材作为一种专业工具，和运动服装一样，表现了功能与外形的统一，更能体现体育运动的进步与发展，两者成为体育运动中体育文化最直接的物质载体。

2. 体育服装的选择成了体育文化中很重要的内容

对于奥运会开幕式，除了团体操和点火仪式带来的震撼之外，观看各国运动员的服装也是欣赏的重点之一。整体来说，各国运动员的服饰充分体现了色彩的丰富，以及浓重的国家文化特色。就拿几个有代表性的国家来讲，希腊，一个以纯白和海蓝为象征的浪漫国度，爱琴海之美似乎已经被他们带到了现场，你甚至能感受到扑面而来的清新的海风。他们总是以蓝白相间的衣裤出现，与国旗相符，也和碧波荡漾的爱琴海、白色的古希腊建筑相映衬。而澳大利亚运动员总是以绿色和黄色的服装出现，并且多年来总是很规矩的西服和礼帽。其实巴西也喜欢这两个颜色，只是还多了个蓝色，并且把这三色费尽心思地融入他们的服装之中。

尽管品牌和服装款式有这样多的不同，但是谁都想通过服装和器材的选择来将自己和对手区分开来，竞争本身就是一种多样化的表现形式，这在体育中就以不同的美感表现出来。

3. 体育服装中的科技进步是服装器材美的另外一种内涵

20世纪70年代以前的网球选手看到今天费德勒和纳达尔在球场上的神奇表现，肯定会自愧不如。不过，他们并不认为是技术或者身体有差距，而是手中的网球拍。如果费德勒和纳达尔拿着木拍，还能打出同样华丽的比赛吗？这确实是一个大大的问号。网球拍经历了木拍、金属拍、碳素复合材料拍的变化之后，选手的力量、技术、战术完全不同以往，在给比赛带来无限精彩之外，器材本身在默默地以另外一个形式表现出体育运动的美感。再比如今天的陶瓷钉跑鞋、纳米吸汗型运动服、低风阻碳纤维整体成型自行车等。基本上人类工业的材料和加工的新技术，除了在军事上得到最快的利用外，另外一个就是运动服装和器材了。这些科技之美在对运动员的能力提高方面发挥了巨大作用，实际上已经成为运动美的一部分。

（三）体育中的礼仪——道德美欣赏

1. 体育礼仪与道德之美的实质是社会礼仪之美

礼仪是人类为维系社会正常生活而要求人们共同遵守的最起码的道德规范，它是人们在长期共同生活和相互交往中逐渐形成的,并且以风俗、习惯和传统等方式固定下来。对一个人来说,礼仪是一个人的思想道德水平、文化修养、交际能力的外在表现;对一个社会来说,礼仪是一个国家社会文明程度、道德风尚和生活习惯的反映。重视、开展礼仪教育已成为道德实践的一个重要内容。体育运动的礼仪不仅仅是软性要求,实际上在比赛中经常是规则的一部分,这反映了体育是人在社交中的一种重要手段,展现了体育活动的礼仪之美。体育礼仪与道德之美实际上是社会礼仪的一部分。

2. 体育礼仪的基本要点

体育礼仪、礼节、礼貌内容丰富多样,但它有自身的规律性,有基本的礼仪原则。

(1) 敬人的原则:也就是要尊重对手,在比赛中,对手的国籍、种族、信仰、文化、运动水平等都不能成为蔑视或者轻慢对手的原因。

(2) 自律的原则:在运动比赛中遵守比赛规则。在社会交往过程中我们有很多合适的词语来描述这一原则,如要克己、慎重、积极主动、自觉自愿、礼貌待人、表里如一、自我对照、自我反省、自我要求、自我检点、自我约束、不能妄自尊大、不能口是心非等。这些都适用于各类运动比赛。

(3) 适度的原则:适度得体,掌握分寸,在尊重别人的同时,也希望得到别人的尊重,在代表自己的运动队甚至国家时更是如此。

(4) 真诚的原则:诚心诚意,以诚待人,不逢场作戏、言行不一。

3. 体育礼仪更多表现为一种道德之美

将这些礼仪贯彻到比赛中,我们就会看到很多美好的场面。比如开赛前,运动员集体入场举行仪式,向观众席行礼致意时,观众以掌声回应。逐一介绍教练员、运动员及裁判员时要报以热烈的掌声。比赛进行时,要鼓励双方良好的体育道德行为,如队员因故受伤或者不能比赛时,要表现出对对手的人道主义关怀,暂时中断比赛,哪怕己方领先或占据优势。在观看比赛时不要站起来,如前排有人站起来,客气地提示对方,这样能降低周围的紧张气氛。比赛结束后运动员和观众要相互表示感谢。

(四) 体育中的个性——意志美的欣赏

1. 个性之下表现的意志美是人的生命力的体现

“个性”一词最初来源于拉丁语,开始是指演员所戴的面具,后来指演员——一个具有特殊性格的人。一般来说,个性不仅指一个人的外在表现,而且指一个人真实的自我。个性品质则更具体化,是指个人的情感、态度和价值观,个性品质美在体育中同样有重要的表现。个性品质在生物学、生理学上的要求是强健的体质,敏捷的速度和灵敏的反应,强大的抗挫折耐力和承受力以及对各种环境的快速适应力,强大、均衡、稳定、灵活的兴奋性与抑制性的快速转换能力。

体育运动不仅仅追求一种形体美、动作美,而且追求一种精神美。体育美学中的精神美,具体表现在培养人们一种宽广的胸怀,坚忍不拔的顽强意志,奋斗不息的拼搏精神,高尚的人格情操和团结协作的集体主义精神等。在运动场上曾出现过许多意气风发、斗志昂扬的战例,给人无限的回味,而创造这些不同经典的运动员显然是有不同个性的,比如顽强、坚韧、大度、机智等,并且正是这种个性的不同带给了我们不同的个性之美和不同的运动审美经历。

2. 意志是体育精神中最基本的要求

意志力可被视为一种能量,而且根据能量的大小,还可判断出一个人的意志力是薄弱的,还是强大的;是发展良好的,还是存在障碍的。在体育运动中,意志力的坚定是个性中最具有普遍性的要求。

俗话说:“意志创造人。”意志是人的最高领袖,意志是各种命令的发布者,当这些命令被完全执行时,意志的指导作用对世上每个人的价值将无法估量。这样,就没有什么不可能的。意志力是人格中的重要组成因素，对人的一生有着重大影响。人们要获得成功必须有意志力作保证。早在两千多年前的孟子就说过："故天将降大任于斯人也，必先苦其心志，劳其筋骨，饿其体肤，空乏其身，行拂乱其所为，所以动心忍性，曾益其所不能。"这段话生动地说明了意志力的重要性。要想实现自己的理想，达到自己的目的，需要具有火热的感情、坚强的意志、勇敢顽强的精神，克服前进道路上的一切困难。

(五) 体育中场地——建筑美的欣赏

1. 体育的美感很多时候来自场地和建筑本身

运动场是一块充满挑战和乐趣的宝地，其所处环境或者是蓝天白云、明媚的阳光，或者是冰天雪地、刺骨寒风，或者是碧海蓝天、波光粼粼。但是无论自然环境有多少不同，人类修建的各种体育场馆却总是能吸引人的眼球。涔涔的汗水、悦目的场地、文明的交往，运动为无数陌生的朋友搭起了一座座友谊的桥梁，而各类运动场地则充当着愉快地交流的使者。尽管竞技场总会有激烈的争斗与拼杀在此上演，但同时人们也可以从中感受到另外一种安详与和谐，它们源于运动场地的建筑之美。

2. 体育场地的美感更多来自对体育项目的服务

在建筑形式的创造过程中，建筑师除了刻意地追求形式外，还不断地追求和发觉功能要素中所蕴含着的形式美感，充分发挥功能要素自身的形式潜力，寻求功能中的美感。这一点在体育建筑中有着很直观的体现。体育建筑所追求的空间和使用效果，归根结底都是为了营造出模拟的自然环境，让人在其中从事和欣赏体育运动，比如平坦宽广的田径场、营垒分明的足球场、碧波荡漾的游泳池。但是在模拟环境的同时，还有人的社会性、艺术性的元素加进去，比如看台本身就是为了方便非运动参与者观看比赛而设立的，这已经不是单纯的自然环境所具有的。而不同形式的体育建筑造型，也反映了不同时代人类对建筑的审美观。但是这些不同点最后又很一致地成为体育记忆中的不可缺的一部分，成为体育场地建筑美的来源。

思考题

1. 谈谈你对体育素养的基本认识。
2. 体育素养等同于身体素质吗？
3. 体育美学的基本概念是什么？
4. 体育欣赏一般有哪些方面的内容？

延伸阅读书目

[1] 胡小明.体育美学[M].北京：高等教育出版社，2009.

[2] 张德胜，姜晓红，洪钢.体育观赏概论[M].北京：人民体育出版社，2008.

参考文献

[1] 卢元镇.体育人文社会科学概论高级教程[M].北京：高等教育出版社，2003.

[2] 胡小明，虞重干.体育休闲娱乐理论与实践[M].北京：高等教育出版社，2004.

[3] 胡小明.体育美学研究述评[J].体育学刊，2008(10).

[4] 万国华，廖慧平，杨小勇.论大学生体育素养的培养[J].教育学术月刊，2010(4).

第七章　田径运动

田径运动起源于人类长期的生活和生产实践。追根溯源，许多最早的体育项目是长期劳动和生存过程中产生的基本能力。无论是追逐野兽还是进行部落间的争斗，长途跋涉、奔跑、跳跃、投掷都是必不可少的生存技能。跑、跳、投的技能，既是出击所需，也是自己所需。轻足善走，逾高超远，作为特殊的生存技能，为原始人类所重现。劳动创造了人，创造了社会的一切，当然也包括体育在内。当人类在劳动中认识到这些能力和技术的重要，并有意识地去学习、锻炼这些能力和技术时，就开始有了体育。最初的体育和劳动技术教育是相一致的，很难划清两者之间的界限，只有随着社会不断发展，劳动方式逐步改变，才能区分开劳动技术学习和身体锻炼的差别。

第一节　田径运动概述

一、田径运动的起源

田径运动历史悠久，在人类的发展过程中人们有意识地进行走、跑、跳、投的练习，逐渐形成了这些项目的比赛形式。据记载，公元前 776 年在希腊奥林匹克村举行的第一届古代奥运会就有田径项目的竞赛内容。比赛项目只有短距离跑一项，跑道为一条直道，长为 192.27 米。到公元前 648 年，又增添了跳跃、投标枪、掷铁饼等项目。然而，那时人们只是把田径运动看作一种人体技能操练和提高生存能力的锻炼手段，并且把这些项目归在体操运动中。直到 1804 年田径运动才从体操中划分出来，分为步行、跑、跳跃、投掷四类。此后，世界各国的学校、军队等逐渐把田径运动作为锻炼身体、增强体质的重要手段。

1894 年，现代奥运会组织在法国巴黎成立。1896 年在希腊举行第一届现代奥运会，在 42 个比赛项目中有 12 个田径运动项目，从此确立了其在奥运会中的重要位置并揭开了现代田径运动发展的序幕。田径运动有“运动之母”的美称。田径运动可以有效地锻炼和提高走、跑、跳、投等基本活动能力，通过田径练习，能够全面发展力量、速度、耐力、柔韧、灵敏等身体素质，能为提高田径运动的技术和成绩起到积极的作用。

二、现代田径运动的发展

田径运动是在人类长期社会实践中发展起来的，包括男女竞走、跑、跳跃、投掷等 40 多个单项，以及由跑、跳跃、投掷中的部分项目组成的全能运动。以时间计算成绩的竞走和跑的项目被称为“径赛”，以高度和远度计算成绩的跳跃、投掷项目被称为“田赛”，田径运动是径赛、田赛和全能比赛的合称。

现代田径运动的发展已有100多年的历史。科学技术的发展改变了人类的生产方式和生活方式,也改变了人们的精神生活方式。随着体力劳动强度的下降,人们休闲娱乐的时间越来越多。由于社会物质财富极其丰富,营养过剩的问题凸显出来,改变生活方式、提高生活质量已成为人们的基本需求,同时田径运动也成为越来越多的人作为强身健体的主要体育活动内容。随着田径运动的普及和田径运动项目的增加,人们较为普遍参与的田径运动被不断列为正式的比赛项目。现代田径运动形成后,不断发展,逐渐提高,按其发展特点可将其划分为四个阶段。

(一) 现代田径运动形成阶段(19世纪末—20世纪初)

第一届奥运会只有12个田径项目,到第6届时已增加到32个,20年间项目增加了20个。1912年国际田径联合会成立,特别强调"业余"二字以突出田径运动的群众性。1914年国际田联首次公布多项"径赛""田赛"的田径运动世界纪录。1924年国际上成立了女子田径联合会,并得到了国际田联的承认。女子田径运动项目从此开始进入世界比赛,并在1928年的第9届奥运会上正式成为奥运会比赛项目。这一时期,有人开始通过照相机拍摄单片或间隔时间拍摄照片,对田径运动技术进行研究和提出改进技术的意见等,尽管场地、器械简陋,条件有限,但是田径运动以其经济实用、简单易懂的特点使自身得到发展。国际田联的主要赛事有世界锦标赛、世界青年锦标赛、世界室内锦标赛、钻石联赛、世界杯赛、世界拉力锦标赛、世界竞走杯赛、世界半程马拉松锦标赛、世界公路接力锦标赛、国际巡回大奖赛和国际越野巡回赛等。中国田径运动协会于1978年加入国际田联。

(二) 现代田径运动不断发展阶段(20世纪初—20世纪50年代)

20世纪初,科学技术迅猛发展,为田径运动的进一步发展奠定了基础。1927年,美国人发明了起跑器;1928年,开始有摄影装置安放在跑道终点处;1932年,田径比赛首次使用电动计时器;1936年,跨栏比赛中开始使用"L"形栏架。大量新型田径器材的发明,使田径运动的发展和科学技术的进步紧紧连在一起,促进了田径技术的革新和发展。这一时期,人们开始意识到合理的技术动作将使运动员在原有身体条件下能够获得更好的田径运动成绩。因此人们围绕技术来探索、研究运动成绩的提高,把更多的注意力放在技术改进方面,从而使田径运动技术得到了显著发展(表7-1)。

表7-1　20世纪初至20世纪50年代部分田径项目技术变化发展情况

项　目	技术演变发展
短跑	踏步式—迈步式后蹬—摆动式—屈蹬式
跨栏	跳栏式—跨栏式
跳远	蹲踞式—挺身式—走步式
跳高	跨越式—剪式—滚动式—俯卧式—脊越式
铅球	原地正面—原地侧面—上步投—侧向滑步—背向滑步—旋转
铁饼	原地正面—原地侧面—上步投—侧向旋转—背向旋转

(三) 田径运动训练理论和方法发展阶段(20世纪50年代—20世纪80年代)

20世纪50年代以后,田径各项已基本达到比较成熟的阶段,技术总体结构已经定型,只要有新技术出现,很快就会被所有运动员了解和掌握。因此以苏联和民主德国为代表的东欧各国及澳大利亚等国,在田径训练理论、方法和手段方面进行了大量的研究,将田径运动训练系统地分为有氧训练、无氧训练、爆发力训练、力量训练、耐力训练等，较好地适应了运动员机体在训练中能量代谢的规律，并采用了大运动负荷的训练方法，通过超量恢复及应激刺激的适应，使运动员各种机能水平得到有针对性的训练和迅速提高，从而以突出的体能在比赛中将世界田径运动水平提高到一个新阶段。

（四）田径运动科学系统的综合研究发展阶段（20世纪90年代至今）

20世纪90年代以后，由于“系统论、信息论、控制论”的理论发展和以计算机为代表的科学技术的普及，人们对田径运动的研究从零散、单一转向系统、整体，开始对田径运动从选材、训练、恢复、营养、场地器械等多方面进行系统的综合研究，对大运动负荷训练进行了更加深入的分析，提出了以强度、质量为主的机体内保持平衡的训练理论；借助相关学科的最新成果，突破了一道道以前理论上认为“不可逾越的成绩障碍”，促进了田径运动竞技水平的极大提高。20世纪90年代以来，原有的世界纪录几乎全部被刷新。这些新纪录在以前都是难以置信的。这些成绩表明科学系统化的训练使田径运动在探索人类能力的极限上一步步持续发展。

三、田径运动的训练价值

1. 竞技价值

竞技体育是社会文化不可缺少的组成部分。每年国内和国际的田径运动竞赛很多，在综合性运动会上，田径竞赛项目金牌最多，影响最大。田径运动竞技水平的高低显示了一个国家的体育实力，所以田径竞技运动是实现为国争光计划的重点项目。通过田径竞赛可加强国内和国际的交往，提高国家的国际威望，振奋民族精神。随着田径竞技运动的发展，可推动田径健身运动的普及，因为田径竞赛有观赏性，可起到消遣、娱乐和教育作用。

2. 健身价值

健身运动也是社会文化不可缺少的组成部分。进行田径健身运动不受条件限制，便于广泛开展，经常利用田径项目（包括非竞技内容）锻炼身体，能提高人体走、跑、跳跃、投掷等基本活动能力；能促进人体正常的生长发育和各器官、系统机能的发展；能提高人体对外界环境的适应能力；能全面发展力量、速度、耐力等身体素质；能增强体质、提高健康水平。因此田径不仅是我国《国家体育锻炼标准》和《国家学生体质健康标准》中的主要项目，同时也是我国各级各类学校体育教学的主要内容。

3. 具有提高其他运动项目成绩的价值

首先，很多运动项目都离不开跑、跳、投等动作。其次，由于田径项目多而全面，只要合理组合就能有效地增强体质和全面地增强身体素质，而身体素质全面发展水平的提高，就为提高专项运动成绩打下了坚实的基础，对各项竞技运动的技术发展和成绩的提高从根本上起推进作用。因此，很多竞技运动项目都选择田径的有关项目作为身体训练的重要手段，使其成为其他运动项目的基础。

4. 具有进行心理素质培养和思想品德教育的价值

在进行田径健身教育、锻炼和田径竞技教育及竞赛中始终离不开心理素质培养和思想品德教育。在田径竞技运动和田径健身运动中随时会产生很多心理方面和思想品德方面的问题。这正是进行心理素质培养和思想品德教育的好时机。

因此，不管是田径健身教育与锻炼，还是田径竞技教育与竞赛，都是进行心理素质培养和思想品德教育的一种手段，不仅能对学生和运动员进行爱国主义、集体主义等方面的教育，而且能培养学生和运动员勇敢、顽强、吃苦耐劳、组织性、纪律性和竞争意识等优良品质。

第二节 走与跑

一、走(健身走)

走是人类活动的基本技能,快步走是在普通走的基础上发展起来的,它不受年龄、性别、场地、器材和时间的限制,是一项易开展的运动项目。快步走锻炼,是一种有氧运动,主要是通过走步训练来改善身体健康状况,可以强力消脂,发展腿部力量,增强心血管和呼吸系统的功能,培养顽强的意志品质。

快步走和散步、慢步走有明显区别。时速在3千米以内称散步,时速在3.6千米叫慢行;时速在4.5千米称自然步行;时速在5.5千米才称为快步走。这样,心率才能达到最大心率(170减去年龄)的70%,满足中小运动强度要求,才能对心肺起到良好刺激,达到应有的健身效果。

快步走主要技术要求有四点。

迈步:跨步后脚跟先着地,再有意识地让脚底脚趾着地,接着再以脚趾用力蹬离地面,膝盖最好微弯。

抬头挺胸:腰背挺直,不要像跑步姿势那样前倾身体。

双臂摆动:双臂要主动摆动,摆动双臂时上下臂成90度,有节奏地摆到胯后,向上则摆到与肩同高。

速度:因人而异。可分为慢步走(每分钟约70~90步),中速走(每分钟约90~120步),快步走(每分钟约120~140步),极快速走(每分钟约140步以上)。

二、跑(短跑、中长跑、马拉松)

跑是单腿支撑与腾空相交替、蹬与摆相结合的、动作自然协调的周期性运动。在跑类项目中下肢的运动技术是重点所在,对下肢一条腿来说,都经过了支撑、腾空与摆动、再到支撑的过程。支撑阶段又根据动作性质可划分为着地阶段和蹬伸阶段。跑的每一个周期都由两步组成,即一个复步,整个周期有两个支撑时期和两个腾空时期,一个单步分为着地、蹬伸、折叠前摆和下压着地四个阶段。

(一) 短跑属极限强度运动

短跑比赛项目包括60米、100米、200米和400米,是发展速度素质最有效的手段,是许多田径项目以及其他一些运动项目的基础。短跑全程按技术动作的变化可分为起跑、起跑后的加速跑、途中跑和终点跑四个部分。

1. 起跑

起跑过程包括“各就位”“预备”和“鸣枪”三个阶段。

(1) 听到“各就位”口令后,稍做放松,俯身两手撑地,两脚依次蹬在起跑器的抵足板上,脚尖应碰地,后腿膝关节跪地,通常将有力腿放在起跑器前面。接着两手收回至起跑线后,与肩同宽,直臂支撑,四指并拢与拇指成“人”字形支撑。身体重心前移,肩约与起跑线齐平,头与躯干保持在同一条直线上。

(2) “预备”口令时,逐渐抬起臀部,比肩稍高约10~20厘米,身体重心向前上方移动,落在两臂与前腿上。注意体会重心前移的感觉,手会很酸很累,身体有向前倾倒的感觉。前腿膝角约为90~100度,后腿膝角约为110~130度。此时注意力要集中。

（3）听到枪声后，两手迅速推离地面，屈肘做有力的前后摆动，同时两腿快速用力蹬离起跑器。

2. 起跑后的加速跑

蹬离起跑器后，要积极加快腿蹬地与臂的摆动动作，以保持身体的平衡。起跑后第一步不应太大，大约落在起跑线前一个脚掌长的距离，脚着地后迅速转入后蹬，步长均匀地逐渐增大，直至途中跑的步长。身体的前倾幅度随着步长和跑速的增加而逐渐减少，上体逐渐抬起，最后接近途中跑的姿势。

3. 途中跑

途中跑的主要任务是继续发挥和保持最大跑速。途中跑分为：支撑阶段、腾空阶段、上体姿势与摆臂动作。

4. 冲刺跑

终点跑的任务是尽力保持途中跑的高速度跑过终点。在离终点线15～20米处时，运动员应尽力加快两臂摆动的速度和力量，适当加大上体的前倾幅度。在离终点线一步距离时，上体急速前倾，采用侧压肩或自然跑进式用肩部或胸部撞终点线（图7－1）。跑过终点线后应逐渐减速，不要突然停止。

图7－1

（二）中长跑是中距离跑和长距离跑的合称

中长跑的比赛项目有800米、1 500米、3 000米（男子）、5 000米、10 000米。中长跑是耐力性的运动项目，动作周期和用力方式与短跑基本相同，特别之处是中长跑更加注意跑的节奏和放松能力。中跑是对速度耐力要求较高的项目，长跑是以耐力为主的项目。尽管两者在许多方面有相同之处，但在跑的技术和训练方法等方面，又都有不同的特点。由于中长跑不受年龄、性别、场地和器材等条件的限制，近年来在世界范围内越来越受到人们的欢迎，中长跑运动现已成为社会各阶层锻炼身体的重要手段。

（三）马拉松

马拉松（marathon）长跑是国际上非常普遍的长跑比赛项目，全程距离26英里385码，折合为42.195千米（也有说法为42.193千米）。分全程马拉松（full marathon）、半程马拉松（half marathon）和四分之一马拉松（quarter marathon）三种。以全程马拉松比赛最为普及，一般提及马拉松，即指全程马拉松。

马拉松跑的技术，大致和长跑技术相似。由于它的距离长，并且是在地形不一的公路上进行，因此，在技术上还有些特点。

在跑时，上体微向前倾或正直。后蹬的力量较小，大腿向前上方的摆动比较低。从外形上看，蹬地后小腿向上摆的动作比长跑小些。脚的落地点离身体重心投影点较近，并且用全脚掌着地，或脚的外侧先着地，再过渡到全脚掌，着地时应柔和而有弹性，腿应很好地弯曲、缓冲。两臂的摆动要自然，幅度不要过大。在加速跑、终点冲刺和上坡跑时，两臂配合两腿做积极的摆动，有利于跑速的提高。步长与步频应结合运动员的训练水平、身高、体重而确定，并根据途中地形的不同而进行调整，以保证用比较均匀的速度跑完全程。呼吸节奏要和跑速相适应，呼气要有适宜的深度。沿斜坡向上跑时，身体应前倾些，步长可缩短，步频应加快，两臂要积极摆动，用前脚掌落地。顺斜坡往下跑时，步长可稍大些，可用全脚掌或脚跟着地（坡度较陡时），上体稍后仰，要控制跑速（保持适宜的步长与步频）。在公路上跑时，应该跑路面的平坦处（一般在路面的中央）。

马拉松跑的动作要协调、省力，跑速要均匀，要善于在地形起伏的公路上改变跑的动作。马拉松跑的运动量非常大，跑时必须注意技术和节省体力，动作的节奏要合适，肌肉在不活动时要充分放松，以便休息。因此，在平时训练中，运动员要反复地体会动作，掌握合理的跑步技术，以求不断地提高运动成绩。

第三节 跳与投

一、跳远项目（跳远、三级跳远）

（一）跳远

跳远是最古老的竞技项目之一，在古希腊奥林匹克的"五项运动"中就有跳远。它由助跑、起跳、腾空和落地等动作组合而成。运动员沿直线助跑，在起跳板前沿线后用单足起跳，经腾空阶段，然后用双足在沙坑落下，比赛时以跳的距离长短决定名次。

(1) 助跑：是有一定距离和步数的加速跑，它能使人体获得最大水平速度，为起跳做好准备。

(2) 起跳：是助跑后身体以适宜的角度向空中快速腾起的过程。起跳腿在踏板上要经历放脚、缓冲、蹬伸3个阶段。在起跳腿蹬离地面的同时，摆动臂和摆动腿要协调配合做摆动动作，其要领是抬头、挺胸、提肩、拔腰。

(3) 腾空：空中姿势一般分为蹲踞式、挺身式、走步式3种。无论采用哪种空中姿势，双腿在起跳离地的瞬间都有一个跨步姿势的"腾空步"动作。蹲踞式要求在落地前，尽量将双腿提至胸前并高举落地。挺身式要求腾空后下放摆动腿和双臂，将髋、胸充分展开，然后收腹举腿落地。走步式在腾空时采用2步半和3步半两种技术。要求在空中做大幅度的前后迈步换腿动作，并与两臂协调配合。

(4) 落地：落地动作一般有"前倒缓冲法""侧倒缓冲法""坐臀缓冲法"。其关键是维持好身体重心平衡，避免发生伤害事故。

（二）三级跳远

三级跳远技术的本质特点：助跑后沿直线连续进行趋于水平方向的三次跳跃。

三级跳远的完整技术是由助跑、第一跳（单足跳）、第二跳（跨步跳）、第三跳（跳跃）四个部分组成。

二、跳跃项目（跳高、撑竿跳高）

（一）跳高

跳高是田径运动的田赛项目之一，是一种由有节奏的助跑、单脚起跳、越过横竿落地等动作组成，以越过横竿上缘的高度来计算成绩的比赛项目。跳高是征服高度的运动项目，是人类不屈不挠，勇攀高峰的象征。也有人称跳高是一项失败者的运动，因为每次比赛，运动员在跳过一个高度以后，还要向新的高度挑战，直到最后跳不过去为止。跳高运动经过漫长的发展过程，跳高技术不断地改进提高，经历了跨越式、剪式、滚动式、俯卧式、背越式的发展过程，目前最先进的技术是背越式跳高技术。

1. 背越式技术

背越式技术分为4个部分：助跑、起跳、过竿和落地。

(1) 助跑：背越式助跑距离长9～12步，有的甚至更长，先跑直线，最后4～5步跑弧线，要求运动员速度快，跑得自然，类似短跑运动员的跑法。助跑最后4步不降低身体重心，在倒数第2步时才采用脚跟着地。

(2) 起跳：迈步时要向前送髋,类似跳远运动员起跳的动作。跳背越式的运动员要充分地发挥助跑的水平速度,起跳时要发挥起跳爆发力,摆动腿弯腿摆动。一般说来,起跳点的距离要离横竿远些,从起跳点到落地点之间的距离也要远些。背越式起跳最大的特点是必须做旋转动作。起跳腿是离横竿远的腿,起跳时摆动腿向上向外摆,以使运动员向助跑开始方向做旋转动作。

(3) 过竿：起跳后,转为背向横竿。背越式的过竿动作是运动员身体横在竿上,身体各部分依次过竿。过竿时挺腹,全身在竿上处于弧形状态,头部、肩部、胸部在竿后急剧下压,当身体重心达到最高点时,大腿向下并挺胸挺腹,以便顺利越过横竿。

(4) 落地：运动员臀部过竿后,开始落地。为避免小腿打落横竿,运动员收腹、低头,使大腿很快离开横竿,小腿向上伸直。落地的顺序：肩部—两臂—背部—腰部。

2. 背越式助跑跑法

值得提出的是背越式助跑的跑法,目前有的运动员直到最后一步时身体重心仍较高,这适合于体重轻,速度、弹跳力好,送髋、迈步速度快,体型较瘦的运动员。另一种助跑方式是在助跑的最后 4～5 步明显地降低身体重心,跑动时步幅大,频率不如上述方式快,这适合于力量大、速度不是特别快的运动员。

(二) 撑竿跳高

撑竿跳高是田径运动田赛跳跃项目的一种。运动员借助竿子的支撑和弹力,以悬垂、摆体和举腿、引体等竿上动作使身体越过一定高度(图 7-2)。撑竿跳高是一项技术复杂的田径运动项目。根据撑竿的变化,撑竿跳高运动的发展可分为 4 个阶段：① 木制竿阶段;② 竹竿阶段;③ 金属竿阶段;④ 玻璃纤维竿阶段。

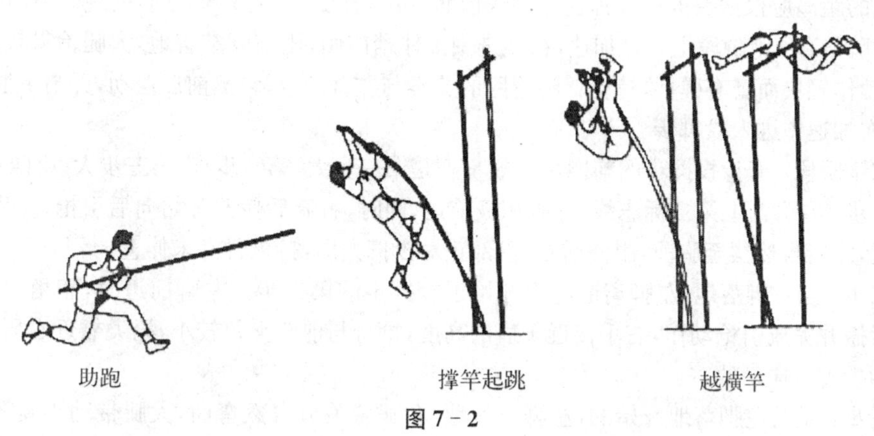

图 7-2

三、投掷项目(推铅球、掷标枪、掷铁饼、掷链球)

(一) 推铅球

铅球是田径运动的投掷项目之一。用废弃的铅制炮弹代替石头进行模拟训练,是现代铅球的直接起源。最早是采用原地推铅球的技术,后来经过演变,逐渐出现了林林总总的方法,如侧向前、侧向滑步推。它对增强体质,特别是发展躯干和上下肢力量有显著的作用。男子铅球重 7.26 千克,女子铅球重 4 千克。

1. 推铅球技术

(1) 握持铅球。

(2) 滑步前的预备姿势：滑步前的准备动作——预备姿势大体上可分为高姿和低姿两种,大多数人采用高姿预备姿势。

(3) 滑步：目的是使铅球获得一定的水平速度，并为最后用力创造良好的条件。

(4) 最后用力：从左脚落地前开始至铅球离手结束，是推铅球技术的关键环节，对铅球出手初速度的贡献率高达80%～85%。动作正确与否直接影响着铅球出手初速度、出手角度和出手高度。

(二) 掷标枪

掷标枪是一项历史悠久的运动项目。古代标枪的外形、重量、长度与现代标枪有较大差异，投掷技术、比赛规则也与现在不同。在历史上，也曾出现过掷准的比赛。

掷标枪技术的发展也经历了一个漫长的历程。在19世纪末和20世纪初，投掷标枪并无固定的姿势，握枪和持枪的方法、助跑的方式和最后用力动作都有较大差异。经过不断地发展和比赛规则的不断完善，现代掷标枪技术基本趋于一致，由国际田联制定的比赛规则也对投掷技术作了严格的规定。

男子标枪的重量为800克，女子标枪的重量600克。

1. 握枪和持枪

握法：握枪方法是将标枪斜放在掌心上，拇指和中指握在标枪把手末端第一圈上沿，食指自然弯曲斜握在标枪上，无名指和小指握在把手上。也可将拇指和食指握在标枪把手末端第一圈上沿，其余手指按顺序握在把手上。

持枪：持枪的方法是屈臂举枪于肩上，大小臂夹角约为90度，稍高于头，枪尖稍低于枪尾。

2. 助跑

助跑的距离应根据投掷者发挥速度的快慢而定，一般在25～35米之间，助跑分为两个阶段。

预跑阶段：预跑阶段主要是加速，在跑进中上体稍前倾，用前脚掌着地，大腿抬得较高，后蹬力量强，动作轻快而富有弹性，持枪臂随着跑的节奏与左臂配合，自然前后摆动，并与下肢动作协调一致，在加速中进入投掷步。

投掷步阶段：五步投掷步的前四步一般步长是第一步大，第二步小，第三步大，第四步小。

第一步：左脚踏上第二标志线，右脚积极前迈，同时，右肩后撤并开始向后引枪，左肩逐渐向标枪靠近，左臂自然摆至胸前，眼向前看，髋部正对投掷方向，持枪臂尚未伸直。

第二步：当右脚落地，左脚离地前迈开始了投掷步的第二步。左脚前迈时，髋稍向右转，右肩继续后撤并完成引枪动作，右手接近于肩的高度，枪身与前臂夹角较小，枪尖靠近右眉，保证标枪纵轴和投掷方向一致。

第三步：是由左脚落地开始的，左脚一落地，右腿膝关节自然弯曲，大腿带动小腿积极有力地向前摆出，当右腿靠近左腿时，左腿快速有力地蹬伸，促使右腿加快前迈。此时髋轴转向投掷方向，并与肩轴形成交叉状态。左臂自然摆至胸前，有助于左肩继续向右转动，加大躯干的向右扭转。右脚尖外转用脚跟外侧先落地，然后过渡到全脚掌，与投掷方向成45度角左右。躯干和右腿成一条直线，整个身体向后倾斜与地面形成一定的夹角。

第四步：在交叉步右脚尚未落地之前，左腿就要积极前迈。右腿落地，体重落在弯曲的右腿上，接着，右腿积极蹬地，加快髋部向水平方向移动，同时也加快了左腿的前迈。左腿前迈时，大腿不宜抬得过高，左脚用内侧或脚跟先着地，做出强有力的制动和支撑，左脚落地的位置应在右脚落地前投掷方向线的左侧约20～30厘米处。

3. 最后用力

投掷步的第三步右脚着地后，由于惯性，髋部迅速向前运动，在超越了右腿支撑点之后(左脚未着地)，右脚就开始最后用力。当左脚着地，便形成了以左脚到左肩的左侧支撑，为右腿继续蹬地转髋创造条件。右腿继续蹬地，推动右髋加速向投掷方向运动，使髋轴超过肩轴，同时髋部牵引着肩轴向投掷方向转动，在肩轴向投掷方向转动的同时，投掷臂向上转动，带动前臂、手腕向上翻转，当上体转为正对投掷方向时，形成了"满弓"姿势。

此时投掷臂处于身后，约与肩高齐平，与躯干几乎成直角。弯曲的左腿做迅速有弹性的蹬伸，同时胸部尽量前送，并带动小臂向前做爆发性"鞭打"动作，使全身的力量通过手臂和手指作用于标枪纵轴。标枪离手一刹那，手腕和手指的积极动作，能使标枪沿着纵轴按顺时针方向自转，这可以保持标枪在空中飞行的稳定性，提高标枪的滑翔效果。标枪出手的适宜角度为 30～35 度。

（三）掷铁饼

铁饼起源于公元前 12 世纪至前 8 世纪古希腊人投掷石片的活动。公元前 708 年第 18 届古代奥运会将掷铁饼列为五项全能项目之一。铁饼最初为盘形石块，后逐渐采用铜、铁等金属制作。现代奥运会史上，曾有过双手掷铁饼的比赛项目(左手＋右手)。掷铁饼技术经历过原地正面投、原地侧面投、上步投、侧向旋转投、背向旋转投几个发展过程。铁饼可用木料或其他适宜材料如橡胶制作，男子铁饼重 2 千克，直径 22 厘米；女子铁饼重 1 千克，直径 18.1 厘米，中心用水填满。比赛时，运动员应该在直径 2.50 米的圈内将饼掷出，铁饼必须落在 34.92 度的角度线内方为有效。

掷铁饼的技术动作分为握法、预备姿势与预摆、旋转、最后用力和维持身体平衡四个技术环节。

（四）掷链球

链球是田径运动中投掷项目之一，链球运动使用的投掷器械，球体用铁或铜制成，上面安有链子和把手。运动员两手握着链球的把手，人和球同时旋转，最后加力使球脱手而出。投掷链球须在直径 2.135 米的圆圈内进行。运动员双手握住柄环，站在投掷圈后缘，经过预摆和 3～4 圈连续加速旋转及最后用力，将链球掷出。球落在规定的落地区内，成绩方为有效。比赛的规则要求与铅球基本相同。链球运动是一种可增长力量型运动，要求运动员有较高协调性和在高速度的旋转中维持身体平衡的能力。男子链球重 7.26 千克，女子链球重 4 千克。投掷链球的完整技术是由持握器械、预备姿势、预摆、旋转和最后用力五部分组成。

思考题

1. 如何正确理解田径运动的概念？
2. 马拉松跑有哪些注意事项？
3. 跳远技术的重点是什么？
4. 试述推铅球最后用力的动作要领。
5. 试述掷标枪技术的助跑、最后用力的动作过程。
6. 你知道中长跑中"极点"产生的原因和克服方法吗？

延伸阅读书目

[1] 李永麟，赖勇泉，袁运平.田径身体训练手段与运用 1 500 例[M].北京：人民体育出版社，1992.

[2] 美国田径运动协会.美国田径训练指南[M].刘江南，等，编译.北京：人民体育出版社，2002.

参考文献

[1] 全国体育院校教材委员会.田径运动教程[M].北京：人民体育出版社,1999.
[2] 樊临虎.体育教学论[M].北京：人民体育出版社,2002.
[3] 姚蕾.体育教学论学程[M].北京：北京体育大学出版社,2005.
[4] 刘永东.田径运动实用教程[M].北京：人民体育出版社,2006.
[5] 袁作生,南仲喜.现代田径运动科学训练法[M]北京：人民体育出版社,1997.

第八章 游泳运动

第一节 游泳运动概述

一、游泳运动的起源与发展

人类的游泳活动源远流长，其产生与人类社会的生产劳动、生活娱乐及战争等紧密相连，它是在人类征服自然、改造自然的生产劳动中产生的，在满足人们的娱乐、竞争中发展起来的。原始人狩猎时，为求取食物而登山涉水，在与人或兽的战争及格斗时，游泳是最基本的技能之一。随着国家的出现，古代国家发生战争时，利用水作为攻战的手段，或利用泅水潜行破坏敌人防守，配合步兵和骑兵作战。18 世纪，欧洲军队中开始建立游泳学校。不难看出，自古以来，游泳在军队中就占有极重要的位置。古代波斯在军事训练中，游泳是强迫实施的项目。古希腊关于水中活动的资料很丰富，不少古希腊文物与作品中，有许多与游泳有关的实物与记述。在希腊索伦法律中，曾规定儿童需学习希腊文与游泳，社会上有流行讽刺愚者的谚语“他既不能文，又不能游泳”，足见他们对游泳的重视。在罗马也同样认为不会游泳与无知是一样的愚蠢，罗马青年训练中就设有游泳项目。在我国，有文字记载的游泳活动始于春秋时期。从古代大禹治水及各朝代水师设置的资料中可以推断，各时期的水中活动技能都已有相当水准。近代海军训练有游泳课程，黄埔军校的资料记载中也有游泳科目。鸦片战争以后，欧美体育运动逐渐进入我国，竞技游泳在城市中开始流行。随着生产力的发展，人类生活水平的提高，游泳又与娱乐紧密地联系在一起，这是游泳获得发展的又一个重要原因。

现代游泳运动起源于英国，17 世纪 60 年代流行于约克郡地区。至 19 世纪 30 年代，室内游泳池相继出现于英国各大城市。1837 年，在英国伦敦成立了第一个游泳组织，同时举办了英国最早的游泳比赛。1869 年，在伦敦成立了大城市游泳俱乐部联合会(现英国业余游泳协会前身)。竞技游泳作为体育项目正式固定下来。1896 年第一届现代奥运会就开设男子游泳项目。1912 年女子游泳也被列为奥运会正式项目。1952 年国际泳联决定将蛙泳与蝶泳分开。从 1957 年 5 月 1 日起，国际泳联只承认在 50 米标准池中创造的世界纪录。至 2008 年第 29 届奥运会，游泳比赛共设有自由泳、仰泳、蛙泳、蝶泳、个人混合泳、接力游泳和公开水域的男、女 10 公里马拉松游泳等 34 个项目(男子 17 项，女子 17 项)，成为奥运会比赛中仅次于田径的第二金牌大户。

二、游泳运动的特点与锻炼价值

(一) 游泳运动的特点

游泳活动在水中进行，这使它具有和其他许多运动不同的特点。从动作形式来看，游泳属于周期性的全身运动。由于在水中进行，动作和能量代谢特点与水的阻力、浮力、压力及温度等密切相关。游泳不论采取哪种姿势，为了克服水的阻力和充分利用其反作用力及浮力，人体基本上都是展开平卧于水中，头颈、躯干与四肢的动作协调配合。因此，全身各部位的肌群都得到锻炼，并能改善身体的灵巧和协调性。一些腰背肌力量较差的学生，通过游泳锻炼，效果尤为显著。

水的压力以及游进过程中特有的吸、憋、吐气特点，对提高游泳者的呼吸系统功能非常有效。常年游泳者的肺活量，一般也较大。

（二）游泳运动的锻炼价值

游泳是将水浴、空气浴和日光浴三者结合的运动，它不仅是广大青少年喜爱的运动项目，也是一项老幼皆宜的体育活动。由于游泳是在水中一边呼吸一边进行全身活动的运动，在水中不能像在陆地上那样自然地呼吸，生理环境也产生了巨大的变化，同时又要克服水的阻力，因此，游泳运动能增强心血管系统、呼吸系统、神经系统和消化系统的功能，促进人体正常生长发育和新陈代谢，提高全身的协调性、肌肉力量和耐久力，增强耐寒能力。游泳对于身体瘦弱和许多慢性病患者还是一种有效的体育医疗手段。游泳在生产、科研和国防建设上有很高的实用价值。例如，从事水利建设、防洪抢险、渔业、水下考古、水下侦察、水下摄影等都需要掌握游泳技能。

三、游泳运动的装备

不论是刚学游泳的人还是经常参加游泳的人，都要准备一些的泳具，才能使游泳活动称心如意地进行。

（1）合身的游泳衣裤：游泳衣裤必须合身。如果太大，在游泳时容易兜水，以致加大身体负重和阻力，影响游泳动作。因此，游泳衣裤要以穿在身上感到贴身舒适为宜。至于质量，中老年人应选择棉制品，以深色为宜。年轻人可选择沙滩式的尼龙游泳衣裤，以鲜艳的颜色为好，这样可增添美感。

（2）合适的游泳帽：游泳时应戴游泳帽，特别是女性，可防止头发散乱，有时水质不好还可以防止头发变黄。游泳帽应选带弹性较好的尼龙纺织物或橡胶制品，不能太大，否则容易脱落。

（3）游泳眼镜：如果水质不干净，游泳时细菌很容易进入眼内，以致产生红眼病等。为了预防眼病，需要戴游泳眼镜进行游泳。对于初学游泳的人来说，戴游泳眼镜还可以纠正在水中睁不开眼睛的毛病。

（4）耳塞：在游泳时水流入耳朵是难以避免的。耳朵进水后很不舒服，有时会引起疼痛以致影响听力。为了防止水进入耳朵，应备有耳塞。

（5）浮体物品：初学游泳者，最好自备一些浮体物品，例如救生圈（衣）、泡沫塑料打水板等。但储备这些物品时，要时时检查救生衣（圈）有无漏气，以防发生事故。

（6）浴巾和拖鞋：浴巾和拖鞋是游泳者必备的用品，在游泳的间歇或游完后上岸，用毛巾擦干身体，披上浴巾，穿上拖鞋，既可以保暖，防止感冒，又比较卫生。

（7）鼻夹：游泳时，由于水波常会把水冲入鼻孔，产生呛水、咳嗽，尤其是初学游泳者，为了防止水进入鼻孔，最好准备一个鼻夹，它可强制用嘴吸气，而不用鼻吸气，可以避免呛水。

第二节　游泳基本技术

初学者了解和体验水的特性，有助于克服怕水心理，掌握水感，如浮力感、阻力感和压力感等，习惯游泳时身体姿势的改变，培养对游泳的兴趣，并掌握一些水中活动的基本技能，即水中移动、呼吸、浮体和滑行，逐步适应水的环境，为进一步学习和掌握各游泳技术打好基础。采用水中游戏、背系浮板、手拿浮板、同伴帮助等方法，可以消除恐水心理。应重视熟悉水性的练习，打下良好的技术基础，增强学会游泳的自信心。

一、熟悉水性

（一）水中移动

（1）侧对池壁，手扶池边，向前、后迈步行走，或面向池壁，手扶池边，向左、右迈步行走。

（2）扶壁或5～6人手拉手向前、后、左、右走动。

（3）与同伴手拉手成圆圈做游戏性的走、跑或互相推水、戏水。

（二）呼吸练习

手扶池边或手握同伴的手，深呼吸后闭气，然后慢慢下蹲把头部全部浸入水中，停留片刻，在水中用鼻、嘴慢慢吐气，直到吐完后起立。在水面上吸气后再重复做几次。水中的呼吸要按照“快吸—稍闭—慢呼—猛吐”这一特殊的节律进行。

要求吸气后头浸入水中，稍闭气后即在水中用嘴和鼻同时呼气，继之抬头；在嘴将出水面，直至嘴一露出水面时，用力把气呼完；随即用嘴迅速吸气，吸气后头部又立即浸入水中。如此反复练习，使吸、闭、呼气有节奏地进行。

（三）浮体与站立练习

1. 抱膝浮体站立练习

原地站立深吸气后，下蹲低头抱膝，双膝尽量靠近胸部，前脚掌蹬离池底，成抱膝团身低头姿势，自然漂浮于水中。站立时，两臂前伸，向下压水并抬头；同时两腿伸直，以脚触池底站立，两臂自然放于体侧(图8-1)。

①

②

③

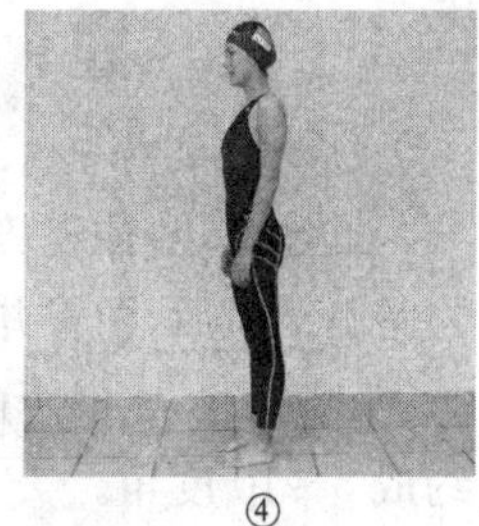
④

图8-1

2. 展体浮体练习

吸足气，身体前倒入水，闭气，抱膝，团身低头，等背部浮出水面后，伸直臂和腿，成俯卧姿势漂浮于水中(图8-2)。站立时，收腹、收腿，两臂向下压水，然后抬头，两腿伸直，两脚触池底站立。

（四）滑行练习

滑行练习的目的是进一步体会水的浮力，掌握在水中平浮和滑行的姿势。滑行练习的方法主要有蹬池壁练习滑行和蹬池底练习滑行(图8-3)。

二、蛙泳技术与练习方法

蛙泳相对于其他竞技游泳姿势来说速度较慢，但动作平稳，容易掌握，呼吸便利，适于长距离游泳，便于观察和掌握方向，实用价值较大，是救护、潜泳和横渡江河湖泊的常用姿势。

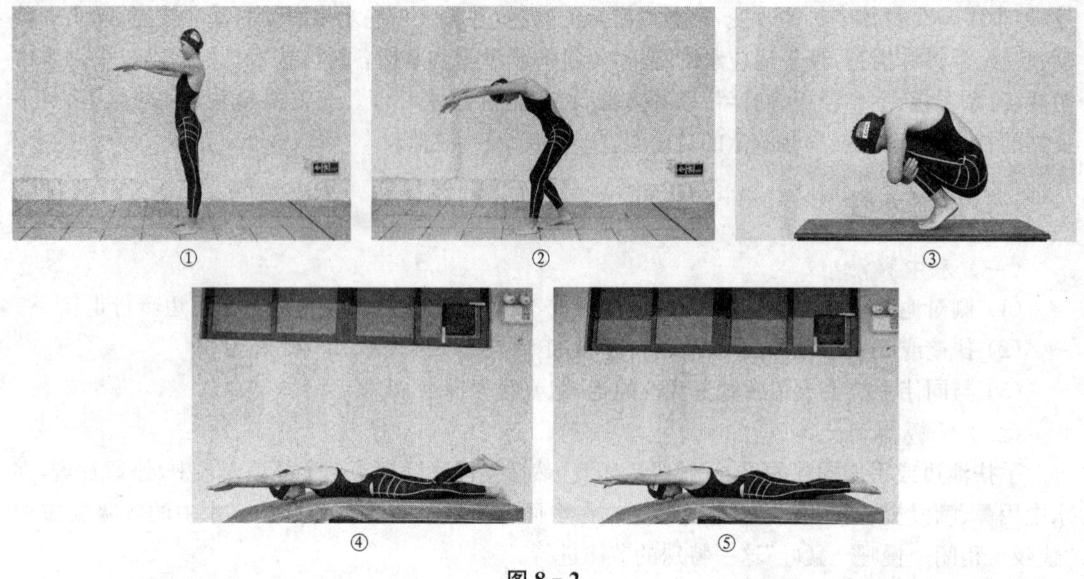

图 8-2

图 8-3

（一）蛙泳技术

1. 身体姿势

蛙泳时，身体姿势不是固定不变的，而是随着臂、腿及呼吸动作的周期性变化而不断变化。当蹬腿结束后，两臂并拢前伸。两腿向后蹬直并拢时，身体处于较好的流线型滑行状态，身体较平，头略抬起，水浸于前额处，胸部一部分、腹部和大小腿处在水平姿势。这时身体纵轴与水平面约成 5～10 度角。

2. 腿部动作

蛙泳的腿部动作可分为收腿、翻脚、蹬夹腿和滑行，这四个动作紧密相连。

(1) 收腿。

开始收腿时，两腿随着吸气的动作自然向下，同时两膝开始弯曲并自然分开，小腿向前回收。回收时，两脚放松，脚踵向臀部靠拢，边收边分。收腿时力量要小，两脚和小腿回收时，要收在大腿的投影截面内。收腿结束时大腿与躯干成 130～140 度角，两膝内侧与髋关节同宽，为翻脚和蹬夹腿做准备。

(2) 翻脚。

收脚将结束时，脚仍向臀部靠近。这时大腿内旋，膝关节稍向内，同时两脚向外侧翻开，勾脚尖，使脚和小腿内侧对好蹬水方向，使腿在蹬夹时有一个良好的对水面。

(3) 蹬夹腿。

翻脚后，立即以腰腹和大腿同时发力向后蹬水。先伸髋，再伸膝，以大腿、小腿内侧和脚掌向后做急速而有力的蹬夹动作。在蹬夹腿过程中，当两腿并拢时略向下压，以形成前后鞭打动作。该动作是推动身体前进的重要动力来源。

(4) 滑行。

蹬腿结束后，腿处于较低的位置，脚距离水面为30～40厘米。此时，两腿迅速并拢伸直，身体适度紧张，呈流线型，做短暂滑行，准备开始下一个腿部动作周期。

3. 臂部动作

蛙泳的臂部动作可分为抓水、划水、收手和向前伸臂，这四个动作紧密相连。

(1) 抓水。

从两臂前伸并拢、掌心向下的滑行开始，前臂、上臂立即内旋，掌心转向外斜下方，略屈腕，两手分开向侧斜下压水至两手间距离约为两倍肩宽处，手掌和前臂感到有压力便开始划水。此阶段动作速度较慢。

(2) 划水。

当两手做好抓水动作，两臂分至40～45度夹角时，手腕开始逐渐弯曲。这时两臂、两手逐渐积极地做向侧下后方屈臂划水。划水时肘的最大屈角为90度左右，划水应用力，使上体上升到较高位置，为下一阶段收手、向前伸臂做好充分准备。

(3) 收手。

收手是划水阶段的继续。收手过程能产生较大的前进作用和升力。收手过程手臂向里、向上收到头前下方。这时，前臂与肘几乎同时做动作。收手时不应降低划水速度，而应以更快速度积极完成。收手结束时，肘关节低于手，大、小臂成锐角。

(4) 向前伸臂。

伸臂动作是由伸直肘关节、肩关节来完成的，掌心由朝上逐渐转向下，手指朝前；同时迅速低头，将头夹于两臂之间。动作完成时，两臂伸直并拢充分伸展，掌心向下，呈良好的流线型向前滑行。

4. 蛙泳的完整配合技术

现代蛙泳完整配合技术多采用一个动作周期呼吸一次的“晚吸气”配合。在抓水过程中，随着头、肩的上升，嘴露出水面将气吐尽，两腿保持稍紧张的伸直姿势；当划水结束时，头、肩向前上方升至最高位置时快速吸气，同时两膝开始弯曲；当收手并开始前伸臂时迅速低头闭气，迅速收腿；滑行时在水中呼气。整个动作要协调连贯，使游速更加均匀。

现代蛙泳的技术特点是头部起伏大且位置较高，高肘划水，蹬腿技术也随之变窄、变快，划水幅度小而快，整个动作频率快。

(二) 蛙泳的练习方法

1. 腿的练习

(1) 收腿。

边收边分慢收腿，大腿带动小腿屈膝前收。收腿结束时，两膝接近髋下，约与肩同宽。

(2) 翻脚。

翻脚时膝关节稍内扣，勾脚尖，膝关节和踝关节向外转动，使脚内侧和小腿内侧向后对准蹬水方向。

(3) 蹬夹腿。

大腿用力向后做弧形蹬夹腿。蹬夹动作不要分开(图8-4)。

(4) 仰坐练习。

模仿腿的动作，按收腿、翻脚、蹬夹腿的要领练习。练习时上体要保持不动(图8-5)。

图 8-4

图 8-5

(5) 水中蹬腿练习。

收腿要慢,蹬夹腿要快而有力,两腿并拢后向前滑行,也可扶池壁、游泳板进行练习(图 8-6)。

(6) 滑行蹬腿。

低头伸臂平卧水中,细心体会蹬腿要领。

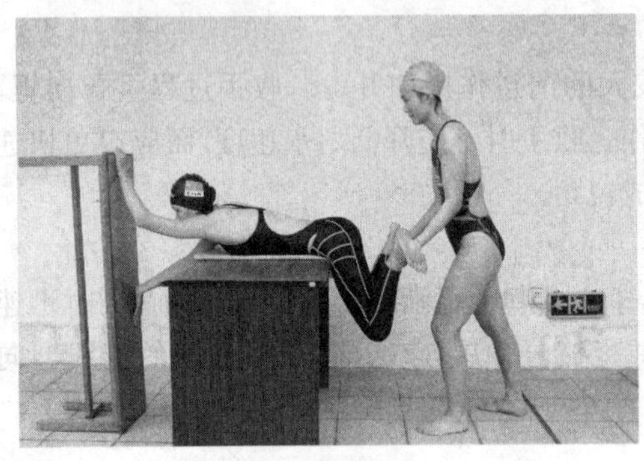

图 8-6

图 8-7

2. 臂和呼吸的练习

(1) 划臂练习。

两臂伸直,向斜后方边划边屈臂。当臂划至肩的侧下方时,收手夹肘伸向前(图 8-7)。

(2) 臂和呼吸配合。

① 抬头划臂张嘴吸:先抬头,两臂同时向斜后方划水时吸气。抬头不要太高、太猛。

② 用力划臂吸足气:提肘屈臂向后加速划水时,迅速吸气。

③ 收手夹肘闭住气:臂划至肩的侧下方时收手夹肘将手收至颌下,脸逐渐浸入水中闭气。

④ 两臂前伸慢呼气:臂前伸时,两手自然并拢,掌心转向下方并呼气。

(3) 臂腿配合练习。

为了掌握臂腿动作要领,可先做闭气、划臂、蹬腿的配合练习,熟练后逐渐过渡到划臂、蹬腿数次,呼吸一次,然后到完整配合。

3. 连贯动作的练习

(1) 开始划臂腿不动(准备吸气)。

两手分开向斜后方划水,两腿自然伸直,准备收拢,开始抬头。

(2) 用力划臂腿前收(吸气)。

臂划至肩下时,两腿自然分开,屈膝前收,抬头吸气。

(3) 收手夹肘收好腿(闭气)。

臂划至肩的侧下方时,收手夹肘将手收至颌下,同时完成收腿动作。头逐渐浸入水中闭气。

(4) 伸臂翻脚再蹬腿(呼气)。

两臂前伸同时向外翻脚,立即用力向后做弧形夹水。

(5) 身体向前滑一会儿(呼气)。

蹬腿结束后,臂腿收拢,脸浸入水中,向前滑行,然后重复下一个连贯动作。

蛙泳易犯错误、原因及纠正方法如下表所示(表 8-1)。

表 8-1　蛙泳易犯错误、原因及纠正方法

	易犯错误	原　因	纠　正　方　法
腿部	蹬腿时不翻脚	1. 动作概念不清 2. 不会翻脚 3. 蹬脚时绷脚尖	1. 明确概念及动作要领 2. 陆上反复做翻脚练习,注意翻脚时的肌肉感觉 3. 勾脚蹬水或由同伴帮助体会正确蹬水动作
	动作不收腿,蹬得过宽,蹬夹脱节或只蹬不夹	1. 动作概念不清 2. 收腿时,两膝向外张 3. 旧的动作定型	1. 明确概念,陆上多做模仿练习 2. 用矫枉过正法,要求收腿时两膝有意内扣或同伴用两手限制其外张
	收、蹬腿时脚的部位太低	1. 头和上体抬得过高 2. 收腿时两大腿收得过多,腿未和水面垂直 3. 腰部肌肉过于放松	1. 低头、提臀,腰腹肌肉适当紧张,使身体平浮于水面 2. 积极收小腿,脚有意识地向臀部移 3. 腰、腹肌肉适当紧张,蹬时先伸髋
	收、蹬腿时臀部上下起伏	1. 收腿时头肩过低,收腹提臀 2. 蹬腿时挺腹	1. 头、肩稍抬起,腰腹肌适当紧张,使身体展平,收腿时大腿带小腿慢收 2. 蹬腿时躯干不动,用大腿推动小腿向后蹬,不要收腿过快
	收腿过快	1. 动作概念不清 2. 收腿时过分用力且过快 3. 动作节奏未掌握好	1. 明确概念和动作要领,多做陆上或水中模仿练习 2. 强调慢收腿,肌肉适当放松 3. 强调慢收腿,蹬时适当快些
臂部	划水时手掌平摸,划不到水	1. 动作概念和要领不清 2. 划水时沉肘,前臂与水平面平行 3. 手臂力量差,划水无力	1. 明确动作概念和要领 2. 划水时掌心向侧外,高肘屈臂小幅度划水 3. 加强手臂力量的练习
	划水路线太宽,超过了肩的延长线	1. 动作概念和要领不清 2. 急于通过划水推动身体前进,收手太慢	1. 明确动作概念和要领 2. 采用小划臂或在腋下放一限制杆的办法
完整配合	划臂的同时蹬腿	1. 动作概念和要领不清 2. 配合节奏紊乱 3. 急于划臂	1. 明确动作概念和要领 2. 多做模仿练习。先划臂后蹬腿,一次一次地做,不要急于求成 3. 划水时腿伸直,蹬腿时手臂伸直,逐渐过渡到正确配合。一次一次按伸、蹬、漂的节奏练习

续 表

	易犯错误	原　因	纠 正 方 法
完整配合	同时仰臂蹬腿	1. 动作配合的概念不清 2. 收腿太早、太急 3. 收手时在胸前有停顿现象	1. 心中默念先伸臂后蹬腿 2. 心中默念先伸臂再蹬夹腿，在水中漂一会儿 3. 小划臂，伸臂后停一会儿
	吸不到气	1. 吸气前未呼气 2. 抬头过早，吸气时间短	1. 必须在水中呼出气 2. 在盛水的脸盆或水中原地做水中呼气、抬头吸气练习 3. 先抬头再划臂或划臂的同时抬头深吸气

三、仰泳技术与练习方法

仰泳是身体成仰卧姿势的泳姿，其动作结构和自由泳基本相似，包括反蛙泳和爬式仰泳两种。

（一）仰泳技术

1. 身体姿势

身体平直仰卧于水中，自然伸展，头、肩略高于臀，腰和腿保持水平，后脑浸入水中，颈部肌肉适当放松，脸部露出水面，眼看后上方。

仰泳时头像控制前进方向的舵，且头部位置不宜过高或过于后仰。过高会造成背肌和胸肌不必要的紧张；过于后仰会使头和肩淹没在水中，容易呛水，从而造成呼吸困难。因此，在仰游时头的位置很重要。

2. 腿部动作

仰泳时腿部动作的作用主要是维持身体平衡，控制身体姿势，产生一定的推进力。整个动作是以髋关节为轴，由大腿发力，大腿和膝关节带动小腿和脚来完成，呈现有节奏地重复上踢水和下压水过程。可用“屈腿上踢，直腿下压”来形容仰泳腿部动作的过程。

下压水是由腿伸直与水面平行时开始的。当臀部肌肉适当收缩时直腿下压，下压到占整个移动路线的 2/3 时，大腿停止下压准备上踢，后 1/3 时由小腿和脚利用继续下压的惯性屈膝来完成。

上踢水是由腿下压动作结束，大腿用力向上和股四头肌用力收缩开始的。此时，由于水的阻力和股四头肌的牵制，大腿与小腿成 130～140 度角，小腿与水平面成约 40～45 度角。大腿向上，直至超过髋关节水平线，与此同时，由大腿带动小腿向上踢水，直至腿完全伸直为止。仰泳时两腿的主要推动力是靠向上踢水产生的。向上踢水时，在任何情况下都不要使膝和脚踢出水面，否则会影响踢水效果。

3. 臂部动作

仰泳时臂的动作与自由泳一样，都是产生前进力量的主要因素。目前一般都采用两臂交替在体侧屈臂划水技术。在一个动作中臂部动作分为入水、抱水、划水、出水和空中移臂，这五个动作紧密相连。

(1) 入水。

入水紧接在空中移臂后开始。入水时手臂自然伸直，手掌展平，入水点在肩的延长线上。手臂入水的顺序一般是先上臂入水，然后前臂和手几乎同时入水。

(2) 抱水。

手臂入水后，躯干向入水的一侧转动，借助前移的速度，直臂向深水处积极抓水，并做转腕和肩臂内旋的动作，同时开始屈臂，使手臂和前臂处在最有利的划水位置，形成有利的划水面，即抱水。

(3) 划水。

划水动作从抱水开始，包括拉水和推水。开始拉水时，前臂内旋，肘关节向下弯曲，并逐渐下沉至靠近腰部，以手臂和前臂对准水划。当手臂划过肩关节垂直面时，即开始推水，推水应充分利用拉水速度和划水面，使整个臂同时用力向后下方做推压动作。

(4) 出水。

手臂划水结束后，手掌自然转向下方，并靠近大腿，利用手臂内旋下压的反作用力和肩部三角肌的收缩力量，使手臂自然地提出水面。

(5) 空中移臂。

臂出水后，应迅速沿着与水平面接近 90 度角的垂直面上由后向前移动，移臂时手臂要自然伸直，速度要快。

4. 呼吸与臂、腿的动作配合

仰泳时身体成仰卧姿势，脸一直露出水面，因此呼吸技术简单、自然，只要张嘴有节奏地呼吸即可。呼吸可与手臂动作配合，当一臂空中前移时吸气，而另一臂空中前移时则呼气。为了增加手臂划水力量，在吸气后应有一个短暂的闭气过程。仰泳腿、臂和呼吸的配合节奏一般采用 6∶2∶1，即在一个循环动作内腿打水 6 次、臂划水 2 次、呼吸 1 次。

(二) 仰泳的练习方法

1. 腿的练习

(1) 陆上练习方法。

坐在地上、岸边或游泳池边，身体稍后仰，两手撑于身后，两腿举起，脚离地面，脚面绷直，两腿一上一下交替摆动打腿。腿下压时要直，向上踢时，大腿带动小腿，脚面做“鞭状”上踢动作。

(2) 水中练习方法。

① 先坐在池旁，两腿放入水中，然后上体后仰平卧，两手置于体侧，两腿交替打水(图 8-8)。

② 站立于浅水处，背对池壁，两手绕肩反握池壁或同伴双手，两臂稍伸直之后，身体仰卧于水面，提髋，两腿浮于水面后做打腿练习。

③ 站立于浅水中面对池壁，两手扶池壁，上体下蹲，两腿弯曲，膝盖上举，两脚平行放于池壁，然后双手用力推离池壁，同时两脚用力蹬池壁而身体仰卧水中，借惯性两腿做上下交替打水，两手放于体侧，手心朝下压水，直到两腿打不动而下沉为止，这时可低头收腹，屈双腿，两脚向下伸直踩池底站立于水中。

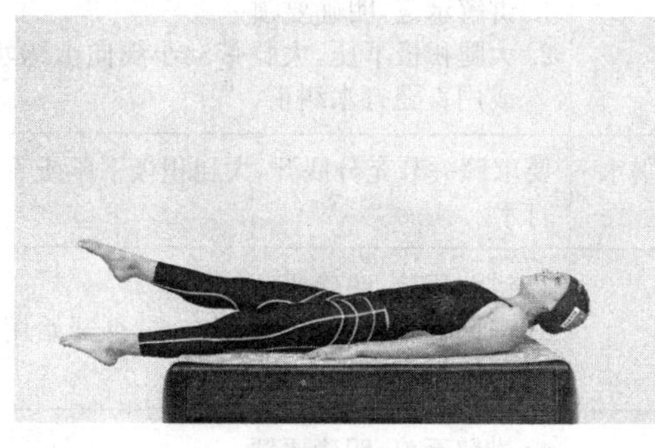

图 8-8

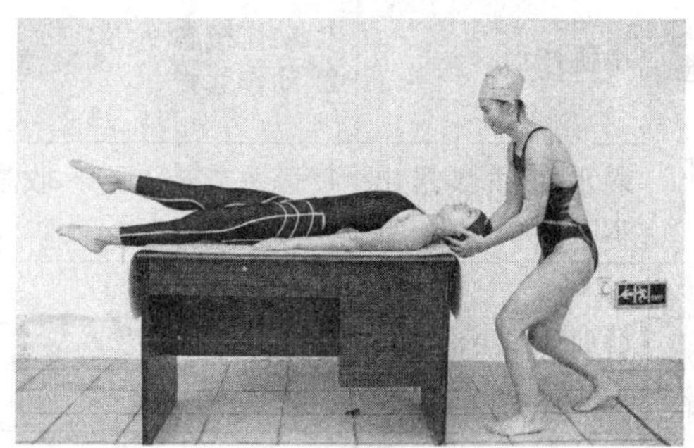

图 8-9

如果是两个人或两个人以上做上面的练习，同伴可用手托练习者的后背或头部，均可帮助其更好地浮于水面，利于做打水练习(图 8-9)。

(3) 仰泳打水练习的注意事项。

① 稍收下颌,以防呛水。

② 髋部上提,可使身体呈流线形仰卧于水面,以防止因臀部下坐而增大阻力。

③ 腿下压时要直,上踢时大腿带动小腿,稍屈腿做“鞭状”踢水,控制膝盖和脚不要踢出水面。

④ 关节适度放松,以免腿的动作僵硬。

2. 臂的练习

(1) 陆上练习方法。

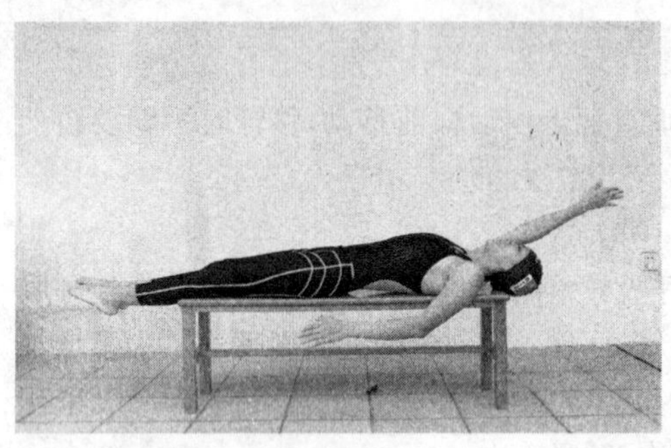

图 8-10

身体仰卧在长条板凳上,两臂交替在体侧做仰泳的移臂和划水的模仿练习。移臂时肘关节要伸直,经身体上方移动,要尽量做到上臂贴近自己的耳朵,手在同侧肩后方“入水”“抱水”和向后“划水”练习。练习之初先做单臂分解练习,逐渐过渡到两臂交替的练习,开始时可直臂划臂,之后再练习屈肘的划臂练习。也可以身体直立做臂的模仿划水动作的练习,一臂体侧上举,勾手提肘,然后在体侧做向下的划水模仿练习,划水时手心应始终朝下,直到手能触到同侧大腿为止(图 8-10)。

(2) 水中练习方法。

① 单手扶池边,身体仰卧自然伸展于水面,另一臂做划水和移臂的练习。

② 在同伴协助下做分解的单臂或双臂的划水、移臂练习。此练习应在浅水处进行。

③ 一手把持胸前的扶板,身体仰卧于水中,两腿交替打水练习。

④ 在腰际系上绳仰卧于水面,同伴站在岸上拉住绳的另一端,两腿较用力做打水练习,主要练习和体会臂的划水动作。

⑤ 利用两脚蹬离池壁后的惯性做划水练习,两腿要用力打水,以利于身体上浮和延长划水距离。

仰泳易犯错误、原因及纠正方法如下表所示(表 8-2)。

表 8-2 仰泳易犯错误、原因及纠正方法

	易犯错误	原因	纠正方法
腿部	小腿打水	1. 动作概念不清 2. 动作紧张	1. 讲解示范,明确要领 2. 大腿积极下压,大腿带动小腿向上踢水,或用直腿打水纠正
	踢水时膝部露出水面	1. 髋关节充分展开,收髋踢水 2. 大腿下压不够	要求髋关节充分展开,大腿积极下压或直腿打水
臂部	臂划水用力过早	1. 动作概念不清 2. 急于划水使身体前进	1. 讲解示范,明确要领 2. 强调臂入水后,先滑下抱水,再开始用力向后加推划水
	臂入水点太开	1. 动作概念不清 2. 肩关节灵活性差	1. 讲解示范,明确要领 2. 加强肩关节柔韧性练习 3. 采取矫枉过正法,要求手在头的前方入水

续表

	易犯错误	原　　因	纠正方法
完整配合	"坐"着游	1. 头抬太高,收腹屈髋 2. 怕呛水,不敢把头后部浸入水里	1. 要求稍仰头、挺胸、躯干展平 2. 注意纠正呼吸动作,要用口吸气
	腿踢不起来	不会呼吸或不会在水中吐气	1. 同"坐着游"的纠正方法 2. 踢时要用力,踢出水花,直腿下压时要放松

四、自由泳技术与练习方法

自由泳是身体俯卧于水中,依靠两臂轮换划水而前进的泳姿。因其动作很像爬行,所以也称为爬泳。自由泳是速度最快的一种游泳姿势。自由泳在防洪抢险、横渡急流、抢救溺水者时,能发挥积极作用。

(一) 自由泳技术

1. 身体姿势

游自由泳时身体要保持几乎水平的俯卧姿势,躯干肌肉适当紧张,呈较好的流线型,身体纵轴与水平面成3～5度角。头部应自然地向颈后屈,两眼注视前下方,头的1/3露出水面,水平面接近发际。为了争取动作效果,允许双腿暂时下沉。游进中身体可以围绕身体纵轴有节奏地转动,这种转动一般在35～45度角范围内。

2. 腿部动作

自由泳打水主要是起维持身体平衡的作用,使下肢抬高,保持身体较好的流线型,以及协调配合两臂用力的划水动作,并能提供一定的推动力。

打水动作:脚掌伸直并略内转,踝关节自然放松,以髋为支点,动作从髋关节开始,大腿发力稍内旋,带动小腿,力量通过大腿、膝、小腿,最后到足部形成上下鞭打状打水动作,两腿分开的距离为30～40厘米,向上打水膝关节弯曲140～160度角,向下打水结束时,脚离水面30～35厘米。

3. 臂部动作

臂划水是自由泳推动身体前进的主要动力。臂的一个划水周期可分为入水、抱水、划水、出水、空中移臂五个部分。

(1) 入水。

臂入水时,肘关节略屈并高于手,手指并拢伸直,向斜下方切插入水,或掌心转向外侧切入水中,使手掌与水面成30～40度角。动作要自然放松,臂入水时在身体中线与延长线中间。臂的入水顺序为:手—前臂—肘—上臂。

(2) 抱水。

臂入水后,手腕自然伸直,掌心转向下,积极插向前下方至有利于抱水位置,此时前臂和上臂应积极外旋。当手臂接近完全伸直,手臂与水平面成15～20度角时,手腕向下弯曲,同时开始屈肘,使肘高于手。上臂划至与水平面成30度角时,手和前臂已经接近垂直水平面,肘关节屈至150度左右,手和前臂以较大的横截面积对准划水面,整个手臂像抱着一个大圆球为划水做准备。

(3) 划水。

划水是指手臂在前与水平面成40度角时起,向后划至与水平面成150～200度角为止的动作过程，是产生推进力的主要阶段。这个阶段又分为两个部分，从整个臂部划至肩下方与水面垂直之前称为拉水，过垂直面后称为推水。

拉水是从直臂到屈臂的过程。抱水结束时，屈肘为150度左右。拉水时，前臂的速度快于上臂，继续屈肘。当臂划至肩下方时，手在体下靠近身体中线，屈肘为90～120度角。整个推力过程应保持高肘姿势，使手和前臂能更好地向后划水。

推水是手臂屈与伸的过程，推水中肘关节向上，向体侧靠近。手在拉水结束后即从肩下中线处向后侧划动至大腿旁。推水时，手掌应始终与水平面保持垂直，这有利于推水时产生反作用力而向前推进。

整个划水动作过程，手的轨迹始于肩前，继之到腋下，最后到大腿旁，呈“S”形。

(4) 出水。

在划水结束后，臂由于惯性动作而很快地靠近水面。出水时，手臂放松，微屈肘，肘部向上方提起带动前臂出水面，掌心转向上方。手臂出水动作必须迅速、柔和、放松而不停顿。

(5) 空中移臂。

臂在空中前移的动作是手臂出水的继续。移臂开始时，手掌几乎完全向后提肘向上，手腕放松，手落后于肘关节。当手前摆过肩时，应与肘成一直线。这时手和前臂逐渐向前伸出，掌心也从后上方转向前下方，接着做准备入水的动作。

4. 两臂配合技术

划水时，依照两臂所处的位置不同，可分为三种交叉配合，即前交叉、中交叉和后交叉。

(1) 前交叉配合。

当一臂入水时，另一臂处于肩前方，与水平面成约30度角。

(2) 中交叉配合。

当一臂入水时，另一臂处于肩下垂直部位，与水面构成约90度角。

(3) 后交叉配合。

当一臂入水后，另一臂划水至腹部下方，与水平面构成约150度角。

初学者应采用第一种交叉配合，它有利于掌握自由泳的技术和呼吸动作。

5. 臂、腿与呼吸配合的完整动作

自由泳采用转头吸气的方法。这里以向右吸气为例，右手入水后，嘴与鼻慢慢呼气。右臂划水至肩下时，头向右侧转，呼气量增大。右臂推水快结束时，用力呼气，直至嘴出水面右臂出水时吸气，移臂至与肩齐平时吸气结束。随着臂继续向前移动，转头还原闭气。自由泳的呼吸与臂、腿的配合是呼吸1次、臂划2次、腿打水6次，即1∶2∶6，但也有1∶2∶4或1∶2∶2的配合。

(二) 自由泳的练习方法

1. 腿的练习

(1) 扶池槽打水。

大腿带动小腿交替向后下方打水，向上提时放松，向下打水要用力，可结合呼吸练习。

(2) 滑行打水。

向上提腿时膝关节稍屈，向下打水时脚面绷直，脚尖稍向内转，打水幅度为30～40厘米(图8-11)。

2. 臂和呼吸的配合

(1) 划臂呼气。

以左臂为例，左臂在肩前插入水后，逐渐屈臂向后划水，同时呼气。划臂不要超过身体中线(图8-12)。

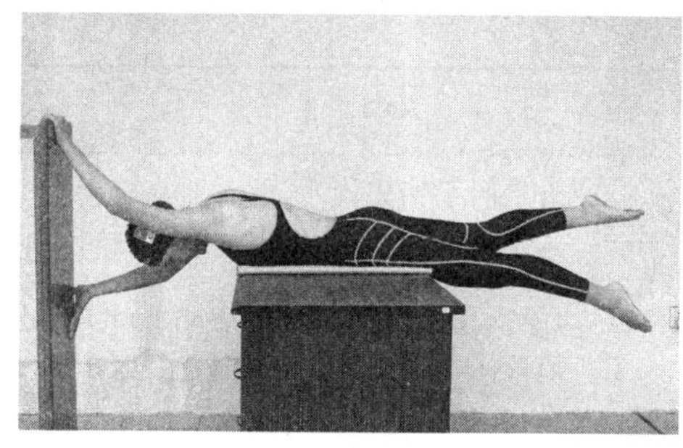

图 8-11

图 8-12

(2) 推水吸气。

左臂向后推水时转头吸气，提肘出水的同时完成吸气动作。抬头不要太高、太猛。

(3) 移臂闭气。

左臂从体侧向前移臂时，头逐渐转入水中闭气。

图 8-13

3. 单臂划水

两腿连续打水，一臂前伸一臂划。两臂交替进行，逐渐过渡到连贯动作(图 8-13)。

4. 连贯动作

(1) 右臂下滑要伸肩，左臂推至大腿边(呼气)。

伸肩：右臂下滑时，尽量向前下方拉开肩带，肌肉适当放松，掌心向下。

(2) 右臂肩前抱好水，左臂提肘出水面(呼气)。

抱水：右臂向外提肘屈臂，使手掌和小臂向后抱水。

(3) 右臂肩下屈臂划，左臂前伸插入水中(呼气)。

划水：右臂划至肩下时，大、小臂屈成 120 度角左右，加速向前划水。

(4) 右臂推至大腿边，左臂下滑要伸肩(转头吸气)。

推水：右上臂靠近体侧，小臂用力向后推水。吸气要深、要快。

(5) 右臂提肘出水面，左臂肩前抱好水(完成吸气)。

出水：右臂利用推水速度的惯性，在腿侧提肘出水向前移臂，肌肉适当放松。

(6) 右臂前伸插入水，在臂肩下屈臂划(闭气)。

入水：右手自然合拢，肘高于手，在肩前部插入。

自由泳易犯错误、原因及纠正方法如下表所示(表 8-3)。

表 8-3 自由泳易犯错误、原因及纠正方法

	易犯错误	原因	纠正方法
腿部	小腿打水	1. 动作要领不清 2. 屈膝太大	1. 明确动作要领 2. 先用直腿打水，体会用大腿带动小腿打水
	屈髋打水	躯干没充分展开或收腰	1. 多做陆上模仿练习，注意大腿上抬或用直腿打水 2. 水中练习要展髋，打水时大腿上摆
	勾脚打水	踝关节灵活性差	1. 要求绷直脚尖打水 2. 多做踝关节灵活性练习

续 表

	易犯错误	原　　因	纠 正 方 法
臂部	臂入水后向下压水	1. 直臂入水 2. 过早用力划水	1. 入水时手指先入水，此时肘高于手 2. 入水后臂向前下方伸，抓到水后再划水
	手在肩外侧划水和划水路线短	1. 手入水点偏外侧，并向外侧划水 2. 没有推水动作	1. 屈臂，手沿身体中线做S形划水，可要求在肩前入水，划水时向腹下抱向同侧大腿处推水 2. 用矫枉过正法，要求在身体中线处入水，超过中线向后划水，划水结束时手触同侧大腿
完整配合	配合不协调	1. 动作过分紧张 2. 下肢沉或呼吸无节奏	1. 放松慢游，逐渐增加游程 2. 多次划水加呼吸
	抬头吸气	1. 动作概念不清 2. 怕呛水，不敢抬头	1. 明确转头吸气 2. 吸气时，绕纵轴转动，转头时做"咬肩"动作
	吸不进气	不会呼吸或不会在水中吐气	1. 在水中做呼吸的基本动作 2. 强调水中吐气 3. 掌握转头吸气的时机，嘴将出水时猛吐、深吸气

五、蝶泳技术和练习方法

蝶泳是由蛙泳演变而成的一种泳姿，游进时因两臂动作形似蝴蝶展翅而得名。后来匈牙利运动员董贝克模仿海豚躯干的波浪动作，创造了海豚泳姿势，使游速有了很大的提高，从而产生了海豚式蝶泳，所以蝶泳又称海豚泳。

（一）蝶泳技术

1. 身体姿势

蝶泳时身体俯卧在水中，但位置不固定，两臂同时在体下划水后提出水面经空中前摆，躯干与腿随着做有节奏的上下鞭打动作，身体沿本身的横轴上下摆动。

2. 躯干和腿部动作

蝶泳时，躯干和腿联合做鞭打动作，对身体的协调性及臂、腿、腰、腹的肌肉力量都有较高的要求。其开始姿势为两腿自然并拢，脚掌稍有内旋使两脚跟稍分开，两脚拇指靠拢，踝关节放松。鞭打从腰部发力，带动脊柱、髋、膝、踝各关节相继屈伸。打水的一个动作周期分为向上打水和向下打水两个阶段。

3. 臂部动作

蝶泳臂部动作是推动身体前进的主要动力，也是各种姿势中推动力最大的一种，躯干和腿的波浪动作均顺从于手臂的动作。蝶泳动作结构与自由泳相同，但蝶泳两臂动作是对称的。在一个动作周期中，蝶泳臂动作可分为入水、抱水、划水、出水、空中移臂这五个动作紧密相连的阶段。

(1) 入水。

手、小臂和大臂依次在两肩的前方延长线稍外处入水，从与水平面约 20 度方向插入水中。入水时两手的距离同肩宽，手臂按手、前臂、上臂的顺序依次入水。入水后不宜向前伸肩滑行，应立即进入抱水阶段。

(2) 抱水。

紧接着入水阶段做转腕动作,即臂稍向外下拨动,并随之向内下使手掌向右下方成抱水姿势。

(3) 划水。

紧接抱水,两臂屈臂向后加速划水,靠大臂内旋,小臂和手加速向内后拉水,拉水至肩的垂直平面时,屈肘约100度。两手距离从宽于肩部到窄于肩部接近靠拢,然后继续向后推水直至大腿旁两臂同时划水,形成双"S"形的动作路线。

(4) 出水。

随着臂推水的结束,靠三角肌和斜方肌的适当收缩,顺着推水的惯性,略屈肘,按上臂、前臂、手掌的顺序使手臂向上稍偏外出水。

(5) 空中移臂。

动作与自由泳相似,是靠肩带动前臂和大臂的内旋,使肘部处于较高位置,放松轻快地沿低而平的弧线经空中前移,直至入水。

(二) 蝶泳的练习方法

1. 躯干与腿的练习

(1) 陆上模仿练习。

原地站立,两腿并拢,两臂伸直上举,腰部用力,模仿自由泳躯干和腿的波浪式动作,腰腹和下肢依次做前后摆动(图8-14、图8-15)。

(2) 准备姿势。

原地站立,两腿并拢,两臂伸直上举,两脚蹬地向上跳起后两腿并拢,由腰部发力做腰、腹、腿的波浪动作。

图8-14

图8-15

(3) 水中练习。

① 站在浅水处,两臂伸直上举,两腿并拢,用力蹬池底后,模仿蛙泳打水动作,躯干和下肢做波浪式前后摆动。

② 先以自由泳打水,然后两腿并拢做波浪式打水。

③ 做手持扶板或蹬边滑行的打水练习。

2. 臂的练习

(1) 双人练习一。

一人站在浅水处,侧对练习者并用双手托住其膝盖部位,使其做蝶泳的臂划水动作。

(2) 双人练习二。

一人站在浅水处,双手抓住练习者踝关节,练习者做蝶泳划臂练习。

(3) 单人练习。

站在浅水中，两臂边划水，两腿边前移。

(4) 滑行划水练习。

两脚蹬离池壁或池底后，借惯性做波浪式打水动作，同时两臂做划水练习(图 8－16)。

图 8－16

(5) 夹浮板练习。

两腿间夹一块浮板使身体浮于水面，两臂做完整的移臂和划水练习。

蝶泳易犯错误、原因及纠正方法如下表所示(表 8－4)。

表 8－4 蝶泳易犯错误、原因及纠正方法

	易犯错误	原因	纠正方法
腿部	屈髋打水或没有波浪动作	概念不清，收腹打水	1. 讲解示范，明确要领 2. 要求在自由泳打水的基础上并腿，腰腹用力使腿上下动作，注意体会
腿部	踢水时膝部露出水面	没有用腰腹力量，只是小腿用力打水	要求小腿自然伸直，由收腹送髋，大腿带动小腿做小幅度的打水
臂部	手、头、肩上下起伏大	动作概念不清	讲解示范，明确要领。要求手、头、肩要相对固定，腰腹用力时只是带动双腿上下动
臂部	手臂划水后，出水移臂困难	1. 划水结束后掌心向上捞水 2. 最后推水无力或停顿	划水时掌心要向后，最后推水要加速，利用惯性提肘转肩向前移臂
臂部	直臂划水	动作概念不清	1. 讲解示范，明确动作要领 2. 注意要求高肘屈臂划水，掌心要向后配合
完整配合	臂和腿配合脱节	腿第二次打水过早或臂在前面停留的时间过长，未掌握好配合节奏	1. 讲解示范，明确要领，陆上模仿练习，加深体会 2. 强调手臂入水后前伸，接着向后划水，并进行第二次打水
完整配合	小腿打水，躯干没有波浪动作	臂入水时不积极低头提臂	1. 讲解示范，明确要领 2. 要求臂入水时要积极低头提臂，腿向上打时膝关节伸直

六、游泳出发和转身技术

(一) 出发技术

出发是游泳比赛的开始，运用两脚蹬离出发台或池壁，从而获得较快的初速度。比赛中，除仰泳在水中出发外，其他泳姿都在出发台上。出发台出发由预备姿势、起跳、腾空、入水、滑行五个部分组成。根据预备姿势的不同可分为抓台式、摆臂式和蹲踞式；根据腾空和入水的不同可分为平式入水和洞式入水。目前最常见的出发技术是抓台式，在接力比赛中常用摆臂式。

1. 抓台式

“各就位”命令后，两脚间距与髋同宽，上体前屈，膝关节弯曲成 130～140 度角，重心落在前脚掌上，两手抓住出发台的前沿或侧沿，手臂伸直放松，眼看下方水面(图 8－17)。

听到出发信号后，两臂屈肘向上提拉，使身体向下贴住大腿，身体重心迅速前移后，有即将落入水中的感觉。当身体重心与两脚支撑点的连线与水平面成 45 度角，膝关节弯曲成约 90 度角时，伸髋伸膝，双臂前摆，两脚蹬离出发台，上体与水平面几乎平行。

腾空时手臂前伸并拢，头略低，身体伸展成较好的流线型，与水平面成锐角。入水时由手领先，然后臂、头、躯干、下肢依次入水。入水方式有平式入水和洞式入水两种。洞式入水的起跳角要大于平式入水，腾空时靠低头、提腰和向上摆腿来增大入水角度，使身体在较小的范围入水，入水时身体与水平面约成 30 度角，而平式入水角度为 10～20 度角。

身体完全没入水中后，以流线型姿势滑行，至速度放慢时开始游。滑行的深度与项目有关，短距离自由泳滑行较浅，滑行时间也短，以快速有力的打水动作使身体浮出水面后，接划水动作；蛙泳滑行较深，接长划臂动作；蝶泳滑行的深度介于两者之间，以海豚腿动作使身体露出水面，再接划水动作。

图 8－17

图 8－18

2. 摆臂式

两脚平行站在出发台上，两脚间距与髋同宽，脚趾扣住出发台前缘，身体前倾，重心稍低，其投影应落在出发台的前沿；两膝屈成约 165～170 度角，同时两臂自然下垂，掌心向后(图 8－18)。

出发命令发出后，两臂先向前上方摆动，使身体前倒，接着低头和屈髋、屈膝，手臂转入向后上方绕环，此时提踵，身体继续前倒。当手臂开始转入向前绕环时，伸髋、伸膝，借助手臂向前摆的惯性，脚用力蹬离出发台。

摆臂式的腾空、入水、滑行动作基本与抓台式相同，只是腾空时身体重心高于抓台式，腾空的距离也远于抓台式。

3. 仰泳出发

仰泳是在水中出发的，并且身体要保持仰卧姿势。

预备姿势为两手伸直，面对池壁握紧扶手器，两腿屈膝收向胸前，两脚分开并抵住池壁，脚趾不能露出水面，否则为犯规。听到“各就位”命令后，两臂屈肘提拉身体，使身体大部分升出水面，同时低头团身。

出发命令发出后，两腿有个细小的预蹲动作，同时两臂迅速伸肘推压握手器，仰头、挺胸，将身体向上、向后推离池壁，两臂经上或经侧向头后挥摆，两腿同时用力蹬伸，身体展开，髋、膝、踝关节充分伸展，整个身体略成反弓形蹬离池壁。

以手领先入水后，保持良好的流线型姿势在水中滑行，当速度下降时做仰泳腿或反海豚腿动作，并通过改变手的形状使身体逐渐上浮，在头即将露出水面时开始划水。

（二）转身技术

转身是运动员游到池端后，必须折返回头继续游进的动作。比赛距离越长，转身的技术就越重要。按其动作形象大体可分三种转身类型，即平转式、摆动式和滚翻式。

1. 自由泳翻滚式转身动作

自由泳有先翻后转、翻中有转两种翻滚转身动作。先翻后转转身动作是在游近池壁时身体先绕冠状轴前滚翻，成仰卧姿势蹬出，在滑行过程中再绕纵轴转动约 180 度成俯卧姿势；翻中有转转身动作是在游近池壁时身体绕冠状轴滚翻的同时伴有绕纵轴的转动，蹬离池壁时身体成侧卧位置。

翻滚时身体距离池壁的远近一般与身高相近。在做最后一次划水动作时，使两臂划到体侧，借助向后划水的速度和反作用力低头，两手掌向下，两腿并拢屈膝做一次海豚腿帮助臀部向上提起，两手下压，当继续翻转到臀部的位置超过头部时，一手向头部划水，另一手做小幅度的环行划水配合身体绕纵轴转动，团身、屈腿，两脚从水面上向后甩向池壁，两脚的位置一高一低，双手在头前并拢前伸，两腿用力蹬离池壁；蹬出后滑行并绕纵轴转动成俯卧姿势。

2. 蛙泳平转式转身动作

在游近池壁时，不能减速，蛙泳的最后一次动作以蹬腿结束为佳，双手正好伸向前方触壁。触壁时双手应同时并在同一水平面上。触壁后双臂同时屈肘，身体向池壁靠拢，右手用力推池壁，使右臂屈肘角度加大，并协助身体绕纵轴向左转动，转动的同时应团身屈膝，两臂在水面上或水面下随身体的转动屈摆臂，小腿和脚在转动约 180 度后，双脚抵住池壁，双手前伸，低头团身，身体从水面下蹬离池臂滑行。当滑行速度开始下降时，开始划臂动作。

3. 仰泳前滚翻转身

仰泳的前滚翻转身和自由泳的前滚翻转身技术基本上是一样的，只是在接近池壁前、过了仰泳转身标志后，借用最后一次移臂的动力，使身体绕纵轴滚动转变成俯卧，并做最后一次划臂后进行前滚翻的转身动作。在做仰泳的前滚翻转身时一定要注意：一旦身体从仰卧转变俯卧后，腿就不能再进行打水的动作，身体转过垂直面时应该以仰卧的姿势蹬离池边。

4. 蝶泳转身

蝶泳转身的方法，大致与蛙泳转身的技术相同，只是蹬离池边后，两腿可以在水下做一次或多次打水的动作，但距离不能超过 15 米。当两臂在水下做完第一次划水后，必须从水面移臂进行第二次划水和配合游进。

第三节　游泳运动的安全与救护

一、水上救护

水上救护是指采取各种有效措施将溺水者救上岸的过程，可分为直接救护和间接救护。

（一）直接救护

直接救护是指救护者下水对溺水者施救。当发现溺水者时，救护者要沉着、冷静，入水前应观察周围环境，辨别水流方向、水面宽窄，选择入水地点。对熟悉的水域可起跳入水，但对不熟悉的水域应脚先入水，以最快速度接近溺水者。救护者不论采用自由泳还是蛙泳，头必须露出水面，以便观察溺水者的情况。当救护者游到距溺水者 2～3 米时，要深吸气潜入水中游近溺水者，两手扶住其髋部，将其移至背向自己，然后抬高。另一种办法是正面接近溺水者后，救护者用左

(右)手握住其左(右)手,迅速用力向左(右)边拉,借助惯性使溺水者的身体转至背向自己,然后进行拖运。如溺水者背向自己,可直接游近溺水者,用手托其腋下,使其口鼻露出水面后再进行拖运。拖运时采用侧泳或仰泳。

1. 侧泳拖运法

一臂伸直托住溺水者的后脑,一手在体侧划水,两腿用侧泳蹬剪水进行。

2. 仰泳拖运法

仰泳拖运法是指救护者仰卧于水中,一手或两手扶住溺水者,用蛙泳的腿部动作使身体前进。

(1) 救护者仰卧于水面,两臂伸直,两手扶住溺水者的两颊,用反蛙泳的腿部动作使身体前进。

(2) 救护者仰卧于水面,两臂伸直,用两手的四指扶在溺水者的两腋窝下,拇指放在溺水者的肩胛骨上,用反蛙泳动作使身体前进。

(二) 间接救护

间接救护是救护者利用救生器材,对较清醒的溺水者施行救护的一种技术。救生器材包括救生圈、竹竿、木板、轮胎、泡沫块、绳子等。

1. 救生圈

最好在救生圈上系好绳子,当发现溺水者时,可将救生圈掷给溺水者,溺水者得到救生圈后,将其拖到岸边。

2. 竹竿

溺水者离岸较近,可把竹竿一端递给溺水者,等溺水者抓住竹竿后将其拖至岸边。

3. 绳子

救护者手握绳子一端,将盘起来系一漂浮物的另一端掷在溺水者前方,待溺水者握住绳子后,将其拖上岸。

4. 木板

木板在水中漂浮,可作为救生器材,溺水者可借助木板浮力,摆脱危境。

二、岸上急救

将溺水者救上岸以后,立即检查溺水者的心跳和呼吸是否停止。如心跳停止或极微跳动,首先按压心脏。救护者立或跪在溺水者胸侧,两手重叠,用手掌根部置于溺水者胸前的1/3处(偏下)心窝的上方,手指放松,手臂伸直,上体前倾,用力下压,使胸前下端下陷3~4厘米,两手松压(掌根不离位),使胸前下端恢复原位。下压时要慢,放松时要快,一压一松反复进行,节律为每分钟60~80次。呼吸停止或微弱者,胸外心脏按摩与口对口的人工呼吸同时进行。在进行人工呼吸前,先要清除溺水者口鼻中的淤泥、杂草或呕吐物等,使上呼吸道通畅。若有活动的假牙应取出,以免坠入气管内。在迅速完成上述处理后,可进行控水。控水的方法是救护者一腿跪着,另一腿屈膝,将溺水者腹部放在屈膝的大腿上,一手扶着溺水者的头,使溺水者嘴向下,另一手压在背上把水排出,然后再进行人工呼吸。人工呼吸主要采用口对口吹气法,操作方法是使溺水者仰卧,救护者在其身旁,一手捏住溺水者的鼻子,另一手托住其下颌,深吸一口气,用嘴对准溺水者的嘴将气吹入,吹完一口气后,离开溺水者的嘴。同时松开捏鼻子的手,并用手压一下溺水者的胸部,帮助其呼气。如此有规律地反复进行,每分钟做14~20次,开始可稍慢,以后可适当增加次数。对已经停止呼吸的溺水者施救需要很长时间,因此最好是两人轮流进行抢救。

三、自我救护

在游泳时经常发生抽筋的部位是小腿和大腿，但手指、脚趾甚至胃部也可能发生抽筋。其原因可能是准备活动不充分，身体过于疲劳，或突然遇到寒冷的刺激，或过分紧张、动作不协调等。发生抽筋时应保持镇静，可呼救也可自救。自救的办法有以下几种。

（一）手指抽筋

将抽筋手握拳，然后用力张开。这样迅速地反复做几次，直到抽筋消除为止。

（二）小腿或脚趾抽筋

先吸一口气仰浮于水上，用抽筋肢体对侧的手握住抽筋肢体的脚趾，并用力向身体方向拉，同时用同侧的手掌压在抽筋肢体的膝盖上，帮助抽筋腿伸直。

（三）大腿抽筋

仰浮于水面，弯曲抽筋的大腿，两手用力抱小腿，贴近大腿，反复振压以缓解抽筋现象。

游泳竞赛基本知识

四、安全与卫生知识

（1）游泳前，首先了解水域的情况，选择水底平坦，无淤泥、碎石、水草、桩柱、急流漩涡、水质污染的水域，并应结伴进行游泳，防止意外事故发生。

（2）空腹或饭后1小时内不能游泳，以免给身体健康带来不良影响。

（3）下水前应充分做好准备活动。

（4）游泳时遇到雷电，应迅速上岸进入室内，切不可在大树底下躲避或更衣。

（5）游泳时出现抽筋现象，切不可慌张，应设法自救和向他人求救。

思考题

1. 简述游泳运动的特点与锻炼价值。
2. 蛙泳腿部动作的要领是什么？
3. 蛙泳腿、臂配合技术要领是什么？
4. 朋友不慎落水你会采取什么方式进行救助？

延伸阅读书目

[1] 中国游泳协会.游泳竞赛规则2014—2018[M].北京：人民体育出版社，2014.
[2] 杨建华.游泳与救生[M].成都：西南交通大学出版社，2013.

参考文献

[1] 裴竟波，胡文烨.游泳：普通高校体育选项课教材[M].北京：北京体育大学出版社，2004.
[2] 王健，马军，王翔.健康教育学[M].北京：高等教育出版社，2004.

第九章　球类运动与体育竞赛

第一节　篮　　球

一、篮球运动概述

（一）篮球运动起源与发展

现代篮球运动是由美国马萨诸塞州斯普林菲尔德(春田)市基督教青年会训练学校体育教师詹姆士·奈史密斯博士于1891年发明的。奈史密斯先生的目的是为学生们找一个冬季室内体育锻炼的方式。他将两个装桃子的木筐钉在学校体育馆的两端墙面上，并将18个学生分两队，用足球代替篮球，哪个队装进筐里球的次数多哪个队就获胜，篮球从此诞生了。这种运动很快在一些学校风行起来，一时间成为美国各大学最时髦的体育运动。不仅参与游戏的学生兴趣愈来愈浓，观众也逐渐增多，并在很短的时间内就传遍了美国各地。1892年奈史密斯制定了13条比赛规则，规定了每方只准5人上场，不准持球跑，不准有粗野动作，不准用拳击球，以及计时、计分决定胜负等。因为这种运动是以球投入篮筐内而得分，所以就称作"篮球"。1904年第3届奥林匹克运动会在美国的第八大城市圣路易斯举行，东道主把篮球作为美国的"国球"，以表演形式推上赛会，结果大受欢迎。自1936年篮球成为奥运会正式比赛项目后，篮球运动逐渐传遍美洲、欧洲、亚洲和非洲，在全球发展起来。

（二）大学生参与篮球运动的锻炼价值

篮球运动把游戏与健身、计谋与智谋、个人与集体融为一体，使从事篮球运动的大学生在娱乐中陶冶了情操，在训练中磨炼了意志，在比赛中提高了集体主义精神。

1. 参加篮球运动可以促进身体的全面发展

篮球运动是一项全面的、综合的运动项目，要求从事篮球运动的人跑得要快、跳得要高、投得要准、抢得要狠、变化要多、体力要耐久。经常参加篮球运动的大学生的速度、反应、耐力、跳跃、力量、柔韧性、灵活性、协调性等方面的能力能得到全面锻炼，全面提高跑、跳、投的综合能力，大力提高身体机能的发展潜力，大学生不仅学到篮球的基本技能，也使身体素质和机能得到全面发展。

2. 参加篮球运动可以促进用脑能力，为提高智力创造条件

首先篮球是一项智力游戏。篮球比赛看上去打得昏天黑地，但最终取胜的一定是智者。也就是说，打篮球绝不单单是要比体力，更重要的是拼智慧，也就是我们经常说的要用脑打球。其次篮球又是一项集体对抗性项目，攻守双方都是在技艺的基础上施展谋略，在谋略基础上应用技术，以求以己之长攻彼之短，达到攻守成功的目的。虽然篮球场上攻守有很多技术，但时机和位

置的不同，应答的方式也就不同，再加上其他对手的干扰，更增加了选择判断的难度，大学生经常在这种环境中动脑、用脑，并配合以身体行动，无疑会促进思维判断的敏捷性，提高中枢神经与运动中枢的反应能力，使大学生的行动更加敏捷，思维更加快速。

3. 参加篮球运动可以磨炼意志，培养克服困难、争取成功的进取精神

篮球运动是一项对抗性极强的运动项目，双方都要竭尽全力战胜对方。从竞技角度看，篮球运动讲的是压倒和取胜，要想压倒对手、取得比赛的胜利就必须在训练上下苦功夫，才能扎实地掌握技术。这是一个非常艰苦的奋斗过程，要千万次地去练习，要不断克服训练带来的疲惫和痛苦，要在比赛中全力去拼搏，顶住比分落后的焦虑，警惕比分领先时的满足和松懈，战胜一个个顽强的对手，最后达到胜利的顶峰。即使是业余性的玩玩篮球、娱乐性的较量较量，只要你想尝一尝胜利的滋味，这种拼搏精神，这种坚定意志就必不可少，更何况每场篮球比赛都那么曲折动荡，所以要争取比赛胜利的人必须有坚定的意志和不屈不挠的奋斗精神，而长期参加篮球运动、真正理解了篮球运动真谛的人也必然是敢于斗争、敢于胜利者。也正是由于这些压力和挑战才造就了人们刚毅、果断、顽强、勇敢、沉着、冷静、自信、自控等优良的心理素质。

4. 参加篮球运动可以使人树立集体主义精神，提高凝聚力，增强集体荣誉感

篮球是一项集体项目，只要你参加篮球运动，你首先必须参加到一支篮球队中去，无论你代表班级、学校、地区、城市、体校、俱乐部等哪个团体，你就成了集体的一分子，你的肩上就有了与集体共存亡的担子和责任。所以你必须事事处处为整个集体着想，为整个集体效力，踏踏实实为集体做自己应该做的那份工作，这也就是所谓的团队精神。而篮球运动又是比团结、比配合、比整体效益的竞技运动。因此，在比赛中为战胜对方，要求每个队员必须在攻守中团结一致，齐心协力，密切配合，为全队战略战术的实现尽心尽责。只有个人为集体，集体才能为个人技术的发挥创造机会，才能达到战胜对方的目的。因此，篮球运动能培养良好的集体主义精神和严格的组织纪律性。

（三）篮球运动装备与注意事项

如果你只是和几个朋友一起投投篮，做做游戏，或是参加课余运动，和同学三对三斗牛，你可以不需要太多的装备，你只需要一个球就可以了。如果你是参加正式的比赛，首先你就需要一双能够适应高强度比赛的鞋子，它能够使你的脚部在移动、起跳、急停中感觉更舒适，能很好地保护脚踝，支持肌腱的限制作用，保护自己不受伤害。同时还需要比赛球、球衣、护膝、护腕等常用品，以及带好充足的衣服以防寒；一块毛巾，随时能擦汗；一个保温瓶，里面装有开水。如果有简易急救包，也可以带一个，以防有突然的受伤时及时做简易处理。

二、篮球运动基本技术

（一）移动技术

1. 启动

动作方法：启动的姿势，以后脚向前或另一只脚方向，前脚掌短促而有力地蹬地，同时上体迅速向前倾或侧转，手臂协调摆动，迅速向跑的方向迈出。启动的前两三步要短促地连续蹬地。

易犯错误：启动时重心前移不够，脚步频率不足。

2. 跑

动作方法：跑是队员在球场上的变换位置，提高速度的方法。有变向跑、变速跑、侧身跑和后退跑四种。变向跑是队员在跑动时突然改变方向的一种方法，如向左变向跑，用右脚蹬地后，右脚随着向左侧前方跨出，继续加速前进。变速跑是队员在跑动中利用速度变换争取主动，加速时，上体前倾，用前脚掌短促有力地向后蹬地；减速时，上体直立并重心后移，前脚掌抵地，缓解冲力，降低速度。侧身跑是队员在跑动中为了接球或抢位的一种方法，队员向前跑时，脚尖向前进

方向，头部和上体扭转向球的方向，观察场上的变化。后退跑是全场防守跑动中进行快速退防的一种方法，跑动时用前脚掌交替蹬地提膝向后跑动，上体放松直起，两臂屈肘并相应摆动，保持身体平衡，两眼平视，观察场上情况。

易犯错误：跑动中重心的变化不准确，身体不能保持直起。

3. 跳

跳分为单脚跳和双脚跳两种方式。起跳时上肢迅速向上摆，下肢用力蹬地；落地时，前脚掌先落地，屈膝缓冲。

4. 急停

动作方法：常用的急停方法有跨步急停和跳步急停。跨步急停：在快速跑动中急停时，先向前跨出一大步，并迅速屈膝，身体向后撤，后移重心。然后跨出第二步，脚着地时，脚尖迅速稍向内旋转，用前脚掌内侧蹬地面，重心保持在两脚之间，两臂屈肘且自然张开，帮助保持身体平衡，(图 9－1)。跳步急停：队员在跑动时用单脚起跳，两脚同时落地(略比肩宽)，前脚掌用力蹬地，两膝迅速弯曲，重心下降。两臂屈肘张开，保持身体平衡(图 9－2)。

①

②

图 9－1

①

②

图 9－2

易犯错误：跨步急停时，重心没有后移，导致第二步不能停稳，身体失去平衡；跳步急停时，双脚没能同时落地。

5. 转身

动作方法：转身分前转身和后转身。两膝弯曲，收腹，含胸，上体稍向前倾，转身时重心移向中枢脚，中枢脚以前脚掌为轴用力碾地，另一脚前脚掌内侧蹬地，同时以肩带动腰向前或向后转动身体。转动过程中，身体重心要在一个水平面上，不能上下起伏。

易犯错误：转身时身体重心没有向中枢脚移动；移动时重心起伏太大。

6. 滑步

动作方法：滑步是队员防守时的主要移动方法，分侧滑步、前滑步和后滑步三种。向左侧滑步，右脚前掌内侧蹬地，左脚向左跨出落地，同时右脚紧随左脚滑动。移动时，两臂张开，保持屈膝和低重心。移动中，身体上下平稳，不要起伏。其他方向的技术要点类似，只是方向相同。

易犯错误：滑步时，身体上下起伏幅度太大。

（二）传接球技术

1. 双手胸前传球

动作方法：双手手指自然分开持球的两侧，拇指相对成“八”字，用指根以上部位持球，手心空出。将球置于胸腹之间的部位。身体成站立姿势，眼睛注视传球目标。传球时，后脚蹬地，身体重心前移的同时前臂迅速向传球的方向伸出，拇指用力下压，手腕前屈，食指、中指用力将球传出（图 9－3）。出球后身体迅速调整成基本站立姿势。传球距离越近，前臂前伸的幅度越小；传球距离越远，前臂前伸的幅度越大，且需要加大蹬地力量。

图 9－3

易犯错误：持球手法不正确；开始传球时，前臂没有迅速向传球方向伸出；传球时手腕不是由内向外翻；传球时拇指没有下压，食指和中指没有拨球。

2. 双手头上传球

动作方法：双手持球于头上，传球时两手臂同时迅速向前挥动，和双手胸前传球一样，最后翻腕拨球将球传出（图 9－4）。传球时向传球方向迈出一小步，有利于提高传球的准确性。

易犯错误：小臂没有前摆，手腕没有前屈。

图 9－4

图 9－5

3. 单手肩上传球

动作方法：以右手为例，双手胸前握球，两脚前后站立，左脚在前，左肩对传球方向，将球引至右肩，右手持球，肘关节外展，右手腕后仰，指根以上托球，掌心空出，重心落在右脚上。传球时，右脚蹬地，转体，前臂迅速向前挥摆，手腕前屈，通过拇指、食指、中指拨球，将球传出（图 9－5）。球出手后身体重心也随之移到左脚上。

易犯错误：传球时没有蹬地、转体挥臂；传球过程中没有扣手腕。

4. 接球

动作方法：不论哪一种接球，眼睛都要注视球，肩臂放松，手臂要半屈迎向球，手指自然分开、放松。当手指触球时手臂立即随球后引缓冲来球力量，将球握于胸前，保持身体平衡，并做好投篮、传球、突破的准备。

易犯错误：眼睛不注视球，手指僵硬，手臂没有迎向球。

（三）运球技术

1. 高运球

动作方法：运球时，两腿微屈，眼平视，手用力向前下方推按球，球落在身体侧前方，使球反弹的高度在胸腹之前，手脚协调配合，有节奏地向前运行。

易犯错误：手脚配合不协调；没有推按球的后上方；球的落点不在身体的侧前方。

2. 低运球

动作方法：两腿深屈，抬头，目视前方，上体前倾，身体半蹲，用手短促地按拍球，非运球的手臂架起，用身体、手臂和腿保护球，球反弹的高度在膝关节以下，便于控制球和摆脱防守继续前进。

易犯错误：没有降低重心，身体前倾低头运球。

3. 体前变向换手运球

动作方法：以由右向左进行体前变向换手为例。变向时，右手拍按球的右后上方，把球从自己的右侧拍按到左侧前方，同时，右脚向左前方跨出，上体左转，用肩保护球，然后换手运球，加速前进（图 9－6）。

易犯错误：变向时或换手后拍球的部位不准确，没有用转肩、探肩等动作保护好球。

4. 运球转身

动作方法：以右手运球为例。变向时，左脚在前作轴，做后转身的同时，右手将球拉至身体的左侧前方，然后换手运球，加速前进。运球转身时，要降低重心，不要上下起伏，手法要正确，以免违例。

易犯错误：手法不正确；手和脚的配合不协调；转身时重心起伏太大。

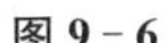
图 9－6

图 9－7

（四）投篮技术

1. 原地单手肩上投篮

动作方法：以右手投篮为例，右手依照单手高手持球手法持球于肩上，左手扶在球的左侧，右臂屈肘，上臂与地面接近于水平。两脚前后或左右开立，两膝微屈，中心落于两脚之间。投篮时，下肢蹬地发力，身体向前上方伸展，采用单手高手出球手法将球投出（图 9－7），球出手时身体随之自然伸展。

易犯错误：投篮前脚步站立姿势错误；投篮前手持球姿势不正确；投篮时，手向前伸太多，向上伸展不够；出手时，手没有屈手腕，食指和中指没有拨球；投篮时，全身的用力不协调。

2. 行进间投篮

动作方法：以右手投篮为例，跑动中右脚跨出一大步的同时接球，左脚接着跨出一小步并用力蹬地起跳，右腿提膝，双手向前上方举球。当身体腾空接近最高点时，采用单手低手、单手上抛等方式将球投出，投篮时身体尽量向球篮方向伸展（图 9－8）。

易犯错误：第二步跨步太大，不能控制身体平衡；没有掌握好上篮的角度和起跳点；手脚配合不协调。

图 9－8

图 9－9

3. 跳投

动作方法：以右手投篮为例，两手持球于胸前，两脚前后开立，两腿微屈，重心在两脚上，起跳时迅速屈膝，脚掌用力蹬地向上起跳，双手举球随身体向上并形成单手肩上投篮动作，当身体接近最高点时球离左手，手臂向前上方伸直，手腕前屈，食指、中指拨球，通过指端将球投出（图 9－9）。

易犯错误：出手动作慢，投篮时重心已经下落；边起跳边向上推臂投篮，没有滞空瞄篮动作。

（五）持球突破技术

1. 持球交叉步突破

动作方法：以左脚为中枢脚为例，两脚左右开立，两膝微屈，身体重心降低，持球于胸腹之间。突破时，右脚前脚掌内侧迅速蹬地，右脚向防守者右脚外侧迈进，重心下压，身体重心前移，将球引于侧，形成落位后马上移重心至左脚，身体迅速从右侧左转，右肩向左前方下压，右脚快速从右侧向左跟进，将球拉至左手，中枢脚蹬地从左侧运球突破（图 9－10）。

图 9－10

易犯错误：启动不够快，不能超越对手。

2. 持球同侧步突破

动作方法：准备姿势和突破前的动作要求与交叉步相同。突破时，右脚向右前方跨出一步，向右转体探肩，重心前移，右手运球，左脚前脚掌迅速蹬地，向右前方跨出，突破防守（图 9－11）。

易犯错误：启动不够快，不能超越对手。

图 9－11

（六）抢篮板球技术

1. 抢进攻篮板球技术

根据自己场上所处的位置，及时判断出球反弹方向，快速启动，摆脱防守，抢占有利的位置。采用单脚或双脚起跳，腾空后身体和手臂充分伸展，落地后及时调整重心，进行投篮或将球传出。

2. 抢防守篮板球技术

攻方投篮时，防守队员应根据自己与进攻队员之间的不同距离，采用不同的挡人方法。然后根据球反弹的方向，及时转身，抢占有利位置，跳起用单手或双手迅速将球抢下来。落地后持球远离对手，便于及时传球或运球。

三、篮球运动基本战术

（一）基础进攻配合

1. 掩护配合

掩护配合是进攻队员选择正确的位置，用自己的身体以合理的技术动作挡住同伴的防守队员的移动路线，使同伴借以摆脱防守，获得进攻机会的配合方法。

配合方法（图 9－12）：④传球给⑤后去给⑤做掩护，⑤接球后做投篮或突破的动作，吸引防守者，当④到达掩护位置时，⑤持球从右侧突破投篮。④掩护后及时移动到有利的位置去接球或抢篮板球。

易犯错误：掩护的位置、距离及掩护动作不合理。掩护者没有隐蔽自己的行动意图，被掩护者没有运用假动作吸引防守者。掩护者做掩护后没有及时转身护送或参与、配合进攻。

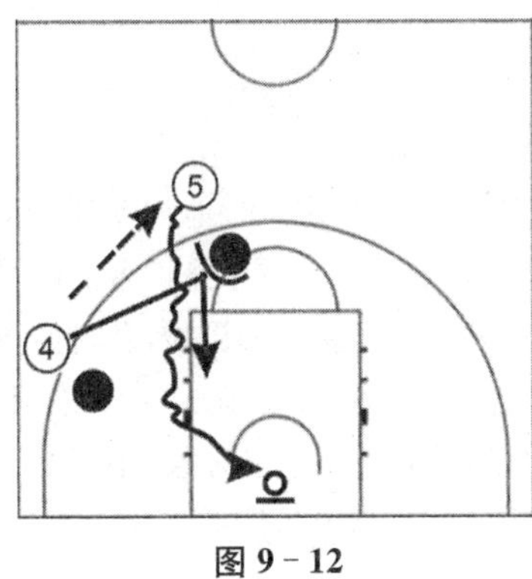

图 9－12

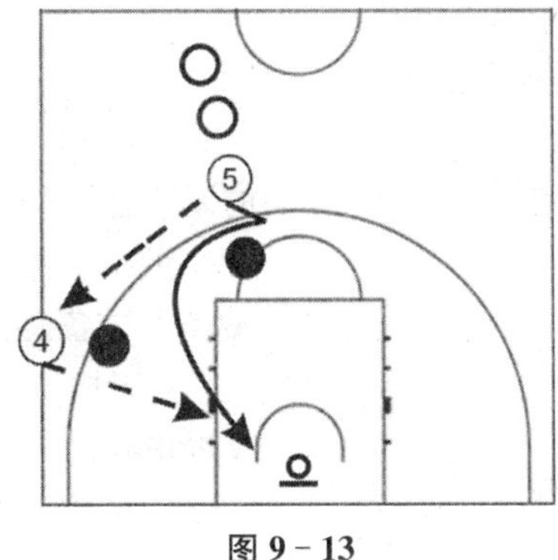

图 9－13

2. 传切配合

传切配合是队员利用传球和切入组成的简单配合。

配合方法（图 9－13）：⑤传球给④后，立即摆脱对手向篮下切入，接④的回传球投篮。

易犯错误：切入时动作的突然性不够；切入时没有明显的动作、方向和速度的变化；持球队员给切入队员的传球不及时、不到位、隐蔽性不强。

3. 突分配合

突分配合是持球队员在突破过程中受到防守队员阻截时，及时将球传给无人防守或已摆脱防守的同伴，从而为同伴创造进攻机会的配合方法。

配合方法（图 9－14）：⑤持球从中路突破，遇到防守队员的补防时，及时传球给横插到有利位置的④投篮。

易犯错误：只顾突破上篮，当遇到对方补防时无法传球；队友没有及时拉空接球，造成突破队员无法接球。

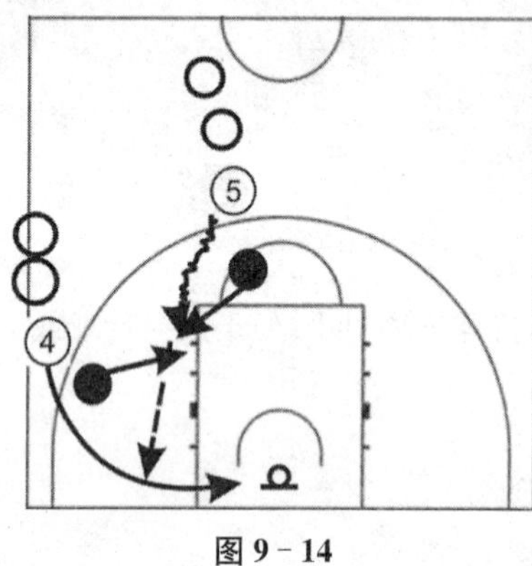

图 9－14

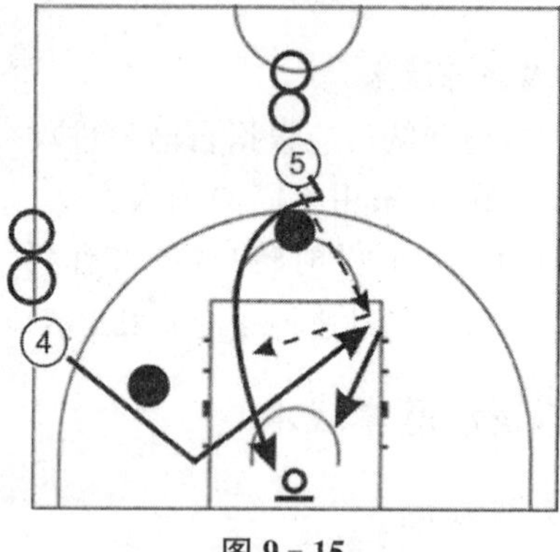

图 9－15

4. 策应配合

策应配合是进攻队员背对或侧对球篮接球后，以他作为枢纽，配合同伴的切入或掩护，形成的一种里应外合的配合方法。

配合方法（图 9－15）：④摆脱防守插到罚球线做策应，⑤将球传给④并立即空切篮下，接④的策应传球投篮。

易犯错误：策应队员摆脱抢位不及时、不主动；策应队员接球后重心太高；策应队员没有随时注意观察场上情况，不能及时地将球传给获得有利进攻机会的同伴或自己寻找机会进攻；策应配合时的位置、距离不适宜。

（二）基础防守配合

1. 交换配合

交换配合是为了破坏进攻队员的掩护配合，防守队员之间彼此及时地相互呼应交换自己所防守的对手的一种方法。配合要点：防守掩护者的队员要主动发出换人信号，准备换防。两个防守队员要到位，及时换防（图 9－16）。

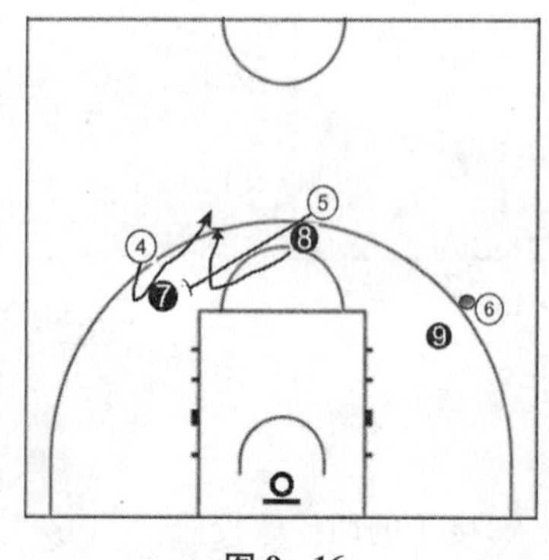

图 9－16

易犯错误：配合不默契，容易造成“我换你不换”的现象，导致防守漏人；其次是盲目交换防守对象，不考虑防守上的失衡，造成对方以高打矮、以快打慢的不利局面。

2. 关门配合

“关门”配合是临近的两个队员靠拢协同防守突破的配合。配合要点：在防守队员积极堵截持球队员的突破路线的同时，临近突破一侧的防守队员要及时快速地向同伴靠拢进行“关门”配合（图 9－17）。

易犯错误：“关门”时靠拢不够，被对手挤过了防守配合；动作慢，造成了阻挡犯规。

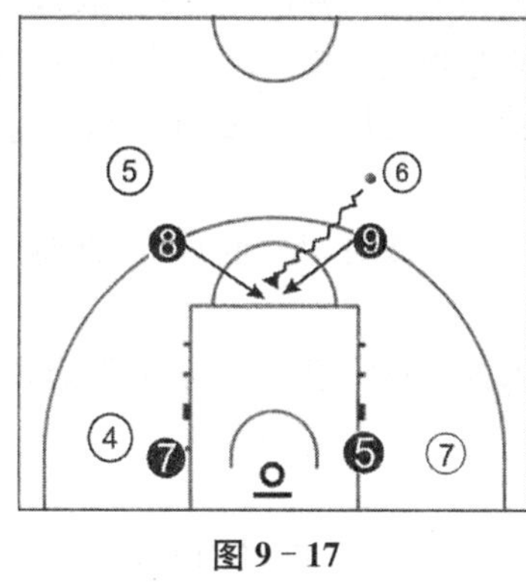

图 9-17

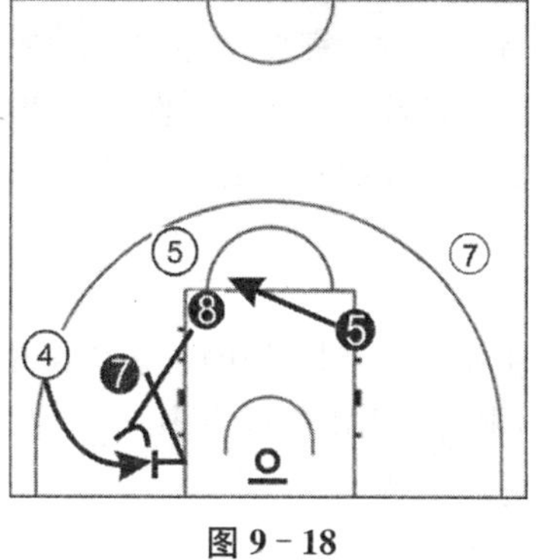

图 9-18

3. 夹击配合

夹击配合是两个防守队员积极防守一个进攻队员的配合。它是一种积极主动、具有强烈攻击性的防守配合。配合方法：底角夹击、中场夹击以及对中锋队员的夹击等。当以底角夹击时，进攻队员接球后由底线运球时，大胆地放弃所防守的队员，与另一防守球员一同夹击持球突破的进攻队员(图 9-18)。

易犯错误：夹击时行动不积极、不果断，突然性不强；夹击的时机、位置选择不当；没有充分利用身体、腿步及挥动手臂控制对手的活动和封堵其传球的路线。

4. 挤过、穿过、绕过配合

挤过、穿过、绕过配合是用于破坏对手掩护配合的积极有效的方法之一。其共同特点是，配合前后始终保持防守对手不变。挤过时，防守人要主动贴近进攻人，上前抢步的动作要及时、突然、有力(图 9-19)。穿过时，防掩护的队员要及时提醒同伴并主动让路，穿过后要尽快调整防守位置和距离(图 9-20)。绕过时，防掩护者要及时提醒同伴并主动贴近自己的对手的绕过距离，以赢得防守的时间(图 9-21)。

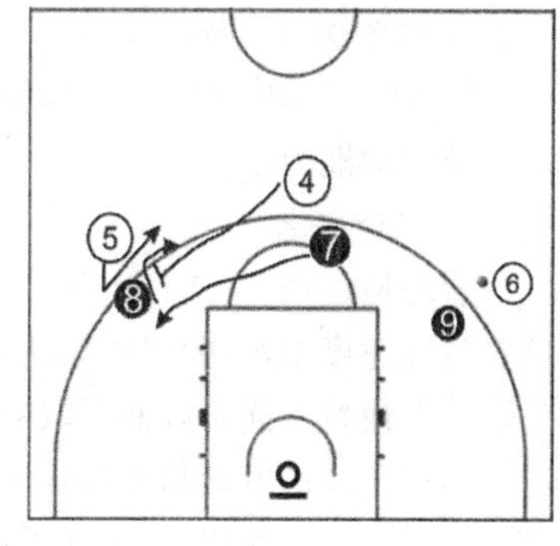

图 9-19

易犯错误：配合不默契，导致防守漏人。

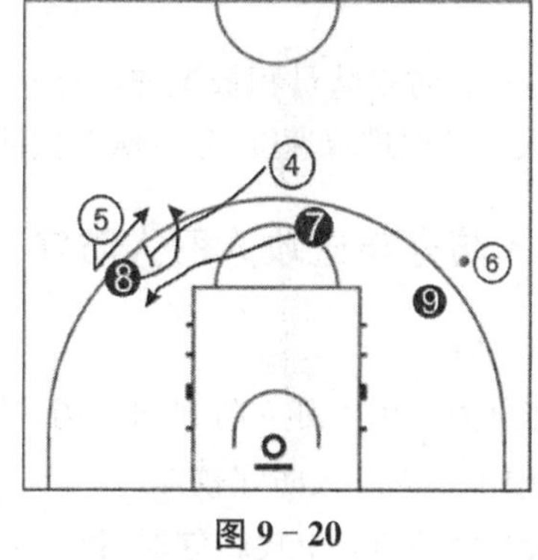

图 9-20

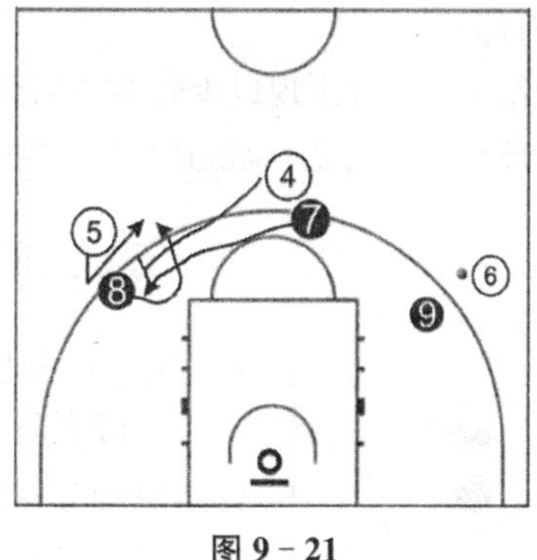

图 9-21

四、快攻与防守快攻

(一) 快攻战术

快攻是由防守转入进攻时，全队以最快的速度、最短的时间，将球推进至前场，争取造成人数和位置上的优势，以多打少，果断而合理地进行快速攻击的一种进攻战术。快攻是篮球进攻的重要组成部分。其特点是发动突然，攻击迅速，所以它是现代进攻战术中最锐利的武器和最重要的反击得分手段。由于篮球技术的发展促进了快攻战术的发展，快攻的速度越来越快，快攻的成功率越来越高，其关键是争取时间，创造战机，速战速决。

发动快攻的机会主要有掷边线球时，掷后场界外球时，抢、断球时，跳球时，抢到后场篮板时。

发动快攻的主要形式有长传快攻、短传快攻、快速运球推进快攻三种，无论哪种形式的快攻，都具有一个特点，那就是力求接应点多。

（二）防守快攻战术

防守快攻是在由攻转守的刹那间，快速抢占有利的防守位置，利用强有力的个人防守行动和配合，达到限制对手的速度，破坏对方攻击，使对方转入阵地进攻的一种防守战术。

1. 防守快攻的基本要求

全队要保持攻守平衡，进攻投篮后既要有人积极拼抢篮板球，又要有人迅速退守。积极封堵和破坏一传接应，抢占对方的习惯接应点，并堵截接应队员，堵截、延误、干扰对方的推进。要具有积极拼抢的意识，当对方形成快攻时，应快速退守，及时迅速地在以少防多的情况下，大胆出击，赢得时间和力量上的平衡。要随机变换防守战术，在失去球后，立即采取前场紧逼防守，退回后场，采用半场人盯人防守，使对方不适应，破坏其快攻。

2. 防守快攻战术的方法

提高投篮命中率，拼抢前场篮板球，积极封堵一传和接应，堵截接应点，防守快下队员，提高以少防多的能力。

3. 配合要点

合理地运用封、夹、抢、断球等手段，尽最大的努力破坏、减少对方发动快攻的机会，后线防守队员退守速度要快，前线防守队员在控制对方发动快攻后也要快速退守，同时提高以少防多的能力。针对快攻不同阶段而采取的配合如下。

防守快攻的发动与接应：首先，要提高进攻的成功率，减少失误；积极争抢篮板球。其次，封堵对方的一传和接应，破坏和干扰其传球或突破。防守快攻的推进：在封堵一传和接应的同时，其他队员应快速退守并保持有利的防守队形，控制对手快速推进，阻挠其传球与运球，达到减慢推进速度的防守目的。

防守快攻的结束：经常出现以少防多的局面，只要防守队员积极退守，里外兼顾，左右照应，准确判断出击断球和打球时机，也能造成对方失误或延误进攻速度，争取队友们回防。

五、人盯人防守与进攻人盯人防守

（一）人盯人防守

人盯人防守分为全场人盯人防守和半场人盯人防守，并且还可以细分，其中半场人盯人防守较常用。

半场人盯人防守要点：由攻转守时，每个队员都要快速退回自己的后场，找到对手，组成集体防守。根据对手、球、球篮选择有利位置，有球紧，无球松；近球紧，远球松；积极移动，控制对手。要做到球、人、区兼顾，与同伴协同防守，破坏对方进攻配合，加强防守的集体性。球在正面（图 9－22）、球在 45 度

图 9－22

(图 9－23)、球传进内线(图 9－24)时的人盯人防守不同。

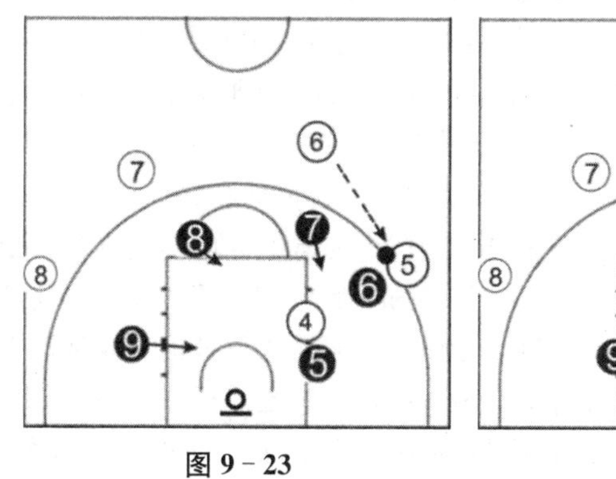

图 9－23

图 9－24

(二) 进攻人盯人防守

进攻半场人盯人防守战术是由各种传切、突分、掩护、策应等基础配合而组成的全队进攻战术。实战中要根据本队队员的身体条件、技术水平，选择进攻战术配合和适宜的战术队形，以便扬长避短，发挥本队的优势。组织进攻战术时，应该尽量做到内外结合、左右结合；要扩大进攻面，增多进攻点，增强战术的灵活性。

六、区域联防与进攻区域联防

(一) 区域联防

区域联防是由进攻转入防守时，防守队员迅速退回后场，按每个队员分工负责防守一定的区域，严密防守进入该区域的球和队员，并与同伴协同防守，用一定的队形，把每个防守区域有机地联合起来，组成区域联防战术。

优点：防守队员所处的位置较为固定，分工明确，有利于组织抢后场篮板球和发动快攻。

弱点：受区域分工的限制，各种区域联防都存在一定的薄弱地区，容易被对方在局部区域以多打少。

主要阵形：区域联防根据各防守队员所站的防守区域，可以组成各种不同的区域联防阵形。如“2－1－2”“2－3”“1－3－1”“3－2”等，这里主要介绍常用的“2－1－2”联防。

方法：由攻转守时要快速布阵；明确任务，分工合作；随球转移，保持阵形，有球盯人，无球则人球兼顾，并注意协防。

各位置队员应具备的条件：靠前的④号队员、⑤号队员应是机智、灵活、快速、善于抢断反击和组织快攻的队员。⑥号队员应是身材高大、补位意识强、善于抢篮板球的队员。⑦号队员、⑧号队员则应是身材高大、技术较全面且具有争夺篮板球和发动快攻能力的队员(图 9－25)。

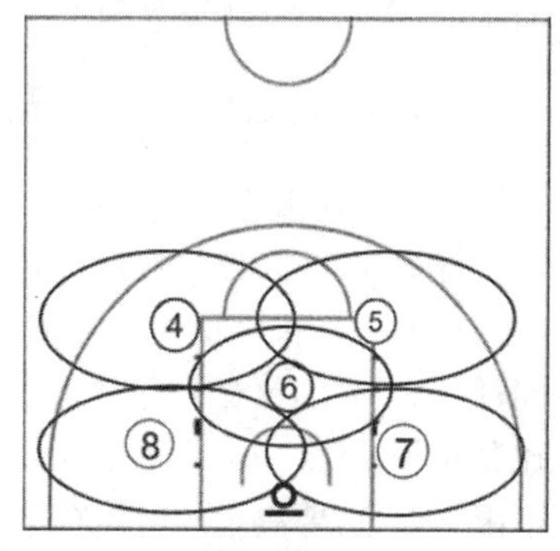

图 9－25

(二) 进攻区域联防

1. 进攻区域联防的基本要点

进攻区域联防最积极的方法就是快攻。因此，进攻队获球后，趁对方尚未退回后场，或未组织好联防阵形之前予以攻击。当快攻遇阻或防守队已经布好联防阵形时，进攻队要合理地掌握进攻节奏，及时地转入阵地进攻，迅速部署好进攻区域联防的队形，争取进攻的连续性和主动性。若防守队员已经组织好区域联防队形时，进攻队要针对防守队形，并根据本队队员的特长，采用有利的进攻队形，占据联防的防守薄弱区域，争取在局部地区，集中优势兵力，造成以多打少的有利局面。进攻区域联防时，进攻队要以球的转移来调动对方的防守，并充分利用声东击西、内外结合的方法，用威胁较大的传球，使对方防守不停地移位、补位，从而产生漏洞，创造出良好的进攻机会。通过进攻队员的不断穿插、跑位，插到防守的薄弱区域，或在局部区域形成以多打少的局面。加强和提高中、远距离投篮的命中率，是进攻区域联防的重要手段。进攻队通过快速传球和穿插移动选位，适时而果断地进行中距离投篮，以扩大攻击区，拉大防守区，拉空篮下，为篮下进攻创造机会。根据区域联防防守队员随球移动而面向球，集中对有球一侧进行防守的特点，进攻队员要利用居中策应，溜底线和底线运球突破，造成防守队员人球不能兼顾。此时，弱侧的队员趁机背插到篮下接球投篮。在进攻区域联防时，进攻队员要随时准备抢占有利位置，积极争抢篮板球，争取再次进攻的机会，同时要注意保持攻守的平衡，当投篮未中又没有抢到篮板球时，要迅速退守并有组织地封堵，破坏对方的快攻。通过多传球、快传球、多移动跑位、多纵切多横切、突破分球、中锋抢占罚球线一带策应等打乱防守队形，寻找战机。

2. 进攻区域联防的队形和队形的变化

进攻区域联防队形的基本要求是进攻队员不要与防守队员形成一对一的站位，应占据防守的薄弱区域，在局部形成进攻的优势。要根据进攻队员的特长，合理部署队员，并保持队形的攻守平衡。进攻区域联防的战斗队形是针对区域联防队形而采用的相应进攻队形。目前随着篮球运动的攻守对抗日益激烈，攻守区域联防的战术也在不断地发展与变化。现代的区域联防已不是单纯的守区，而且在对位盯人方式上也有所变化。根据区域联防固有的规律和特点，尽管其站位队形多种，但归纳起来可分为两类，一种是属于单数防守队员突前的联防队形，另一种是双数防守队员突前的联防阵形。因此，进攻队可采用进攻区域联防实效性较高的“1－3－1”队形为基础，以垂直于球场或斜向于球场的“1－3－1”进攻队形占据防守的薄弱地区，加重局部地区的负担，这样可有效地组织各种进攻队形。采用垂直于球场的“1－3－1”队形，可以进攻以双数防守队员突前的联防队形，如“2－1－2”“2－3”等。进攻队采用斜向于球场的“1－3－1”队形，进攻以单数防守队员突前的区域联防，如“3－2”“1－3－1”等队形。进攻区域联防的队形和队形变化，是根据区域联防的队形及其变化，而采用具有针对性的相应进攻队形，目的是使较多的进攻队员占据防守的薄弱区域，但采用“1－3－1”进攻队形为基础，以中锋为轴向顺时针或逆时针方向轮转，以垂直于球场的“1－3－1”队形，进攻双数防守队员突前的联防。以斜向于球场的“1－3－1”队形，进攻单数防守队员突前的联防变化队形方法较为简单、实用，并易于学习和掌握。

七、篮球运动规则与裁判法简介

篮球比赛由两个队参加，每队上场5人，其中1人为队长，替补球员有7人。将球投入对方球篮得2分；在3分区外投入对方球篮得3分；罚球中1次得1分。比赛由4节组成，每节12分钟。在第1节和第2节之间、第3节和第4节之间以及每一决胜期之前有2分钟的比赛休息时间；两个半时的比赛休息时间为15分钟，以全场得分多者为胜。如果在第4节比赛时间终了时比分相等，需要一个或多个5分钟的决胜期来继续比赛，直至决出胜负。比赛中每队的换人次数不限。但是，要登记的暂停在第一半时的任何时间每队可准予2次；在第二半时任何时间可准予3次；每一决胜期的任何时间每队可准予1次。整个比赛过程由裁判员（三人制：包括主裁判员、第一副裁判员和第二副裁判员；二人制：包括主裁判员和副裁判员）、记录台人员（包括记录员、助理记录员、计时员和24秒钟计时员）和技术代表管理。篮球比赛中对规则的违反有违例和犯规两大类。违例是指违反条例，包括界外球违例、带球走、非法运球、拳击球、脚踢球、球回后场、干扰球、3 秒违例、5 秒违例、8 秒违例、24 秒违例和防守 3 秒违例；犯规是对规则的违犯，含有与对方队员的非法身体接触，或违反体育道德的举止。对违犯者登记犯规并随后按规则予以处罚，包括侵人犯规、技术犯规和违反体育道德犯规。

第二节　足　　球

足球运动是深受世界人民喜欢的运动，具有很强的趣味性、娱乐性、健身性、对抗性和集体性。世界杯是足球运动的最高舞台，有着巨大的吸引力，是唯一能够媲美奥运会的体育盛会。足球运动能全面锻炼身体，不仅能发展学生的跑动等活动能力，还能锻炼学生的团队精神，提高学生的综合素质。

一、足球运动概述

（一）足球运动的发源与发展

足球运动的发展已有几千年的历史。我国是足球运动的发源地，在春秋战国时代就有了“蹴鞠”的足球游戏。经过唐宋时期，这种游戏有了新的发展，出现了气球，球门场地有了改进和完善，比赛位置有了明显分工，设立了奖罚制度。因此，古代的足球起源于中国。现代足球起源于英国。公元 16 世纪以后，足球游戏在欧洲一些国家盛行起来。19 世纪下半叶，足球有了新的发展。1857 年英国成立了第一个足球俱乐部。1863 年 10 月 26 日，在英国的伦敦成立了世界上第一个足球运动组织——英格兰足球协会，并且制定和通过了第一部较为统一的足球竞赛规则，开创了现代足球运动的发展。国际足球联合会，简称“国际足联”，是 1904 年 5 月 21 日在法国巴黎由法国、瑞士、瑞典、比利时、西班牙、荷兰、丹麦 7 国联合发起成立的。至今国际足联已拥有 200 多个会员国，是目前最大的国际体育单项组织，总部设在瑞士的苏黎世。目前国际足坛的重大比赛有男子世界杯、女子世界杯、奥运会足球比赛、世界青年锦标赛、欧洲杯和世界少年锦标赛等。

（二）足球运动的装备（图 9－26）与场地（图 9－27）

图 9－26

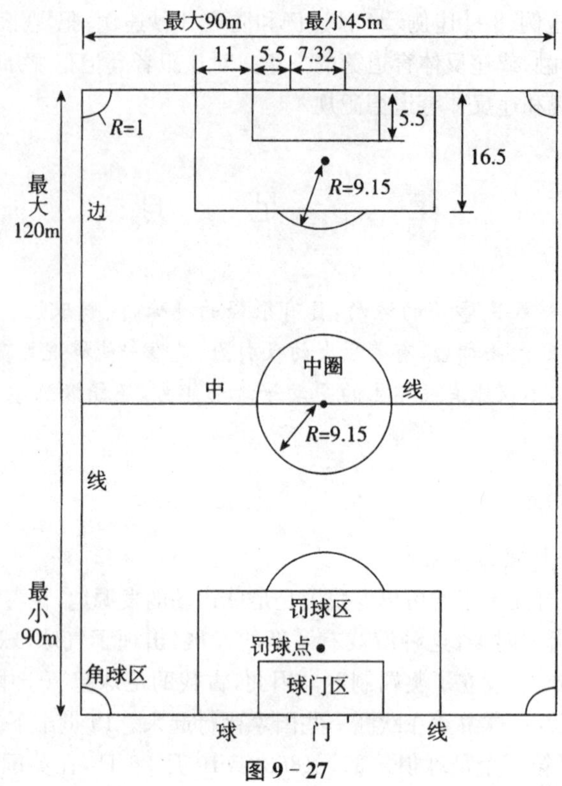

图 9-27

选购足球鞋除了需要考虑材质和鞋钉作用外，主要结合自己在足球场上的位置来选择，因为不同的位置的职能不同，对鞋的功能要求也有所不同的。比如中场控制型的球员通常要穿柱钉球鞋，转身灵活，传球精准；而边路突击型的球员则可以穿刀钉球鞋，可以发力冲刺，更具有爆发力，增强速度性。当然，选鞋子最重要的就是大小要合脚了，不能太大，这样的鞋子就会不跟脚，不要太小，要让脚在运动时有充分的舒展。

二、足球运动基本技术与练习方法

图 9-28

足球比赛的胜负是根据参加比赛的双方攻入对方球门的球数多少来决定的。而在快速运动和激烈对抗的条件下，最终能够体现完成攻守任务的技术是有球技术，它是足球技术的重要内容。

（一）颠球

1. 颠球的部位和方法

颠球大致可分为拉挑球、脚背正面颠球、脚内侧颠球、大腿颠球、脚外侧颠球、头颠球、肩颠球和胸部颠球等。

2. 脚背正面颠球

支撑腿的膝关节微屈，身体重心移到支撑脚上，当球落至低于膝关节以下时，颠球脚的膝、踝关节适当放松，并柔和地向前稍上方甩动小腿，脚尖稍翘起，用脚背轻击球的底部，将球向上颠起(图 9-28)。

（二）踢球

踢球是运动员有目的地用脚的某一部位把球击向预定目标的动作。踢球是足球运动的主要特征，也是足球技术中最重要的技术，在比赛中运用最多。多用于传球和射门。另外踢球还用于抢球、截(断)球或“破坏球”等。

1. 踢球的部位

踢球的部位主要有脚内侧、脚背内侧、脚背正面、脚背外侧,还有脚尖、脚跟等,后两种踢球部位常用于短传与射门。

2. 脚内侧踢球和脚背内侧踢球

(1) 脚内侧踢球:是用脚的内侧接触球的一种踢球动作。它的特点是脚与球的接触面积大,出球平稳而准确。但是,由于踢球时,踢球腿必须屈膝外展,腿的摆幅和摆速都受到一定程度的限制,因而出球力量小。用脚内侧可以踢定位球,也可以直接踢由各个方向来的地滚球、反弹球、空中球。

图 9－29

脚内侧踢定位球的动作方法:直线助跑,支撑脚踏在球的侧方10～15厘米处,膝关节微屈,在支撑脚着地的同时踢球腿以髋关节为轴由后向前摆,在前摆过程中屈膝外展,踢球脚的脚内侧正对出球方向,小腿加速前摆,脚尖稍翘起,脚底与地面平行,用脚内侧部位击球的后中部,踢球脚随球前摆落地(图 9－29)。

易犯错误:① 踢球腿屈膝外展不充分,脚尖没有翘起;② 摆腿动作过分紧张,使摆速受到限制;③ 在踢球腿前摆时膝关节伸直,形成直腿扫踢;④ 踢球时上体向踢球腿一侧倾斜,脚掌内翻。

(2) 脚背内侧踢球:是用脚背内侧部位几块楔骨、跖骨末端接触球的一种踢球动作。它的特点是踢球腿的摆幅大、摆速快,踢球的力量大。由于助跑方向、支撑脚站位灵活性较大,出球方向变化也较大,因此用途较广。用脚背内侧可以踢定位球、地滚球、过顶球、弧线球和转身踢球。

脚背内侧踢定位球的动作方法:斜线助跑,助跑方向与出球方向约成45度角,支撑脚先以脚掌外沿积极着地,踏在球的侧后方20～25厘米处,膝关节微屈,脚尖指向出球方向,身体稍向支撑脚一侧倾斜。在支撑脚着地的同时踢球腿以髋关节为轴,大腿带动小腿由后向前摆。当踢球腿膝关节摆至接近球的内侧上方的瞬间,小腿做爆发式前摆,脚尖稍外转,脚背绷紧固定,脚尖指向斜下方,以脚背内侧踢球的后中部,踢球腿随球继续前摆。

易犯错误:① 助跑的斜线角度过小,击球点偏外,出球不准;② 支撑脚的位置偏后,踢球时上体后仰,出球过高;③ 踢球脚的脚背外转不够,脚的接触部位不正确;④ 没有向出球方向摆腿以形成画弧动作,击球点偏外,出球不准。

(三) 停球

停球是指运动员有目的地用身体的合理部位,把运行中的球停挡在自己的控制范围内和下一个动作需要的位置上的动作,其目的就是将球处于自己控制之下。随着足球运动的发展和技术水平的提高,比赛中直接出球次数增多,因而停球技术的运用相对减少,但对每次停球效果的可靠性要求却越来越高。比赛中常用的停球部位有脚内侧、脚底、脚背外侧、胸部、大腿和腹部等。

1. 脚内侧停球

因为脚接触球的面积大,容易把球停稳,脚内侧停球是停球技术动作中最容易掌握的动作,并且又便于改变停球方向和衔接下一个动作,所以脚内侧停球是停球技术中运用最多的动作。用脚内侧可以停地滚球、反弹球和空中球。

(1) 脚内侧停地滚球的动作方法。

根据来球的路线和选择的停球位置,及时移动到位;支撑脚正对来球,膝关节微屈;停球腿屈

图 9-30

膝外展并前迎，脚尖翘起，当脚与球接触前的瞬间开始后撤，在后撤过程中用脚内侧接触球，把球控制在衔接下一个动作需要的位置上(图 9-30)。如需要把球停到自己的侧后方时，在停球脚撤到支撑脚的侧方时，再继续以转体、展髋和停球脚外展的动作将球停向侧后方，同时以支撑脚为轴使身体转向出球方向。用脚内侧停地滚球，还可以用挡压法，当球运行到支撑脚的侧方或侧前方时，停球脚以脚内侧挡压球的后上部。

(2) 脚内侧停反弹球的动作方法。

根据来球的落点和落地时间及时移动到位，支撑脚踏在球的落点的侧前方，膝关节微屈，上体稍前倾并向停球方向微转，同时停球脚提起，踝关节放松，脚内侧对准球的反弹路线。当球落地反弹刚离地时，用脚内侧挡压球的中上部。

(3) 脚内侧停空中球的动作方法。

根据来球的运行路线和选择的停球位置，及时移动到位，并根据来球的高度，将停球脚举起前迎，脚内侧对准来球路线，在脚与球接触前的刹那开始后撤，在后撤过程中用脚内侧接触球，把球控制在衔接下一个动作需要的位置上。另一种方法是将停球脚举到稍高于选择的停球点，在脚与球接触前的刹那开始下切，在下切过程中用脚内侧切于球的侧上部，将球切向地面。用下切动作停下来的球落地后一般都继续跳动，需要立即做下一个动作，否则易被对手抢走或破坏掉。

易犯错误：① 停球脚的踝关节没有充分放松，使球触脚后弹离过远而失去控制；② 停地滚球时，脚离地过高，使球漏过；

2. 胸部停球

胸部是人体较高的部位，对高空球能较早地控制，并且由于胸部面积大，有弹性，容易较稳地停球。胸部停球有挺胸停球和收胸停球两种动作。停高于胸部的空中下落球时，一般可采用挺胸停球动作；停胸部高度的平直球时，一般可采用收胸停球动作。

挺胸停球的动作方法：根据球的运行路线和选择的停球空间位置，及时移动到位，面对来球。准备停球时，稍收下颌，两臂屈肘自然张开，两脚前后或左右开立，两膝微屈，重心落在两脚间。当球运行到与胸部接触前的刹那，两脚蹬地上挺的同时展腹，上体后仰用胸大肌触球，使球向预定的方向稍弹起，改变原运行路线，落于需要的控制范围内。

易犯错误：① 停球时，对球在空间的位置选择不恰当；② 不能用正确的部位接触球；③ 挺胸停球时没有收下颌；④ 由于没有充分展腹，造成挺胸而没有后仰，使球弹得过远，难以控制。

(四) 头顶球

头顶球是运动员有目的地用头的前额骨把球击向预定目标的动作。

足球比赛中球经常在空中运行。运动员为了获取和利用空中球，就经常用头去顶球。运动员只要掌握了头顶球技术，顶出去的球就会准确而有力，这就决定了头顶球在空中争夺的优势作用。掌握了头顶球技术，在进攻时就可以利用头顶球进行传球，以加快进攻速度，最后完成射门任务，在防守时可以利用头顶球抢断或破坏对方的传球，抢救险球，解除门线危急，阻止对方射门等，从而转守为攻。所以头顶球是足球技术中不可缺少的重要技术之一。

1. 头顶球的部位

头顶球分为前额正面顶球和前额侧面顶球。这两个部位都可以做原地顶球、跑动中顶球、跳起顶球和鱼跃顶球。

2. 原地前额正面顶球方法

图 9-31

根据球的运行路线和选择的击球点(顶球时球在空中的位置)及时移动到位,身体正对来球,两脚前后或左右开立,膝关节微屈,上体稍后仰,重心放在后脚上,两臂微屈自然张开,眼睛注视来球。当球运行到身体垂直部位前的刹那,后脚用力蹬地,身体重心由后脚移向前脚的同时,迅速向前摆体,收下颌,颈部紧张,快速甩头,用前额正面顶球的后中部,上体随球继续前摆(图 9-31)。

易犯错误:① 顶球时闭眼、缩脖,不敢主动迎击球;② 顶球点选择的不正确,顶不到球或只是蹭击球;③ 击球用力时摆体动作过早,出球无力;④ 蹬地、摆体或收腹折体与颈部紧张用力不协调。

(五) 运球

运球是运动员在跑动中有目的地用脚连续推、拨球,使其处在自己控制之下的触球动作。运球技术包括运球的部位与方法、常用动作等。

1. 运球的部位与方法

运球分为脚背正面运球、脚背内侧运球、脚背外侧运球和脚内侧运球等,下面介绍前两种。

(1) 脚背正面运球:最适合于直线运球。多在超越对手之后,前方纵深距离较长,仍需快速运球前进的情况下使用。

脚背正面运球的动作方法:运球跑动时身体自然放松,上体稍前倾,两臂屈肘自然摆动,步幅适中。运球脚提起,膝关节微屈,脚跟提起,脚尖向下,在迈步前伸着地前,用脚背正面推球前进。

(2) 脚背内侧运球:最适合于变向运球。多在向里改变方向并需要用身体掩护球的情况下使用。

脚背内侧运球的动作方法:运球跑动时身体自然放松,步幅稍小,上体稍前倾并向运球方向扭转,两臂屈肘自然摆动,膝关节微屈,脚跟提起,脚尖稍外转,在迈步前伸着地前,用脚背内侧推、拨球前进。

易犯错误:① 运球时只是低头看球,而不能随时观察场上情况,致使不能及时进行传球或射门;② 运球时不是推球或拨球而是击球,致使球远离自己而失去控制。

2. 运球时的常用动作

(1) 拨球:是用脚腕的扭拨动作,以脚背内侧或脚背外侧触球,使球向侧方或侧前方运动。用脚背内侧拨球的动作称“里拨”,用脚背外侧拨球的动作称“外拨”。

(2) 扣球:是指用突然转身和脚腕急转扣压动作以脚背内侧或脚背外侧触球,将球向侧后方停下或改变方向运行。用脚背内侧扣球的动作称“里扣”,用脚背外侧扣球的动作称“外扣”。

(3) 拉球:是指用脚掌将球由前向后或由左(右)向右(左)拖拉的动作。

(4) 挑球:一般是指用脚背与脚尖翘起上挑的动作或用脚背上撩的动作,使球向前上方改变方向。

易犯错误:① 触球用力过大,使球远离自己而失去控制;② 拨、扣、拉、挑动作与身体重心移动配合得不好,与下一个动作衔接不上。

(六) 抢截球

抢截球是指运动员运用合理的动作把对手控制的球或传出的球夺过来或破坏掉所采用的各

种动作。抢截球包括抢球和截球两个内容。抢球指用规则所允许的条件和动作,把对手控制的或将要控制的球夺过来、踢出去或破坏掉。截球是指用规则所允许的动作,把对方队员间的传球或射门堵截住或破坏掉。抢球包括正面抢球、侧面抢球和侧后抢球三类动作,下面介绍正面抢球与侧面抢球。

1. 正面抢球

正面抢球是争夺对手从对面运球而来时采用的抢球方法。正面抢球有正面跨步抢球和正面倒地铲球两种,下面介绍正面跨步抢球。

正面跨步抢球的动作方法:面向对手,两脚前后开立,两膝微屈,身体重心下降并放在两脚间。当对手运球脚触球后即将着地或刚着地时,抢球者快速前移重心,支撑脚用力后蹬,抢球脚以脚内侧对着球并屈膝向球跨出,从正面抢堵球,同时上体稍前倾,身体重心移至抢球脚上。支撑脚随即前跨,以维持身体平衡。如双方的脚同时触球时,则要顺势向上提拉,使球从对手脚背滚过。同时身体重心要快速跟上,把球控制好。如离球稍远而抢不到球时,则可用脚尖将球捅掉。

易犯错误:① 身体重心不能及时移向抢球脚和抢球脚的踝关节不够紧张,抢球无力而徒劳;② 支撑脚没有迅速跟上,影响衔接下一个动作;③ 抢球的时机掌握得不好,致使出脚稍早或稍晚而抢球失败;④ 抢球脚抬得过高,造成犯规。

2. 侧面抢球

侧面抢球是与运球的对手成并肩跑动或从后面追成平行跑动时采用的抢球动作。

合理冲撞抢球的动作方法:当与运球的对手成并肩跑动时,身体重心稍下降,同对手接触一侧的手臂紧贴自己的身体。当对手靠近自己一侧的脚离地时,用肘关节以上部位冲撞对手相应的部位,使其失去平衡而离开球,然后乘机把球抢过来。

易犯错误:① 冲撞时用手或肘、肩推对手造成犯规;② 不是在对手靠近自己一侧的脚离地时进行冲撞,因而没有效果。

(七) 守门员技术

守门员是全队的最后一道防线,它的主要任务是守住球门。因此,守门员应力争扩大自己在罚球区的防守范围,以便尽早截获各种来球,并要及时地把球传到有利于进攻的位置上,组织发动进攻。守门员要善于观察全局,分析比赛的发展变化,从而协助、指挥全队的防守和进攻。

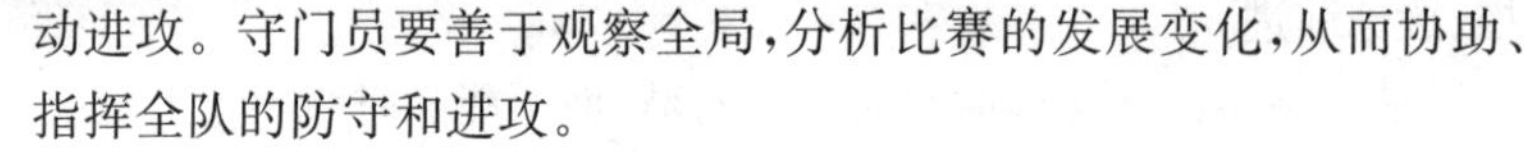

图 9-32

1. 准备姿势

两脚左右开立,约与肩同宽,两腿自然屈膝并稍内扣,脚跟稍提起,身体重心落在脚前掌上,上体稍前倾。两臂自然屈肘置于体前,手指自然张开,掌心向下,眼睛注视来球(图 9-32)。

2. 移动

为了尽早截获对方向球门前传来的球或接住对方射来的球,守门员必须根据比赛中的球和队员的位置,而随时调整自己的位置。向左右调整位置的移动,一般采用侧滑步或交叉步这两种步法。

3. 接球

接球是守门员技术中最基本的技术,也是最主要的技术。它包括接地滚球、接平直球和接高球。

(1) 接地滚球:有直腿式和单腿跪撑式两种动作。

直腿式接球的动作方法:准备接球时,两腿直膝自然开立,脚尖正对来球,上体前屈,两臂并肘前迎,两手小指相对靠近,手掌对球,在手触球的一刹那,随球后撤并屈肘、屈腕,两臂靠近把球抱于胸前。

单腿跪撑式接球的动作方法：准备接球时,身体正对来球,两脚左右开立,一腿深屈支撑身体,另一腿膝盖内转似跪撑,膝盖接近地面并靠近深屈腿的脚跟,上体前屈,手臂下垂,两手小指相对,手掌对准来球并稍前迎。在手触球的一刹那,两手随球后撤并屈肘、屈腕,两臂靠近将球抱于胸前,然后起立。

(2) 接平直球：平直球又分为低于胸高和齐胸高的球两种。

接低于胸部的平直球的动作方法：身体正对来球,两脚左右开立,上体稍前屈,两臂稍下垂并肘前迎,两手小指相靠,手掌对球。当手触球的一刹那,两臂随球后撤并屈肘,顺势将球抱于胸前。

接齐胸高的平直球的动作方法：身体正对来球,两脚左右开立,两臂屈肘,手指向上,手指微屈,手掌对球,两拇指相靠。当手触球的一刹那,手指、手腕适当用力,随球顺势屈肘,将球抱于胸前(图 9－33)。

图 9－33

图 9－34

(3) 接高球：面对来球,两臂上伸,两手拇指相对成“八”字形相靠,手指微屈,手掌对球(图 9－34)。当手触球的一刹那,手指、手腕适当用力将球接住,并顺势屈肘、下引、转腕将球抱于胸前。

3. 拳击球

在没有把握接住射来的球或有对手猛烈冲门等情况下,为了避免接球脱手,守门员常采用拳击球。拳击球分为单拳击球和双拳击球两种动作。

(1) 单拳击球：单拳击球动作灵活,动作幅度大,击球点高,击球力量大,多用于击侧面来的传中球和高吊球。

单拳击球的动作方法：屈肘握拳于胸前,当跳起接近最高点即将触到球前的刹那,快速冲拳,以拳面将球击向预定的目标。

(2) 双拳击球：双拳击球动作接触球的面积大,准确性高,多用于击正面来的高球和平高球。

双拳击球的动作方法：双臂屈肘握拳于胸前,两拳靠拢,拳心相对。当跳起接近最高点即将

图 9-35

触到球的刹那，双拳同时快速冲出，以拳面将球击向预定的目标。

4. 掷球

为了争取时间组织快速反击，守门员经常把获得的球用手掷给同伴。掷球有单手肩上掷球、单手低手掷球等动作。

(1) 单手肩上掷球：守门员需要做较远距离的掷球时，一般多采用单手肩上掷球。

单手肩上掷球的动作方法：两脚前后开立，两膝稍屈，单手持球置于肩上。掷球前持球手臂后引，同时身体随之回旋侧转，重心移至后脚上。掷球时利用后脚向后蹬地、转体和挥臂、甩腕将球掷向预定目标。

(2) 单手低手掷球：由于单手低手掷球掷出的球是沿地面滚动运行，所以平稳易接。但是，掷出的球力量小，适合在掷给近距离的同伴时使用。

单手低手掷球的动作方法：两脚前后开立，两腿屈膝，单手低手持球于体侧。掷球前持球手臂先向后摆，同时身体也随之回旋侧转成侧前屈，重心移至后脚上(图 9-35)。掷球时后脚向后蹬地同时挥臂、甩腕、手指拨球将球掷向预定目标。

三、足球运动基本战术

(一) 进攻战术

1. 边路进攻

通过专家研究和比赛实践证明，由于守方的防守重点主要集中在中路，左右两侧边路防守队员相对较少，进攻可用空间较大，这样在边路易于发动进攻，打破守方防线，从而创造射门机会。因此，边路进攻是进攻的主要手段。但由于边路离球门较远，角度较小，造成直接攻门得分概率小。因此，多数射门以边路突破传中后，由中路和异侧同伴包抄完成。通过对实战调研表明，下底传中和包抄射门是进球率最高的战术手段。

练习方法：

(1) 在无对抗的条件下：匀速运球下底传中、高速运球下底传中、变速运球下底传中等。

(2) 在有障碍的条件下：匀速运球绕过障碍下底传中、高速运球绕过障碍下底传中、变速运球绕过障碍下底传中等。

2. 中路进攻

由于守方对中路的防守十分严密，在中路展开的攻击必然会遇到层层阻击，密集的中路防守使进攻推进在时间和空间上受到极大限制。因此，在中路进攻的教学与训练中，既要照顾学生的水平，做到循序渐进，也要逐渐加大难度，尤其对中路进攻战术行动的时间和空间利用要有明确的要求。

练习方法：

(1) 个人突破。练习方法包括正面和侧面运球突破射门、正面和侧面接球摆脱突破射门等。

(2)“二过一”突破。练习方法包括“墙式二过一”“斜传直插二过一”“直传斜插二过一”“连续二过一”等。

(二) 防守战术

1. 防守战术要求

(1) 不论防守对象有球或无球，都控制其行动。

(2) 始终与同伴保持相互保护的位置和距离，控制相互间空当。压上、后撤要协同。

(3) 上前抢截和补位时，要注意身后空当。

(4) 减少在要害区域的无谓犯规。

(5) 禁区正面防守忌乱扑。

(6) 上前抢断和争顶要有呼应、有保护。

2. 防守战术练习方法

防守战术的练习方法有以下两种。

(1) 在规定区域进行“二对二”“三对三”“四对四”“五对五”或人数更多的对抗练习时，要求无论双方谁转入防守状态，必须紧逼盯住各自对象。练习难度可从较少人数的紧逼盯人转到较多人数的紧逼盯人。

(2) 局部两人的相互保护，一人出击，一人补位，可循环练习。练习难度可从没有进攻队员到有进攻队员，可从局部二人保护到局部多人保护。

3. 个人的攻防战术

个人的攻防战术无疑是局部攻防战术和整体攻防战术的基础，它包括已上升到战术行动高度的控制球、摆脱、突破、抢截、铲断等个人必备的攻防技能。

练习方法：

(1) 在指定范围内，进行不限方向的“一对一”攻防练习。练习难度可以在对抗的激烈程度、练习的时间长短等方面加以调控。练习要求可以在攻方的突破方式、守方的逼抢方式、攻防转换的方式等方面加以变化。

(2) 在指定的方向上，进行“一对一”的攻防练习。练习难度可以在练习的距离长短、练习的重复次数等方面加以控制。练习要求可以在攻防手段、计分手段等方面加以变化。

第三节 排 球

一、排球运动的起源与发展

(一) 排球运动的起源

排球运动诞生于1895年，创始人是威廉·G.摩根，美国马萨诸塞州霍利奥克市基督教青年会干事。身为热衷于推广体育运动的基督教青年会干事，摩根在辅导人们进行各种体育锻炼的实践中逐渐意识到，不同的对象应该采用不同的锻炼方法。当时逐渐流行起来的是由奈史密斯发明的篮球运动，但摩根认为它比较适合年轻人，对于年纪稍大的人来说则过于剧烈。1895年，摩根辅导一个由商人组成的班级，渐渐萌生了一个大胆的想法：创造一种结合了篮球、棒球、网球以及手球的游戏，而这种游戏又必须避免像篮球那样的肢体接触。为此，摩根在青年会的体育馆中进行了试验。他在篮球场上架起了网球网(高约1.98米)，以篮球胆为球，让人们像打网球一样用手隔网来回托传球，与网球的不同之处是球不能落地，球在哪一方落地一次就算哪一方失败一次。由于篮球胆太轻，在空中飘忽不定，玩起来很不方便，摩根尝试将篮球胆换成了篮球。但篮球又过于沉重，飞行速度太慢且很难用手将其隔网击打。最后，该市的司堡尔丁体育用品公司(Spaulding Company)试做了圆周63.5～68.8厘米，重量9～12盎司(约255～346克)，外表为皮制，内装橡皮球胆的球。经试验，此球效果非常理想，于是就决定采用这种球——这就是第一代排球，其规格与现代国际比赛用球已经非常接近，而排球这项运动也正式诞生了。很快，它就在基督教青年会中广泛传播开来。摩根和斯普林菲尔德市体育干事弗兰克·德博士及消防署长林奇共同将这项游戏命名为“mitontte”(意为“小网子”)。1896年,摩根制定了世界上第一个排球竞赛规则,发表在当年7月出版的美国《体育》杂志上。同年,斯普林菲尔德市举行了首次排球表演赛,这也是世界上最早的排球赛。赛后,斯普林菲尔德市立学院的霍尔斯特德教授根据球要在空中飞行、不能落地的特点,将其改名为“volleyball”(意为“空中连续击球”)。这一名称沿用至今。

排球问世后,由美国的教会、传教士和驻外军官、士兵传播到了世界各地。由于排球在问世之初就没有严格的上场人数限制,加之传入的时间不同,世界各地排球运动的形式也不尽相同。排球最先传入南美洲,1905年传入中国,经历了16人制—12人制—9人制—6人制的演变过程。1931年我国决定将这项运动正式定名为“排球”,取其以排站位之意。

(二) 排球运动的发展

排球运动在问世之初,很长时间一直被作为一项娱乐性的消遣活动,上场人数不限,只要双方对等即可。人们隔网拍打,争取一次击球过网,以不使球落地为乐趣。后来,人们在实践中逐渐发现,一次击球过网不一定是最佳方式,有时从前场近网处甚至跳起击球,获胜的几率更大。于是出现了多次击球的打法,以寻找最佳时机或为技术更好的同伴创造机会得分,集体配合战术萌发。但是一方无休止地击球遭到公众的反对,因此出现了必须3次击球过网的规定。之后,1921年规定比赛每队上场为6人,开始有了轮转制;1922年规定不得过网击球,后排不得进攻;1925年设立正副两个裁判;1938年规定可以集体拦网;1947年规定发球后,前排的队员可换位;1948年规定拦网触球的人不得接连再击球。随着规则的不断演变,排球运动竞技化趋势日益明显。1947年由欧洲13个国家联合成立了国际排球联合会(简称为“国际排联”),国际排联的诞生,标志着排球运动由娱乐排球时代迈入了竞技排球时代,在排球发展史上具有划时代的意义。1964年排球正式列入奥运会比赛项目,1996年沙滩排球正式列入奥运会比赛项目。

20世纪80年代开始,世界排球进入了现代排球阶段,其特征是竞技排球与娱乐排球并存,高水平职业排球与群众排球共举。其间诞生了很多新的排球运动形式,如沙滩排球、软式排球、迷你排球、雪地排球、水上排球、泥排球等,适合不同人群参与。

二、排球的锻炼价值

排球运动具有以下锻炼价值:

(一) 增强身体机能

参加排球运动不仅能提高人们的力量、速度、灵敏、耐力、弹跳、反应等身体素质和运动能力,还能有效改善心肺功能、提高心肺耐力。此外,参加排球运动还对保护视力、促进长高、改善体型、预防颈椎病都有一定的帮助。

(二) 维护心理状态

长期进行适宜的排球锻炼,可以有效降低焦虑水平和精神抑郁水平,培养机智、果断、沉着、冷静的心理品质。通过排球比赛和训练,可以培养团结奋斗的集体主义精神,可以锻炼胜不骄、败不馁、勇敢顽强、克服困难、坚持到底的意志品质。

(三) 提高社会适应能力

排球是一个磁场,吸引不同的人走到一起,从而扩大人们的交际圈,提高社会适应能力。

三、场地与比赛用球

(一) 场地

正规排球比赛场地长18米,宽9米,正中有一条中线把场地分为相等的两个场区。所有的线均宽5厘米,两侧的线称边线,两边的线称端线。距中线3米处是进攻线,将场地分为前场区和后场区(图 9－36)。场地中线上空架有球网,网宽 1 米,长 9.50 米。女子网高 2.24 米,男子网高 2.43 米。球网两端垂直于边线和中线的交界线各有 5 厘米宽的标志带,在其外侧各连接一根长 1.80 米的标志杆(图 9－37)。

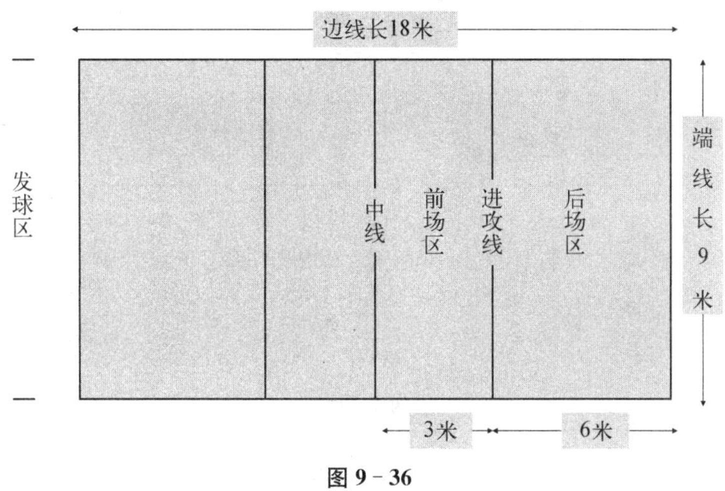

图 9－36

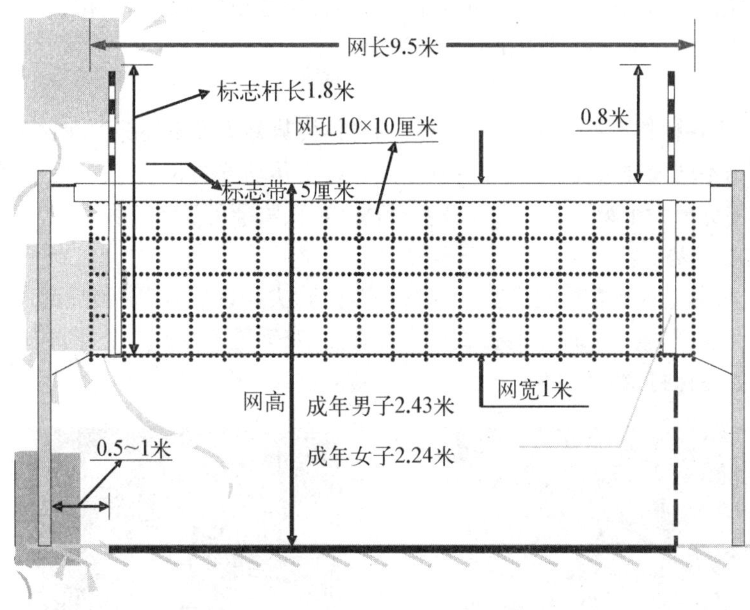

图 9－37

比赛场区四周至少有 3 米宽的无障碍区。比赛场区上空的无障碍空间从地面量起至少高 7 米,其间不得有任何障碍物。场地地面必须平坦、水平划一。

(二) 比赛用球

正规比赛用球要求圆周 65～67 厘米,重量 260～280 克,气压 0.3～0.325 千克/平方厘米。

四、排球技术

排球技术是指运动员在比赛规则允许的条件下采用的各种合理的击球动作和配合动作的总

称。排球技术有两种：一种是无球技术，包括准备姿势、制动及移动；另一种是有球技术，包括发球、垫球、传球、扣球和拦网(图 9－38)。

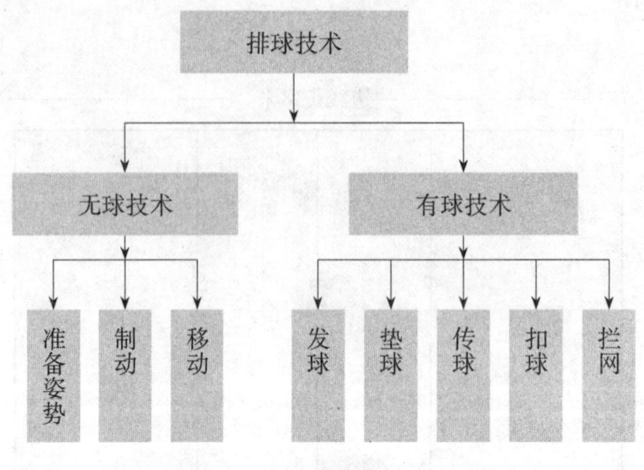

图 9－38

(一) 无球技术

准备姿势与制动、移动是排球的基本技术，属于无球技术，是完成各项有球技术的前提和基础，并对各项有球技术的运用起串联和纽带作用。准备姿势和移动是相辅相成的，准备姿势主要是为了移动，而快速地移动又必须先做好准备姿势。

1. 准备姿势

为了便于完成各种技术动作而采取的合理的身体姿势称为准备姿势。在比赛中应根据场上的具体情况，采用不同的准备姿势，这样有利于随时改变移动方向和迅速移动。一般按身体重心的高低，将准备姿势分为半蹲准备姿势、稍蹲准备姿势、低蹲准备姿势三种。

(1) 半蹲准备姿势。

动作方法：两脚左右开立稍比肩宽，一脚稍前，两脚尖稍内收，脚跟稍提起。膝关节的投影在脚尖前面，上体前倾，重心靠前。两臂放松自然弯曲，双手置于腹前。全身肌肉适当放松，两眼注视来球，两腿始终保持微动(图 9－39)。

正面准备姿势　　侧面准备姿势

图 9－39

适用范围：多用于接发球、拦网和各种传球。

技术要点：屈膝提踵，含胸收腹，微动。

（2）稍蹲准备姿势。

动作方法：稍蹲准备姿势比半蹲准备姿势膝关节弯曲程度小，重心升高，动作方法基本相同。

适用范围：主要用于扣球助跑之前、对方正在组织进攻不需要快速反应启动的时候。

（3）低蹲准备姿势。

动作方法：低蹲准备姿势比半蹲准备姿势的身体重心更低、更靠前，两脚左右、前后的距离更宽一些，膝部弯曲程度更大一些；膝部投影过脚尖，手置于胸腹之间。

适用范围：主要用于防守和各种保护动作。

准备姿势的练习方法：① 四列横队，在教师指导下做各种准备姿势。② 两人面对面，两人互相纠正准备姿势。③ 原地跑步，在跑的过程中看老师手势或听老师口令做不同的准备姿势，体味各动作的不同。

2. 移动

从启动到制动的过程为移动。移动的目的主要是及时接近球，保持好人球位置关系，以便击球。迅速地移动可占据场上的有利位置，争取时间和空间。启动后应根据临场战术的需要，灵活地采用各种移动步法进行移动。下面按来球距离、身体远近介绍几种主要的移动步法。

（1）并步和滑步。

动作方法：如向右并步，右脚先迈出一步，左脚迅速并上，落在右脚左侧，然后做击球的动作。如连续做并步则为滑步。并步和滑步，可以向前，也可以向两侧、向后。

适用范围：当来球离身体 1 米左右时，可采用并步移动。主要用于垫球、传球、拦网。滑步适用于来球较远，使用并步不能接近球时使用。

（2）跨步。

动作方法：如向前移动，则后腿蹬地，前脚向来球方向跨出一大步，屈膝，上体前倾，低姿接触来球。跨步可以向前，也可以向侧前或向侧方。

适用范围：当来球离身体较近，约 1～2 米，来球又较低时。

（3）交叉步。

动作方法：向右移动时，上体稍向右转，左脚从右脚前面向右交叉迈出一步，右脚再迅速向右跨步落于左脚的右边，同时身体转向来球方向，保持好击球前的准备姿势（图 9－40）。

①

②

图 9－40

适用范围：当来球在体侧 3 米左右时可采用交叉步移动，主要用于二传、拦网和防守。

（4）跑步。

球距离身体较远时，可采用跑步。

移动的练习方法：① 成半蹲准备姿势，跟随教师做各种步法练习。② 两人面对面，一人看教师手势，另一人移动，交换进行。

3. 制动

在快速移动之后，为了保持稳定的击球姿势和克服身体惯性的冲力，必须运用制动技术。运用最多的是一步制动法，要求最后跨出一大步，同时降低重心，膝和脚尖适当内扣，全脚掌横向蹬地，抵住身体重心继续移动的趋势，并用腰腹力量控制上体，使身体重心的投影落在两脚所构成的支撑面内。

（二）有球技术

1. 发球

发球是排球比赛中一项重要的进攻技术。比赛中由1号位队员在发球区内自己抛球后，用一只手将球直接击入对方场区，是排球比赛中唯一不需同伴配合，不受对方干扰的自我完成动作。

发球技术主要有正面上手发球和正面下手发球。

(1) 正面上手发球。

基本手法：五指自然张开，以全手掌击球的后下部，同时手腕有向前的推压动作，使击出的球上旋飞行过网(图 9-41)。

击球点：伸直手臂，在右肩前上方的最高点。

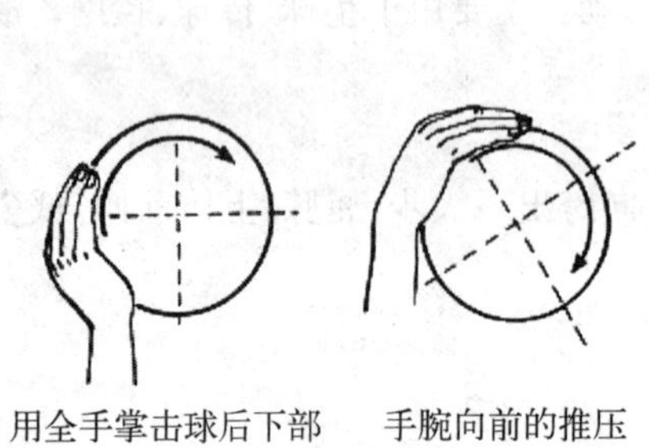

图 9-41

图 9-42

动作方法：面对球网，左脚在前，右脚在后(以右手发球为例)，左手或双手托球于身前，用抬臂和手掌的平托上送，将球平稳地垂直抛于右肩前上方约50～100厘米处，与此同时，右臂上抬，屈肘后引，肘与肩平行，上体稍右转。击球时利用蹬地、转体、收胸、收腹动作带动手臂挥动，在右肩前上方伸直手臂的最高点，以全手掌击球的中下部。击球时，手指自然张开与球吻合，手腕要迅速主动做推压动作，使击出去的球上旋飞行(图 9-42)。击球后，迅速进场准备防守。

技术要点：抛球，弧线挥臂，包击推压。

练习方法：徒手抛球练习；结合抛球进行引臂和挥臂练习；近距离对墙发球练习；近距离隔网发球练习；站在发球区对发练习。

(2) 正面下手发球。

动作方法：面对球网，两脚前后开立，左脚在前，两膝微屈。上体稍前倾，重心落在后腿。左手持球于腹前，将球抛在体前右侧，高度约离手20～30厘米，抛球同时，右臂伸直以肩为轴向后摆动。借右脚蹬地力量，身体重心随右手向前摆动击球而移至前脚，在腹前以全掌、掌根或者虎口击球的后下方，击球时手指、手腕紧张，击球后随即入场(图 9－43)。

图 9－43

练习方法：近距离隔网发球练习；站在发球区对发练习。

2. 垫球

垫球是通过手臂或身体其他部位的迎击动作，使球从垫击面上反弹出去的击球动作。垫球是防守的基础，也是进攻的基础，垫球技术不但可以接对方的发球、扣球、拦回球，还可以在无法运用传球技术进行二传时用来组织进攻或处理球。可以说，垫球技术是有球技术里运用最多的一项技术。

垫球的动作方法很多，下面介绍几种主要的垫球方法。

(1) 正面双手垫球。

基本手型：正面双手垫球的基本手型有抱拳式、叠掌式和互靠式(图 9－44)，但无论采用哪种手型都应该注意手腕下压，两臂外翻形成一个平面。常用的为叠掌式，即两手掌根紧靠，两手手指重叠，合掌互握，手腕稍向下压，两臂外翻形成一个平面。

抱拳式

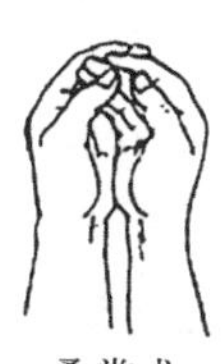

叠掌式

互靠式

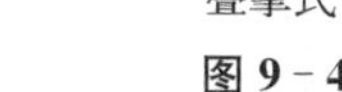

图 9－44

图 9－45

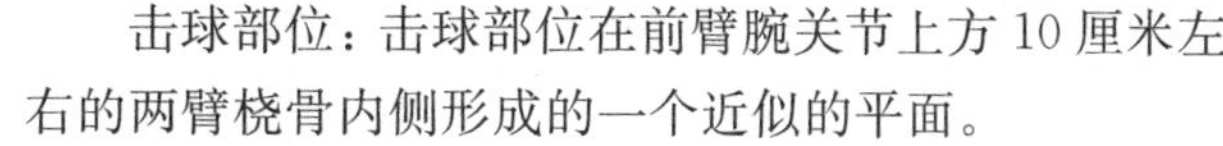

击球部位：击球部位在前臂腕关节上方 10 厘米左右的两臂桡骨内侧形成的一个近似的平面。

击球点：击球点保持在腹前一臂距离(图 9－45)。

动作方法：正面双手垫球的动作要领可以浓缩为“插、夹、提”三个字。

插：及时移动取位，降低重心，两臂前伸插至球下，使两前臂的垫击面对准来球，并初步取好手臂的角度。

夹：两手掌根紧靠，手臂夹紧，手腕下压，用平整而稳定的击球面去迎击球。

提：由下肢蹬地，用提肩、顶肘、压腕的动作去迎击来球，身体重心要随球前移，两臂在全身协调动作的配合下伴送球(图 9－46)。

练习方法：原地徒手模仿完整的垫球动作；自垫；体会击球手型、击球部位和协调发力；一人持球固定在小腹前，另一人练习完整的垫球动作；两人一组，相距 4～5 米，一抛一垫；一人向另外一人两侧 1.5 米处抛球，使其移动垫球；两人一组，相距 4～5 米连续对垫；移动垫球(图 9－47)。

图 9-46

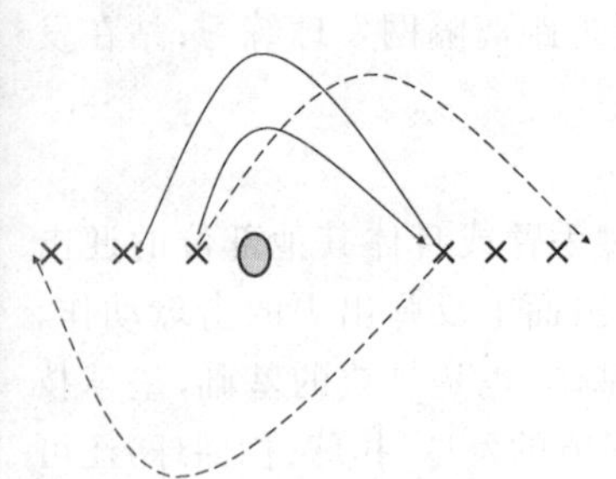

图 9-47

(2) 体侧垫球。

动作方法：以右侧为例，当球向右侧飞来，右脚跨出一步，重心右移，两臂夹紧向右伸出，右臂高于左臂，左臂向下倾斜，再用向右转腰和收腹的力量，配合两臂在体侧截击球的后下部。但注意不要随球摆臂以免球从侧面飞出。

技术要点：垫击面、转腰收腹。

练习方法：将球置于垫球者手臂垫击处并轻轻地扶住，垫球者做侧垫模仿练习；两人一组，相距 4～5 米，一人向另外一人两侧 1.5 米处抛球，使其移动侧垫球。

(3) 背垫。

动作方法：垫球时先迅速移动到球的落点下方，背对击球方向，两臂靠拢伸直，击球点高于肩，以抬头挺胸，展腹后仰动作，直臂向后上方抬送。

适用范围：大多用于接应同伴垫飞的球或将球处理过网。

技术要点：击球点、抬头挺胸展腹、发力。

练习方法：① 一抛一背垫：两人一组，相距 4～5 米，一人向另外一人背后 1 米左右处抛球，使其移动背垫球；② 三人练习：三人直线站立，一人面对两人。第一人抛球，第二人背垫，第三人正面双手垫球，中间的人垫完球后迅速向后转体，继续做背垫。

3. 传球

传球是利用手指手腕的弹击动作将球传至一定目标的击球动作。

传球的基本技术有多种，下面我们来介绍运用最多、最基础的双手正面传球。

(1) 基本手型。

目前传球手型主要有两种，一种为两手组成半球状，两拇指相对成“一字形”的传球手型；一种是两手组成半球状，两拇指斜向前方的“八字形”传球手型(图 9-48)。

图 9-48

(2) 击球点。

击球点在额前上方一球左右(图 9-49)。

(3) 动作方法。

采用稍蹲准备姿势，抬头看球，双手自然抬起，放置于脸前。当球接近额时，开始蹬地、伸膝、伸臂，两手微张经脸部向前上方迎球。击球点在额前上方约一球距离。当手触球时，两手自然张开成半球形，手腕后仰，两拇指相对，接近“一字型”或者“八字

正面

侧面

图 9－49

形”，两手间有一定距离，用拇指的内侧，食指的全部，中指的 2、3 关节触球的后下部，无名指和小指在两侧辅助控制传球的方向。两肘适当分开，大小臂之间约成 90 度角。传球的用力动作，主要是以手指、手腕的弹力及伸臂伴送和伸膝蹬地全身协调用力将球传出(图 9－50)。用力顺序是蹬地、伸膝、伸腰、伸肘、伸臂、手指手腕屈伸。

图 9－50

(4) 技术要点。

手型，击球点，协调用力。

(5) 练习方法：① 自然站立做好正确手型，反复做传球时手指手腕的模仿动作。② 原地徒手模仿完整的传球动作。③ 一人持球固定在对方额前，另一人练习完整的传球动作。④ 距墙 50 厘米，对墙连续传球，以掌握正确的手型，体会手指手腕的发力。⑤ 两人一组，相距 3～4 米，传多方抛到额前的球。⑥ 两人一组，相距 3～4 米，对传。⑦ 三人三角传球。⑧ 移动传球。

4. 扣球

扣球是排球重要的基本技术之一，是身体在空中完成的击球动作，每一次扣球需要经过助跑、起跳、空中击球和落地四个相互衔接的过程，需要扣球者必须具有弹跳高度、腰腹力量、手臂挥击速度、手腕控制球能力、人球正确关系判断以及在空中的时空感和滞空力。扣球在比赛中占有重要的地位，是得分的主要手段，是进攻中最积极有效的武器。初学者一般学习正面扣球。

正面扣球是最基本的扣球技术，其他扣球技术都是在此基础上发展和派生出来的。

(1) 动作方法(图 9－51)。

准备姿势：身体略前倾，两臂放松自然下垂，两眼注视来球。

助跑：以三步助跑为例，右脚迈出一小步，接着左脚迈出第二步，迈出的步子增大，速度加快，最后右脚迈出一大步，以脚跟着地后过渡到前脚掌着地，然后左脚跟上并步落于右脚的侧前方，两脚距离略比肩宽，重心降低准备起跳。

起跳：起跳有两种类型，一种为并步型，即当一脚踏地后，另一脚再跟上落于该脚的侧前方，随即两脚蹬地起跳。另一种为跨步型，即当一脚跨出的同时，另一脚也跨出去，两脚几乎同时着地和蹬地起跳。

图 9-51

空中动作：起跳后，右肘屈肘后引，身体向后成反弓形，并稍向右转。击球时，以转体、收腹及伸肩动作发力，带动肩、肘、腕、手各环节依次加速成鞭打动作在右肩前上方最高点击球，以全手掌击球的后中部。

落地：落地时以前脚掌着地，同时顺势屈膝缓冲过渡到全脚。

(2) 技术要点。

① 起跳点：距球一臂距离。

② 起跳时机：一般选在二传出手后。

③ 上肢鞭打。

④ 全手掌包击。

⑤ 屈腕。

(3) 练习方法。

① 网前助跑起跳练习。

② 自抛自扣。

③ 扣球者在 4 号位助跑起跳，扣由 3 号位抛来的球。

④ 扣球者将球传到 3 号位，3 号位将球顺网传到 4 号位，扣球者上步扣球。

⑤ 接对方发球，4 号位传、垫给 3 号位，3 号位将球顺网传到 4 号位，扣球者上步扣球。

5. 拦网

拦网是队员靠近球网，将手伸向高于球网处阻挡对方来球的行动。

拦网具有强烈的攻击性，可以直接拦死、拦回对方的扣球、吊球和处理过来的球，能够削弱对方的锐气，动摇对方的信心。虽然拦网技术掌握起来具有一定的难度，但由于业余选手处理过网的球的高度和力量不足、速度不快，因此，拦网技术还是大有用处的。

从拦网的人数上可分为单人拦网和集体拦网。下面介绍单人拦网。

(1) 动作方法。

准备姿势：面对球网，两脚平行开立，约同肩宽，两膝稍屈，两手自然弯曲置于胸前，随时准备起跳和移动。

移动：当球距自己不太远时，可以采用面对球网的并步移动；当球距离自己较远时可以采用跑步移动。

起跳：原地起跳和并步移动起跳时一般面向球网，摆臂动作有两种，一种是两臂经两侧画弧摆臂，带动身体向上跳起，另一种是目前优秀男排选手采用较多的两肘在较高状态下直接向上伸臂带动身体跳起。拦网技术的好坏关键在于判断好起跳时机。

起跳时机：拦快球时要早于或与对方扣球人同时起跳，拦拉开高球时要在对方扣球人空中向后引臂时再跳,拦后排扣球时还要稍晚些起跳。据研究表明,中外优秀男排选手拦4号位强攻扣球时,一般晚于扣球人0.15秒起跳。

空中动作:起跳后面对球网,收腹含胸,收下颌,两手从额前贴近球网向网上沿上方伸出,两臂伸直、两肩尽量上提。拦击时,两手尽量伸向对方网的上空,接近球时两手自然张开,手腕紧张固定,当手触球时,两手要用力捂盖球的上方,把球尽可能拦在对方场内(图9-52)。

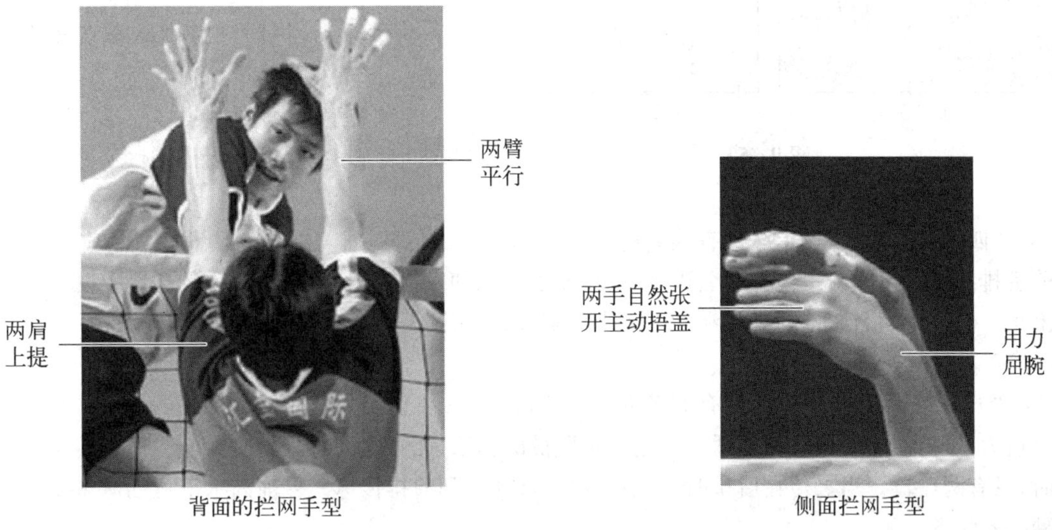

背面的拦网手型　　侧面拦网手型

图9-52

落地:拦完球后自然落地,屈膝缓冲,准备下一个动作。

(2) 技术要点。

垂直上跳,含胸收腹,提肩伸臂,过网拦击。

(3) 练习方法。

① 原地做拦网的徒手动作练习。

② 两人一组,一人站在高台上持球,另一人跳起拦固定球。

③ 隔网拦对方抛来的球。

④ 低网扣拦练习:两人一组,原地一扣一拦。

⑤ 在网前徒手做有助跑的拦网练习。

⑥ 原地起跳,拦对方扣过来的球。

⑦ 由3号位向2、4号位移动,拦对方扣过来的球

五、排球战术

排球战术是指运动员在比赛中根据排球运动的比赛规律、彼我双方的具体情况和临场变化,有效地运用技术及所采取的有预见、有目的、有组织的行动。

我们先要简要了解一下排球战术方面的阵容配备及位置交换的知识,才能在实战中根据本队的情况灵活采取相应的战术。

(一) 阵容配备

合理地安排场上队员技术力量的组织形式叫阵容配备。阵容配备的目的是合理地把全队的力量搭配好,更有效地发挥每一个队员的特长和作用。因此在阵容配备时,应该考虑队员的身体

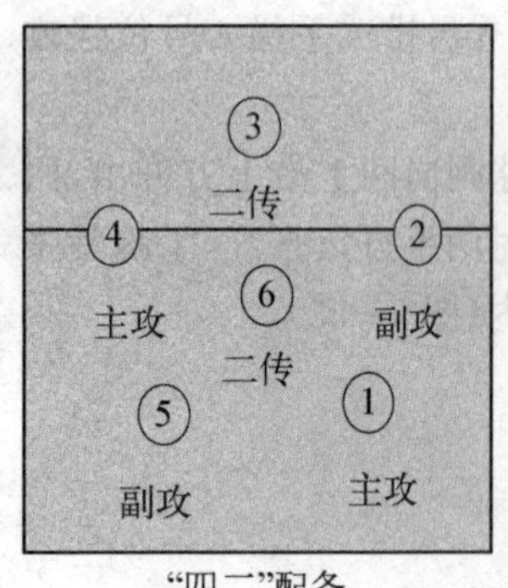

"四二"配备

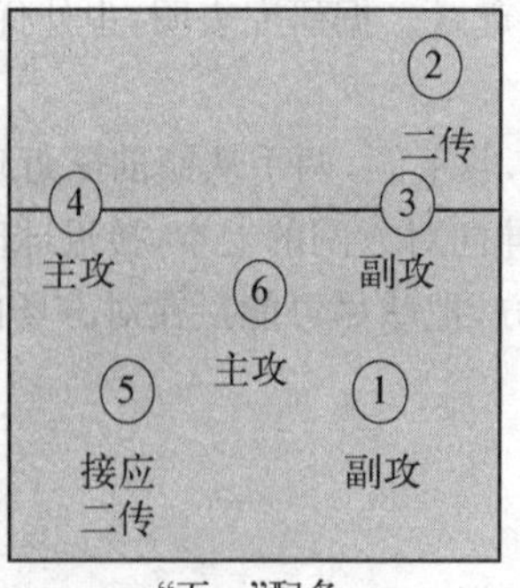

"五一"配备

图 9－53

素质、技术水平，合理安排其在阵容中的位置，把进攻能力强的和防守能力好的队员搭配开；把主攻手、副攻手和二传手分别安插在对称的位置上；把平时配合较好的进攻队员和二传队员安排在相邻的位置上；把扣球好的攻手一开始就安排在有利的位置上，把防守好的队员安排在后排等。

阵容配备主要有"四二"配备、"五一"配备两种形式(图 9－53)。

1. **"四二"配备**

"四二"配备是指场上队员有四名进攻队员和两名二传队员。这样的优点是无论怎样轮转，前后排都能保持一名二传和两名进攻队员，便于组织和发挥攻击力量，给对方的拦网及防守造成困难。但这对两名二传的进攻和拦网能力要求较高。

2. **"五一"配备**

"五一"配备是指场上队员有五名进攻队员和一名二传队员。这种阵容配备的优点是拦网和进攻力量得到加强，全队只要适合一名二传队员的打法，相互之间容易建立默契。但二传在前排时，只有两点攻。当二传在后排时，一般采取二传插上到前排传球。目前高水平运动队多采用这种阵容配备。

(二) 位置交换

排球规则规定在发球击球后两队队员可在本场区任意移动或交换位置，不受任何限制。因此为了最大限度地发挥每个队员的特长，调动一切积极因素，加强攻防力量，以及弥补由于队员身体条件、体能、技术发展不平衡所带来的缺陷，在比赛中我们经常看到场上队员之间的位置交换，一般位置交换有以下两种情况(图 9－54)：① 前排队员之间的换位。为了加强进攻力量，发挥队员的进攻特点，把强攻能力强的队员换到最便于扣球的位置上。如把右手扣球的队员换到 4 号位，把左手扣球的队员换到 2 号位，把善于扣快球的队员换到 3 号位。② 后排队员之间的换位。为了加强后排防守，发挥个人防守专长，把队员换到各自擅长防守的区域，采用专位防守。如向两侧防守能力较强的队员，在采用"边跟进"防守时，可放在 6 号位防守；采用"心跟进"防守时，可放在 1 号位或者 5 号位防守。现代排球多采用两人防守战术，将自由人放在防守任务重的

队员跑动线路 - - →

前排队员位置交换

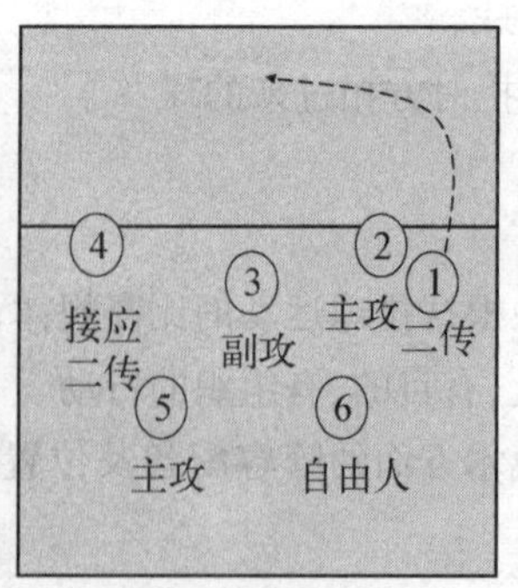

"边跟进"防守时后排二传插上换位

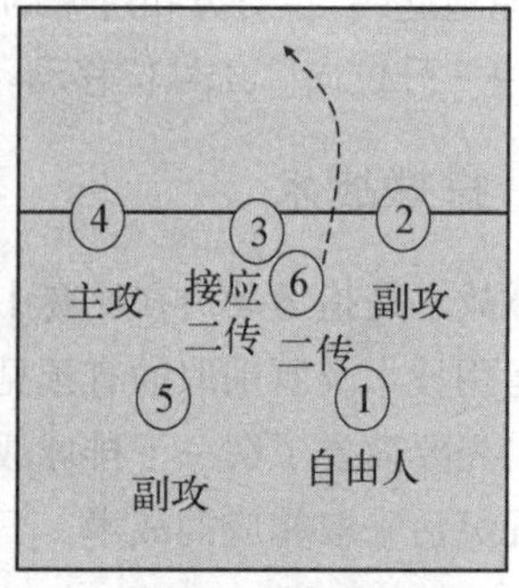

"心跟进"防守时后排二传插上换位

图 9－54

区域加强防守。

（三）个人战术

个人战术是根据临场比赛的情况，有目的、有针对性地运用的个人技术动作。个人战术可以提高个人技术动作的效果和补充集体战术的不足。个人战术包括发球、二传、扣球、一传、拦网和防守等。

1. 发球个人战术

发球个人战术具有相对的独立性和自主性，发球个人战术主要有找人、找区和根据临场比赛的变化采取不同的发球，例如发不同性能的球、发变化节奏的球、发变化线路的球等。

2. 二传个人战术

二传个人战术是利用空间、时间和动作上的变化，有效的组织进攻的战术，能给扣球队员创造有利的条件，具体应用为隐蔽二传、晃传、两次球、时间差跳传、高点二传和选择突破点传球。

3. 扣球个人战术

扣球个人战术是扣球队员根据比赛中对方拦网和防守情况，选择合理、有效的扣球方法和路线以突破对方防守的有意识的行动，具体应用为利用转体、转腕扣直线或斜线球，扣超手或利用打手出界，打吊结合等。

4. 一传个人战术

一传个人战术是为了组成本队的进攻战术而有目的地垫击。具体应用为根据进攻战术需要确定接发球的方向、弧度、速度和落点以及掩护性的接发球。

5. 拦网个人战术

拦网个人战术是通过准确的起跳时机、空中的拦网高度和拦击面、手型动作的变化等因素来实现的攻击行动。具体应用为根据扣球人的手型及挥臂的方向确定拦网的方向和手型，或者取直拦斜、取斜拦直等。

6. 防守个人战术

防守垫球随机性、突然性和难度较大。防守队员要选择有利的位置，采用合理的击球动作，将球救起。一般防守的原则是看得见球、防住主线、取位稍后、不宜前冲。

此外还有集体战术，在此不赘述。

六、排球裁判法

排球比赛是由两队球员在以球网分隔的比赛场地上进行的一种团队竞技。比赛的目标是要每队采用合于规定的方法击球过网，落于对方的场地上，同时防止球在自己的场地上落地。

（一）胜 1 分、胜 1 局与胜 1 场

1. 胜 1 分

比赛采用每球得分制，胜 1 球即得 1 分。

2. 胜 1 局

比赛的前四局以先得 25 分并同时超出对方 2 分为胜 1 局。当比分为 24∶24 时，比赛继续进行至某队领先 2 分为胜 1 局。决胜局以先得 15 分并同时超出对方 2 分的队获胜。

3. 胜 1 场

正式比赛采用 5 局 3 胜制，最多比赛 5 局，先胜 3 局的队为胜一场。

（二）界内外球

（1）球触及比赛场区地面包括界线为界内球。

（2）球体完全触及界线以外地面、场外物体、天花板或非比赛成员、标志杆、网绳、网柱或球网标志杆以外部分，球的整体或部分从非过网区完全越过球网的垂直面等为界外球。

（三）发球犯规与发球击球后犯规

1. 发球犯规

未按照位置表所登记的发球次序发球；裁判员鸣哨后 8 秒之内未将球击出；球未抛起或没有清楚地离手便击球；球只能被抛弃或者撤离一次，但拍球或在手中摆弄球是允许的；击球时，脚踏及端线或踏过发球区短线。

2. 发球击球后犯规

球触网后落入本方场内或场外；球触发球队队员；没有通过球网的垂直平面；发球队的队员利用掩护阻挡对方观察发球队员和球的飞行路线；球落在界外。

（四）位置错误

当发球队员击球的瞬间，双方任何一名队员不在其规则规定的位置上，则构成位置错误犯规。上述规定，均以队员脚的着地部位来确定。

（五）击球时的犯规

一个队连续触球 4 次（拦网除外）；击球时必须清晰，不可使球停滞，否则为“持球”犯规；在第一次击球时（拦网、腰部以上触球除外）一名队员两次触球有先后，则判“连击”。判断后排队员进攻性击球犯规必须同时具备以下条件：后排队员在前场区，或踏及限制线及延长线；击球时整个球体高于球网上沿。

（六）在球网附近的犯规

只有击球活动在进攻区时，队员触网为犯规；拦网时，允许越过球网触球，但在对方进行进攻性击球前或击球时，在对方空间触及球则判过网击球；除脚以外，队员身体的任何部分都不允许接触对方场区；队员在不妨碍对方比赛的情况下，允许在网下穿越进入对方空间，但妨碍对方比赛则判犯规。

（七）拦网犯规

队员在对方进攻性击球前或击球时，在对方空间拦网触球为过网拦网犯规；后排队员靠近球网处参加集体拦网，并将手伸向高于球网处阻挡对方来球，即使本人未触球，只要集体拦网成员的任何队员触球，则判后排队员拦网犯规。拦对方发过来的球为拦发球犯规。

（八）暂停与换人

第 1～4 局，每局有两次技术暂停，各为 1 分钟。每当领先队达到 8 分或 16 分时自行执行。每队每局还有 1 次机会请求 30 秒的普通暂停。决胜局无技术暂停，每队在该局可请求 2 次 30 秒普通暂停。每局每队最多可替换 6 人次，可以同时替换 1 人或多人。每局开始上场阵容的队员在同一局中可以退出比赛和再上场各 1 次，而且只能回到原阵容的位置上。替补队员每局只能上场 1 次，替补开局上场阵容的队员。而且他只能由被他替换下场的队员来替换，每换 1 人计为 1 人次。

第四节 乒乓球

一、乒乓球运动概述

（一）乒乓球运动的起源

根据文献资料记载，早在 19 世纪 80 年代，有两位英格兰网球选手赛后在伦敦某餐厅谈论网球战术，争论如何发球、底线抽球和网前截击等技术时，情不自禁地用酒瓶盖的软木塞当球，餐桌为场地，在两把高背椅子上挂一根细绳当球网，用雪茄烟盒为球拍，模仿打网球的动作在桌面上对打起来，此举吸引了不少食客和侍者观战。这时餐厅的女主人对这种别开生面的“游戏”不禁惊叹喊出：“Table tennis！”没想到这一场面竟成了乒乓球这一运动最早的命名式。

当时英国的一些大学生，很快以室内餐桌作为球台，采用比草地网球小的橡胶实心球蒙上丝织物代替软木塞，将羊皮纸贴在椭圆形空心球拍两面并以此为击球工具。此种亦称“小网球”的游戏，在贵族中很快流行起来。

到了1890年，英格兰工程师詹姆斯·吉布从美国带回了玩具“空心赛璐珞球”替代了橡胶实心球。由于球体轻且富有弹性，触击球台和球拍时发出了“乒乒乓乓”的声音，故称之为“乒乓球”。发明赛璐珞球的美国人海亚特应是乒乓“球”的创始人。

19世纪末到20世纪20年代，乒乓球运动在欧洲得到了广泛的传播和发展，并在日本、印度、美国等国家传播和发展，欧洲举行了多次乒乓球邀请赛，各国也举办了本国的锦标赛，为了更好地推动此项运动的发展，英国乒乓球协会指定华尔登、洛斯、蒙塔古三人着手制定了世界上最早的乒乓球比赛规则。1926年1月在柏林举行了一次国际乒乓球邀请赛。1月15日在柏林网球俱乐部召开了关于如何开展乒乓球运动的座谈会，会上决定成立临时国际乒联，并于当年12月在伦敦召开第一次全体代表大会和举办第一届欧洲乒乓球锦标赛，由于有印度队的参加，印度队的代表对比赛名称提出异议，经讨论，国际乒联决定将比赛名称改为第一届世界乒乓球锦标赛。此届比赛的举行，开创了乒乓球运动作为体育竞赛项目的新纪元。

（二）乒乓球运动的基本特点

乒乓球运动具有球小，速度快，变化多，技术细腻，不受性别、年龄和身体条件的限制等特点，是一项非常流行的运动。乒乓球技术的学习有一定难度，是因为乒乓球速度快，变化多，技术细腻，故要在极短的时间完成对来球的旋转性能和落点的判断，并用合理的技术将球打回到对方台面，的确有一定的难度。但是，只要认真系统地学习，并注意学习方法，就一定能够掌握乒乓球的基本技战术，充分享受乒乓球运动给我们带来的乐趣。

二、乒乓球运动基本技术

（一）发球技术（以右手持拍为例）

乒乓球所有的练习和比赛都是从发球开始的，而且不受对方限制，可凭自己的主观意愿来发球，发球也是乒乓球战术配合中的一项重要技术。因此学好发球技术非常重要。

直拍正手发平击球演示视频

1. 平击发球

平击球一般为不转球，比较容易掌握，是初学者必须掌握的一项基本技术，其四个基本技术环节为：

（1）站位姿势与拍形：在站位正确的基础上，即左脚在前右脚在后，两脚距离略宽于肩，身体侧对进攻方向，膝关节弯曲，身体前倾。拍形控制为拍面对准击球方向，并稍前倾约40～60度。

（2）击球时机：抛球的同时引拍，当球下落到大约与网同高时击球的中上部。

横拍正手发平击球演示视频

（3）击球过程：注意动作的整体性，向后引拍的最高点与击球点约30厘米的落差，大小臂的角度约为100～130度，沿着大约30度的入射角，将球发出，球拍运动的轨迹为一条向下俯冲的近似直线。

（4）发力部位及特点：以前臂带动大臂向后引拍，以前臂发力为主，向前加速击球。加速制动程度视学习情况而定。

2. 下旋发球

直拍正手发下旋球演示视频

下旋类发球主要有正、反手发下旋球两种，由于发不转球和发下旋球动作技术非常相似，比较难判断，因此，常配合使用。

(1) 正手发下旋球。

正手发下旋球的四个基本技术环节：

① 站位姿势及拍形：左脚在前，右脚在后，略宽于肩，侧对进攻方向，膝关节弯曲，身体前倾。球拍后仰的后夹角约20～40度，拍面向着落点目标。

横拍正手发下旋球演示视频

② 击球时机：向上抛球的同时，向后上方引拍，当球下落到与网同高时击球的下中部。

③ 击球过程：球拍沿约20～30度的入射角加速挥拍，在击球的瞬间手腕内收，进一步加速抖腕制动，加大切削摩擦，制造强烈的下旋。

④ 发力部位及特点：以前臂和手腕爆发式地加速发力并制动来完成击球。

(2) 反手发下旋球。

反手发下旋球与正手发下旋球技术基本相同，但站位和方向相反，前臂挥拍以肘关节为轴。

直拍反手发下旋球演示视频

横拍反手发下旋球演示视频

3. 侧旋发球

侧旋类发球分左侧旋和右侧旋两种，发侧旋球大多与下旋或上旋结合，形成左侧上旋、左侧下旋、右侧上旋、右侧下旋四种常见发球。侧旋类发球，不仅旋转、速度、线路落点变化丰富，且弧线拐，不易判断和回接。其技术动作与正、反手发下旋球基本相同。只是击球瞬间拍形略做调整，右侧上旋从右下向左上摩擦球；右侧下旋从右上向左下摩擦球；左侧上旋、下旋正好相反。

(二) 接发球技术

接发球技术是乒乓球技术中一项很重要的技术，由于发球方可随心所欲地将球发至台面的任何位置，其旋转、速度、力量、落点和弧线都富于变化，因此，接发球是被动的，难度也是最大的。接好发球的先决条件是准确的判断。判断最重要的两个因素是旋转和落点。接发球没有固定的技术，除了发球技术，其他技术只要使用合理均可以是接发球技术，因此，必须全面掌握乒乓球的各项基本技术。

直拍正手发侧旋球演示视频

横拍反手发侧旋球演示视频

1. 接发球前的判断与站位选择

可根据对方发球的站位来确定自己的站位。如对方站在球台左角用正手发球时，能发出右方角度较大的斜线球，但左方直线的角度相对较小，因此，应取中间偏左的站位。站位的选择应依据对方来球角度较大的斜线确定站位中间偏左还是偏右。站位的远近一般选择放短防长的较远站位。

2. 来球判断

准确判断是接好发球的前提条件，它主要包括以下六个方面。

(1) 根据对方发球击球瞬间的拍面方向和挥拍方向来判断来球的线路和落点。

(2) 根据球拍触球的部位和摩擦球的方向来判断球的旋转性能。一般情况下，拍面从上向下击球是下旋，反之则是上旋；拍面从左向右击球是右侧旋，反之则是左侧旋；如果球拍触球向下的同时向左挥拍，则发出的球是左侧下旋，反之，则是右侧下旋。

(3) 从发球手臂挥动幅度的大小和速度，手臂、手腕用力程度的大小及制动(抖动)程度的大小，来判断来球的长短和旋转的强弱。

(4) 根据对方来球的第一落点和弧线来判断线路的长短。一般第一落点弧线长，落点较深，则来球较短，反之，则来球较长。

(5) 从来球空中飞行的情况来判断旋转性能。一般强下旋球在过网前速度较快，过网后速度较慢，其反弹速度也较慢且下沉明显；上旋球相对弧线较高，无明显的减速和下沉。

(6) 从击球声音的大小来判断来球的旋转性能。一般击球声音大，多为上旋球，击球声音小且沉则多为下旋球。

(三) 推挡技术

推挡是直拍快攻打法的基本技术，是初学者必须掌握的技术。它具有站位近、动作小、速度快、稳定性高等特点。

1. 平挡

平挡技术的四个基本环节：

(1) 站位姿势与拍形：以右手握拍为例，距球台 30 厘米，两脚开立比肩稍宽，左脚比右脚领先半个脚掌，膝关节弯曲，身体稍前倾，球拍的纵轴与台面平行，拍面角度垂直并对角，距腹部 30 厘米贴近台面。

(2) 击球时机：球反弹离开台面的瞬间。

(3) 击球过程：在球反弹的上升后期或高点期，向前直线挥拍击球的中部。

(4) 发力部位及特点：直拍大臂推动前臂，横拍以前臂为主，向前均匀柔和地发力。

2. 快推

快推动作相对较小，速度快，手腕变化灵活，可打出斜直线变化，但力量相对较小。

快推技术的四个基本环节：

(1) 站位姿势与拍形：站位姿势同平挡，拍形角度约 70～80 度。

(2) 击球时机：击球的上升期。

(3) 击球过程：直线向前挥拍击球的中上部。

(4) 发力部位及发力特点：大臂推动前臂加速制动。

直拍反手推挡演示视频

横拍反手推挡演示视频

3. 推挡技术练习程序

(1) 推挡技术程序。

握拍、站位姿势及挥拍练习；发平击球陪练平挡的单一练习；连续平挡练习；快速发平击球陪练快推的单一练习；连续快推练习；发较慢且弧线偏高的平击球陪练加力推的单一练习；连续中速对推中的加力推练习；快速发平击球陪练推挤单一练习；连续快推中的推挤练习；推挡综合练习；推挡终检测；推挡实战计分比赛。

(2) 推挡技术的程序练习、检测与评价。

步子一：握拍、站位姿势及挥拍练习。挥拍模仿练习要多练，在整体动作的基础上，体会感受四个技术环节。

步子二：发平击球陪练平挡的单一练习。注意拍形、击球时机的掌握，速度由慢到快，落点由固定到 1/2 台不同落点，先斜线后直线，最后定点中速检测连续十板成功，则可进入下一步子的练习。

步子三：连续平挡练习。注意动作的连贯和衔接，先做连续 3 板为一组的练习，然后做 10 板以上的练习，先斜线后直线，最后用中速斜线定点检测连续成功 10 板，即可进入下一步子的练习。

步子四：快速发平击球陪练快推的单一练习。基本同步子二，快速、积极、主动向前击上升期的球。注意掌握击球时机。最后用中等偏快速度，斜线定点检测连续成功 10 板，即可进入下一步子的练习。

步子五：连续快推练习。同步子三，最后用中等偏快速斜线定点检测连续成功 10 板，即可进入下一步子的练习。

步子六：发较慢且弧线偏高的平击球陪练加力推的单一练习。注意拍形、击球时机掌握在高点期，特别注意发力的方法，力度由小到大，落点由固定到 1/2 台不同落点，先斜线后直线，最后定点检测连续 5 板成功，则可进入下一步子的练习。

步子七：连续中速对推中的加力推练习。注意推挡和加力推的过渡衔接中拍形的控制和调整，掌握好击球时机，体现加力推的技术特点。该步子不需检测。

步子八：快速发平击球陪练推挤单一练习。积极主动在上升后期击球，特别注意击球方向和拍形的调整和控制，该步子不需检测。

步子九：连续快推中的推挤练习。注意快推和推挤在衔接中拍形的控制和调整，掌握好击球时机，体现推挤的技术特点。该步子不需检测。

步子十：推挡综合练习。将平挡、快推、加力推和推挤逐个复习后，再做综合练习，必须注意根据来球的具体情况，随机灵活调整，使用合理技术，提高技术的运用能力。

步子十一：推挡终检测。定点反手斜线，中等偏快或较快的速度连续成功推 10 板，即可进入下一步子的练习。

步子十二：推挡实战计分比赛。1/2 台内，只允许发平击球，第一板不允许加力推。其余按比赛规则进行。

(四) 搓球技术

搓球技术是用来对付下旋球的一种方法。搓球的旋转、落点变化较多，回球较稳定，可为进攻寻找和创造机会。学习时要注意控制好拍形，掌握击球时机和发力特点。

1. 慢搓

慢搓技术有四个基本技术环节。

(1) 站位姿势与拍形：以右手握拍为例，距球台 30～50 厘米，两脚开立比肩稍宽，左脚比右脚领先半个脚掌，膝关节弯曲，身体稍前倾，球拍的纵轴与台面平行，拍面后仰约 130 度并对角，距腹部 50 厘米贴近台面。

(2) 击球时机：下降前期，即球反弹离开台面的瞬间。

(3) 击球过程：在球反弹的上升后期或高点期，向前直线挥拍击球的中下部。

(4) 发力部位及特点：以前臂发力为主，向前均匀柔和地发力。

2. 快搓

快搓技术的四个基本技术环节和慢搓基本相同，不同的是站位稍前，击球时间提前，更加积极主动向前迎球，击球的上升期，并以前臂、手腕的短促发力为主。

直拍反手搓球演示视频

横拍反手搓球演示视频

3. 搓球技术练习程序

(1) 搓球技术程序。

握拍、站位姿势及挥拍练习；发下旋球陪练慢搓的单一练习；连续慢搓练习；发速度较快的下旋球陪练快搓的单一练习；连续快搓练习；对搓中搓加转球练习；对搓中搓不转球练习；发下旋短球陪练摆短练习；搓球综合练习；搓球终检测；搓球实战计分比赛。

(2) 搓球技术的程序练习、检测与评价。

步子一：握拍、站位姿势及挥拍练习。挥拍模仿练习要多练，在整体动作的基础上，体会感受四个技术环节。

步子二：发下旋球陪练慢搓的单一练习。注意拍形、击球时机的掌握，速度由慢到快，落点由固定到 1/2 台不同落点，先斜线后直线，最后定点中速检测连续 10 板成功，则可进入下一步子的练习。

步子三：连续慢搓练习。注意动作的连贯和衔接，先做连续 3 板为一组的练习，然后做连续 10 板以上的练习，先斜线后直线，最后用中速斜线定点检测连续成功 10 板即可进入下一步子的练习。

步子四：发速度较快的下旋球陪练快搓的单一练习。方法同步子二。

步子五：连续快搓练习方法同步子二，练习时速度由中等到中等偏快再到快速；检测时用中等偏快的速度。

步子六：对搓中搓加转球练习中速对搓 1～2 板后搓加转练习，注意击球时机、拍形的感觉和掌控，注意发力部位和发力特点的体现。该步子不需检测。

步子七：对搓中搓不转球练习。同步子六。

步子八：发下旋短球陪练摆短练习。一定要判断清楚球的旋转强度，并根据来球的旋转强度调节和控制拍形和击球方向。该步子不需检测。

步子九：搓球综合练习。把快搓、慢搓、搓加转、不转和摆短，随机、灵活地组合，并根据来球的情况合理使用。先做 1/2 台的练习，再做全台练习。站位稍向后调整。

步子十：搓球终检测。用中等偏快的速度，反手斜线连续对搓 10 板，并且落点控制在外 1/3 台区。

步子十一：搓球实战计分比赛。只能发下旋球和搓球，使用其余技术一律不得分，先打 1/2 台，后打全台。站位稍向后调整。

（五）攻球技术

正手攻球是乒乓球技术中最基本、最重要且必不可少的技术。它具有击球力量大、速度快、落点变化多的特点，具有较强的杀伤力，是主要的得分手段。学习正手攻球技术，一定要多做挥拍模仿练习，注意细心体会四个基本技术环节，特别是前臂的折臂和手腕的转腕收打的核心技术。

1. 正手攻球

正手攻球技术有四个基本技术环节。

（1）站位姿势与拍形：站位中间偏右，右手握拍，左脚稍前，两脚开立稍宽于肩，距台 30～50 厘米，膝关节微屈，身体前倾。控制拍面对角，球拍稍前倾约 70 度。

（2）击球时机：上升期后期击球的中上部。

（3）击球过程：向后引拍至身体的最远点，此时大小臂的角度约 150 度；在球落台的瞬间，向前上方挥拍击球，同时手腕内收，完成折臂收打，球拍止于脸部的正前方，此时大小臂的角度约 100 度。

直拍正手攻球演示视频

横拍正手攻球演示视频

（4）发力部位及发力特点：以前臂发力为主，大臂和手腕辅助，协调配合，以均匀柔和地发力为主，然后逐渐加速发力。

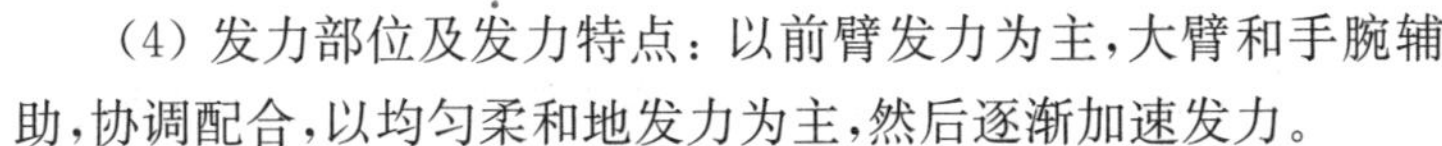

2. 正手攻球技术的程序练习

（1）正手攻球技术程序。

基本站位姿势与挥拍；发平击球陪练正手快攻的单一练习；连续推挡陪练连续正手攻球；正手斜线对攻；加力推陪练正手快带的练习；加力推陪练正手中远台攻球；发球推挡陪练推挡扣杀的单组练习；发下旋球后正手突击下旋球的单一练习；正手攻球的综合练习；正手攻球终检测；正手攻球实战计分比赛。

(2) 正手攻球技术的程序练习、检测与评价。

步子一：在站位姿势正确的基础上，多做挥拍练习，特别注意体会大小臂折臂收打角度的变化、拍形的控制及球拍的起止点。

步子二：用中等偏慢的速度发弧线偏高的平击球陪练正手攻球，注意体会四个技术环节，在整体动作的基础上，特别注意折臂收打的核心技术。基本掌握技术后，逐渐加快速度，先练斜线，后练直线，检测以连续 10 板成功并控制落点在外 1/3 台区，即可进入下一步子的练习。

步子三：用发平击球推挡陪练 3 板为一组的连续正手攻球练习。速度由慢到快，先斜线后直线连续成功 3 组后，再做 10 板以上的练习，特别注意落点的控制。用中等偏快速连续正手斜线攻球 10 板，并控制落点在外 1/3 台区，即可进入下一步子的练习。

步子四：必须严格练好步子三，才能进入步子四的练习，先用弧线偏高的中慢速节奏练习，重点是落点控制。然后逐渐加快速度进行练习。用中等偏快速连续正手斜线对攻球 10 板，并控制落点在外 1/3 台区，即可进入下一步子的练习。

步子五：发较快的平击球，并加力推一板陪练的连续两板正手快带练习，先做斜线，后做直线，最后做一斜一直的练习。

步子六：发急速长球并用中等偏大力度的加力推陪练连续两板为一组的中远台攻球，先做斜线，后做直线，最后做一斜一直的练习。然后逐渐加大攻球力度，并用较大幅度的连续推挡陪练连续中远台攻球。注意体会下降前期击球，动作幅度加大后节奏的把控。只要用中等偏大的力量连续攻球 5 板左右即可进入下一步子的练习。

步子七：用推挡陪练正手扣杀，主练发球后做扣杀练习，先斜，后直，再以一斜一直，注意高点期击球、发力的感觉。只要用中等偏大的力量连续攻球 5 板左右即可进入下一步子的练习。

步子八：主练发下旋球后突击下旋球，先打斜线，后打直线，最后，斜直随机练习。球拍垂直，向前折臂收打，击球瞬间注意手腕的内旋包打，在最高点击球的中部，手腕的内旋向球顶摩擦包打。当成功率达到 70%即可进入下一步子的练习。

步子九：正手攻球综合练习。方法一，发平击球、连续快推结合加力推陪练正手快攻、快带、中远台攻球和扣杀；方法二，发下旋球突击下旋球后，衔接各种攻球技术的练习。该步子不需检测。

步子十：正手攻球终检测。用中等偏快的推挡陪练，连续斜线快攻 10 板并使球落在外 1/3 台即可。

步子十一：正手攻球技术综合计分比赛，发下旋球突击打起对搓球、推挡的比赛在 1/2 台进行。

(六) 步法

前国际乒联主席荻村伊智朗先生说过，步法是乒乓球运动员的生命。可见，步法对乒乓球运动员是何等的重要。步法与手法相长，步法移动到位，才能保持合理的击球位置，掌握最佳的击球时间，才能发力击球并打出精准多变的球。良好的步法是提高技战术水平的必要条件。

1. 步法种类

(1) 单步。

单步以左脚为支撑时，右脚向前、右、右前、右后方移动；单步以右脚为支撑时，左脚向前、左、左前、左后方移动。

(2) 并步。

移动时，先以来球远端的脚向近端的脚并一步，同时，来球近端的脚再向来球方向平移一步。并步移动范围大，移动过程中保持重心平稳有利于连续快速回球。

(3) 跨步。

跨步是以来球方向的异侧脚用力蹬地，另一只脚向来球方向跨出一大步，同时，蹬地脚迅速移动跟进。

(4) 跳步。

跳步移动时，以来球远端脚发力蹬地，使两脚一同离地向来球方向跳跃，发力蹬地脚先落地，另一只脚紧跟落地站稳并挥拍完成击球。

(5) 交叉步。

以来球近端的脚为支撑，离球远端的脚迅速向来球方向跨出一大步，腰和髋关节随势带向来球方向，原支撑脚跟着向来球方向迈出一步后挥拍击球。交叉步移动的范围最大，主要用来回击远离身体的来球。

2. 步法练习的方法

(1) 持拍上台的无球步法练习。

方法一：单个步法练习。逐一练习单步、并步、跳步、跨步和交叉步，然后步法和手法结合进行练习。主要体会、领悟步法移动时下肢发力的部位和特点，重心的控制及各种步法的用途。

方法二：随机组合练习。将五种基本步法随机灵活变化地组合练习。练习者可想象比赛情景的各种来球，并根据来球做各种手步法的练习。

(2) 有球练习。

方法一：单个步法练习。案例：用左推右攻练习并步。

方法二：多球练习。用多球以不定点、随机供球的方式，练习各种步法的随机组合与衔接。

三、乒乓球运动基本战术

乒乓球战术，从广义上，可理解为在比赛中技能、智能、体能和心理品质有目的、有针对性地综合运用；从狭义上，可理解为在比赛中运动员根据自己和对方的打法、类型及技术特点而采用的各种技术手段与方法。

(一) 控制落点

乒乓球的落点是指将球击到对方台面的着台点。掌握和控制好回球落点能有效地调动对方、破坏对方击球的质量。乒乓球落点有两方面的含义，即击球线路与落台区域。击球线路有5条：左方斜线、右方斜线、左方直线、右方直线和中路直线。落台区域有9个：近网区域3个，中台区域3个，底线区域3个。一般规律：① 加大对方跑动范围。如逢斜变直、逢直变斜、逢近变远、对角进攻等。② 增加对方击球难度。如调左打右、直线进攻、打追身球等。

(二) 旋转多变

乒乓球的旋转差异大、变化多，掌握好旋转变化规律，对提高回球质量，增加战术的多变性和实效性具有重要意义。一般规律：① 以相似的动作击出不同旋转的球。② 改变旋转性能或旋转强度。③ 借助对方来球的旋转。

(三) 轻重结合

运动员在比赛中根据场上情况把握“凶”与“稳”就是轻重结合的把控。一般规律：① 来球回接难度较大或处于明显的下降期，多以轻或中等力量为主，以减少失误，提高回球的稳定性。② 对旋转性能判断不清时，轻重结合就更重要了。一般情况下，对强下旋、不转短球采用劈、搓长球；对长球则多采用击球的下降期来回球。③ 来球反弹较高、旋转性能判断准确、击球时间充分、位置较好的，则采用发力进攻。

(四) 快慢相间

快慢相间是指球速的掌握和控制，其实质就是节奏问题，是乒乓球实战中的一个难点。击球时，什么球该快、什么球该慢、什么球该发力、什么球不该发力，必须经过实战的千锤百炼，来积累丰富的处理球的经验。一般规律：① 发球或搓球时近网短球速度慢，长球速度快。② 进攻时，速度较慢的拉（攻），易于控制，稳定性高，但杀伤力不强；速度快的拉（攻）杀伤力大，可直接得分。③ 防守时，速度快的主动防守，威胁大，技术水平要求高；速度慢的被动防守，威胁不大，但比较稳健。

（五）心理较量

良好、积极的心态，清晰的战术思路，坚决果断的行为方式，机警灵活的战术调整变化是我们取胜不可或缺的心理品质，在平时的训练、比赛中应给予重视和培养。

第五节　羽 毛 球

一、羽毛球运动基本常识

（一）羽毛球运动的起源与发展

现代羽毛球运动起源于1873年英国伯明顿镇，英文名称为 badminton。1992年巴塞罗那奥运会，羽毛球被列入奥运会正式比赛项目。中华人民共和国成立后，羽毛球运动逐渐发展起来。20世纪80年代以来，羽毛球运动在我国已具有深厚的群众基础，中国已经成为羽毛球运动强国，曾于2012年伦敦奥运会包揽羽毛球5个项目金牌。

（二）羽毛球运动的锻炼价值

羽毛球运动是一项集健身性、竞技性和娱乐性为一体的体育运动。经常打羽毛球，能够发展上下肢和腰部的力量，提高身体的灵活性、协调性以及内脏器官各系统的功能，培养沉着、机智、果断、顽强的意志品质和团队协作精神。

（三）羽毛球运动的器材

羽毛球：重4.74克～5.5克，由16根羽毛插在半球型软木托上，球高68～78毫米，直径58～68毫米，分为1至10号。

羽毛球拍：球拍框总长度不超过68厘米，宽不超过23厘米，拍弦面长不超过28厘米，宽不超过22厘米。

（四）羽毛球运动的主要比赛规则及比赛方法

1. 比赛的项目

男子单打、女子单打、男子双打、女子双打、混合双打、男子团体、女子团体、混合团体。

2. 计分方法

采用3局2胜，每局21分制，即每局分数先达21分者获胜该局，获胜两局一方为比赛胜方。若每局双方比分为20比20，则一方须领先2分才算获胜该局；每局最高分30分（即一方先得30分即算获胜该局）。

3. 发球权与比赛

比赛开始前，采用挑边器，确定首先开球一方和场区。

每个回合得分方才有发球权。如果发球方得分为奇数时，从左发球区发球，把球发到对方的左发球区；如果发球方得分为0或偶数时，从右发球区发球，把球发到对方的右发球区（在有效区域内，所有压线球属于有效球）。

每局比赛结束后，双方须交换场区。在第三局或只进行一局的比赛中，当一方分数首先到达11分时，双方须交换场区。

4. 羽毛球比赛中常见的违例

(1) 发球时，在击球的瞬间，拍框不明显低于手腕。

(2) 发球时，在击球的瞬间，整个球高过发球员的腰部位置。

(3) 发球开始后，挥拍动作不连贯。

(4) 发球时，脚移动、触线或不在发球区内。

(5) 发球时，最初击球点不在球托上或发球时未能击中球。

(6) 发球时，球没有落在规定的接发球区内。

(7) 球落在场地界线外。

(8) 球从网孔或网下穿过。

(9) 球未从网上方越过。

(10) 球触及天花板或四周墙壁。

(11) 球触及运动员的身体或衣服。

(12) 球触及场地外其他物体或人。

(13) 球被击时停滞在球拍上，紧接着被拖带抛出。

(14) 球在一个回合中被同一方队员多次击中。

(15) 运动员的球拍、身体或衣服，触及球网或球网的支撑物。

(16) 过网击球(击球时，球拍与球的最初接触点在击球者网这一方，而后球拍随球过网的情况除外)。

二、羽毛球基本技术

为了便于教学与学习参考，本节专门针对初学者介绍羽毛球的基础性技术。本节介绍的所有技术均以右手握拍为例，左手持拍者则反之。

(一) 握拍法

1. 正手握拍

正手握拍采用“握手式”方法握住拍柄，手掌虎口对准球拍框，拇指和食指贴在拍柄两侧的宽面上，其余三指自然握住拍柄，手掌心与拍柄须留有空隙(图 9－55)。

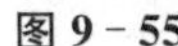
图 9－55

图 9－56

2. 反手握拍

反手握拍在正手握拍的基础上，转动拇指和食指，使球拍柄外旋约 90°，拇指顶贴在球拍柄宽面上，其余四指紧握球拍柄(图 9－56)。

握拍练习方法：正手握拍与反手握拍相互转换练习。

（二）发球

1. 正手发高远球

（1）发球站位：单打发球在中线附近，站在离前发球线1米左右。

侧身对网，左脚在前，右脚在后，双脚与肩同宽成丁字步站立，重心在右脚上；左手手臂弯曲，酒杯状持球于胸口前方；右手持拍拉至身体后方，手臂可直可屈。

左手无初速度将球抛落后，用腰腹部控制身体转90度，重心移至左脚，右脚尖踮起；同时右手手臂伸直转至身体正前方，手腕在身体7点钟方位从后往前上方击打落下的球。

正手发高远球演示视频

球离开拍面后，可放松手肘同时依照惯性挥动大臂至左上方，手肘超过下颌。

注意事项：① 击球有效部位在拍面中间从上往下数第6至第8根横线。② 击球时不能屈肘，手腕快速击球且拍面要正对前方，身体转正的同时击球以保证球的飞行轨迹高、远、直。

（2）正手发高远球练习方法。

教师讲解发高远球动作的要领，示范正确动作，学生进行无球动作练习（教师帮助学生学习动作，纠正错误动作）。

多球发球练习（学生分站场地两边，用多球练习发球）。

图 9－57

2. 反手发网前球

反手发网前球就是运用反手发球技术把球发至对方发球区内前发球线附近，击球时球拍由后向前推送击球，使球运行的弧线最高点略高于网顶，球拍触球时，拍面呈切削式击球，使球落到对方场区的前发球线附近（图 9－57）。

反手发网前球练习方法：教师讲解发网前球动作的要领，示范正确动作，学生进行无球动作练习（教师帮助学生学习动作，纠正错误动作）；多球发球练习（学生分站场地两边，用多球练习发球）。

（三）前场击球技术

1. 挑球

（1）正手挑球技术要领（准备动作后）。

右脚向右前方迈出一步，同时右手手臂伸直伸向击球点，手腕从后往前上方，运用手腕和手指力量击打落下的球。球离开拍面后，可放松手肘同时依照惯性挥动大臂至左上方，手肘超过下颌。右脚收回的同时左右手收回，恢复准备动作等待下一次击球。

注意事项：

右腿屈膝成弓箭步，右脚脚尖打开（脚尖比身体前进方向更向右方打开），防止脚踝扭伤；击球时不能屈肘，手腕快速击球且拍面要正对前方，以保证球的飞行轨迹高、远、直。

正手挑球演示视频

（2）反手挑球技术要领（准备动作后）。

调整至反手握拍动作，转动腰腹部，右脚向左前方迈出一步同时右手屈肘，肘部指向预备击球点，同时左手向后伸出保持身体平衡，手、身体与脚成一直线指向击球点。小臂从下往上挥动至与大臂成一直线后，手腕从后往前上方击打落下的球，并适当使用腰腹力量。球离开拍面后，可依照惯性挥动大臂至上方。

反手挑球演示视频

注意事项：

右腿屈膝成弓箭步，右脚脚尖与弓箭步成一直线防止脚踝扭伤。拇指竖直击球，击球时不能屈肘，手腕快速击球且拍面要正对前方，以保证球的飞行轨迹高、远、直，并适当使用腰腹力量。

正手交叉步上网步法演示视频

(3) 配合步法练习。

羽毛球正手(反手)交叉步上网步法为右脚向右前方(左前方)迈一小步后，左脚快速向前跨出一步，利用左脚蹬力，右脚向右前方跨出一大步，到位击球。击球后，右脚快速向后移至左脚后，然后左脚继续向后移，双脚迅速调整左右脚站位与准备启动前站位一致，等待下一次击球。

反手交叉步上网步法演示视频

(4) 挑球练习方法。

① 教师讲解挑球动作的要领，示范正确动作，学习原地挑球挥拍动作(教师指导练习，纠正动作)。

② 抛球击球练习(主要是练习击球动作的连贯性)。

③ 固定线路的吊球与挑球两人配合练习。

④ 配合上网步法进行挑球动作练习。

搓球演示视频

2. 搓球

击球时，运用手腕和手指，以斜拍面“搓”“切”球拍的后下部，使球旋转、翻滚至对方的网前(图 9－58)。

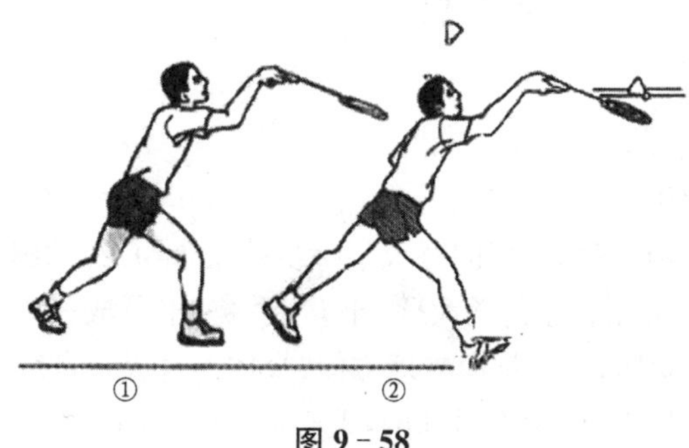

图 9－58

3. 扑球

运用手腕和手指，瞬间发力，把高于网顶的球快速扑击至对方场区内(图 9－59)。

图 9－59

扑球演示视频

4. 推球

运用手腕和手指，将网前高点的球以飞行弧度较平的线路推击至对方端线附近(图 9－60)。

推球演示视频

图 9-60

5. 勾球

运用手腕和手指，将靠近网前边线区域的球勾击至网前对角线的位置上(图 9-61)。

①　②

反手勾球演示视频

图 9-61

(四) 后场击球技术

1. 高远球

(1) 原地挥拍技术要领。

原地挥拍演示视频

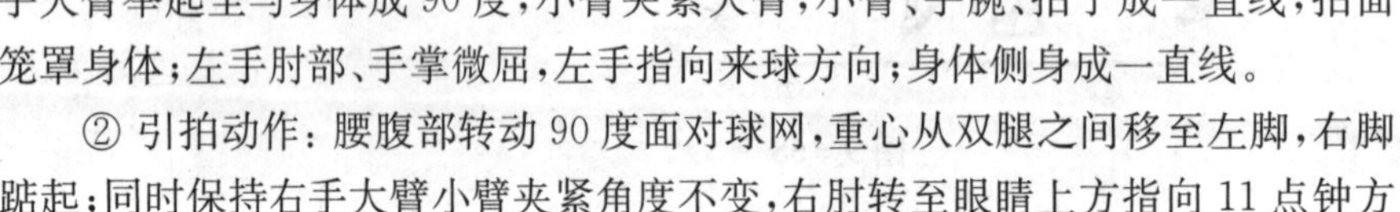

① 准备姿势：侧身对网，双脚与肩同宽成丁字步站立，重心在两腿之间；右手大臂举起至与身体成 90 度，小臂夹紧大臂，小臂、手腕、拍子成一直线，拍面笼罩身体；左手肘部、手掌微屈，左手指向来球方向；身体侧身成一直线。

② 引拍动作：腰腹部转动 90 度面对球网，重心从双腿之间移至左脚，右脚踮起；同时保持右手大臂小臂夹紧角度不变，右肘转至眼睛上方指向 11 点钟方向，大臂贴近耳朵，小臂挂拍于身后，同时左手自然垂下。

③ 击球动作：保持大臂不动，小臂引拍至与大臂成一直线时，手腕转动拍面正对来球方向，击球时手腕迅速从后 45 度挥至前 45 度。

④ 收拍动作：击球结束，放松右臂依照惯性回落至身体左侧。

(2) 注意事项。

① 转身是靠腰腹部转动而不是肩膀，转身结束时身体包括肩膀正对球网；大臂小臂在转动过程中一直保持夹紧，并非打开后再夹紧。

② 挥拍时大臂保持不动，击球过程中大臂小臂成一直线，球拍大约指向 11 点钟位置(吊球、杀球击球点比高远球更靠前)；手腕在手臂成一直线时快速转动：挥拍练习时高远球为后 45 度至前 45 度，实际击打可根据来球速度与方向以及回球落点控制手腕转动的角度与力度。

(3) 配合步法练习。

羽毛球侧身交叉步后退步法为启动后，以左脚前掌为轴，右脚往右后侧蹬转后退一步(步不宜太大)，左腿即刻经右腿后交叉后退一步，紧接着右脚再往右后撤一步(重心落在右脚上），成侧身对网姿势。此刻，可以原地击球或起跳击球。击球后，迅速返回原位，准备下一次击球。

(4) 正手击高远球练习方法。

① 教师讲解击高远球动作的要领，示范正确动作，原地挥拍动作练习（教师指导练习，纠正动作）。

② 固定高度悬挂球击球练习（主要是体会高点击球动作的连贯性）。

③ 原地击高远球练习（教师用手扔球，学生尽量用正确动作来击球）。

④ 配合后退步法进行击高远球动作练习。

2. 吊球

准备动作和挥臂过程与高远球的动作一样，在球拍触球一瞬间，运用手腕和手指的力量，使拍面轻轻地“切”“压”球的后下部，把球吊到对方的网前区域内。注意吊球的击球点必须比高远球的击球点稍前。

3. 扣杀球

准备动作和挥臂过程与高远球的动作一样，运用手臂、手腕、手指及全身的力量做鞭打式的挥臂动作，把球向下扣压在对方场区内。注意击球点必须比吊球的击球点稍前。

（五）中场平抽挡技术

以较平的飞行弧线，较快的球速，接近球网的高度，还击到对方场区的一种进攻性技术。

三、羽毛球基本战术

（一）单打基本战术

1. 发球抢攻

通常以发网前球、平球开始，打乱对方的节奏，争取控制对方，以攻杀得分。

2. 拉开突击

用高球、吊球拉开对方的位置，寻找机会，下压突击来争取得分。

3. 下压抢网

在后场扣杀对方击来的高远球，结合吊球，迫使对方被动挡网前或放网前球，然后主动快速上网搓球、推球，争取下一拍的进攻机会。

4. 杀中路

通过把对方拉开四个角，然后突然攻击其中路，即追身球。

5. 压反手

通过调动对方的位置，然后压其反手空档，当其反手回球不到位时，争取主动进攻得分。

6. 压后场

以高球压对方后场底线，迫使对方后退，然后寻找机会以大力扣杀或吊网前空档争取得分。

（二）双打基本战术

1. 攻人战术

当对方两名选手水平不一时，集中攻其较弱者。

2. 守中反攻

我方处于防守时，主动地、有意识地回击对方的来球，调动对方，寻找机会，由守转攻。

3. 挑两底线

防守时，连续把球挑到对方的两个底角，让对方一人连续在底线回球，伺机由守转攻。

4. 攻中路

通过攻击对方的中路，造成对方配合上的失误，以争取我方的主动权。

5. 偷发后场

发网前球时，运用假动作，突然发平球来偷袭对方的后场。

6. 攻直线

当我方采取进攻时，前场封网的队员有意识地封直线，以争取得分机会。

四、羽毛球运动的辅助练习

（一）暖身运动

1. 颈部

做转头动作，可避免在打高远球和头顶球时，脖子扭伤。

2. 手

先转动手腕，手腕变暖之后再挥动小臂做正拍与反拍扣球的动作，最后再配合大臂做顺逆时针的转动。

3. 腰

做前仰后仰动作后，再做转体与侧弯运动，一定要做得确实，避免腰部扭伤。

4. 腿部

脚踝转完后做一下交腹蹲跳，劈腿拉筋和侧半蹲使大腿的前肌与后肌都得以舒张。

5. 挥拍练习

握拍转动手腕做挑球动作。

（二）上肢专项力量练习

提高挥拍击球的力量和挥拍击球的速度，使出手击球凶狠。上肢力量练习主要是肩部、大臂、小臂、手腕。

1. 挥羽毛球拍

按羽毛球各种击球动作，做快速挥拍和用力挥拍。

2. 挥网球拍

模仿羽毛球各种击球动作，利用网球拍做快速挥拍和用力挥拍。

3. 持哑铃练习

连续向前上方挺举、颈后屈臂向上举、正反握前臂屈伸、手腕屈伸。

（三）下肢专项力量练习

增强下肢力量可以为步法的快速移动打下良好的基础。下肢力量练习主要是锻炼骨盆部盆带肌、大腿、小腿及足部踝关节。

1. 半蹲、深蹲向前、后、左、右蹬跨步

向前蹬跨模仿上网步法、向左右蹬跨模仿接杀球步法和向两侧起跳步法，向后蹬跨模仿后场两底线被动步法、底线平抽球步法。

2. 两脚交替前、后、左、右跳

开始先由右脚向前跳，右脚落地后立即向后蹬，左脚接着向后跳，左脚落地后立即向右侧蹬，右脚紧接着向右侧跳，右脚落地后立即再向左侧蹬，左脚接着向左侧跳，如此反复。

3. 双脚十字蹬跳

双脚并拢，按着十字方向做前、后、左、右蹬跳。

4. 两边跳

模仿两边起跳突击步法做向两侧大幅度跳跃。

5. 沙坑练习

在沙坑中进行练习，可以加大难度和强度。

6. 负重练习

负重练习可增强练习效果。

（四）腹背肌力量练习

各种步法的转体、各种扣杀动作及上网救球动作，都需要强有力的腹背肌。腹背肌力量练习方法如下：

（1）徒手或负重仰卧起坐。

（2）凳上徒手或负重仰卧起坐。

（3）静力腹肌和背肌。

（4）徒手或负重俯卧体后屈。

（5）凳上徒手或负重俯卧体后屈。

（五）移动频率练习

跳绳是练习脚步移动频率最好的办法，争取做到连续的双摇甚至三摇。

第六节　网　　球

一、网球的起源与发展

（一）名称的由来

网球是世界第二大球类运动，也是四大贵族运动之一，而网球运动的由来和发展可以用四句话来概括："孕育在法国，诞生在英国，开始普及和形成高潮在美国，现在'横行'全世界。"

网球运动最原始的形式是室内网球(real tennis)。普遍认为网球起源于12世纪法国北部的传教士们在教堂的走廊里用手击打球的一种游戏，到了14世纪中叶，一位法国诗人将这种游戏介绍到法国宫廷中，供贵族消遣。根据记载，当时在宫廷的大厅内玩游戏时，贵族们将布卷成球形并用绳子绑上作为球，拉起绳子作为分界，用两手作为球拍，把球从绳子上方丢来丢去，法语将这种游戏方式叫作"Tenez"，英语叫作"Take it！ Play"，意思是"抓住！ 丢过去"，这也是"tennis"即网球一词的由来。

16世纪初，这项球类游戏被法国市民发现，市民出于好奇心开始仿效，很快地传播到各大城市，同时改良了用具。球制造得比较耐用，拍子由木板改为羊皮纸板，拍面面积放大，握把的柄也加长。场地中间的绳子，增加无数短绳子向地面垂下，球从绳子下面经过时，可以明显地发觉。后来被法国国王路易斯下令禁止，并规定这是宫廷中的特权游戏。

现代网球运动的历史一般认为是从1873年开始的。那年，英国人沃尔特·克洛普顿·温菲尔德将早期的网球打法加以改进，使之成为夏天在草坪上进行的一种体育活动，并取名"草地网球"。同年还出版了一本以"草地网球"为题的小册子，对这种活动进行宣传和推广。所以温菲尔德被称为"近代网球的创始人"。此后网球便成为一项室内、户外都能进行的体育项目，同时在英国各地建立网球运动俱乐部。1875年又建立了全英网球运动俱乐部。这个俱乐部建造了世界上的第一个网球场地，并于1877年举办了全英草地网球男子单打锦标赛，即后来闻名于世的温布尔登网球赛。

网球名称的由来还有很多种说法，也有说网球起源于埃及坦尼斯小镇、希腊雅典等地，实际上，网球真正的来源并没有一个公认的结论。

（二）球场的变迁

在 1873 年之前，网球都是一项室内运动，在沃尔特・克洛普顿・温菲尔德发明了草地网球之后，网球才真正走向室外。

1874 年，在百慕大度假的美国女士玛丽・奥特布里奇在观看了英国军官的网球比赛后，对这项体育活动颇感兴趣，于是将网球规则、网球拍和网球带到纽约。在美国，网球运动最初是在东部各学校中开展的，不久就传到中部、西部，进而在全美得到普及。此时网球运动已经由草地上演变到可以在沙土上、水泥地上、柏油地上举行比赛。经过一个多世纪的发展，如今的网球场有着草地球场、沙土球场、硬地球场和地毯球场这四种主要类型，在网球四大满贯的比赛中，澳大利亚网球公开赛和美国网球公开赛采用硬地球场，法国网球公开赛采用红土球场，而温布尔登网球公开赛则沿用草地球场。

（三）计分制的产生

网球比赛中，每一局有 4 分，分别是 15、30、40，40 过后再得一分就拿下了一局（在没有平分的情况下）。这令人费解的 15、30、40 的由来其实是钟表的刻度，因为最原始的网球运动是起源于宫廷之中，所以计分方法就地取材是可以理解的。他们拿可以拨动的时钟来计分，每得一次分就将时钟转动四分之一，也就是 15 分（a quarter，一刻），同理，得两次分就将时钟拨至 30 分，当然一切都是以他们的方便为基础。这就是 15 分、30 分的由来。

至于 40 分，它比较怪异，它不是 15 的倍数。这是因为在英文中，15 分念作“fifteen”，为双音节，而 30 分念作“thirty”，也是双音节；但是 45 分，英文念作“forty-five”，变成了三个音节，当时的英国人觉得有点拗口，也不符合“方便”的原则，于是就把它改成同为双音节的 40 分（forty）。这就是看起来不合逻辑的 40 分的由来（图 9 - 62）。

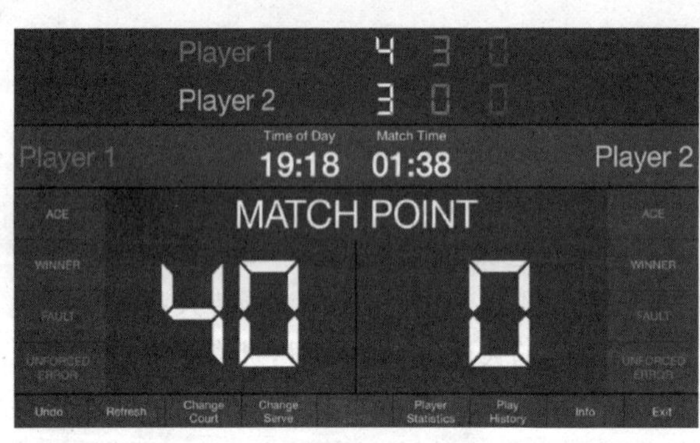

图 9 - 62

在比赛中常出现的计分术语还有平分“deuce”和零“love”，其中“deuce”来源于法语的“a deux”，是共同的意思。“love”则来源于法语零的单词“l’œuf”，英国人用与其相近的单词“Love”来替代，并以此代表零。

二、认识网球场

一片标准的网球场地的占地面积不能小于 648 平方米（长 36 米×宽 18 米），这一尺寸也是一片标准网球场地四周挡网或者室内建筑内墙面的净尺寸。在这个面积内，有效双打场地的标准尺寸是 23.77 米（长）×10.98 米（宽），有效单打场地的标准尺寸是 23.77 米（长）×8.23（宽），在每条端线后应留有余地不小于 6.40 米，在每条边线外应留有余地不小于 3.66 米。在球场安装网柱，两柱中心测量，柱间距是 12.80 米，网柱顶端距地面是 1.07 米。如果是两片或两片以上相连而建的并行网球场地。相邻场地边线之间的距离不小于 4.0 米。如果是室内网球场，端线 6.40

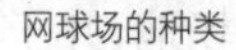

网球场的种类

网球运动装备

米以外的上空净高不小于6.40米，室内屋顶在球网上空的净高不低于11.50米。

场上纵横交错的白线都有各自的名称，球场两端的界线称为“端线”，球场两边的界线称之为“边线”；在球网两侧6.40米处的场内各画一条与端线平行的横线为“发球线”；联结两发球线的中点画一条与边线平行的线称“中线”；中线与球网投影成“十”字形，将发球线与边线之间的地面分成四个相等的区域，称为“发球区”；在端线的中心，向场内画一条垂直于端线的短线称为“中点”。全场各区的丈量，除中线外都从各线的上沿计算，场上所有的线应是同一颜色（白色或黄色）。

三、网球基本规则

（一）分、局、盘、比赛

网球比赛一般为三盘两胜或者五盘三胜，每一盘比赛中有着6～13局，每一局中又有着若干分，分别用0、15、30、40和deuce来表示每局中的得分情况。

（二）计分方法

1. 赢下1分

遇到下列情况时，判对方胜1分：

(1) 发球员连续两次发球失误或脚误时。

(2) 接球员在发来的球没有着地前球触及自己的身体及所穿戴的衣物时。

(3) 在球第二次落地前未能还击过网时。

(4) 还击球触及对方场区界线以外的地面、固定物或其他物件时。

(5) 还击空中球失败时。

(6) 在比赛中，击球员故意用球拍拖带或接住球，或故意用球拍触球超过一次时。

(7) “活球”期间运动员的身体、球拍（不论是否握在手中）或穿戴的其他物件触及球网、网柱、单打支柱、绳或钢丝绳、中心带、网边白布或对方场区以内的场地地面。

(8) 还击尚未过网的空中球（过网击球）。

(9) 除握在手中（不论单手或双手）的球拍外，运动员的身体或穿戴的物体触球。

(10) 抛拍击球时。

(11) 比赛进行中，运动员故意改变其球拍形状。

2. 赢下1局

运动员每胜一球得1分，先胜4分者胜1局。（其中得1分为fifteen，2分为thirty，3分为forty。）

遇双方各得3分时，则为“平分”（deuce）。“平分”后，一方先得1分时，为“接球占先”（advantage serve）或“发球占先”（advantage）。

占先后再得1分，才算胜1局。

业余比赛中常有金球制，即平分后再得1分即可赢下1局。

3. 赢下1盘

一方先胜6局为胜1盘，但遇双方各得5局时，一方必须净胜两局才算赢下1盘。

在每盘的局数为6平时，进行决胜局，先得7分为胜该局及该盘，若分数为6平时，一方须净胜2分。

4. 赢下1场比赛

国际比赛常为三盘两胜制或者五盘三胜制，在三盘两胜制比赛中赢下两盘即为赢下1场比赛。

（三）比赛规则

1. 发球方规则

发球员在发球前应先站在端线后、中点和边线的假定延长线之间的区域里，用手将球向空中任何方向抛起，在球接触地面以前，用球拍击球（仅能用一只手的运动员，可用球拍将球抛起）。球拍与球接触时，就算完成球的发送。

发球员在整个发球动作中，不得通过行走或跑动改变原站的位置，两脚只准站在规定位置，不得触及其他区域。

每局开始，先从右区端线后发球，得或失 1 分后，应换到左区发球。

发出的球应从网上越过，落到对角的对方发球区内，或其周围的线上。

未击中球；发出的球，在落地前触及固定物（球网、中心带和网边白布除外）；违反发球站位规定都为发球失误。发球员第一次发球失误后，应在原发位置上进行第二次发球。两次发球失误则判失 1 分。

发球触网后，仍然落到对方发球区内；接球员未做好接球准备，均应重发球。

第一局比赛终了，接球员成为发球员，发球员成为接球员。以后每局终了，均依次互相交换，直至比赛结束。

2. 接发球方规则

接发球方不得故意以各种动作去干扰发球方的注意力。

接发球方必须等球在发球区内弹起才能接球。

3. 交换场地

双方应在每盘的第 1、3、5 等单数局结束后，以及每盘结束双方局数之和为单数时，交换场地。

四、准备运动

在运动之前，用短时间低强度的动作，让即将运动时将要使用的肌肉群先行收缩活动一番，以增加局部和全身的温度以及血液循环，并且使体内的各种系统（包括心脏血管系统、呼吸系统、神经肌肉系统及骨骼关节系统等）能逐渐适应即将面临的较激烈的运动，来减少运动伤害的发生。

下面是一套常用的网球热身运动：

（一）慢跑

围绕网球场地慢跑 2～5 圈，其间可加入并步移动、交叉步移动等步伐练习，让身体充分热起来，促进心率加快和血液循环。

（二）颈部运动

充分做好颈部向各个方向的环绕动作，防止颈部肌肉扭伤或拉伤。

（三）肩部运动

双手放在同侧肩膀上做环绕运动，充分拉伸肩部肌肉。肩部是网球运动中最常使用的部位之一，需要做好足够的热身。

（四）胸部伸展

两手举平与肩同高，向后做扩胸运动，拉伸胸部肌肉。

（五）腰部伸展

两手叉腰，腰部分别沿顺时针与逆时针做旋转运动，重复数次至腰部活动自如为止。

（六）胯部伸展

两腿沿左右与前后分别下压，重心放在弯曲的那条腿，大腿内侧需有拉伸感。

（七）膝关节运动

两个膝盖并拢，手掌扶住膝盖，沿着顺时针与逆时针分别做旋转运动，直至膝关节活动自如为止。

（八）手腕脚腕

向顺时针与逆时针方向缓慢活动手腕与脚腕，手腕脚腕是网球运动最容易受伤的部位，必须做好充分热身。

五、握拍方式（握拍及基本技术均以右手为例）

（一）正拍

1. 大陆式

将球拍侧立，自上而下抓握拍柄，虎口对正拍柄上侧的棱面正中（图 9－63）。

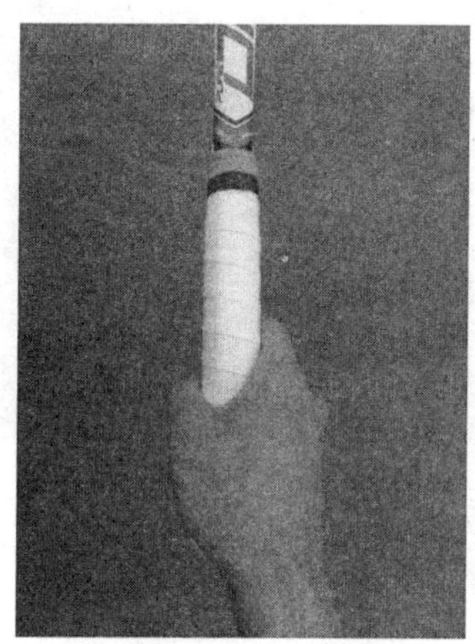

图 9－63

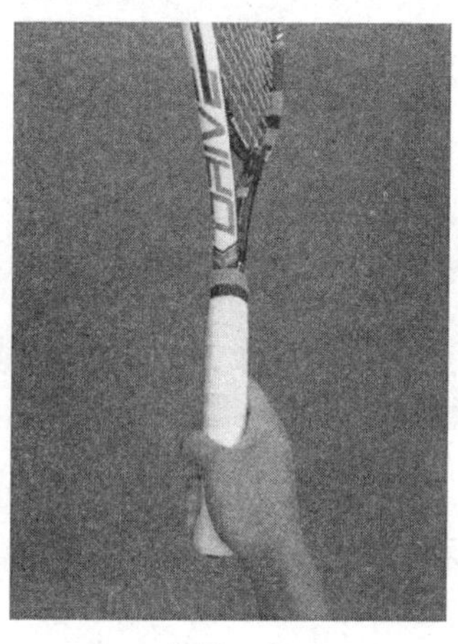

图 9－64

2. 东方式

拍面与地面垂直时，握拍手虎口对正拍柄右上方的侧棱（图 9－64）。

3. 半西方式

在东方式握拍基础上，顺时针转动手腕直至食指指节和球拍拍柄右下方的棱面接触（图 9－65）。

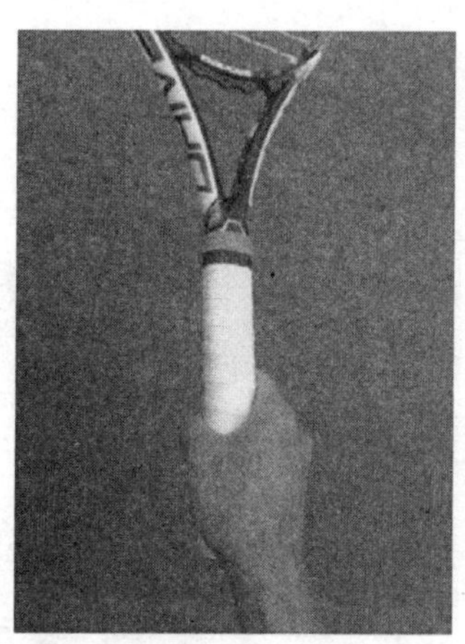

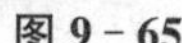

图 9－65

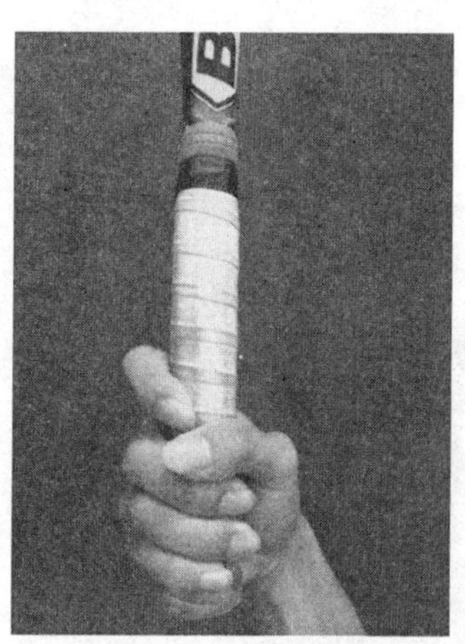

图 9－66

图 9－67

4. 西方式

当拍面与地面平行时，用手从拍面向下抓住拍柄，掌根贴在拍柄右下斜面（图 9－66）。

（二）单手反拍

半西方式单手反拍（图 9－67）。

（三）双手反拍

右手使用大陆式握拍握在球拍底部，左手先平放在左侧拍面，然后下移至与右手紧贴（图 9－68 与图 9－69）。

图 9－68

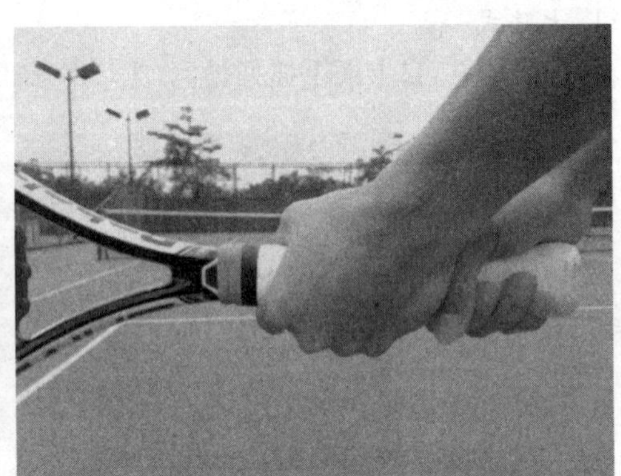
图 9－69

六、正拍击球

（一）准备

运动员面对球网，两脚分开，略宽于肩，双膝自然微屈，上身稍向前倾，下颌微向上抬，双眼注视来球，左手拿着球拍中点，右手握拍柄，拍头翘起，拍面与地面垂直或成约 45 度角（图 9－70）。

（二）引拍

向右侧转动双肩。随着身体的转动，右手持拍也同时向后摆，并将拍头翘起约至眼睛的高度，手腕处于自然位置。当球拍充分后摆时，右手臂自然伸展。

图 9－70

图 9－71

在向右转体时，以右脚跟和左脚的前掌为轴向右转动，使脚尖对着右面的边线，左脚向前跨出一步，使左肩对着球网，这时左手应位于靠近左腿前方或轻轻放在左腿前面(图 9-71)。

(三) 击球

双膝略弯曲，随着向前挥拍击球的同时，身体的重心逐渐移向前脚掌，在球拍触球时，要紧握球拍，手腕用劲(图 9-72)。

图 9-72

图 9-73

(四) 收拍

当球被击中之后，跟进动作不应该停止，这时右手应继续挥拍跟进到达左肩的高度，以增强击球的力量。跟进动作结束后，右手持拍回到身体前方。左脚退回，重新还原到准备姿势，以待迎击下一个来球(图 9-73)。

七、反拍击球

(一) 准备

反手击球的准备动作与正手几乎相同，但此时的握拍应该改为双手握拍，握拍之间的切换需要练习至快速流畅且准确(图 9-74)。

图 9-74

图 9-75

（二）引拍

以双手反手为例，此时向左侧转动双肩，双手持拍向后转动，直至拍头指向正后方。

在向左转体时，以左脚跟和右脚的前掌为轴向左转动，使脚尖对着左面的边线，右脚向前跨出一步，使右肩对着球网（图 9-75）。

（三）击球

左腿蹬地发力，重心向右脚掌转移的同时，由左手发力向前挥拍，右手起维持球拍稳定的作用，击球时手腕用力握紧球拍（图 9-76）。

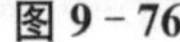

图 9-76

图 9-77

（四）收拍

击球之后双手继续向前将球拍送出，直至挥拍到达右肩上方。收拍结束后应该马上回到准备姿势，准备还击下一个来球（图 9-77）。

八、截击技术

（一）准备

截击球一般使用大陆式握拍，准备截击时运动员两脚自然开立约与肩同宽，重心放在前脚掌上，足跟提起，两手持拍置于胸前，拍头竖起在眼前，两肘离开身体，左肘高于右肘，上体微前倾，两眼注视来球，成为一个可向任何方向移动的准备状态（图 9-78）。

图 9-78

图 9-79

（二）击球

截击球是一个短暂的撞击动作，网拍后引动作小，不要过肩，大小臂之间不要大于 90 度，后引时要使肘领先小臂和拍子。击球点要处在身前。如果球落在体侧或身后，就变成挡球了，完全失去了控制球的能力；若击球点太靠前，就会去够球，结果是拍子向前下方挥动，造成击球下网或失掉重心。击球点高度应以眼睛高度为佳(图 9 - 79 与图 9 - 80)。

图 9 - 80

图 9 - 81

九、高压技术

（一）准备

高压球一般使用大陆式握拍。当对方挑高球时，应立即侧身转体并用并步或者交叉步向后退，同时侧身，持拍手上举至头部向后引拍，重心在两脚前脚掌上，后腿弯曲，随时准备扣杀(图 9 - 81)。

（二）引拍

在移动的同时双手举起，左手应伸指球找准击球点，右手球拍上举时动作需简洁(图 9 - 82)。

图 9 - 82

图 9 - 83

（三）击球

后脚发力蹬地，球拍拍头自然下落后向上挥拍，在身体前方、额头上方扣腕击球（图 9－83 与图 9－84）。

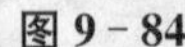

图 9－84

图 9－85

十、发球技术

（一）准备

使用大陆式握拍，双脚自然分开站立，两脚的连线根据习惯可与底线相垂直，也可以保持另外一个合适的角度，身体自然前倾，最好只持一个球，球自然着落在持球手的拇指、食指及中指三指上，无名指和小指自然屈于球的后部，切忌用力将球握在手里或捏在手里（图 9－85）。

（二）拉拍抛球

持球手的肘部渐渐伸直并向下靠近持球手同侧的大腿，然后从腿侧自下而上将球抛起。在整个动作过程中，手臂保持伸直的状态，其走势与地面垂直，掌心向上，用拇指、食指和中指三指将球平稳托起，尽量避免勾指、甩手腕等多余的手部小动作，以免影响球的平稳走势，球在空中的旋转越少越好。球脱手的最佳点在手掌走势的最高点。

在抛球的同时，向持拍手一侧转身，同时持拍手引导球拍贴近身体像钟摆一样将球拍摆至体后，同时屈膝背弓使身体成弓状（图 9－86）。

图 9－86

（三）击球

在屈膝、背弓动作的基础上自下而上依次蹬直踝部、膝部，反弹背弓并向出球方转体，与此同时仍以肘为轴带动手、拍头摆向击球点，最后在力的爆发点上击中抛送于空中的球（图 9－87）。击球后自然收拍至身体一侧（图 9－88）。

图 9－87

图 9－88

十一、基本技术练习方法

（一）正手与反手

1. 对墙练习

对墙练习正反手是初学者提高网球技术水平的最有效手段之一，对墙正反手练习的原则是由近到远，由轻到重，在保证击球的稳定性和连续性的同时，要争取做到脚步移动及时准确，动作正确舒展。

初学者可先站在距离墙 3～4 米的位置，轻轻将球击打至墙上 2 米的高度，尽量做到当球一次反弹时，稍微移动就可以击球，争取多打回合。当在该位置可以做到稳定击球时，可以渐渐向后退，并将球击高以确保在球一次落地后击球。在学习网球的各个阶段，都可以通过对墙练习以改进击球动作。

2. 手抛球练习

当有球友和多个网球时，可以进行手抛球练习，即一人站在底线，另一人站在其面前手抛球练习正反手，手抛球练习可以更好地模拟场地上的击球情况，因为初学者也能很好地控制手抛球的位置，手抛球速度也适合初学者击打，所以有条件时可以多采用手抛球练习。

3. 隔网送球练习

在达到一定水平后，可以控制击球落点时，可以更进一步地进行隔网送球练习。隔网送球练习正反手时，网前送球的人最好采用大陆式握拍，将球送至罚球线后 1 米附近。由于隔网送球的来球更贴近实际击球情况，并相较手抛球往前冲的速度比较快，所以需要击球者更快地调整姿势和引拍。

（二）截击与高压

1. 对墙练习

截击对墙练习时，可以先站在距离墙 1 米左右的位置，往上截击并注重动作简洁，争取击中甜区以增加回合，最初可以正反手分开练习，稳定性提高后可以渐渐后退，并正反手交替截击。

高压对墙练习时，需要将球压至网球墙前面 1 米左右的位置，球反弹后碰到墙会往上弹起，这样就可连续高压。

2. 隔网送球练习

隔网送球练习截击时，击球者站于网前 1 米左右位置，送球者站在发球线后，用大陆式握拍送球截击。在水平提高后,击球者位置可以稍微后退。

隔网送球练习高压时,送球者站在底线后,用大陆式握拍送高球高压,击球者站在发球线附近,调整好位置高压,稳定性提高后,可以在每次高压后向前移动,用球拍触网后再进行下一次高压,以锻炼后退高压的能力。

(三) 发球

1. 抛球练习

抛球是发球技术中最重要的一个环节,要确保发球的稳定性,抛球需要单独练习至稳定可靠,常用的抛球练习方法是:先以发球站位站好,将球拍放于左脚前面,左手持球抛球,争取做到球下落后能落在球拍拍面上。

2. 完整动作练习

开始练习发球时,可以先从发球线开始练习,当发球成功率达到七八成时,再向后退 1 米继续练习,如此类推直至到底线发球。

第七节 体育竞赛组织与编排

大学体育竞赛是高校体育课外活动的重要组成部分,也是高校体育教育的重要形式之一。它有力地推动学校群众性体育活动开展,促进高校体育的普及与提高,是实现学校体育目标,贯彻"健康第一"思想的基本途径之一。通过有组织有计划开展各项运动竞赛,可有力地促进运动技术水平的提高,有利于增进相互团结和友谊,培养勇敢顽强、奋力拼搏、集体主义和爱国主义等优良品质。学校体育教学和训练的效果如何,有什么进步和不足,通过体育竞赛可以反映出来,从而促进教学和训练质量的不断改进和提高,有利于更快地发现和培养优秀的运动人才,提高全民身体素质。通过运动竞赛,可以调节和陶冶人们的道德情操,对社会主义精神文明建设,提高全民族素养有着重要的意义。

在现代生活中,体育竞赛还可以加强国内各族人民之间的团结,促进世界各国人民之间的了解和友谊,推动国际交往。在现代生活中,体育已成为人们生活的重要组成部分。各种形式的运动竞赛,受到了人们的普遍欢迎,我们必须充分认识运动竞赛的规律,发挥运动竞赛在推动体育运动中的杠杆运用,促进体育事业向广度和深度迅速持久地发展,为实现体育的任务、目的,认真办好各种体育竞赛活动。

一、大学体育竞赛的分类

(一) 综合性竞赛

综合性竞赛一般称为运动会或综合性运动会。它往往包含有若干个运动大项的比赛,其目的是全面检查各项运动普及和提高的情况,广泛总结和交流经验,从而推动体育运动的发展,这种竞赛由于比赛项目众多、规模较大、组织工作较复杂,通常都是每 4 年举办一届。如奥运会、亚运会、全运会、全国大学生运动会等。

(二) 单项竞赛

单项竞赛是以某一项目为内容而单独进行的竞赛形式,一般常采用的单项竞赛的形式有:

1. 测验赛

测验赛是指为达到一定的标准,或了解运动员提高成绩的情况而组织的比赛。这类比赛一般不计名次,但应记录测验的成绩。

2. 联赛

这种比赛规定，每年定期举办一种列入计划的规模较大的比赛。

3. 对抗赛

对抗赛指由两个以上实力相近的单位举办的竞赛，可以是双边、多边、定期或不定期的，目的是交流经验，切磋技艺，取长补短，共同提高。

4. 邀请赛和友谊赛

各单位之间，为增进友谊和团结，互帮互助，共同提高某一运动项目的水平而举办的比赛均可称为邀请赛，此种比赛均非正式比赛，各种访问比赛一般都属于友谊赛，其宗旨和邀请赛相同。

5. 选拔赛

为发现和挑选运动员，组织和补充代表队，准备参加高一级别的运动竞赛而进行的比赛，通常称为选拔赛。如学校为了充实某一运动队，组织有关同学进行比赛，从中发现和选拔人才。

6. 表演赛

表演赛是指为了宣传体育活动，扩大影响，参加庆祝，慰问纪念，集资等活动而举行的比赛。此项比赛着重技术、战术的发挥，一般不计名次。对准备开展的项目示范性介绍或参加重大比赛后的汇报表演均属于此类。

各类学校除可以组织上述比较正规的比赛外，主要以开展一些规则简单，形式灵活，对场地器材要求不高，容易组织和便于经常举行的各种非正规比赛，以吸引更多的人参加经常性的练习活动和锻炼，提高身体素质。

二、大学体育竞赛的组织

（一）赛前准备工作

1. 确立组织方案

组织方案既是各项筹备工作的依据，又是保证运动会高效、顺利运行的先决条件。一般包括：竞赛的名称、性质、目的、任务、意义、规模、组织机构、经费预算和工作步骤等。

2. 拟定竞赛规程

竞赛规程是竞赛工作的法规性文件，具体指导比赛有计划、有秩序、科学、合理地进行。其主要内容包括：竞赛名称、目的、时间、地点、项目、比赛方法（运动员资格要求每人限报项数，每项限报人数等）、竞赛规则、参赛资格、名次录取、奖励办法、报名方式、注意事项等。竞赛规程应由主办单位提前下发到各参赛单位。

3. 构建组织机构

竞赛组织机构的设置既要符合竞赛规模，又要尽量精简，还要职能划分明确。竞赛组主要负责裁判、编排记录、成绩公布、运动员资格审核等工作。政宣组主要负责思想教育、宣传报道、安全保卫等工作。会务组主要负责经费计算、物质供应、公共关系、食宿交通、医疗救护等工作。

4. 制订工作计划

根据组织方案和职能分工，各部门应制订具体详细的工作计划，包括阶段、时间、工作内容、要求、进度、负责人等。运动会的各项工作应按照计划流程有条不紊地推进。

5. 落实赛前工作

赛前工作主要包括：组织裁判实习、检查场地器材、确保后勤服务等工作。

（二）赛中管理工作

竞赛期间，组织与管理工作较为繁重。开幕式、闭幕式的安排，比赛时间的把握，赛场秩序的控制，突发事件的处理，竞赛成绩的公布，裁判队伍的管理，颁奖仪式的设计等，其成效直接影响着赛事的顺利进行。

（三）赛后汇总工作

竞赛结束后，组织工作的主要任务有：编印、发放成绩册，财务结算，赛后总结，将相关文件、资料等整理归档等。

三、大学体育竞赛的方法

采用怎样的比赛方法，需根据比赛任务、项目特点、参赛人（队）数、时间安排、场地设备等因素来统筹考虑和选择，下面介绍的是几种常用的比赛方法。

（一）淘汰法

淘汰法是在比赛进行过程中逐步淘汰成绩差的，最后决出优胜者。

淘汰法有两种淘汰情况：一是按一定顺序让参赛者一人（组）进行比赛，表现出参与者的最佳成绩，通过及格赛、预赛、复赛、决赛等几个赛次，淘汰劣者，比出优胜名次。如田径、游泳项目比赛多采用这种方法。另一种情况往往被球类和其他对抗性比赛项目所采用。即一对一按预先排定的淘汰表进行比赛，胜者进入下一轮，直到最后一对决出优胜者。

为了使比赛尽可能公正，淘汰编排时应注意以下几点：

（1）根据实际水平设立若干种子队。种子队分开排列，以便使强者不过早相遇，尽可能使他们在决赛时相遇（图 9－89）。

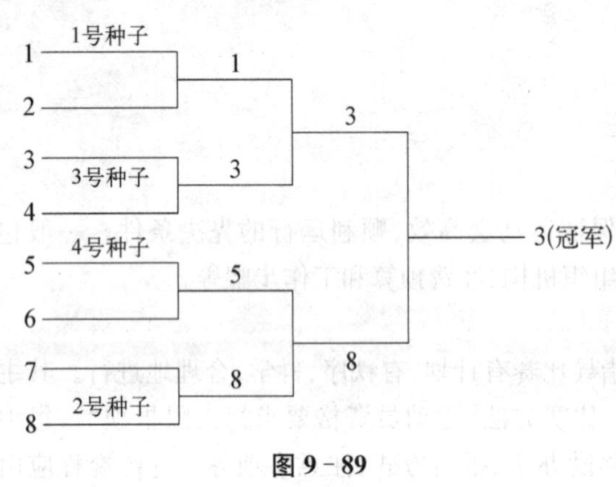

图 9－89

（2）排定种子队后，为使参赛者机遇、机会均等，其余位置均应抽签排定。

（3）淘汰赛比赛场次的计算，采用下列公式（公式 9－1）：

比赛场次＝参赛队数－1

公式 9－1

（4）如参赛队数（人数）不是 2 的几次方时，则在第一轮应排出“轮空”。“轮空”位置要分散排列。

（二）轮换法

将参赛者分为若干小组，在规定的同一时间内，分别进行各个项目的比赛。赛完一项后，各组按预先排定的比赛顺序依次轮换再进行下一轮比赛。体操团体比赛的男子 6 个项目、女子 4 个项目均采用这种方法进行。

（三）循环法

循环法又称循环制。共包括单循环、双循环、分组循环三种方法。

单循环：所有参赛的人（队）在比赛中均能相遇一次，最后按参赛者在全部比赛的胜负场数、得分多少的高低来排定名次。这种方法一般适用于参赛人（队）不多，竞赛时间又较长的比赛。

双循环：所有参赛的人（队）在比赛中均相遇两次，按最后比赛中的胜负场次、得分多少排列名次。这种方法适合在参赛的人（队）较少，而竞赛期限又较长时采用。

分组循环：把参赛的人（队）分成若干组，分别进行单循环。这种比赛方法适用于参赛人（队）数多而竞赛期又短的情况。

循环赛的优点是不论参赛者的水平高低、技术优劣、实力强弱、胜负如何，都有机会与其他参赛者进行比赛，因此锻炼机会增多，有利于互相学习、共同提高，能比较准确地反映出参赛者的技术水平，产生的名次比较客观。

循环制的编排方法较多，比较复杂。现就8队和7队采用的单循环比赛的轮次表分别示例如下（表9-1与表9-2）：

表9-1　8队比赛轮次表

第一轮	第二轮	第三轮	第四轮	第五论	第六轮	第七轮
1—8	1—7	1—6	1—5	1—4	1—3	1—2
2—7	8—6	7—5	6—4	5—3	4—2	3—8
3—6	2—5	8—4	7—3	6—2	5—8	4—7
4—5	3—4	2—3	8—2	7—8	6—7	5—6

表9-2　7队比赛轮次表

第一轮	第二轮	第三轮	第四轮	第五轮	第六轮	第七轮
1—0	1—7	1—6	1—5	1—4	1—3	1—2
2—7	0—6	7—5	6—4	5—3	4—2	3—0
3—6	2—5	0—4	7—3	6—2	5—0	4—7
4—5	3—4	2—3	0—2	7—0	6—7	5—6

说明：碰到0号队轮空一次

单循环比赛场次计算公式（公式9-2）如下：

$$X=\frac{N\times(N-1)}{2}\qquad(\text{其中 N 为队数})$$

公式9-2

单循环比赛轮次的计算方法：

参加比赛队数是奇数时，则比赛轮次等于队数。

参加比赛队数是偶数时，则比赛的轮次为队数减1。

思考题

1. 经常参加篮球运动对青少年特别是大学生有什么益处？
2. 足球有哪几种运球方法？各自有什么特点？
3. 如果组织排球赛，你作为教练员，你会怎样排兵布阵？
4. 网球的握拍方式有哪些？
5. 大学体育竞赛对你的作用有哪些？

延伸阅读书目

[1] 日高哲朗.篮球战术图解：跑位篇[M].徐冬羽，译.北京：人民邮电出版社，2017.

[2] 赵映辉.篮球运动教程[M].北京：北京体育大学出版社.2009.

[3] 张孝平.体育竞赛组织编排[M].2 版.北京：北京体育大学出版社,2008.
[4] 孙建华,张志成.学校体育竞赛组织管理与编排[M].北京：光明日报出版社,2010.

参考文献

[1] 王崇喜.球类运动：足球[M].3 版.北京：高等教育出版社,2014.
[2] 冯剑明,张虹,董华.足球[M].北京：人民体育出版社,1993.
[3] 郭鼎文,王茂仕.现代大学体育：实践篇[M].北京：北京体育大学出版社,2012.
[4] 葛春林.排球运动教程[M].北京：北京体育大学出版社,2015.
[5] 王亚琼.运动竞赛学[M].北京：北京师范大学出版社,2009.

第十章 形体运动

第一节 健美操

一、健美操的起源与发展

(一) 国际健美操的起源与发展

健美操的英文原名为Aerobics,意为有氧运动、有氧健美操。它是在音乐伴奏下,以健、力、美为特征,融体操、舞蹈、音乐为一体的,以身体练习为基本手段,以有氧运动为基础,以增进健康、塑造形体和娱乐为目的的一项体育运动。健美操的起源可追溯到两千多年前古希腊的舞蹈时代——即"健"与"美"的形成。19世纪末20世纪初,是现代健美操发展的初级阶段,在欧洲出现了许多体操流派。20世纪60年代是健美操的萌芽时期,其代表人物是美国的杰希·索伦森,他综合了体操和现代舞进行创编,使这种运动带有娱乐性,并且简单易学。而20世纪80年代,随着遍及全球的健身热和娱乐体育的发展,健美操以其强大的生命力风靡世界。美国健美操代表人物——简·方达,她撰写的《简·方达健美术》被译成20多种文字,在世界30多个国家销售,并创编了"踏板健美操"。

1983年,由国际健美操联合会(IAF)举办了第一届国际健美操比赛。自1985年开始,美国正式举办一年一度的健美操锦标赛,并确定了竞赛项目和规则,使健美操发展成为竞技性运动项目。对健美操的发展有重要影响的国家除了美国还有日本,1987年日本成立了健美操协会,代表人物佐藤正子,她在1977年开始讲授健美操,1980年在日本开设了健美操学校,出版《自学健美操》。健美操不仅在美、英、法等国家迅速发展,在一些发展中国家和地区也得到不同程度的开展。从此,健美操迈向一个新的起点,成为大众喜爱的新兴运动,其发展被推向一个新的高度。

(二) 健美操在我国的兴起与发展

20世纪70年代末,健美操传入我国,率先在大中城市开展起来,并逐渐推广到各级学校。目前健美操已成为我国各级各类学校体育课或课外体育活动中一个深受欢迎的教学内容和锻炼方式,是健身、健美、健心的一种有效手段。1984年在北京体育学院(今北京体育大学)成立了健美操教研室,接着,上海体育学院成立了健美操教研室并率先开设了健美操课程。1985年,由北京体育学院创编的"青年韵律操"等六套健美操向全国各大专院校推广。1986年,北京体育学院编写的我国第一部《健美操试用教材》出版,正式在北京体育学院本科学生中开设了健美操选修课。此后,全国许多高等学校将健美操内容列入了教学大纲,使健美操成为一项重要的体育教学内容。

1992年9月中国健美操协会在北京成立,1999年我国正式使用FIG国际健美操评分规则,标志着我国竞技健美操竞赛与国际接轨。1992年2月,中国大学生体协健美操艺术体操分会在北京大学成立，协会每年举行一届大学生健美操艺术体操锦标赛，是大学生运动会正式比赛项目。2004 年 12 月在广州体育学院成功举办了“首届中国学生健康活力大赛”，参赛人数多达 1 300 人，创参赛人数设项规模历史之最。自从 2005 年开始，中国健美操国家队六人操组合多次夺得国际大赛（世界杯、世锦赛、世运会）的金牌。在 2006 年我国在南京首次承办了第九届健美操世界锦标赛，标志着我国健美操运动进入到一个崭新的阶段。

二、健美操的分类和特点

（一）健美操的分类

健美操根据研究目的和任务，可以分为健身健美操、表演健美操和竞技健美操（图 10－1）。

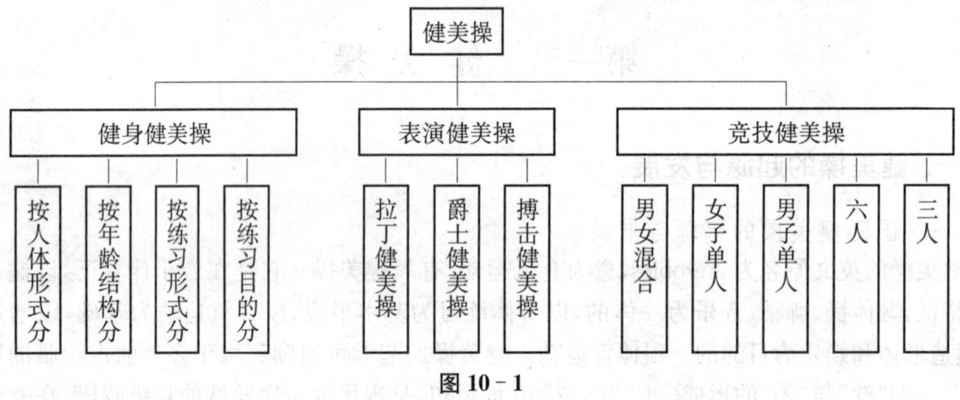

图 10－1

（二）健美操的特点

健美操与其他体育项目相比，其主要特点有实效性、时代性、适应性和艺术性（图 10－2）。

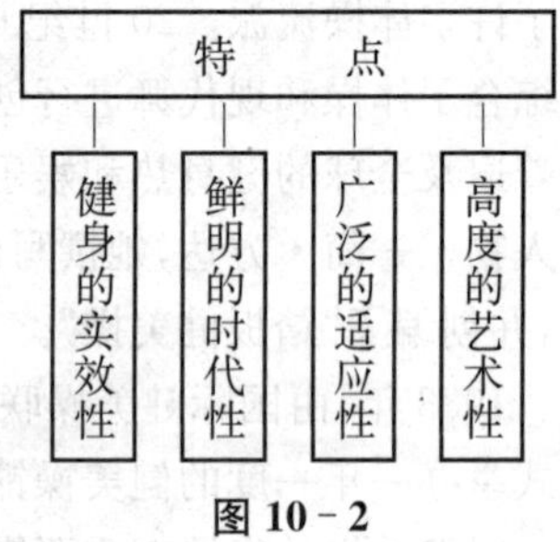

图 10－2

三、健美操的锻炼价值

（一）增强体质，提高身体素质

经常从事健美操锻炼，能提高心脏的功能，使心搏有力，心搏输出血量增加，从而提高全身供氧能力。对呼吸系统和消化系统也有良好的影响，从而提高了身体对疾病的抵抗能力，达到增强体质，增进健康的目的。健美操锻炼对提高身体素质包括加快动作速度、增强力量、增长耐力、提高柔韧性、促进身体协调这几个方面起着积极的作用。

（二）塑造形体美

良好的身体姿态是形成一个人气质风度的重要因素。因此，通过长期的健美操练习可改善不良的身体状态，形成优美的体态。健美操运动还可以塑造健美的体型，通过健美操练习尤其是力量练习，可使骨骼粗壮、肌肉围度增大，消除多余的脂肪，从而弥补先天的体型缺陷，使人变得匀称健美。

（三）调节心理活动，陶冶情操

随着时代的发展和社会的进步，人们在享受科学技术所带来的舒适生活和各种便利的同时，也受到了来自多方的精神压力。研究证明，长期的精神压力会引起各种心理疾患和躯体疾病，如高血压、抑郁症、癌症等。健美操以其动作优美、协调、锻炼身体全面同时有节奏强烈的音乐伴奏而著称，是缓解精神压力的一剂良方。另外，健美操是一项群体运动，通过集体配合练习，不但从中得到一种精神享受，满足人们的心理需要；还有助于结交朋友，增进友谊。因此，健美操锻炼不仅能强身健体，同时还具有娱乐功能。

（四）医疗保健功能

健美操作为一项有氧运动，能强身健体；另外，对一些病人、残疾人和老年人来说通过做地上健美操和水中健美操，控制好运动范围和运动量，能促进身体功能的康复。健美操练习能在预防损伤的基础上，达到医疗保健的目的。

四、健美操的场地和服装要求

（一）健美操比赛场地

赛台高 80～140 厘米，后面有背景遮挡，赛台不得小于 14 米×14 米，并清楚地标出 7 米×7 米的单人、三人、混合双人的比赛场地，以及 10 米×10 米的集体六人的比赛场地，5 厘米宽的红色带标记带是场地的一部分。

（二）健美操服装要求

(1) 健美操锻炼，最好穿专业的服装，若没有条件可以选用有足够弹性、纯棉质地、柔软的服装，便于完成动作。运动员的着装必须符合竞技健美操项目所描述的运动着装。

(2) 健美操锻炼鞋的选用应为大小合适、轻松柔软、弹性及通透性能好的运动鞋。切忌穿高跟鞋、厚底鞋、体操鞋。

(3) 健美操锻炼时，头发应系上发带不要披散，以免蓬乱遮挡视线，分散注意力。在锻炼时，不要戴手表、手镯、项链、戒指、假发等，以免损伤皮肤或丢失。

五、健美操基本技术

（一）健美操的基本动作

健美操的基本动作是根据人体结构的机能特征来选择的。所有健美操的组合都是在基本动作的基础上发展、变化而来的。健美操基本动作组成有手型动作、头颈部动作、肩部动作、上肢动作、胸部动作、腰部动作、髋部动作和下肢动作。

1. 手型动作

健美操中手型有多种，它是从爵士舞、芭蕾舞、西班牙舞、迪斯科、武术等舞蹈和运动中吸收和发展起来的(图 10-3)。

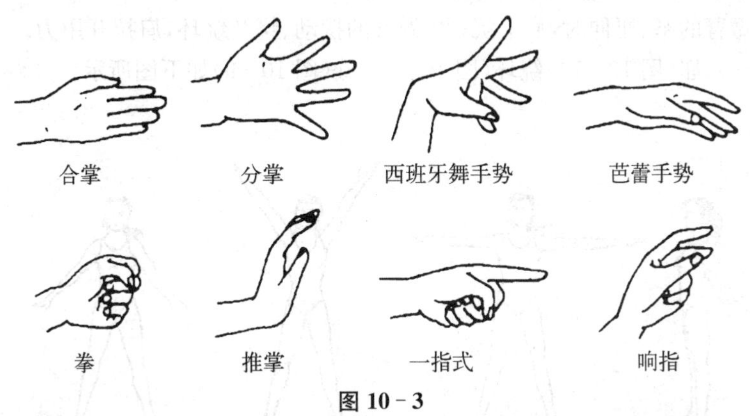

图 10-3

2. 头颈部动作

形式：有头颈的屈、转、平移、绕及绕环。

方向：有向前、向后、向左、向右的屈和平移；向左、向右的转和绕、绕环(图 10－4)。

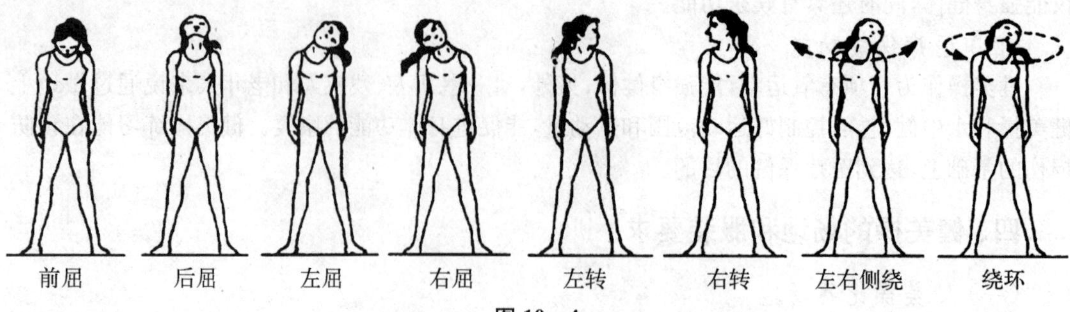

图 10－4

要求：做各种形式头、颈动作时，节奏一定要慢，上体保持正直。

3. 肩部动作

形式：有单肩、双肩的提肩和沉肩，收肩和展肩；单肩、双肩的绕和绕环；振肩。

方向：有向前、向后的绕及绕环(图 10－5)。

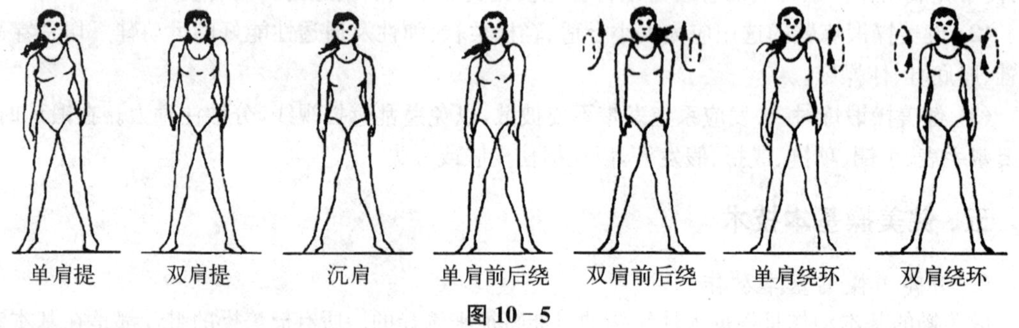

图 10－5

要求：① 提肩、沉肩时两肩在同一额状面尽量上下运动；② 收肩、展肩幅度要大，肩部要平；③ 振肩动作要有速度、力度和弹性。

4. 上肢动作

形式：上肢动作由举、屈、伸、摆、绕、绕环、振、旋等动作组成。

方向：有向前、向后、向左、向右、向上、向下等。

要求：① 做臂的举、屈伸时，肩下沉；② 做臂的摆动、绕及绕环，肩拉开用力。

举(图 10－6)、屈(图 10－7)、绕环(图 10－8)、旋(图 10－9)如下图所示。

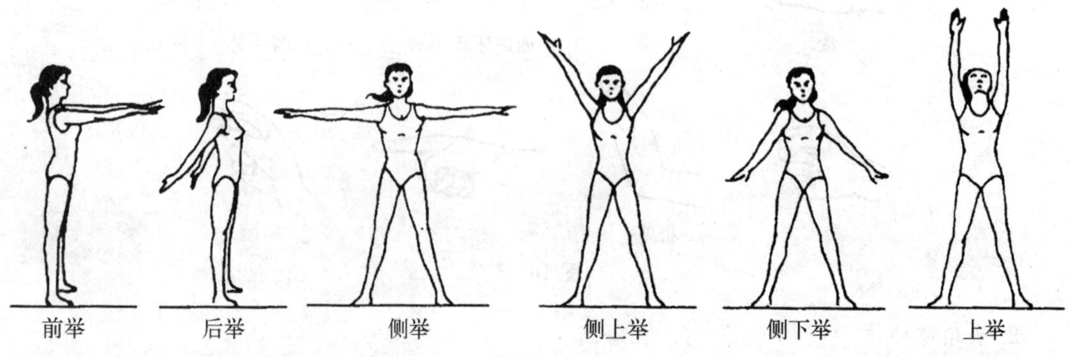

图 10－6

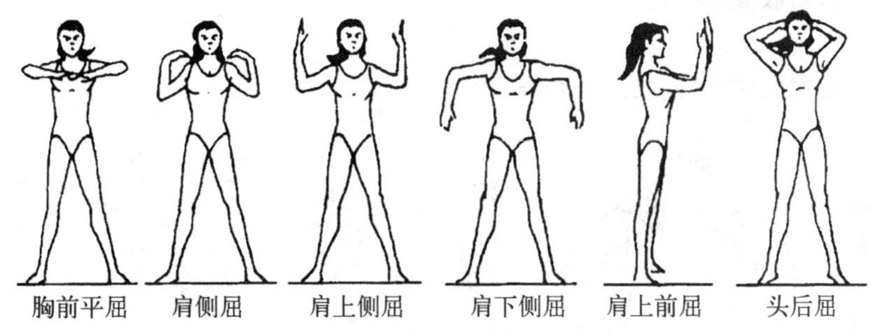

图 10－7

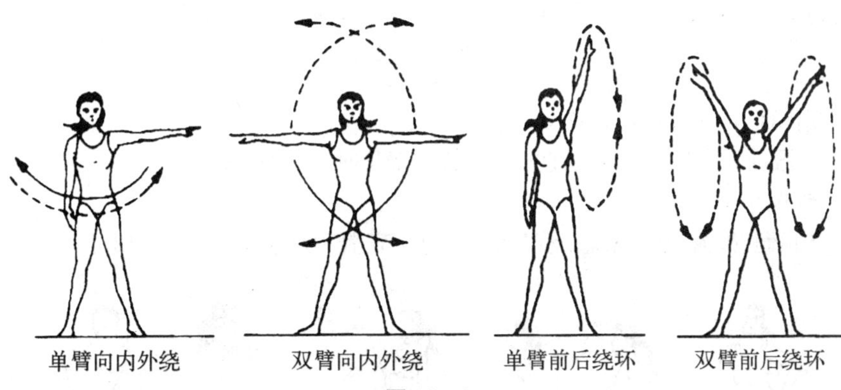

图 10－8

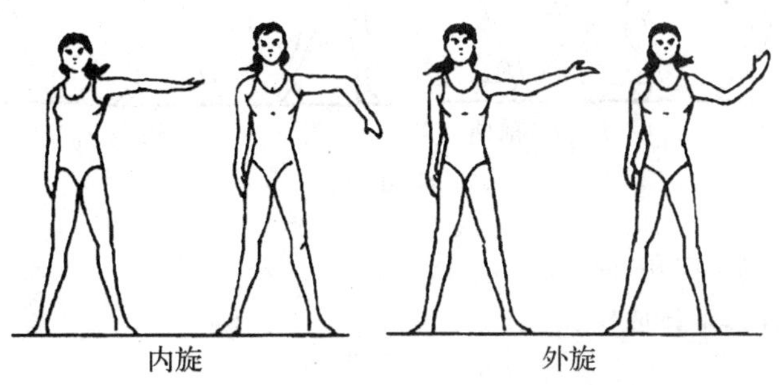

图 10－9

5. 胸部动作

形式：有含胸、挺胸、左右移胸(图 10－10)。

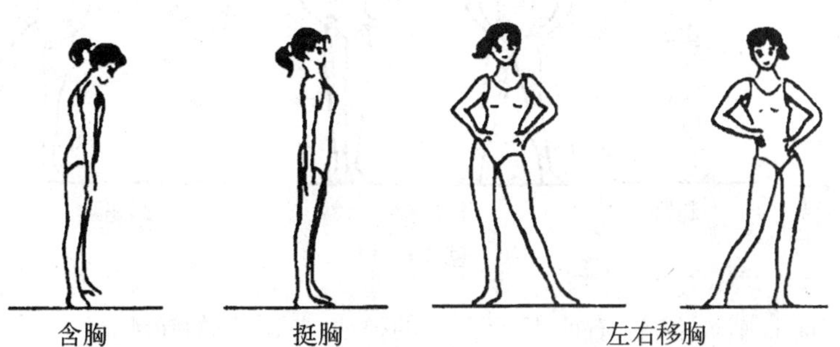

图 10－10

要求：练习时，收腹、立腰。

6. 腰部动作

形式：有腰的屈、腰的转、腰的绕和绕环(图 10－11)。

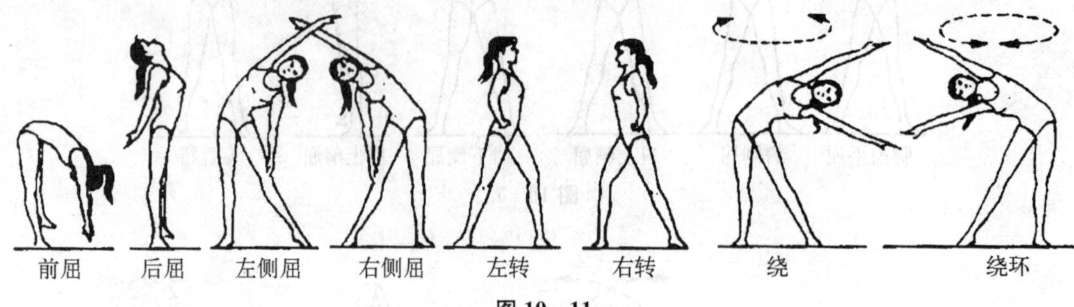

图 10－11

方向：有向前、向后、向左、向右。

要求：① 腰前屈、转时，上体立直；② 腰绕和绕环时，速度放慢。

7. 髋部动作

形式：有顶髋、提髋、摆髋、绕和绕环髋、行进间正髋和反髋走(图 10－12)。

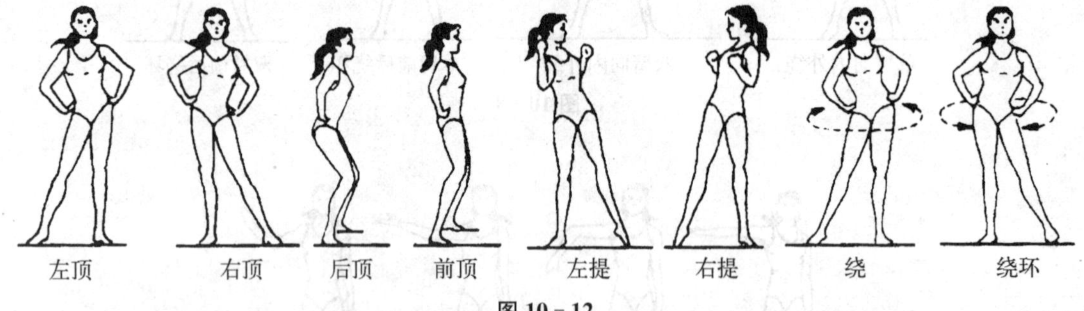

图 10－12

方向：有向前、向后、向左、向右。

要求：髋部练习时，上体放松。

8. 下肢动作

形式：有并腿和分腿的弹动(图 10－13、图 10－14)。

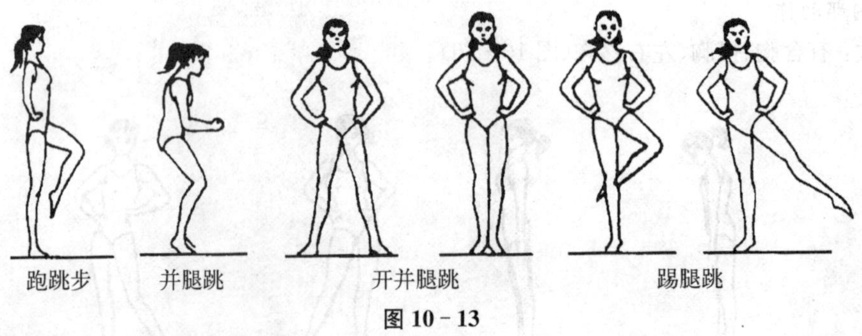

图 10－13

方向：有向前的弹动；向左、右前 45 度方向的弹动；左、右绕的弹动。

要求：两膝与踝关节自然屈伸，跳跃轻松自如，有弹性，注意呼吸配合。

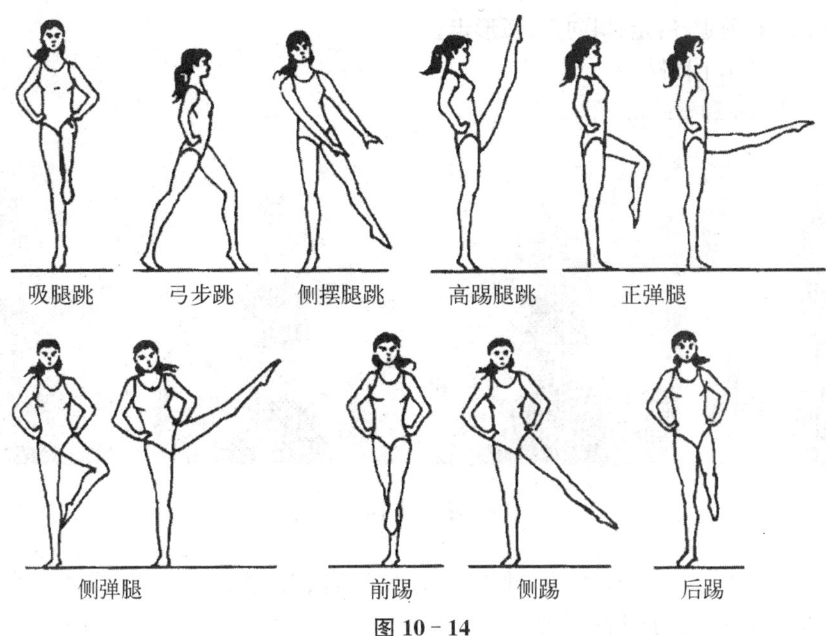

图 10-14

（二）基本步法

根据动作完成的形式不同，可将基本步法分为五大类：交替类、迈步类、点地类、抬腿类和双腿类。

1. 交替类

(1) 踏步(图 10-15)。

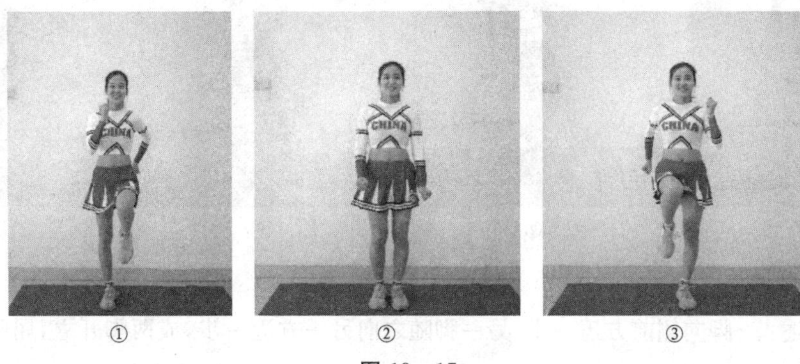

图 10-15

动作描述：两腿原地依次抬起、落地，同时两臂屈肘握拳，自然前后摆动。

动作变化：有原位踏步、动踏步及转体，方向有向前、后、左、右走的踏步。

技术要点：落地时，由脚尖过渡到脚跟着地；屈膝时，胯微收，踝、膝、髋关节依次有弹性地缓冲。

(2) 走步(图 10-16)。

动作描述：迈步向前走时，脚跟先落地，过渡到全脚掌；向后走时则相反。

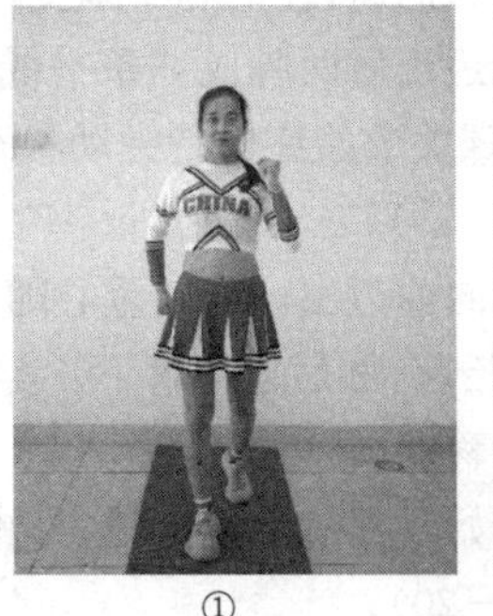

图 10-16

动作变化：有前走、后走、斜向走、弧形走。

技术要点：基本上同踏步。

(3) 一字步(图 10 - 17)。

①

②

③
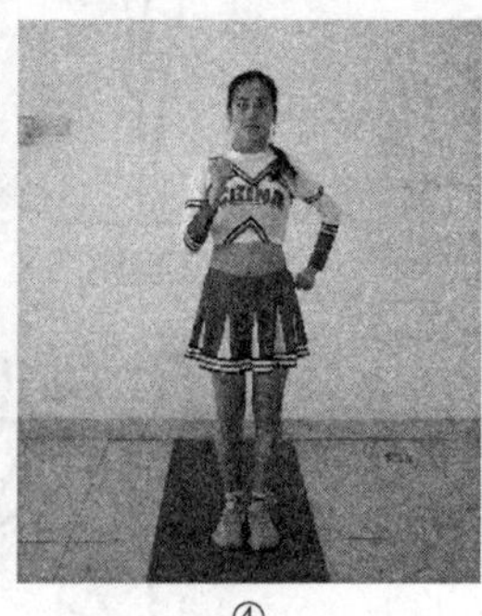
④

图 10 - 17

动作描述：一脚向前一步，另一脚并于前脚，然后再依次还原。

动作变化：有前一字步、后一字步。

技术要点：向前迈步时，先脚跟着地，过渡到全脚掌；前后均要有并腿过程；每一拍动作膝关节始终有弹性地缓冲。

(4) V 字步(图 10 - 18)。

①

②

③
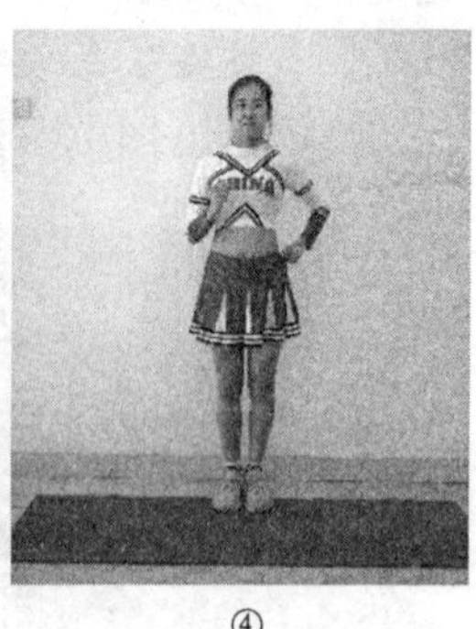
④

图 10 - 18

动作描述：一脚向侧前方迈一步，另一脚随之向另一方迈一步，成两脚开立，屈膝，然后再依次退回原位。

动作变化：有平移的、转体的和小幅度跳的正“V”字步和倒“V”字步。

技术要点：脚步迈出后两脚成一条平线，距离略比肩宽，两膝自然弯曲成分腿半蹲，重心在两腿之间。两腿膝、踝关节始终保持弹动状态。

(5) 漫步(图 10 - 19)。

动作描述：一脚向前迈出，屈膝，重心随之前移，另一脚稍抬起，后原地落下，或向后撤一步，重心后移，另一脚稍抬起，然后原地落下。

动作变化：有平移的、转体的漫步。

技术要点：两脚始终保持交替落地，身体重心随动作前后移动，但始终在两脚之间。

(6) 跑步(图 10 - 20)。

动作描述：两腿经过腾空，依次落地缓冲，两臂屈肘摆臂。

①
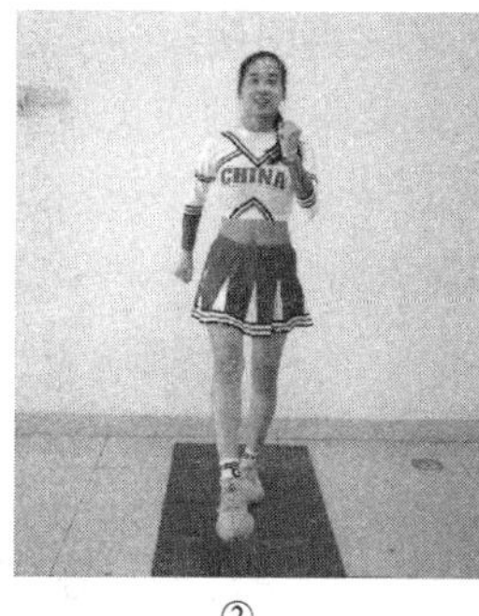
②

③
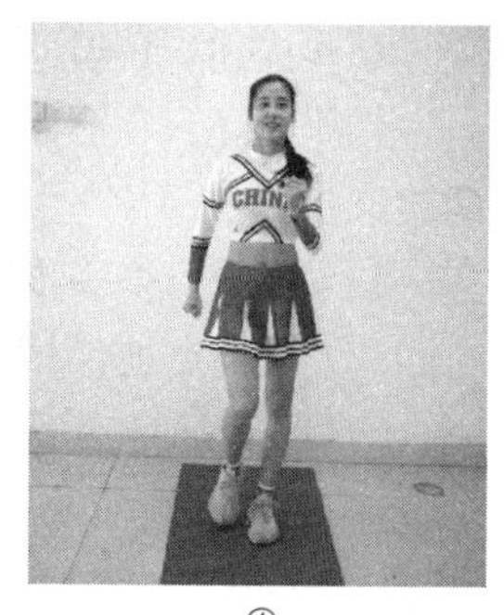
④

图 10 - 19

①

②
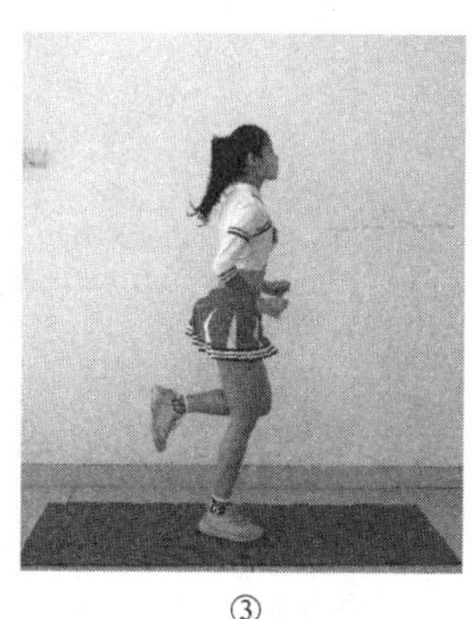
③

图 10 - 20

动作变化：有原地跑步，移动跑步，方向有向前、后、左、右跑的跑步。

技术要点：落地屈膝缓冲，尽量前脚掌或全脚掌落地。

2. 迈步类

(1) 并步(图 10 - 21)。

动作描述：一脚迈出另一脚随之并拢，重心要随之移动，两膝自然屈伸。

动作变化：原位的并步、移动的并步、转体的并步。方向有向前、后、左、右的并步。

技术要点：两膝始终保持弹动，动作幅度和力度可随风格而定。

(2) 交叉步(图 10 - 22)。

①

②

图 10 - 21

①

②

③

④

图 10 - 22

动作描述：一脚迈出，另一脚在前或在后交叉，随之再向侧迈一步，另一脚并拢，屈膝点地。

动作变化：有平移的交叉步、转方向的交叉步、小幅度跳的交叉步。方向有向前、向后、向侧的交叉步。

技术要点：第一步脚跟先落地，身体重心随着脚步而移动，保持膝、踝关节的弹动。

(3) 迈步点地(图 10－23)。

图 10－23

动作描述：一脚向侧迈一步，两脚经屈膝移重心，另一脚在前、侧或后用脚尖或脚跟点地。

动作变化：有原位点地、移动点地及转体的点地。方向有脚尖向前、侧、后、斜方向的点地；脚跟向前、侧、斜的点地。

技术要点：点地时，有弹性地点地，腿自然伸直。两膝同时有弹性地屈伸，重心移动轨迹呈弧形；上体不要扭转。

(4) 迈步后屈腿(图 10－24)。

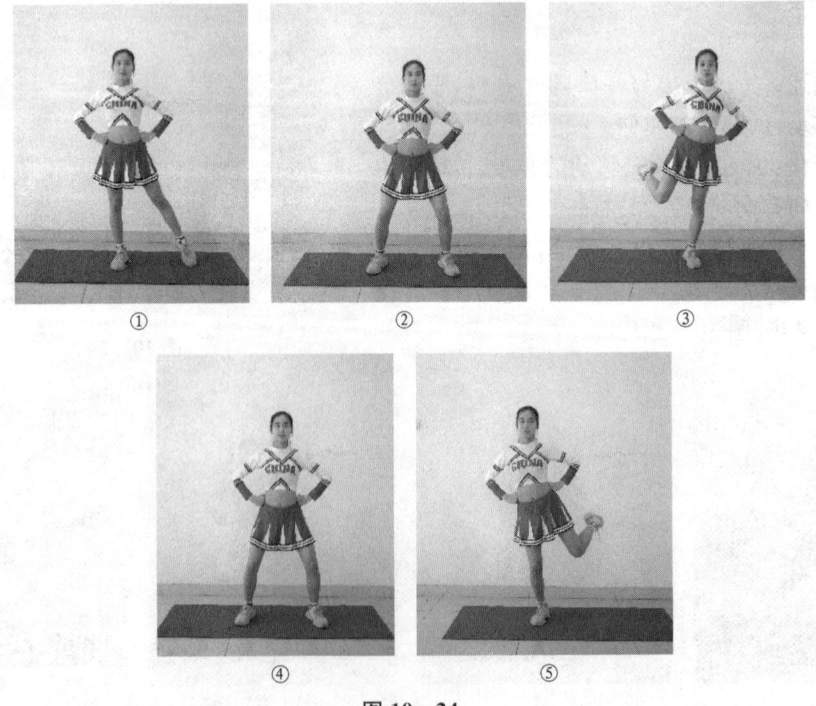

图 10－24

动作描述：一脚迈出一步，另一腿后屈，然后向相反方向迈步。

动作变化：有平移的、转体的迈步后屈。

技术要点：经过屈膝半蹲，支撑腿稍屈膝，后屈腿的脚跟靠近腿部。

3. 点地类(图 10－25)

①

②

③

图 10－25

动作描述：两腿有弹性地屈伸，点地时，一条腿稍屈，另一条腿伸直(脚尖或脚跟点地)。

动作变化：有原地脚尖点地(前点、后点、侧点)、原地脚跟点地(前点、侧点)、迈步脚尖或脚跟点地。

技术要点：两腿有弹性地屈伸，脚尖绷直。

4. 抬腿类和双腿类

(1) 单腿抬起。

动作描述：支撑腿屈膝弹动，另一腿以各种形式抬起，同时收腹、立腰。

动作变化：有原地吸腿、踢腿、弹踢、后屈腿；有迈步吸腿、后屈腿。

技术要点：支撑腿立直，收腹，立腰。

(2) 分腿跳。

动作描述：分腿站立屈膝半蹲，向上跳起，分腿落地屈膝缓冲。

动作变化：有原位的分腿跳、移动的分腿跳和转体的分腿跳。

技术要点：屈膝半蹲时，大、小腿夹角不小于 90 度。

(3) 开合跳(图 10－26)。

①

②

③
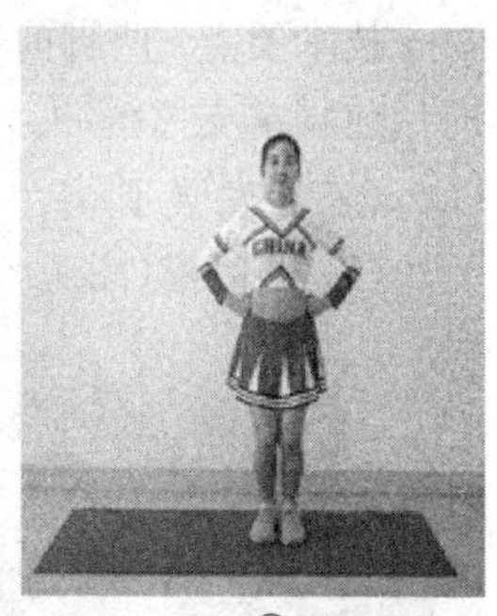
④

图 10－26

动作描述：由并腿跳起，分腿落地，再由分腿跳起，并腿落地(两次开合、连续开合)。

动作变化：有原位的开合跳、移动的开合跳和转体的开合跳。

技术要点：分腿时，脚自然外开，膝关节沿脚尖方向弯曲；跳起与落地时，注意屈膝缓冲。

(4) 弹踢腿跳(图 10－27)。

①　②　③

图 10－27

动作描述：一腿站立(跳起)，另一腿先向后屈，再向前下方弹踢，还原。

动作变化：有原位的、移动的和转体弹踢腿跳。方向有向前、向侧、向斜前弹踢。

技术要点：腿弹出时要有控制，须加速用力；立腰；上体尽量保持正直。

(5) 弓步跳(图 10－28)。

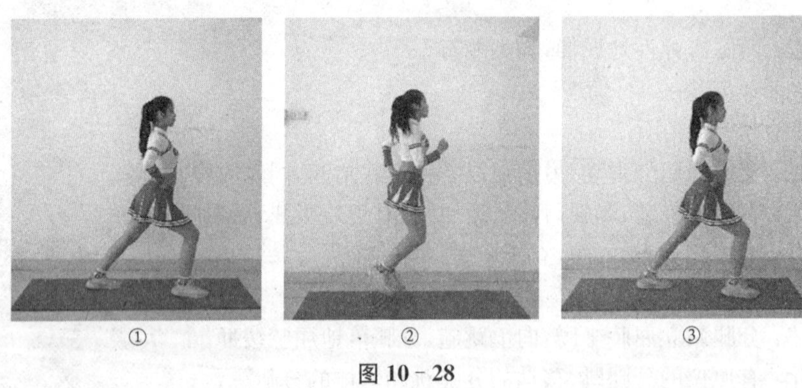

①　②　③

图 10－28

动作描述：双脚跳起且双脚落地成弓形的动作。

动作变化：有低位弓步跳，高位弓步跳。

技术要点：两脚前后平行站立，上体前倾与后腿成一直线，重心在两腿之间靠近前腿，落地时用前脚掌支撑缓冲。

(三) 发展肌肉力量练习

(1) 俯卧撑(图 10－29)。

①　②　③

图 10－29

(2) 仰卧起坐(图 10－30)。

①

②

图 10－30

(3) 侧卧抬起(图 10－31)。

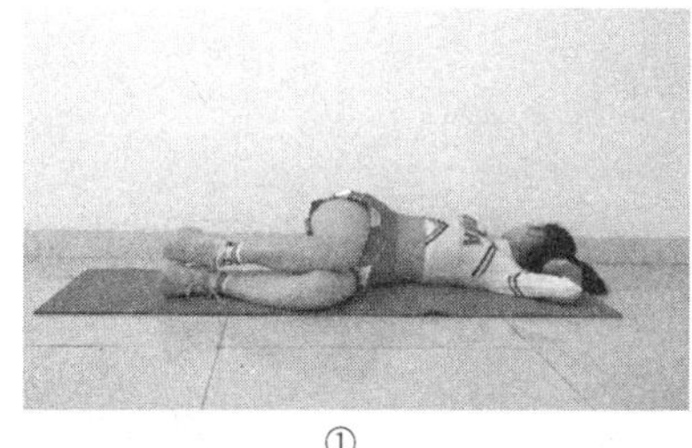

①

②

图 10－31

(4) 仰卧提髋(图 10－32)。

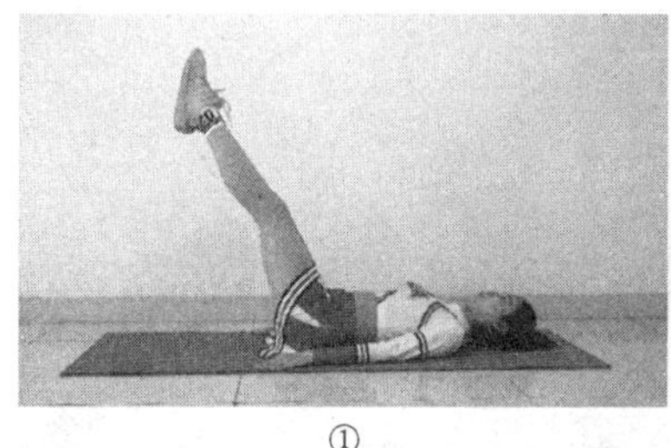

①

②

图 10－32

(5) 俯卧两头起(图 10－33)。

图 10－33

图 10－34

(6) 平板支撑(图 10－34)。

(四) 放松整理的拉伸练习

1. 婴儿式拉伸(图 10－35)

涉及肌肉：背部肌肉。

要点：跪立，双腿分开，臀部坐向脚后跟，身体向前，试图用额头触地。

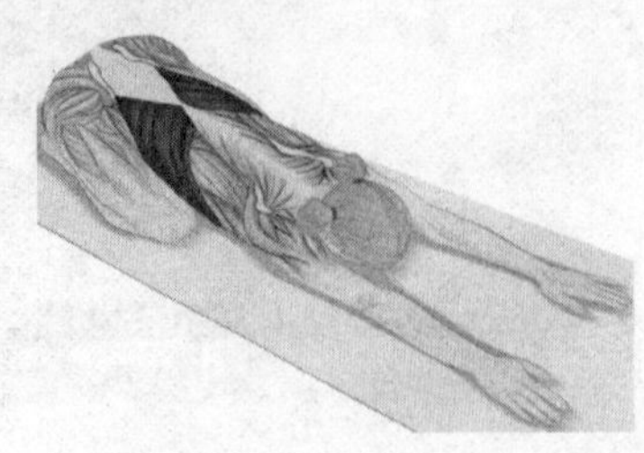

图 10－35

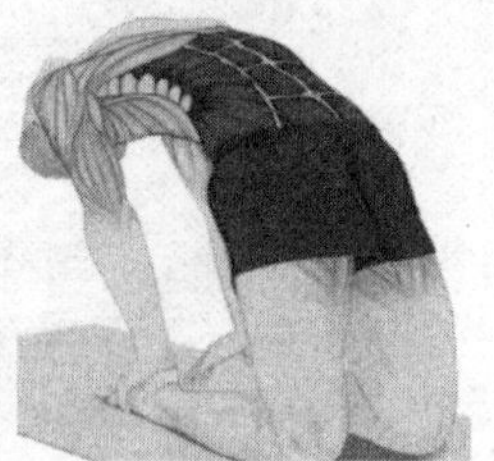

图 10－36

2. 骆驼式（图 10－36）

涉及肌肉：腹直肌和腹外斜肌。

要点：髋部向前推，稍微向上，不要过度挤压腰部。

3. 靠墙伸展胸部肌肉（图 10－37）

涉及肌肉：背部、胸部最宽的肌肉。

要点：面对墙站立，右手推墙，身体慢慢地离开墙壁，另一面重复。

4. 仰卧脊柱扭转式（图 10－38）

涉及肌肉：臀部和腹外斜肌。

要点：仰卧，屈右膝，身体向左扭转。

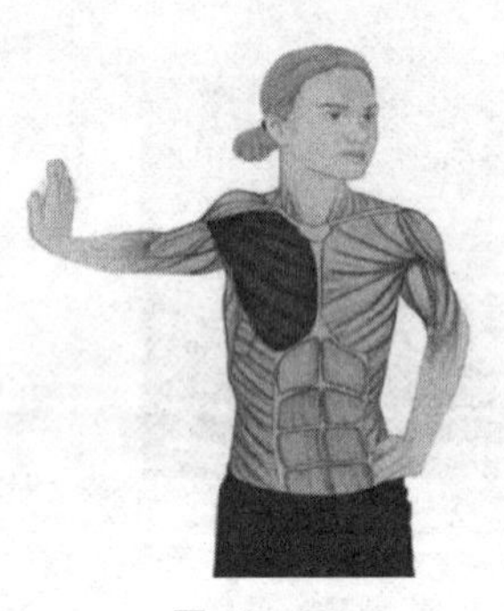

图 10－37

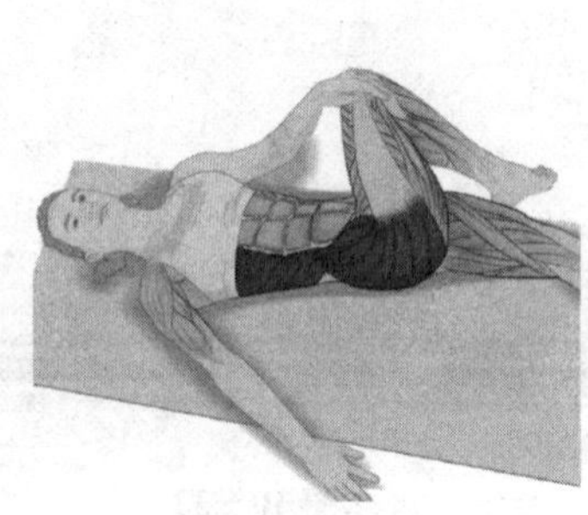

图 10－38

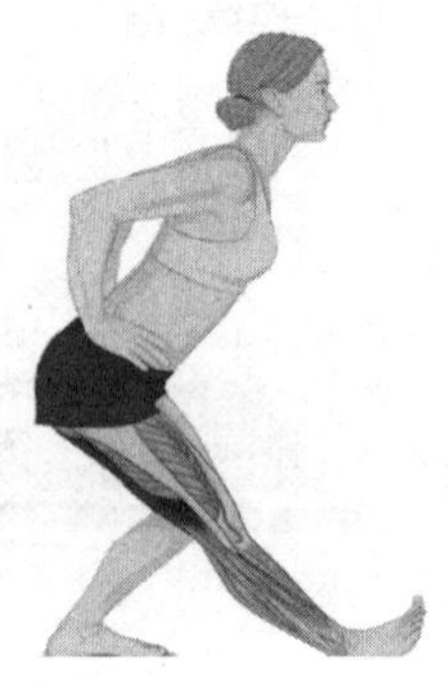

图 10－39

5. 简易单腿前屈式（图 10－39）

涉及肌肉：腘绳肌。

要点：站立，一只脚在前，背部挺直。双手放在髋部，从髋部开始向前折叠，另一条腿重复。

6. 蝴蝶式（图 10－40）

涉及肌肉：内收肌。

要点：屈膝坐下来，脚底相对，背部平直，轻轻地将双手放在膝盖上，将臀部和膝盖向下靠近地面。

7. 前屈折叠式（图 10－41）

涉及肌肉：腘绳肌和小腿肌肉。

要点：坐在地板上，双腿并拢伸直向前折叠。

8. 冲刺式（图 10－42）

涉及肌肉：腰部肌肉和股四头肌。

图 10-40

图 10-41

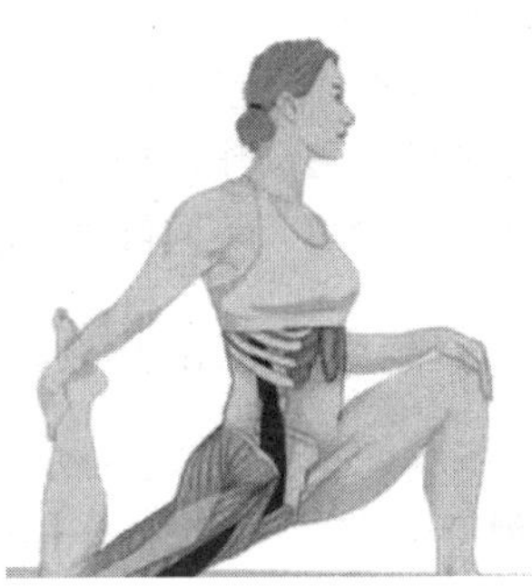
图 10-42

要点：冲刺式，左腿在前屈膝 90 度。抓住右脚向腰部，换另一只脚重复。

（五）练习方法

（1）基本姿态的练习方法：通常采用芭蕾的训练方法，要求挺胸、抬头、收腹、提臀、立腰、提气，身体重心向上，头顶上立，额头、躯干和腿在同一垂线上来练习芭蕾七位手、芭蕾五位脚。

（2）上下肢柔韧性、躯干柔韧性练习方法：利用各种徒手体操中的活动拉伸肩、肘、髋、腰、腿的韧带。如直臂压肩，俯身正侧压肩，正、侧压腿，劈叉控腿，体侧屈，体侧转，体后屈，在进行柔韧性训练时不要用力过度，要循序渐进，伸展动作要缓慢，切忌匆忙。保持拉伸状态 10 秒钟以上。

（3）基本动作的练习方法：可采用原地分解做单个技术动作，再通过改变动作的数量、幅度和方向，配合音乐进行组合。

（4）力量的练习方法：有俯卧撑、平板支撑、仰卧起坐、仰卧直角摆腿、半蹲跳、高踢腿、器械力量练习等。

第二节　健 美 运 动

一、健美运动的概念

健美是指人健康强壮的身体所显现出的审美属性，是人们追求人体美的一个综合标准，肌肉、骨骼、血液、肤色充满着生命的活力，无论其外部形式或内部结构都是匀称、协调、充满生机的。健美运动是一项通过徒手和各种器械，运用专门的动作方式和方法进行锻炼，以发达肌肉、增长体力、改善形体和陶冶情操为目的的运动项目。

二、健美运动的特点

（一）将体育和美育融为一体

健美运动既要求“健”，又要求“美”。在练习中既能锻炼肌肉，也可以改善体形体态，使其匀称、协调、优美；不仅体现体型体态的仪表美，还可以陶冶情操，加强思想修养，注意语言美、行为美、心灵美，真正把体育和美育，外在美和内在美很好地融合在一起。

（二）设备简单，易于开展

健美运动可以徒手或依靠自抗力进行练习，也可以利用各种简单的轻重器械进行练习，还可以采用一些自制的土器械乃至简单的家具进行锻炼，设备器材比较简单，对场地的要求低，比较容易开展。

（三）老少皆宜

健美的练习动作多种多样，有徒手和自抗力动作，有利用轻重器械做的各种动作，能够充分满足男女老少以及不同健康状况的人各不相同的需要，从而受到广大群众的喜爱。

三、健美运动的锻炼价值

（一）发达肌肉，增长力量

健美运动的一个突出作用是可以有效地发达全身肌肉，增长力量。健美训练中要经常采用各种各样的杠铃、哑铃等负重动作，对全身各部位肌肉进行锻炼，因此能够使肌肉得到强烈的刺激，从而使肌纤维增粗，肌肉中的毛细血管网增多，肌肉的生理横断面增大，肌肉变得丰满结实而发达。

（二）增进健康，增强体质

健美锻炼提高心脏的收缩力和血管的舒张能力，使心搏有力，心肌增强。健美锻炼增加呼吸时的气体交换量，这既有利于呼吸肌的休息，又可提高呼吸系统的功能储备，从而保证在激烈运动时满足气体交换的需要，提高呼吸机能水平。健美锻炼可促使胃肠的蠕动增强，消化液分泌增多，使消化和吸收能力得到提高，食欲增加。

（三）改善体型体态，矫正畸形

健美运动的各种动作能给予身体某些部位的生长发育以巨大的影响，促使骨骼的生长和肌肉的发展。也可以针对性地选择某些适当的动作来进行锻炼以达到矫正畸形的作用。科学的训练还可以减少肌肉中的脂肪含量，达到消脂减肥的目的。

（四）调节心理活动，陶冶美好情操

通过卓有成效的健美锻炼效果可以吸引人的注意力，体型健美了，人在心理上就会产生一种满足感。健美训练可以调节人的心理活动，松弛紧张的神经，转移和消除人的疲劳感、压抑感，使大脑得到积极的休息。健美训练所带来的形体美、姿态美的良好变化，也使人变得活泼开朗、心胸开阔。

四、健美运动的基本技术

（一）健美技巧

（1）大重量、低次数：健美理论中用 RM 表示某个负荷量能连续做的最高重复次数。比如，练习者对一个重量只能连续举起 5 次，则该重量就是 5RM。研究表明：1～5RM 的负荷训练能使肌肉增粗，发展力量和速度；6～10RM 的负荷训练能使肌肉粗大，力量速度提高，但耐力增长不明显；10～15RM 的负荷训练肌纤维增粗不明显，但力量、速度、耐力均有长进；30RM 的负荷训练能使肌肉内毛细血管增多，耐久力提高，但力量、速度提高不明显。

（2）多组数：60～90 分钟的时间集中锻炼某个部位，每个动作都做 8～10 组，才能充分刺激肌肉，同时肌肉需要的恢复时间越长。

（3）长位移：不管是划船、卧推、推举、弯举，都要首先把哑铃放得尽量低，以充分拉伸肌肉，再举得尽量高。

（4）慢速度：慢慢地举起，再慢慢地放下，对肌肉的刺激更深。特别是在放下哑铃时，要控制好速度，做退让性练习，能够充分刺激肌肉。

（5）高密度："密度"指的是两组之间的休息时间，只休息 1 分钟或更少时间称之为高密度。要使肌肉增长迅速，就要少休息，频繁地刺激肌肉。

(6) 念动一致：肌肉的工作是受神经支配的，注意力高度集中就能动员更多的肌纤维参加工作。练某一动作时，就应有意识地使意念和动作一致起来。

(7) 顶峰收缩：这是使肌肉线条练得十分明显的一项主要法则。它要求当某个动作做到肌肉收缩最紧张的位置时，保持一下这种收缩最紧张的状态，做静力性练习，然后慢慢回复到动作的开始位置。

(8) 持续紧张：应在整个一组中保持肌肉持续紧张，不论在动作的开头还是结尾，都不要让它松弛，总是达到力竭。

(9) 组间放松：每做完一组动作都要伸展放松。这样能增加肌肉的血流量，还有助于排除沉积在肌肉里的废物，加快肌肉的恢复，迅速补充营养。

(10) 多练大肌群：多练胸、背、腰、臀、腿部的大肌群，不仅能使身体强壮，还能够促进其他部位肌肉的生长，在训练计划里要多安排硬拉、深蹲、卧推、推举、引体向上等复合动作。

(11) 训练后进食蛋白质：在训练后的 30～90 分钟里，蛋白质的需求达到高峰期，此时补充蛋白质效果最佳。但不要训练完马上吃东西，至少要隔 20 分钟。

(12) 休息 48 小时：局部肌肉训练一次后需要休息 48～72 小时才能进行第二次训练。如果进行高强度力量训练，则局部肌肉两次训练要间隔 72 小时以上。不过腹肌例外，每星期至少要练 4 次，每次约 15 分钟。

(13) 宁轻勿假：许多初学健美的人特别重视练习重量和动作次数，不太注意动作是否变形。健美训练的效果不仅仅取决于负重的重量和动作次数，而且还要看所练肌肉是否直接受力和受刺激的程度。

（二）身体各部位的锻炼方法

1. 肩部肌肉锻炼

(1) 前平举(图 10-43)。

动作要领：两脚开立，身体正直，双手正握杠或持铃，握距与肩同宽，两臂稍弯曲经体前平位置，再用力控制复位。

作用：发达三角肌前束。

注意事项：练习时两臂要弯曲，举起至前平位置即可，不得借腰部摆动助力完成练习。

呼吸方法：前举时用鼻子吸气，还原时用嘴呼气。

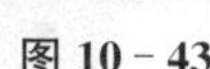

图 10-43

图 10-44

(2) 侧平举(图 10-44)。

动作要领：两脚开立，身体正直，双手正握持铃放于两体侧，两臂稍为弯曲，用三角肌力量由两侧向上举起，直到侧平位置，稍停后缓慢复位。

作用：发达三角肌中束。

注意事项：练习时身体保持双手正直，两臂稍为弯曲，复位动作缓慢。

呼吸方法：侧举时用鼻子吸气，还原时用嘴呼气。

(3) 俯身侧平举(图 10－45)。

动作要领：两脚开立，身体向前屈成 90 度，挺胸直腰，双手正握持铃置于体前，两臂稍微弯曲，用三角肌的力量由两侧向上扩胸举起，稍停后缓慢复位。

作用：上举锻炼三角肌后束、背阔肌，还原时练习前锯肌、胸大肌。

注意事项：练习时身体保持前弯曲成 90 度，挺胸直腰，扩胸时不得抬身体。

呼吸方法：侧举时用鼻子吸气，还原时用嘴呼气。

图 10－45　　**图 10－46**

(4) 颈后推举(图 10－46)。

动作要领：两脚开立，身体正直，双手正握杠，握距比肩稍宽，杠铃置于颈后肩上，用三角肌的力量向上推起至两臂伸直。

作用：发达三角肌后束及肱三头肌。

注意事项：握距尽量宽，复位动作缓慢，推举时注意力集中在三角肌上，肱三头肌为次要补充力量。

呼吸方法：上举时用鼻子吸气，还原时用嘴呼气。

2. 胸部肌肉锻炼

(1) 平卧举(图 10－47)。

动作要领：仰卧在长凳上，双手握杠铃置于胸部上方锁骨部位，用胸大肌的收缩力量将杠铃向上推至两臂伸直，稍停后缓慢复位。

作用：宽握距发达肌肉胸大肌翼中、上部位，使外侧宽厚；正常握距发达胸大肌外侧、下缘沟；窄握距将杠铃置于胸肌下部位，发达胸肌中间肌肉，也可以扩大胸部；避免拱腰助力。

呼吸方法：推举时用鼻子吸气，还原时用嘴呼气。

注意事项：练习时要挺胸、沉肩，不得含胸、耸肩。

(2) 上斜卧举(图 10－48)。

动作要领：仰卧在头高脚低的斜板上，上斜 30～40 度为宜，用胸大肌的收缩力量将杠铃向上推起至两臂伸直，稍停后缓慢复位。

图 10－47

图 10－48

作用：宽握距横杠置于胸前以下，发达胸肌上半部，训练效果明显；正常握距横杠置于乳头部位，对胸肌内侧及外侧训练为好；窄握距横杠贴近颈部，对胸肌上半部和里半部训练效果最佳。

注意事项：练习时注意力集中在胸大肌上，肱三头肌为次要补充力量。

呼吸方法：推举时用鼻子吸气，还原时用嘴呼气。

(3) 下斜卧举(图 10－49)。

动作要领：仰卧在脚高头低的斜板上，下斜 15～30 度为宜。横杠置于胸肌下缘，用胸大肌的收缩力量将杠铃向上推起至两臂伸直与地面垂直，稍停后缓慢复位。

作用：发达胸肌外侧和下缘沟。

注意事项：练习时注意力集中在胸大肌上，肱三头肌为次要补充力量。

呼吸方法：推举时用鼻子吸气，还原时用嘴呼气。

图 10－49

图 10－50

(4) 仰卧飞鸟(图 10－50)。

动作要领：可采用平卧、上斜卧、下斜卧位置。仰卧在长凳上，两臂向上伸直，两肘部微屈并逐渐向两侧张开，随着下降加深两肘角度逐渐变小 100～120 度，一直感到胸大肌被充分拉长，正握持铃举起时，用胸大肌的收缩力量，使两臂伸直复位。

作用：发达胸肌外侧及中、下部效果较好，对扩大胸腔有特殊作用。

注意事项：练习时肘关节要微屈，不能伸直两肘，使胸大肌充分收紧。

呼吸方法：两臂拉开时吸气，回复时呼气。

图 10-51

3. 臂部肌肉锻炼

(1) 颈后臂屈伸(图 10-51)

动作要领：两手正握或反握杠铃或两手合握一个哑铃。将其高举过顶后，屈肘，让前臂向后下垂。身体直立或坐在凳上。两上臂贴近两耳，保持竖直，不摇动。收缩肱三头肌，逐渐伸展肘关节，把前臂向上挺伸，直到臂部完全伸直，肱三头肌彻底收紧。

作用：发达肱三头肌。

注意事项：挺伸前臂时切勿摆动上臂。

呼吸方法：挺伸前臂时吸气，屈降时呼气。

(2) 俯身臂屈伸(图 10-52)。

动作要领：向前屈体，单手握哑铃，另一侧手和腿置在凳面上，上体与凳面平行，让握铃的上臂贴靠身侧，屈肘，让前臂自然下垂。上体和上臂保持不动，收缩肱三头肌，把前臂向后上方挺伸，直到臂部完全伸直，同时彻底收缩肱三头肌。静止 1 秒钟，再屈肘，让前臂徐徐下垂到开始位置。

作用：发达肱三头肌。

注意事项：挺伸前臂时尽可能勿使上臂上下摆动，臂部完全挺直后，还要把手腕往上抬，使肱三头肌收缩更彻底。

呼吸方法：挺伸前臂时吸气，下垂时呼气。

图 10-52

图 10-53

(3) 站立弯举(图 10-53)。

动作要领：全身直立，两手仰握杠铃，两臂下垂。上臂尽量保持不摆动，屈肘，弯起前臂到可能的最高点，同时收缩二头肌，静止 1 秒钟。松展肘关节，让前臂徐徐下落到两臂完全伸直。

作用：发达肱二头肌。

注意事项：不要在弯起前臂时让两肘随之向前上方摆动来使前臂上弯得更高。

呼吸方法：弯起前臂时吸气，回落时呼气。

(4) 单臂蹲坐弯举(图 10-54)。

动作要领：蹲在地上或坐在凳上，一手握哑铃，

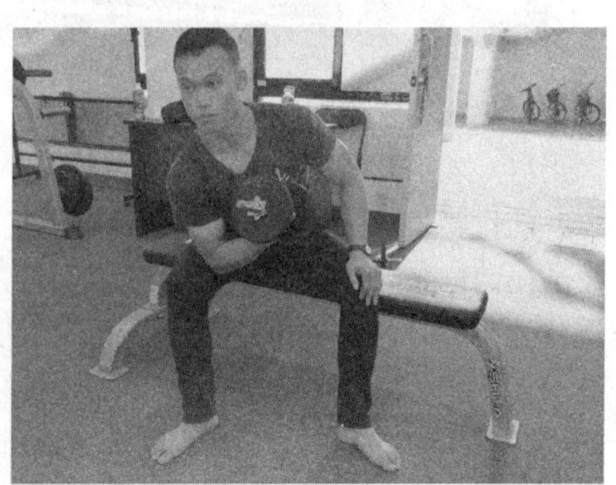
图 10-54

让上臂贴在大腿内侧，前臂向下直垂。另一只手扶压在另一大腿上。收缩握铃一侧臂的肱二头肌将前臂向上弯起，到可能的最高点时，彻底收缩肱二头肌1秒钟，然后伸展肘关节，让哑铃徐徐下落到开始位置。练完一侧，换练另一侧。

作用：发达肱二头肌。

注意要点：让上臂贴靠大腿是为了确保不在弯起前臂时移动肘部。

呼吸方法：弯起前臂时吸气，下垂时呼气。

(5) 腕弯举(图10-55)。

动作要领：两手正握或反握杠铃，蹲坐下来。将前臂贴放在大腿上，把手腕向前伸出，垂于膝盖前，也可以把上臂贴靠在平板或斜板上做或用哑铃左右轮流做。前臂平贴大腿，手腕尽力向上、向内屈转，直到不能再屈转时，静止1秒钟。放松前臂肌肉，让手腕向前回落。

作用：正握发达伸手肌群，反握发达屈手肌群。

注意要点：屈转到最后时，一定要尽力收缩前臂肌肉(屈指肌)1秒钟，再逐渐放松。

呼吸方法：屈转手腕时吸气，回落时呼气。

图10-55

图10-56

4. 背部肌肉锻炼

(1) 立式耸肩(图10-56)。

动作要领：两脚开立，身体正直双手正握，握距比肩稍宽，持杠放于体前，用斜方肌的力量，做转肩运动，至最高后转，稍停后缓慢复位。

作用：锻炼斜方肌。

注意事项：练习时两肘不能弯曲，用斜方肌力量上提，勿用手提拉。

呼吸方法：耸起肩部时吸气，松下时呼气。

(2) 俯立提拉(图10-57)。

动作要领：两脚开立，身体向前弯曲成90度，挺胸直腰，双手持铃或两手正握持杠置于体前，用背阔肌的力量向上提拉至胸前，稍停后缓慢复位。

作用：锻炼背阔肌。

注意事项：练习时身体保持向前弯曲成90度，挺胸直腰，拉提时不抬身体。

呼吸方法：杠铃上拉时吸气，下垂时呼气。

(3) 引体向上(图10-58)。

动作要领：双手反握抓杠，身体向后仰，用上背力量上拉，拉至胸前位置；双手宽握正握抓杠，用上背力量上拉至颈后，稍停后缓慢复位。

作用：锻炼背阔肌。

图 10-57

图 10-58

注意事项：上拉时不要让身体摆动，下垂时脚不能触及地面。

呼吸方法：将身体往上拉时吸气，下垂时呼气。

5. 腹部肌肉锻炼

(1) 仰卧起坐(图 10-59)。

动作要领：仰卧在长凳上，双脚伸直或屈膝双手抱头，两膝夹紧，用腹肌的力量向上折体，稍停后缓慢复位。

图 10-59

图 10-60

作用：锻炼上腹肌。

注意事项：练习时两膝始终夹紧，向上折体时要用上腹肌压迫下腹肌。

呼吸方法：折体时用鼻吸气，还原时用嘴呼气。

图 10-61

(2) 坐势收腿(图 10-60)。

动作要领：身体伸直，双手后撑斜坐在凳边上，两膝夹紧，用腹肌的力量向上折体及收腿，稍停后缓慢复位。

作用：锻炼中、下腹肌。

注意事项：练习时两膝始终夹紧，向上折体时要用上腹肌压迫下腹肌，还原时，身体要伸直。

呼吸方法：折体时用鼻吸气，还原时用嘴呼气。

(3) 仰卧举腿(图 10-61)。

动作要领：仰卧在长凳或垫面上，双手抓把手或按在垫面上，双腿伸直向上折，臀不离板，稍停后缓慢复位。

作用：锻炼下腹肌。

注意事项：练习时臀不离板，上快下慢，两膝始终伸直。

呼吸方法：向上举腿时吸气，回落时呼气。

6. 腰部肌肉锻炼

(1) 俯卧挺身(图 10－62)。

动作要领：俯卧在腹肌板上，两脚固定在腹肌板上或一个人骑在小腿上，练习者双手抱在头后，上体下垂，用腰背肌群的力量，使上体向上挺身弯起至全身呈弓形，抬头、挺胸、后仰，稍停后缓慢复位。

作用：发展下腰部及臀大肌上部。

注意事项：练习时上体要尽量向后向上挺身，可以徒手或负重。

呼吸方法：挺身时吸气，复位时呼气。

图 10－62

图 10－63

(2) 坐姿弓身(图 10－63)。

动作要领：两脚分开，身体正坐，双手握杠置于后肩上，挺胸直腰向前倾斜至腰背部接近与地面平行，稍停后缓慢复位。

作用：发达腰背肌。

注意事项：练习时两脚要分开，始终保持挺胸直腰姿势。

呼吸方法：弓身时吸气，还原时呼气。

(3) 体侧举(图 10－64)。

动作要领：两脚分开，身体正直，双手或单手正握持铃放于体侧，身体向一侧倾斜至最低点，然后换另一侧，这样重复进行。

作用：锻炼腰侧肌。

注意事项：练习时两脚保持伸直，肩、手方向(单手时肘)向着后脚跟。

呼吸方法：下倾时吸气，复位时呼气。

图 10－64

(4) 负重转体(图 10－65)。

动作要领：两脚分开，身体正直，双手握杠置于后肩上，挺胸直腰向左右转体。

作用：锻炼腰侧肌。

图 10-65

注意事项：练习时身体保持正直，双脚保持不动。

呼吸方法：自然呼吸。

7. 腿部肌肉锻炼

(1) 负重深蹲(图 10-66)。

动作要领：两脚开立与肩同宽或稍宽，两手正握比肩稍宽，挺胸塌腰，腰背部肌群始终收紧，将杠铃置于颈后肩上做下蹲动作至全蹲姿势，稍停后再复位。

作用：锻炼股四头肌。

注意事项：练习时腰背部不得放松，不能弓腰、提臀，起立时要抬头。

呼吸方法：下蹲憋气，起立换气。

(2) 斜蹬机练习(图 10-67)。

动作要领：身体倾斜卧在斜蹬机上，双膝内夹，双脚踏着负重板，两腿向上做蹬伸动作，双手打开支撑架，循环进行。

图 10-66

图 10-67

作用：锻炼股四头肌。

注意事项：双膝始终内夹。

呼吸方法：上蹬时吸气，下蹬时呼气。

(3) 负重提踵(图 10-68)。

动作要领：两脚自然站立，两手正握比肩稍宽，用小腿三头肌的收缩力量，使脚跟提起至最高位置，稍停后再复位。

作用：锻炼小腿三头肌。

注意事项：膝关节始终不得弯曲。

呼吸方法：提起时吸气，复位时呼气。

(4) 箭步蹲(图 10-69)。

动作要领：两脚前后成弓箭步开立，两手正握比肩稍宽，挺胸塌腰，背腰部肌群始终收紧，将杠铃置于颈后肩上或双手持铃放于体侧，做下蹲动作，稍停，起立伸膝蹬后腿至两腿伸直。

作用：锻炼股四头肌前束及髋腰肌。

注意事项：重心在两腿之间，身体保持正直，上下移动。

呼吸方法：起立时吸气，下蹲时呼气。

图 10－68

图 10－69

五、健美训练计划与营养

（一）训练计划

制订训练计划应遵循以下要点。

1. 简单至上

对初练者而言，科学的训练就是简单的、基本的复合性训练，如卧推、深蹲、硬拉等。

2. 目标明确

训练计划越明确越好，当对枯燥的训练感到厌烦时，或想偷懒时，明确的目标会激励练习者继续冲刺。

3. 持续性和渐进性

不坚持训练，肌肉就得不到持续的、有规律的刺激，以致生长缓慢；训练强度不增加，肌肉对所给予的刺激产生适应性，生长也会迟缓。一个有效的计划除了保证训练的持续性外，还要保证循序渐进地增加训练强度。

4. 频度

练习频度是说每周进行几次训练。通常初学者每周 3 次即可，中等水平的练习者每周可练 3～4 次，高水平的运动员在赛季可天天练，甚至每天 2 次。但对于某一肌群来说，训练频度不宜过勤，且水平越高，每周训练次数越少。实验表明在一次剧烈的大运动量训练之后，2～3 天身体机能处于下降水平，3～5 天恢复到原水平，5～8 天才会产生超量恢复。所以很多高水平的优秀运动员都采用每个肌群每周只练一次的方法进行常规训练。

5. 数量

数量就是训练量，包括练多少组、每组多少次以及组间休息时间的长短等。一般每组 4 次以下为少次数，主要用于提高力量；5～15 次为中等次数，可用于增大肌肉体积和围度；16 次以上为多次数，多用于提高肌肉的分离度、精细度和减脂等。在健美训练中，每个动作的组数视训练阶段、目的、水平而定。一般来说，初学者每个动作做 1～4 组，中高水平的运动员及健美爱好者做 4～6 组动作。每组之间的间歇时间一般约 3 分钟，每次训练不要超过 1 小时，对初级训练者而言，精简时间、提高效率是必须养成的习惯。

6. 强度

强度是指训练中所承受的负荷水平。负荷水平的高低取决于三个因素：重量、训练间歇和力竭程度。高强度是指在训练间歇较短的前提下，每组都使用较大的重量训练至接近力竭。肌肉的生长决定于所受的刺激。经常改变重量、次数等可变因素，才能使肌肉对刺激保持敏感，不断生长。

（二）健美运动饮食营养

健美运动员需要专门的营养搭配以满足肌肉的高水平修复与增长。一般说来，健美运动员需要比身高相同的平常人更多的热量来满足训练和肌肉增长所需的能量并维持蛋白质的合成。

1. 营养原则

营养对于每个人都是必不可少的，从事健美训练的人更需要充足的营养。初学者往往将全部精力投入训练而忽视了营养。其实，没有适宜的营养任何训练都是无效的，因此初学健美的人要注意以下五大健美营养原则。

(1) 补充足够的热能：肌肉生长是要消耗能量的，没有足够的热量，就不可能保证肌肉的正常生长。

(2) 补充足够的碳水化合物：健美训练时能量主要由糖原提供，摄入的碳水化合物可以补充糖原，供给能量，并防止训练造成的肌肉分解。

(3) 补充优质蛋白原料：蛋白质是肌肉构成的基石，也是肌肉生长的基础，因此每天必须摄入优质蛋白质以构建肌肉。

(4) 促进合成，减少分解：当肌肉的合成大于分解时，肌肉增长，反之则缩小。因此健美人群要注意抗肌肉分解，促进蛋白合成。

(5) 保持适宜激素水平：人体内的生长激素、胰岛素和睾丸酮对肌肉蛋白的合成至关重要。通过饮食与营养补充品可调控激素水平，刺激肌肉的生长。

2. 营养策略

(1) 晚餐高蛋白。发达的肌肉可通过有规律的负重训练、高蛋白饮食以及睡眠来获得。日本运动营养学家铃木胜茂研究发现，促进肌肉生长的生长激素是在人睡眠过程中分泌的。健美运动员应在晚餐中进食高蛋白食品，或者在睡前服用氨基酸，以使肌肉生长过程更有效地进行，从而获得更强大的肌肉块。

(2) 进食高蛋白。负重训练的用力对肌纤维所造成的细微损伤能激发体内的修复机能，促使生长激素的分泌和氨基酸的合成。负重训练后，生长激素的分泌大约能维持两小时。饭后的一两个小时又是蛋白质吸收的高峰阶段。训练后进食高蛋白食品，就可使由于负重训练而引起的生长激素分泌高峰与蛋白质吸收的高峰一致，因而更有利于肌肉生长。而睡眠时肌肉组织的静止状态又可使上述效果得到进一步的强化，从而收到事半功倍的训练效果。

第三节　体 育 舞 蹈

体育舞蹈是以身体动作舞蹈化为基本内容，是竞技体育与艺术表演相结合的舞蹈，是世界通用的"肢体语言"。体育舞蹈源于欧洲、非洲、美洲，具有悠久的历史。它融音乐、舞蹈、服装、气质风度、体态美于一体，有丰富的艺术内涵，观赏性很强，是一种陶冶情操和锻炼体魄的极好形式，被认为是真正的艺术。可以双人跳、单人跳、集体跳，可以以竞赛的形式或者娱乐表演的形式表现。

一、体育舞蹈概述

（一）体育舞蹈起源与发展概况

体育舞蹈包括摩登舞与拉丁舞两大类10个舞种。摩登舞除探戈起源于非洲外，其他四个舞蹈都起源于欧洲；拉丁舞除斗牛舞起源于欧洲外，其他四个舞蹈都起源于非洲和拉丁美洲。体育舞蹈历经了民间舞、宫廷舞、交谊舞、国标舞、体育舞蹈的五个发展阶段。

原始舞蹈的起源可以追溯到公元前10世纪以前，历经数世纪的演变，直到1904年随着英国皇家舞蹈教师协会的成立，在1920年到1924年间，英国皇家舞蹈教师协会对各种舞的舞步、舞姿、跳法进行了规范整理并系统化，制定出比赛方法，称之为“国际标准舞”，简称为“国标”。1947年在德国柏林举行第一届世界体育舞蹈锦标赛。1950年英国ICBD(世界舞蹈组织摩登舞国际理事会)在英国黑池主办了首届国际标准交谊舞“Black Pool Dance Festival 1950”(黑池舞蹈节)。以后每年5月底，在英国黑池举办一届世界性的大赛。第二次世界大战后，英国皇家舞蹈教师协会又整理规范了拉丁舞，并且将它纳入国际标准舞范畴，至此，国际标准舞包括了摩登舞和拉丁舞两大类的10个舞种。1985年总部在德国的世界国际业余舞蹈总会(International Council of Amateur Dancers，ICAD)，为了用运动竞赛的方式推广国标舞，并希望得到奥林匹克委员会的支持，特地将ICAD改名为国际体育舞蹈联合会(International Dancer Sport Federation，IDSF)。1995年国际奥委会接纳IDSF加入其组织，IDSF影响力与日俱增。大势所趋，国际标准舞易名为“Dance Sport”，即体育舞蹈。1997年9月体育舞蹈正式得到国际奥委会承认并且IDSF成为唯一的代表体育舞蹈的国际组织。多年来，IDSF的规模在不断地发展壮大，目前已有众多会员国和会员协会。

国际上有两个国际体育舞蹈组织：一个是国际体育舞蹈联合会(International Dance Sport Federation，简称IDSF)，管理业余体育舞蹈事务和比赛；另一个是世界舞蹈及体育舞蹈理事会(World Dance and Dance Sport Council，简称 WDDSC)，是管理职业体育舞蹈事务和比赛的国际组织。目前IDSF与WDDSC已合并成立了世界体育舞蹈联合会(WDSF)。世界性体育舞蹈大赛每月都有，一片繁荣景象。

交谊舞于20世纪30年代传入我国上海，后又在天津、广州等大城市广泛流行。1949年后，交谊舞在20世纪80年代进入一个新的发展时期。1986年文化部成立了“中国国际标准舞学会”，并于1987年举办了“第一届全国国际标准舞锦标赛”，以后每年举行一次。1991年5月3日，“中国体育舞蹈协会”宣告成立，相继举办了“第一届全国体育舞蹈锦标赛”“亚洲体育舞蹈大赛”“14国国际体育舞蹈大赛”。1993年12月，举办了“中国上海·北京世界杯体育舞蹈锦标赛”，这是我国首次获得国际体育舞蹈联合会(IDSF)认可的世界性公开赛，也是中国具规模的舞蹈大赛。2001年在第26届“黑池”舞蹈节国际标准舞大赛中，我国选手李兆林、李小媛“闯入”黑池大赛职业新星摩登舞比赛前24名，为世界华人赢得了骄傲。2004年栾江和张茹获得了“黑池”大赛职业新星拉丁组冠军，这是中国体育舞蹈历史上第一个“黑池”冠军，实现了该项目比赛零的突破。自此，中国选手在世界体育舞蹈大赛上获奖已是数不胜数，获得的成绩已领先于亚洲各国。

2002年4月，随着国际体育舞蹈联合会被国际奥委会承认，中国体育舞蹈运动协会与文化部所属的中国业余舞蹈竞技协会经过协商，形成最终的联合，组建了中国体育舞蹈联合会，并在民政部重新登记注册。联合会下设多个委员会。

（二）体育舞蹈的锻炼价值

体育舞蹈是由属于文艺范畴的舞蹈演变而来的体育项目，它兼有文艺和体育的特点，是一项集动作美、服装美、音乐美、形体美于一身，具有健身价值、艺术价值以及由此而产生的社会价值的运动。

1. 健身价值

经常参加体育舞蹈锻炼，能增强体质，改善人体心血管系统、呼吸系统等机能，改善神经系统的调节机制，促进心理健康，以达到健美、健身、健心的最佳效果。学习体育舞蹈，最基本的站姿就要拉直脊柱，尤其是现在“低头族”普遍，体育舞蹈的学习显得尤为重要。

2. 艺术价值

体育舞蹈的音乐美、人体美、运动美、服装美和礼仪美，强烈吸引着人们对美的追求。它独特的艺术魅力，给舞蹈者与观赏者以美的享受，能够提高人们的艺术修养和审美情趣。

3. 社会价值

体育舞蹈不仅是民间友谊的纽带，也是沟通不同国家、不同民族情感的一种“肢体语言”，是任何语言无法替代的艺术，通过优美的舞蹈旋律，可以增进友谊，丰富生活。学校开设体育舞蹈课程，可以达到锻炼身体，陶冶情操，培养良好气质，丰富校园文化生活，提高学生整体素质和形象的目标，也利于学生在步入社会后，提高人际交往的水平和能力。

（三）体育舞蹈的分类和各舞种特点

1. 体育舞蹈的分类

体育舞蹈按风格和技术结构可分为摩登舞和拉丁舞两大类。按竞赛项目可分为三类：摩登舞、拉丁舞和团体舞。摩登舞包括：华尔兹、快步、探戈、狐步、维也纳华尔兹；拉丁舞包括：伦巴、恰恰、牛仔、桑巴、斗牛。团体舞是摩登舞或拉丁舞的混合舞，由 8 对选手组成。每个舞种都有各自的舞曲、舞步和风格。

2. 体育舞蹈的特点

摩登：华尔兹舞源自德国，舞姿雍容华贵，高雅大方，舞步流畅起伏，婉转飘逸，音乐为 3/4 节拍，每分钟约 30～32 小节。探戈舞源自非洲，流行于阿根廷，动作刚劲锐利，欲进又退，欲退还前，动静快慢，错落有致，潇洒豪放，闪烁中显顿挫，音乐为 2/4 节拍，每分钟 30～34 小节。狐步舞源自美国，舞姿平稳大方，温柔从容，舞步悠闲自在、轻柔、圆滑、流畅，方位多变且不并步，音乐为 4/4 节拍，每分钟 30 小节左右。快步舞源自英国，舞姿轻快活泼，富于激情，舞步洒脱自由，饱含动力感和表现力，音乐为 4/4 节拍，每分钟 50～52 小节。维也纳华尔兹源自奥地利，舞姿华丽优雅，舞步潇洒流畅，旋转性强，音乐为 3/4 节拍，每分钟 50～60 小节。

拉丁：伦巴舞源自古巴，舞姿柔媚动人，甜美含蓄，舞步婀娜多姿，涓涓柔媚，音乐为 4/4 节拍，每分钟 27～31 小节。桑巴舞源自巴西，舞姿活泼动人，甜美生动，舞步风吹摇曳、奔放而热情，音乐为 2/4 节拍，每分钟 48～56 小节。恰恰舞源自古巴，舞姿诙谐花哨，舞步欢快爽朗，音乐为 4/4 节拍，每分钟 29～32 小节。牛仔舞源自美国，舞姿豪放、开朗，舞步丰富多变，以强烈的扭摆和迅急的连续旋转使人眼花缭乱，亢奋热烈，音乐为 4/4 节拍，每分钟 40～46 小节。斗牛舞源自西班牙，发展于法国，舞姿威猛，刚劲有力，舞步果决、悍厉、夸张，音乐为 2/4 节拍，每分钟 60～62 小节。

二、体育舞蹈的基础知识

（一）舞程线、角度与方位、赛场

1. 舞程线(line of dancing，简称 LOD)

跳舞时，为了能够有序行进，防止碰撞，必须有规定的行进路线，特别在连续行进的舞步和旋转时，就更有必要，因此，国际标准舞规定，舞者必须向逆时针方向行进，这个路线就叫作舞程线(图 10－70)。

2. 角度与方位

在舞蹈时，每个舞步的开始、结束时所站立的方向，运步、旋转过程中的方位、角度，都有一定的规定。因此，必须学会辨别这些方位、角度，才有利于各种舞步的练习。

(1) 角度：旋转时以旋转 360 度为一周；旋转 45 度为 1/8 周；旋转 90 度为 1/4；旋转 135 度为 3/8 周；旋转 180 度为 1/2 周；旋转 225 度为 5/8 周；旋转 270 度为 3/4 周；旋转 315 度为 7/8 周。在做旋转动作时，应标明旋转的方向，是左转还是右转，再标明旋转角度(图 10－71)。

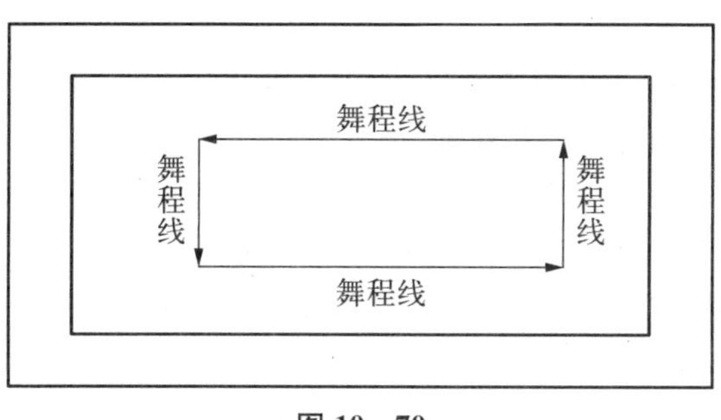

图 10-70

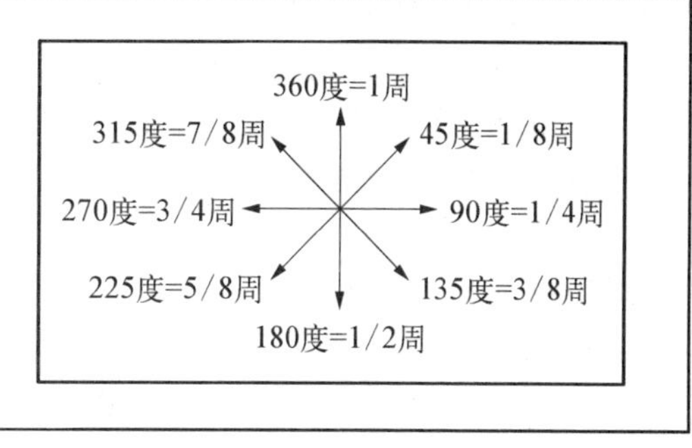

图 10-71

(2) 方位：为了便于舞蹈进行中正确的辨别方位和检查旋转的角度，根据国际上记录各种舞蹈的惯例，在舞场上要规定一定的方位。一般情况下，多以乐队演奏台的一面为规定方位的基点，并定为"1 点"(也可以在场地中任意选择一个面定为"1 点")。每向顺时针方向转动 45 度则变动一个方位，以此类推 2、3、4、5……共有 8 个点即 8 个方位。1、3、5、7 点为场地中的四个面也称场地的四面墙，2、4、6、8 点为场地的四个角(图 10-72)。

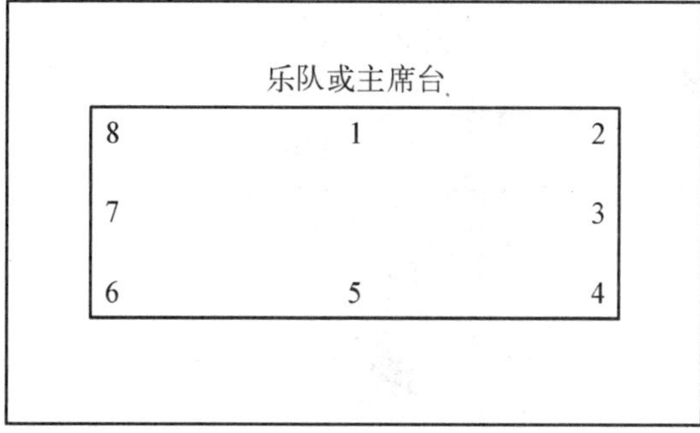

图 10-72

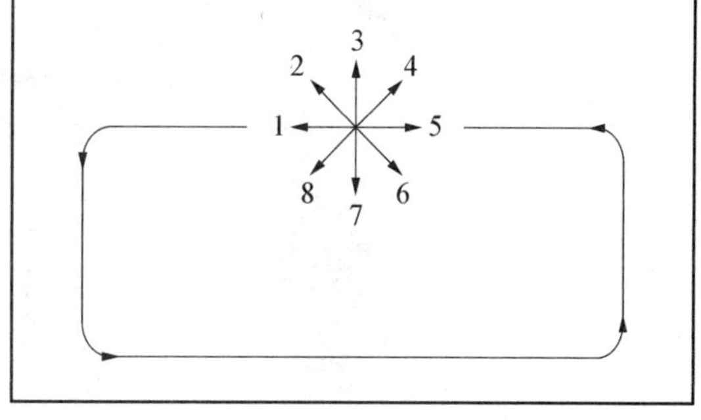

图 10-73

(3) 八条线：当舞者按舞程线不断变换方位并且向前移动时，则舞蹈者又要和舞程线发生联系。因此，在国际标准舞中还规定了八条线：以舞蹈者面对舞程线同时也是背对逆舞程线为 1 点方向；2 点方向是面对斜墙背对逆中央；3 点方向是面向正墙背对中央；4 点方向是面对逆斜墙背对斜中央；5 点方向是面对逆舞程线背对舞程线；6 点方向是面对逆斜中央背对斜墙；7 点方向是面对正中央背对正墙；8 点方向是面对斜中央背对逆斜墙。八个方向，无论舞者行进到哪一点，这个规律都适用(图 10-73)。

3. 赛场

国际体育舞蹈比赛是在 15 米×23 米的场地进行的，赛场长的两条边线叫 A 线，短的两条边线叫 B 线。比赛选手所编的套路，应按照两条线的长短不同，编排合适的动作，不断沿着两条线按舞程线方向循序而进(图 10-74)。

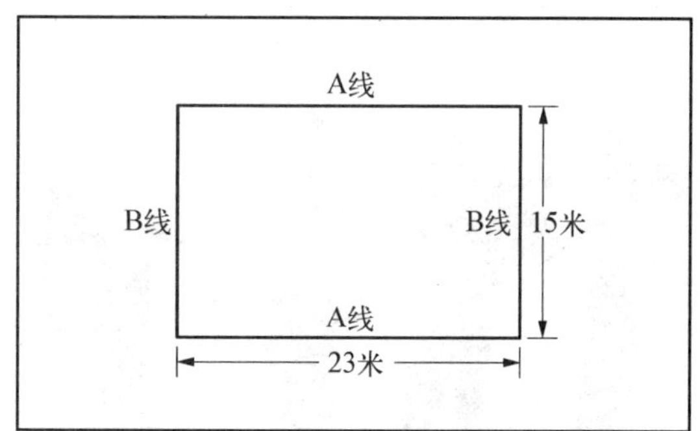

图 10-74

(二) 体育舞蹈的基本握抱舞姿

体育舞蹈的基本握抱舞姿，主要包括闭式舞姿和开式舞姿。此外，由于拉丁舞的握抱姿势较为特别，再介绍一种常用的拉丁开式握抱舞姿。

1. 闭式舞姿(closed position)

(1) 站位：男女舞伴相对站立，两脚相距约10厘米。双膝微屈，右脚尖对准对方的双脚中线，双脚及身体稍前倾。男生身体重心在右脚，女生身体重心在左脚。

(2) 身体位置：男女均立腰、沉肩。以腹部1/2的右腹部接触对方的右腹部，胸肋以下至腿根部(腹股沟)与对方相贴。

(3) 头部位置：男生头颈基本保持正直，胯部向左微转约15度。女生头部向左转约45度，含颌，颈部尽量向上拉伸，有头顶天花板的感觉。胸椎尽量后伸，向后打开胸部线条。

(4) 手臂位置：男生双臂侧平举，两肘保持水平。左臂的大臂与小臂弯曲形成90度左右，左手高度与女生右耳齐平。左手虎口与女生右手虎口相交，掌心空出，拇指和食指卡在女生右掌骨与指骨关节处，其余三指并拢。右臂的肘关节弯曲75度左右，右手五指并拢，置于女生左肩胛骨外侧稍上位置。女生双臂侧平举，两肘保持水平。右臂弯曲约150度，右手与男生左手轻握，手腕松弛。左臂轻贴男生右臂上，左手虎口张开，轻放在男生右上臂三角肌中部，其余三指可上翘，女生腕部与小臂放平，不可使腕部突起(图10-75)。

①

②

图10-75

图10-76

2. 开式舞姿(promenade position)

开式舞姿也称为侧行位舞姿，简称PP舞姿，就是在闭式舞姿的基础上，男女舞伴身体稍向左右打开，即男生向左、女生向右打开，但是，腰髋不能分离，两人身体成V字形(图10-76)。

3. 拉丁舞开式舞姿

①

②

图10-77

男女舞伴面对面站好，相距一臂的距离，挺胸，脊椎骨伸直，不可耸肩。男生右脚伸直支撑重心，左脚向侧一步，伸直膝关节，拇指内侧点地，脚跟向内侧下压，脚背绷直，骨盆向侧后方扭转开胯(骨盆移动幅度以不影响上体姿势为原则)，使身体一侧从头、肩、胯到侧点地脚尖，形成一条很长的直线，呈现拉丁特有的形体。女生动作同男生，方向相反。男生左手牵女生右手，右手侧平举。女生右手与男生左手相牵，左手侧平举(图10-77)。

男女可以用任意脚为重心，但是男女舞伴

重心脚必须相反。握手方法还可以男生右手握女生的左手、男生右手握女生的右手或者左手等。

三、体育舞蹈的基本技术

(一) 摩登舞基本技术

摩登舞包括舞姿雍容华贵,动作从容潇洒的华尔兹;动作刚劲有力、深沉豪放的探戈;舞步轻柔,高贵典雅,动感流畅的狐步舞;热情奔放、轻松洒脱的快步舞;活泼欢快、华丽多姿的维也纳华尔兹。在此以华尔兹为范例。

华尔兹舞(Waltz)是体育舞蹈中历史最悠久的舞蹈,它原是德国和奥地利的一种民间舞蹈,最早流行于12世纪的欧洲,16世纪传入法国,成为一种宫廷舞蹈,经过几个世纪的发展,不断地完善、规范、系统化,华尔兹舞深受大家喜欢。它的风格典雅大方,动作流畅,旋转性强,此起彼伏、接连不断的潇洒转体,在美妙动听的音乐伴奏下,再配以华丽的服装,那种潇洒、飘逸、典雅,让人陶醉,使其至今仍然保持着“舞蹈之王”的美称。它有身体的起伏、倾斜、反身和摆荡的特点。

1. 华尔兹的音乐节奏

华尔兹的音乐是3/4拍,每小节三拍,每分钟30～32小节(职业组为27～29小节)重拍在音乐的第一拍上。

2. 华尔兹的基本步练习

在学习华尔兹舞时,为了掌握正确的运步方法,基本的升降规律和节奏感,必须先进行基本步的练习,以男生为例,用华尔兹步型中左足并换步和右足并换步可以组成多种练习的方法:用前进的左足并换步和前进的右足并换步组成一个前进的基本步;用后退的左足并换步和后退的右足并换步组成一个后退的基本步;用前进的左足并换步和后退的右足并换步组成一个方形的基本步进行练习。每三拍的升降方式是第一拍降,结尾时上升,第二拍、第三拍继续上升,第三拍结尾时下降。左足并换步第二、三拍向左倾斜,右足并换步第二、三拍向右倾斜。左右转步时,第一步注意做反身动作。

3. 华尔兹的步型

华尔兹舞主要有左足并换步、右足并换步、右转步、左转步、扫步、侧行追步、右旋转步等。

(1) 左足并换步。

预备姿势:闭式位(男生面对斜墙,女生背对斜墙)

步序与步法:

男生:

① 左脚沿着斜墙方向前进一步,身体稍有反身动作。(HT)

② 右脚经左脚向侧稍向前一步,方位不变。(T)

③ 左脚并向右脚,方位不变。(TH)

华尔兹男步单人套路演示视频

女生:

① 背对斜墙,右脚向后退一步,身体稍有反身动作。(TH)

② 左脚经右脚向侧稍向后一步。(T)

③ 右脚并向左脚,方位不变(图10-78)。(TH)

动作说明:

① 脚法中T指脚尖,H指脚跟。HT指脚跟着地逐渐过渡到脚尖。TH指脚尖先着地逐渐过渡到脚跟。摩登舞的以下动作的脚法均符合此解释。

华尔兹女步单人套路演示视频

①

②

③

图 10 - 78

摩登舞向前出脚时右脚跟先着地逐渐过渡到脚尖，向后出脚时则由脚尖先着地逐渐过渡到脚跟。

② 升降：第一步降，结尾开始升；第二步继续升；第三步继续升结尾时下降。

③ 倾斜：第一步无倾斜，第二步和第三步男生向左倾斜，女生向右倾斜。

④ 当向旁侧出步时，均以前脚掌内缘着地滑行，同时，身体重心逐渐上升；并步时，身体重心升至最高点时，两膝盖微屈，然后在最后一拍的后半拍下降，并及时交换重心。

动作难点与要点：

① 处于后退的一方要给前进的一方让位。

② 注意脚法，脚掌与踝关节蹬伸力量的使用及男女步伐的协调配合。

(2) 右足并换步。

华尔兹双人套路数拍演示视频

预备姿势：闭式位（男生面对斜中央，女生背对斜中央）

步序与步法：

男生：

① 面对斜中央，右脚前进一步。(HT)

② 左脚经右脚向侧稍向前一步，方位不变。(T)

③ 右脚并向左脚，方位不变。(TH)

女生：

① 背对斜中央，左脚后退一步。(TH)

② 右脚经左脚向侧稍向后一步，方位不变。(T)

③ 左脚并向右脚，方位不变（图 10 - 79）。(TH)

动作说明：

① 升降：第一步降，结尾开始升；第三步继续升结尾下降。

② 倾斜：第一步无倾斜，第二步和第三步向右倾斜，女生向左倾斜。

动作难点与要点：

① 身体重心保持平稳，男女步伐配合协调。

② 注意脚法、脚掌与踝关节蹬伸力量的使用。

(3) 右转步。

预备姿势；闭式位（男生面对斜墙，女生背对斜墙）

华尔兹双人套路配音乐演示视频

①

②

③

图 10-79

步序与步法：

男生：

① 面对斜墙，右脚向前进一步，开始向右转，身体有反身动作。(HT)

② 以右脚脚掌为轴右转 1/4 周，左脚向侧，背对斜中央。(T)

③ 以左脚脚掌为轴右转 1/8 周，右脚并向左脚，背对舞程线。(TH)

④ 左脚向后退一步，方位不变，有反身动作。(TH)

⑤ 以左脚脚掌为轴右转 3/8 周，身体少转。右脚向侧一步，双脚指向斜中央。(T)

⑥ 身体完成右转，左脚并向右脚，面对斜中央。(TH)

女生：

① 背对斜墙，左脚向后退一步，开始向右转，身体有反身动作。(TH)

② 以左脚脚掌为轴右转 3/8 周，右脚向侧一步，双脚指向舞程线。(T)

③ 左脚并向右脚，面对舞程线。(TH)

④ 右脚向前进一步，方位不变，有反身动作。(HT)

⑤ 以右脚脚掌为轴右转 1/4 周，左脚向侧，背对中央，(T)

⑥ 以左脚脚掌为轴右转 1/8 周，右脚并向左脚，背对斜中央(图 10-80)。(TH)

动作说明：

① 升降：男生第一步降，结尾开始升；女生第一步降，结尾开始升，脚不升。男生第四步降，结尾开始升，脚不升；女生第四步降，结尾开始升。男女第二、五步继续升，第三、六步继续升结尾时下降。

② 倾斜：第一、四步无倾斜；男生第二、三步右倾斜，五、六步左倾斜。女生相反。

③ 向侧滑步时，移动脚一定要经过另一脚的旁侧再出脚。

动作难当与要点：男女内外圈的配合。

(4) 左转步。

预备姿势：闭式位(男生面对斜中央，女生背对斜中央)

步序与步法：

男生：

① 面对斜中央，左脚向前进一步，身体有反身动作。(HT)

② 以左脚脚掌为轴左转 1/4 周，右脚向侧，背对斜墙。(T)

图 10－80

③ 以右脚脚掌为轴左转 1/8 周，左脚并向右脚，背对舞程线。(TH)

④ 右脚向后退一步，方位不变，有反身动作。(TH)

⑤ 以右脚脚掌为轴向左转动 3/8 周，身体少转一些。左脚向侧一步，双脚指向斜墙。(T)

⑥ 身体完成转动，右脚并向左脚，面对斜墙。(TH)

女生：

① 背对斜中央，右脚向后退一步，身体有反身动作。(TH)

② 以右脚脚掌为轴左转 3/8 周，身体少转。左脚向侧一步，指向舞程线。(T)

③ 右脚并向左脚，面对舞程线。(TH)

④ 左脚向前进一步，方位不变，有反身动作。(HT)

⑤ 以左脚脚掌为轴左转 1/4 周，右转向侧，背对墙壁。(T)

⑥ 以右脚脚掌为轴左转 1/8 周，左脚并向右脚，背对斜墙(图 10－81)。(TH)

动作说明：

① 前进与后退时均有反身动作，即身体运动方向与移动脚的方向相反。如：左脚前进，左肩与左髋以脊椎为轴向后运动。

② 升降：男生第一步降，结尾开始升；女生第一步降，结尾开始升，脚不升。男生第四步降，结尾开始升，脚不升；女生第四步降，结尾开始升。男女第二、五步继续升，第三、六步继续升，结尾时下降。

③ 倾斜：第一、四步无倾斜，男生第二、三步左倾斜，五、六步右倾斜；女生相反。

①　②　③

④　⑤　⑥

图 10-81

动作难点和要点：男女转体形成内转圈和外转圈，前进者为外圈，步幅要大，后退者为内圈，步幅要小；男女内外圈的配合。

(5) 扫步(拂步)。

预备姿势：男女闭式位置，男生面对斜墙，女生背对斜墙。

步序与步法：

男生：

① 面对斜墙，左脚向前进一步，身体稍有反身动作。(HT)

② 右脚向侧稍向前，方位不变。(T)

③ 在 PP 位置，左脚交叉到右脚后面，方位不变。(TH)

女生：

① 背对斜墙，右脚向后，身体稍有反身动作。(TH)

② 身体稍稍右转 1/4 周，左脚斜向后，双脚指向斜中央。(T)

③ 在 PP 位置，右脚交叉到左脚后面，面对斜中央(图 10-82)。(TH)

动作说明：

① 升降：第一步结尾开始升，第二步继续升，第三步保持上升，结尾时下降。女生第一步结尾开始升，脚不升。

② 倾斜：第一步无倾斜，第二、三步男生左倾斜，女生相反。

①　②　③

图 10-82

动作难点与要点：

① 女生扫步的脚法，第一步后退时，以右脚掌的外缘着地，向斜后方迈出。

② 开式 PP 位置的练习，第二拍与第三拍时，男女腹部不能分开，保持架型，女生头部由左侧慢慢转向右侧。

(6) 侧行追步。

预备姿势：开式位(男生面对斜墙，沿着舞程线方向运动，女生面对斜中央)。

步序与步法：

男生：

① 面对斜墙，右脚向前，交叉在 CBMP 和 PP 位置。(HT)

② 左脚向侧稍前，方位不变。(T)右脚并向左脚，方位不变。(T)

③ 左脚向侧稍前，方位不变。(TH)

女生：

① 面对斜中央，左脚向前，交叉在 CBMP 和 PP 位置，身体有反身动作。(HT)

② 身体向左转 1/8 周，右脚向侧，背对墙壁。(T)身体继续向左转 1/8 周，身体少转些，左脚并向右脚，背对斜墙。(T)

③ 身体不转动，右脚向侧稍后，方位不变(图 10-83)。(TH)

①

②

③

④

图 10-83

动作说明：

① 升降：第一步结尾开始升，第二、三步继续升，第四步保持上升，结尾时下降。

② 倾斜：身体无倾斜。

③ CBMP：是指反身动作位置，一侧脚向前进时，同侧身体反方向运动。

④ 追步的第二拍和各占音乐的 1/2 拍，移动时，控制男女开式舞姿的稳定性。

动作难点与要点：

① 并步时，通过主力腿的脚踝推力向前运动，脚步速度要快，两膝微屈，脚掌着地。

② 女生在身体最高点时，逐渐完成头部转动动作。

(7) 右旋转步。

预备姿势：闭式位（男生面对斜墙，女生背对斜墙）

步序与步法：

男生：

① 面对斜墙，右脚向前进一步，身体有反身动作。(HT)

② 以右脚脚掌为轴转动 1/4 周，左脚向侧，背对斜中央。(T)

③ 以左脚脚掌为轴继续右转 1/8 周，右脚并左脚，背对舞程线。(TH)

④ 左脚向后，并以左脚为轴右转 1/2 周，右脚保持在 CBMP 中，背对舞程线。(THT)

⑤ 右脚向前，并于右脚脚掌为轴继续右转，面对舞程线。(HT)

⑥ 继续转动，右转 3/8 周，左脚向侧稍向后，结束在背对斜中央。(TH)

女生：

① 背对斜墙，左脚向后退一步，身体有反身动作。(TH)

② 以左脚脚掌为轴右转 3/8 周，右脚向侧一步，指向舞程线。(T)

③ 左脚并向右脚，面对舞程线。(TH)

④ 右脚向前，面对舞程线，以右脚为轴准备右脚 1/2 周，结束时背对舞程线。(HT)

⑤ 左脚向后稍向左，并以左脚脚掌为轴继续旋转，背对舞程线。(T)

⑥ 右脚斜前刷过左脚，继续转动，完成右转 3/8 周，结束在面对斜中央（图 10-84）。(TH)

动作说明：

① 升降：前三步升降同右转。第四步无升降，第五步结尾上升，第六步保持上升，结尾时下降。

② 倾斜：最后三步身体无倾斜。

③ 旋转时，男生在第一拍以左脚为轴转体；第二拍时，右脚向女生两脚之间迈进，并给予女生旋转的力量。

动作难点与要点：

① 推送力量的把握；第一步时，女生必须给予男生推送的力量，从而带动男生旋转。

② 女生旋转时，注意两脚并立，脚掌碾动。

4. 华尔兹铜牌套路

预备姿势：闭式位（男生面对斜墙，女生背对斜墙）。

左足并换步 1 小节—右转步 2 小节—右足并换步 1 小节—左转步 2 小节—扫步 1 小节—侧行追步 1 小节—右旋转（旋转至角落）2 小节—左转步 456 动作 1 小节。

（二）拉丁舞基本技术

拉丁舞包括伦巴、恰恰、牛仔、桑巴、斗牛。由于拉丁舞很美，观赏性极强，所以，深受大学生们喜欢。由于篇幅有限，以下仅以伦巴舞为范例。

①　②　③

④　⑤　⑥

图 10-84

伦巴(Rumba)的起源和西班牙与非洲的舞蹈有关,而在古巴获得极大的发展。16 世纪随着贩卖非洲黑奴而传入拉丁美洲。这样,非洲的、西班牙的和古巴的舞蹈的诸种因素相结合就发展成了伦巴舞蹈的特殊节奏:空掉第一拍而重踏在第二拍上。伦巴大多是表现男女之间的爱情生活,伦巴的音乐缠绵深情,舞步上婀娜多姿,风格上柔媚抒情,使舞蹈充满了浪漫情调,令人陶醉。所以,伦巴有“拉丁舞之魂”的美誉。

1. 伦巴的音乐节奏

伦巴的音乐节奏是 4/4 拍,速度为每分钟 27～31 小节,每个舞步必须给予它充分的时间值:第一步占一拍,第二步占一拍,第三步占两拍。节拍是“2,3,4—1”,音乐的重拍在第一拍,动作上表现为髋部的运动,一种横向臀部的扭摆,并且始终保持每一步连绵柔和地扭动。

2. 伦巴的基本转动、律动和移动技术

初学者必须先学习伦巴的“三动”技术,再学习伦巴的基本步。

转动:两脚原地不动,腰胯经由前、侧、后三个方向扭转。腰胯与肩呈扭麻花状,伸膝,压踝,力量达到支撑脚的前脚掌,随惯性进入另一侧身体转动。

律动:两脚原地不动,一腿尽量向前屈膝同时异侧腿超直伸膝,两膝间形成强烈的弓形,扭转腰胯,交换腿做,上体朝正前方。律动好才是真正入门拉丁舞。

移动:第二拍、第三拍原地律动,第四拍出脚,随即第一拍在第四拍的位置,原地压地转胯移重心。先转胯，再带动异侧腿被动出脚。注意，每次移动脚就要移动重心，每次移动重心都要回转压胯，回转压垮后，重心落在支撑腿上。

3. 伦巴舞的步型练习

在学习伦巴套路前，必须先练习伦巴的基本步，熟练掌握后，再学习其他步型。

伦巴的步型主要有基本步、扇形步、曲棍步、手牵手、臂下右转、定点左转、后退步等。

(1) 基本步。

预备姿势：闭式位。

步序与步法：

男生：

① 左脚向前。

② 重心回到右脚。

③ 左脚向侧。

④ 右脚向后。

⑤ 重心回到左脚。

⑥ 右脚向侧。

伦巴男步单人套路演示视频

女生：

① 右脚向后。

② 重心回到左脚。

③ 右脚向侧。

④ 左脚向前。

⑤ 重心回到右脚。

⑥ 左脚向侧。

伦巴女步单人套路演示视频

动作说明：

节奏：2，3，4—1；2，3，4—1。

身体方位：结束在闭式位。

动作难点和要点：摆动腿在前进、后退时要经过支撑腿的内侧向前或者向后运步。

(2) 扇形步。

预备姿势：闭式位。

步序与步法：

男生：

① 左脚向前。

② 重心回到右脚。

③ 左脚向侧，重心移动到左脚。

④ 右脚向后。

⑤ 重心回到左脚。

⑥ 右脚向横侧，同时左转 1/8 周。

女生：

① 右脚向后。

② 重心回到左脚。

③ 右脚向侧稍前，同时右转 1/8 周。

④ 左脚向前，同时左转 1/8 周。

⑤ 右脚向侧稍后，继续左转 1/4 周。

⑥ 左脚向后，继续左转 1/8 周（图 10－85）。

①　②　③

④　⑤　⑥

图 10－85

动作说明：

节奏：2，3，4—1；2，3，4—1。

身体方位：结束在扇形位。

动作难点与要点：男生在第 4 步时把右手松开，引导女生右转。

伦巴双人套路配音乐演示视频

（3）曲棍步。

预备姿势：扇形位。

步序与步法：

男生：

① 左脚前进，脚尖外旋。

② 重心回到右脚，引导女生前进。

③ 左脚向右脚并步，同时抬高左臂引导开始左转。

④ 右脚后退（小步），同时右转 1/8 周。

⑤ 重心回到左脚，引导女生完成左转。

⑥ 右脚前进或者右横步。

女生：

① 右脚向左脚并步，重心到右脚，同时右转 1/8 周。
② 左脚前进。
③ 右脚前进，在男生左前方。
④ 左脚前进，同时左转 1/8 周。
⑤ 右脚前进，同时左转 1/2 周。
⑥ 左脚后退或者向左横步，继续左转 1/4 周(图 10－86)。

图 10－86

动作说明：
节奏：2，3，4—1；2，3，4—1。
身体方位：结束在分式位。
动作难点与要点：女生在第三步时右脚处于男生的正前方，尽量向男生身边靠近，有利于做右转动作，同时女生的右臂屈肘在右耳侧形成一窗口，眼睛看向男生。
(4) 手牵手。
预备姿势：闭式位，双手环握式。
步序与步法；
男生：
① 左脚后退，同时左转 1/4 周。
② 重心回到右脚右转 1/4 周。

③ 左脚向左横步。

④ 右脚后退，同时右转 1/4 周。

⑤ 重心回到左脚左转 1/4 周。

⑥ 右脚向右横步。

⑦⑧⑨同①②③动作。

女生：

① 右脚后退，同时右转 1/4 周。

② 重心回到左脚左转 1/4 周。

③ 右脚向右横步。

④ 左脚后退，同时左转 1/4 周。

⑤ 重心回到右脚右转。

⑥ 左脚向左横步。

⑦⑧⑨同①②③动作。

动作说明：

节奏：2,3,4—1;2,3,4—1;2,3,4—1。

身体方位：男女从双手扶抱的闭式位开始转成反侧行位，结束在双手扶抱的闭式位。

动作难点与要点：男女在反侧行位时，成平行位置，身体重心落在后脚上。

(5) 臂下右转。

预备姿势：开式位。

步序与步法：

男生：

① 右脚向后。

② 重心回到左脚。

③ 右脚向右横步(或者并步左脚右侧)。

女生：

① 左脚交叉于右脚前，同时右转 3/4，重心在左脚。

② 右脚前进，继续右转 1/4 周。

③ 左脚向左横步，继续右转 1/8 周。

动作说明：

节奏：2,3,4—1。

身体方位：结束在闭式位。

动作难点与要点：女生第一步右急转 270 度，女生右手与男生左手相牵举过女生头顶，便于女生右转，右转时以左脚为轴。

(6) 定点左转。

预备姿势：分式位，男左女右相握。

步序与步法：

男生：

① 右脚越过左脚前进，重心移到右脚，同时左转 1/2 周。

② 重心回到左脚，右脚并向左脚右侧，继续左转 1/2 周。

③ 右脚向右横步，重心回到右脚。

女生：

① 左脚越过右脚前进，重心移到左脚，同时右转 1/2 周。

② 重心回到右脚，左脚并向右脚左侧，继续右转 1/2 周。

③ 左脚向左横步，重心回到左脚。

动作说明：

节奏：2，3，4—1。

身体方位：结束在分式位。

动作难点与要点：在做转动时，重心要在摆动腿和支撑腿之间转换，身体转动时，头部留后，在身体完成转动时，眼睛从 1 点到 2 点做瞬间快速的头部转动，重心要稳。转动时，男女要放手转动。

（7）后退步。

预备姿势：分式位，男左女右手相握。

步序与步法：

男生：

① 左脚前进。

② 重心回到右脚。

③ 左脚后退。

④ 右脚后退。

⑤ 左脚后退。

⑥ 右脚后退。

⑦ 左脚后退。

⑧ 右脚后退。

⑨ 左脚左侧横步。

女生：

① 右脚后退。

② 重心回到左脚。

③ 右脚前进。

④ 左脚前进。

⑤ 右脚前进。

⑥ 左脚前进。

⑦ 右脚前进。

⑧ 左脚前进。

⑨ 右脚右侧横步。

动作说明：

节奏：2，3，4—1；2，3，4—1；2，3，4—1。

身体方位：结束在开式位。

动作难点与要点：注意手臂的摆动要协调，前进后退时脚要经过支撑腿旁边。

伦巴铜牌套路演示视频

4. 伦巴的铜牌套路

基本步 2 小节—扇形步 2 小节—曲棍步 2 小节—后退步 3 小节—臂下右转 1 小节—手牵手 3 小节—定点左转步 1 小节。

第四节　瑜　　伽

瑜伽是一种静态的有氧运动，它也是一种时尚、高雅，结合身、心、灵为一体的运动体系，它能培养人们宁静的心境，释放压力和缓解不良情绪，使身心达到平衡和安宁，从而提高人们的生活质量和工作效率。

一、瑜伽的起源与发展

瑜伽起源于印度，是东方最古老的强身术之一，已有数千年的历史，是印度的六大哲学体系之一，被人们称为"世界的瑰宝"。瑜伽在其发展过程中形成了各种流派，传统流派主要包括智瑜伽、业瑜伽、哈他瑜伽、王瑜伽四大类。在中国，越来越多的人从了解瑜伽、喜爱瑜伽，到参与瑜伽锻炼，并把瑜伽锻炼作为生活的一部分。同时瑜伽也正走进课堂，逐渐成为学生喜爱的体育锻炼项目之一。

二、瑜伽的锻炼价值

1. 修身养性，平静内心

练习瑜伽可以获得内心的平和与安详，能让心情平静，注意力集中，更好地熏陶自己的情操，让自己更加充满自信和热爱生活。

2. 改善个人情绪

瑜伽有氧运动的音乐及韵律美可以帮助消除消极情绪，使你更有自信，更热诚和乐观。

3. 增强抵抗力，调节生理平衡

瑜伽的体位练习不但使肌肉本身的力量、柔韧性、耐力得到良好的锻炼，而且提高了血液循环的速度，有利于锻炼中枢神经系统，起到防老抗衰的作用。同时能够调整生理机能，达到强身健体的作用。

三、瑜伽基本技术

(一) 瑜伽调息常用的坐姿

1. 简易坐：适合初学者

简易坐演示视频

简易坐是一种舒适安逸的坐姿，双腿交叉，左脚压在右腿下方，右脚压在左腿下方。挺直脊背，收紧下巴。如果膝部有疾病，可以单腿或双腿向前伸直(图 10－87)。

图 10－87

图 10－88

金刚坐演示视频

2. 金刚坐：也非常适合初学者

曲起双腿，将臀部坐在脚跟上，放松双肩，收紧下巴，挺直脊背，这样会减轻腿部的压力，腿部自然就不会麻痹（图 10－88）。

至善坐演示视频

3. 至善坐：基本坐姿

右脚跟靠近会阴处，左脚弯曲至右脚前，两脚跟与会阴呈一直线，腰、脊椎挺直，肩膀放松，下巴微收（图 10－89）。

图 10－89

图 10－90

半莲花坐演示视频

4. 半莲花坐：为全莲花做准备

坐正，双腿向前伸直。曲起右腿，将右腿放在左大腿上，脚心朝上。曲起左腿，将左脚放在右大腿的上方。挺直脊背，收紧下巴，让鼻尖同肚脐保持在一条直线上。替代做法：如果腿部疲劳，可换腿再做（图 10－90）。

5. 全莲花坐：最好的坐姿

坐正，双腿向前伸直。曲起右腿，将右腿放在左大腿上，脚心朝上。再曲起左腿，将左腿放在右大腿上，脚心朝上。挺直脊背，收紧下巴，让鼻尖同肚脐保持在一条直线上。替代做法：如果腿部疲劳，可换腿再做（图 10－91）。

全莲花坐演示视频

图 10－91

（二）瑜伽常见的几种手印

（1）智慧手印：手掌向上，拇指与食指相夹，其他三指自然伸展（图 10－92）。

（2）秦手印：又称下巴式。手掌向下，拇指和食指指端轻贴在一起（图 10－93）。

（3）禅那手印：两手叠成碗状，将拇指尖相连。将完成姿势的手放在踝骨上（图 10－94）。

（4）双手合十手印：即阴阳平衡手印，放在胸前做成瑜伽冥想的姿势，手掌之间要留下一些空间（图 10－95）。

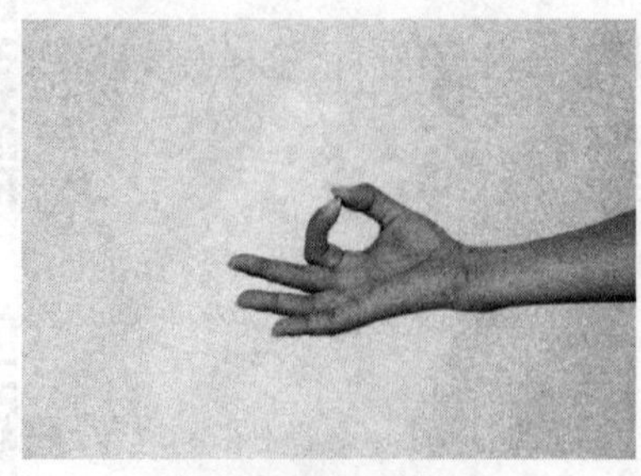
图 10-92

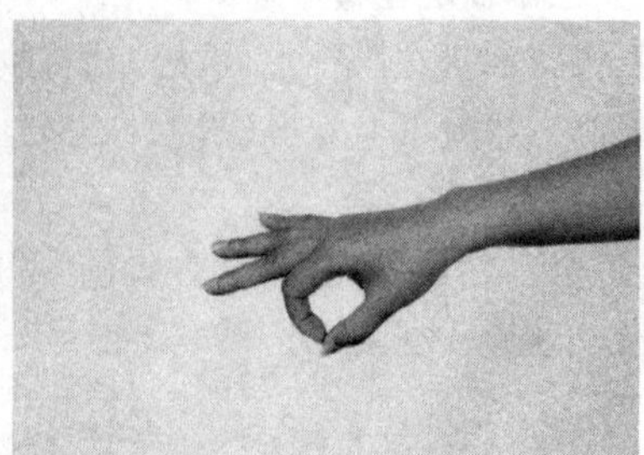
图 10-93

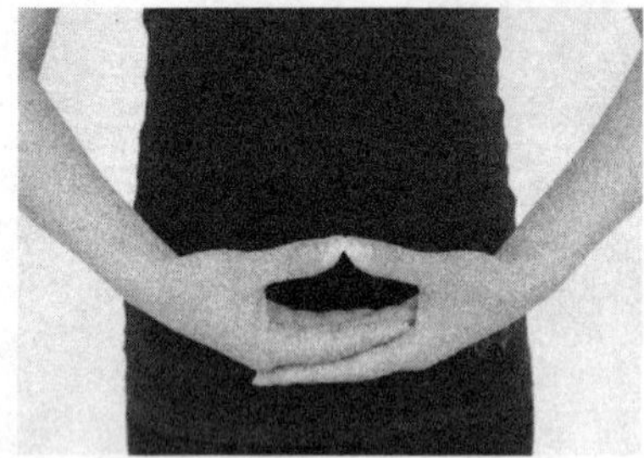
图 10-94

图 10-95

（三）瑜伽常用的几种呼吸法

1. 胸式呼吸

盘腿坐，脊背挺直，双手置于肋骨处，两鼻孔慢慢吸气，同时双手感觉肋骨向外扩张并向上提升，慢慢吐气，体会肋骨下移并向内并拢。

2. 腹式呼吸

把手放在腹部上，两鼻孔慢慢地吸气，放松腹部，感觉空气被吸向腹部，手能感觉到腹部越抬越高。吐气时，慢慢收缩腹部肌肉，横膈膜上升，将空气排出肺部。

3. 完全式呼吸

慢慢吸气，小腹隆起，在保持小腹隆起的前提下继续吸气至肋骨扩张，保持现在的体征，放松肺上部，锁骨上推，肩稍耸。慢慢呼气，肩放平，锁骨下移，肋骨回缩，小腹内收上提。

四、瑜伽体位法介绍

（一）拜日式

1. 拜日式的概述

拜日式是瑜伽体位练习的初级入门方法，一般由 12 个姿势组成，先后运动了头、胸、腰、脸、腿、臀，对全身进行了彻底的按摩，使全身的筋骨变得柔软，适用于各种运动前的热身，许多瑜伽者都把它作为每日瑜伽常规功课开始之前必做的前奏或放松练习。

2. 拜日式的动作

（1）祈祷式：双脚自然并拢，身体直立，双肩放松，目视前方。双手合十胸前，正常呼吸（图 10-96）。

（2）展臂式：保持双腿伸直不要弯曲，深长缓慢地吸气，将双手上举过头顶，伸直手肘，脊柱向后缓慢弯曲到极限位置（图 10-97）。

祈祷式演示视频　展臂式演示视频

图 10 - 96　　　　图 10 - 97

(3) 前屈式：慢慢呼气，双手臂带动身体向前弯曲，保持双腿伸直不要弯曲，双手掌尽量按在地面上，上身尽量靠近双腿(图 10 - 98)。

前屈式演示视频

图 10 - 98

图 10 - 99

(4) 骑马式：双手控制力量，慢慢吸气，右脚向后一大步，抬起背部，再次吸气，脊柱向后卷起，胸部推向前方(图 10 - 99)。

骑马式演示视频

(5) 俯卧撑式：呼气，放松背部，将右脚向后与左脚并拢，吸气，俯卧撑，头、身体和腿在同一条直线上，眼睛看瑜伽垫前 1 米(图 10 - 100)。

俯卧撑式演示视频

图 10 - 100

图 10 - 101

(6) 八体投地式：保持身体状态，慢慢弯曲手肘，双膝放在地面上，胸部下颌贴于地面(图 10 - 101)。

八体投地式演示视频

(7) 眼镜蛇式：再次吸气，头部带动身体向前向上，伸直手肘，大腿和耻骨尽量贴于地面，颈部向上扬起，带动脊柱后卷(图10－102)。

(8) 顶峰式：呼气，放松背部，臀部上顶，伸直双膝，脚跟放在地面上，低头向下，肩背下压，尾骨转向天空的方向(图 10－103)。

眼镜蛇式演示视频

顶峰式演示视频

图 10－102

图 10－103

(9) 骑马式重复：吸气，右脚向前一大步，头部抬起，带动脊柱向后卷起(图 10－104)。

(10) 前屈式重复：保持双手放在双脚两侧。吸气，收回右脚与左脚并拢，伸直双膝。上身靠近双腿(图 10－105)。

图 10－104

图 10－105

(11) 展臂式重复：吸气，双手臂带动身体慢慢向上、向后，脊柱向后卷起(图 10－106)。

(12) 祈祷式重复：呼气，收回手臂，双手合十，放回胸前，正常呼吸(图 10－107)。

特别提示：睡前不要做此姿势。不要过于用力而劳累，当人体内毒素过多时，就可能产生略似发烧的状态。在这种状态中，人就不应当练拜日式，而应练其他姿势来促进逐步排除毒素的过程。

(二) 瑜伽体位的分类

瑜伽体位法的梵文为 Asana，其意义为在某一个舒适的动作或姿势上维持一段时间。借助一些扭转弯曲伸展的静态动作以及动作间的止息时间，有松弛神经、伸展肌肉、强健身体、镇静心灵的功效。

瑜伽体位法可分为站姿、坐姿、跪姿、俯卧、仰卧、手脚支撑和倒立七个类别。下面分别介绍。

图 10－106

图 10－107

1. 站姿：伸展脊柱，放松身心

瑜伽站姿练习可以消除紧张和压力感，恢复体力，振作精神，伸展脊柱，放松身心。瑜伽站姿有手臂伸展式、树式、山式、风吹树式、鸟王式、战士一式、战士二式、战士三式、金字塔式、侧角伸展式等。

（1）手臂伸展式：按基本站姿站立，两手于胸前合十。吸气，两手慢慢举至头顶上方，挺胸，收腹，自然呼吸 30～60 秒。呼气，合十的双手放于胸前，低头放松（图 10－108）。

手臂伸展式演示视频

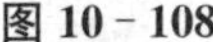

图 10－108

图 10－109

（2）树式：站立，双脚并拢或稍分开。提起左脚跟，重心放在右脚。抬起左脚，握着脚踝，脚底贴着右大腿内侧，脚跟在舒适的范围内靠近腹股沟，脚趾朝下。保持髋部朝向正前方，左膝朝着左外侧，在胸前合掌。站稳以后，双臂慢慢高举过头，保持肩膀下沉。平稳均匀地呼吸，保持 10～60 秒钟。合掌回到胸前，左脚放回地上，两臂放到体侧。换边重复（图 10－109）。

树式演示视频

(3) 山式：双脚并拢站立，大脚趾相触。上提并张开脚趾头，然后轻轻地回到地板上(图 10－110)。

山式演示视频　风吹树式演示视频

(4)风吹树式：双脚稍分开站立，收臀。吸气时，双臂高举过头，保持胸部朝前，往上拉伸脊柱，自然地呼吸。每一边保持 3～20 秒。呼气时，身体由腰部向右弯。吸气时，回到直立的位置。呼气时，收回手还原。换边重复同样的动作(图 10－111)。

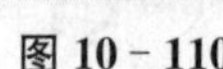

图 10－110

图 10－111

(5) 鸟王式：站立。弯曲左膝，把右腿绕过左膝叠放在左大腿上，注意将右大腿的后部放在左大腿的前部，右脚放在左小腿后，使右脚胫骨紧贴左小腿，右脚脚趾钩住左脚脚踝内侧上部，使右腿完全盘绕在左腿上，保持身体平衡。左手屈肘向上，上臂与胸齐平，前臂与地面垂直。右手屈肘，绕过左肘下方，再向上与左手合掌，使左肘放存右上臂的前部，接近肘关节处，左臂完全缠绕在右臂上。保持这个体式 15～20 秒，保持深长的呼吸。放松双臂和腿部，回到站立。换另一侧做同样练习(图 10－112)。

鸟王式演示视频

图 10－112

图 10－113

（6）战士一式：按基本三角式站立，右脚尖指向右前方，左脚尖转向右方大约30度，屈右膝（小腿和大腿呈90度角），做成右弓步。上身躯干转向右方，吸气，两手慢慢从旁上举，两手举至头顶上方，双手合十，保持肘部伸直。呼气，抬头，眼望指尖，自然呼吸30～60秒。吸气，脸朝前，眼看前方，伸直右膝盖。呼气，两手分开，自然放于体侧。换左侧做同样练习（图10－113）。

战士一式演示视频

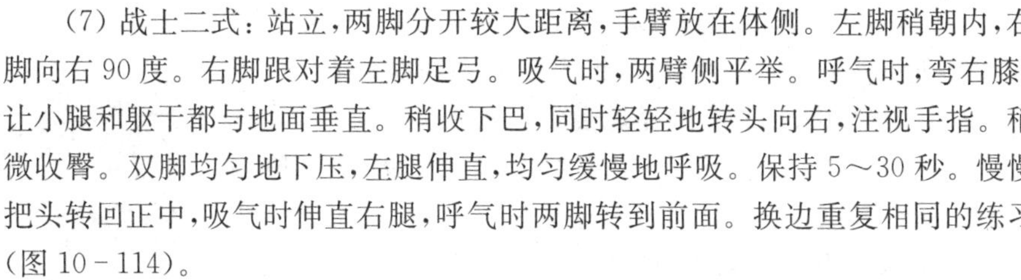

（7）战士二式：站立，两脚分开较大距离，手臂放在体侧。左脚稍朝内，右脚向右90度。右脚跟对着左脚足弓。吸气时，两臂侧平举。呼气时，弯右膝，让小腿和躯干都与地面垂直。稍收下巴，同时轻轻地转头向右，注视手指。稍微收臀。双脚均匀地下压，左腿伸直，均匀缓慢地呼吸。保持5～30秒。慢慢把头转回正中，吸气时伸直右腿，呼气时两脚转到前面。换边重复相同的练习（图10－114）。

战士二式演示视频

图10－114

图10－115

（8）战士三式：山式站立。手臂向上伸展，举过头顶，与地面垂直，提肩胛骨，两掌相合。呼气，躯干前倾，同时抬起左腿离地，右腿伸直。吸气，身体继续前倾，手臂向前伸展，与躯干、左腿呈一条直线。右腿完全伸展并绷直，与地面保持垂直。深长地呼吸，保持这个姿势20～30秒。呼气，放下左腿，转动双脚。换另一侧重复这个体式（图10－115）。

战士三式演示视频

（9）金字塔式：以站立的状态，两脚分开两至三个肩膀宽度，让双腿用力地压住地面，两臂下垂于身体两侧。吸气，双手扶住腰部，膝盖伸直并向上提升，腿部保持绷直状态。呼气，上半身慢慢向前弯。让双手扶于两腿之间的地板上，手臂的间隔分开与肩同宽（图10－116）。

金字塔式演示视频

图10－116

图10－117

(10) 侧角伸展式：呼气，身体在一个平面内向右移动侧弯，两侧腰部依然保持等长伸展，将右手放于右脚内侧的地面，手肘放在右大腿上，呼气，右手大臂或肩头紧贴右膝外侧，左手大臂贴耳，向上延展，头透过大臂内侧向上看。保持这个体式半分钟或1分钟，换另一侧(图10－117)。

侧角伸展式演示视频

2. 坐姿：安定心神，滋养神经

坐姿有束角式、脊柱扭转式、单腿抬起触角式、坐角式、牛面坐、双腿背部伸展式、鸽子式等。

(1) 束角式：坐到地面上，两腿向前伸直。弯曲膝盖，使双脚贴近躯干。双脚脚跟、脚掌相合，用手抓住双脚脚趾，脚后跟靠近会阴。双脚外侧应该放在地面上，脚后跟的后部应该紧靠会阴。大腿分开，膝盖放低，直到膝部接触地面。十指相扣，牢牢抓住脚趾，脊柱挺直，双眼注视前方或者内视鼻尖。把肘部抵住大腿下压。呼气，身体前屈，依次把头、鼻子、下巴放在地面上。吸气，躯干从地面抬起。然后松开双脚，伸直双腿，放松(图10－118)。

束角式演示视频

图10－118

图10－119

(2) 脊柱扭转式：首先挺直身子坐着，两腿前伸。左边小腿向内收，让左脚挨近右边大腿的内侧。然后将右膝收到离右肩15～30厘米的地方，右脚要保持平放在地板上，将右脚移过左膝之外。举起左臂，把它放在右膝的外侧，然后伸直你的左臂，抓着右脚。然后向前伸出右手，高与眼齐，两眼注视指尖，右臂保持伸直，慢慢转向右方。在右手尽量向右方转时，要继续注视指尖。做深长而舒适的呼吸，保持这个姿势由1数至10。将右手举回与眼等高的水平，两肘保持伸直，把右手慢慢抽回躯干前边。稍稍休息之后，用身体的另一边做同样的练习(图10－119)。

脊柱扭转式演示视频

(3) 单腿抬起触角式：首先挺直身子坐着，两腿前伸。慢慢抬起右脚，用手抓住小腿，使腿向上伸展，然后把头部靠在腿上(图10－120)。

图10－120

单腿抬起触角式演示视频

(4) 坐角式：坐在地面上，双腿向前伸直，双腿依次尽可能地向两边打开。注意自始至终都要保持双腿伸直，双腿整个腿的后部紧贴地面。用拇指、食指和中指抓住大脚趾。保持脊柱挺直，扩展肋骨。呼气，身体前弯，把头放在地面上。然后伸展颈部，把下巴放在地面上。然后双手抓住双脚，试着把胸部贴在地面。保持 30～60 秒，正常呼吸。吸气，躯干从地面抬起，松开双手，双脚并拢，放松(图 10－121)。

坐角式演示视频

图 10－121

图 10－122

(5) 牛面式：直角坐姿，曲右膝放于左臀外侧，曲左膝放于右臀外侧，双膝上下叠加，脚掌心向上。吸气，双手打开与肩平；呼气，右手下，左手上，双手向后十指交扣，眼看前侧，保持呼吸。吸气，双手打开与肩平。呼气，双手落回，伸直双脚放松(图 10－122)。

牛面式演示视频

双腿背部伸展式演示视频

(6) 双腿背部伸展式：坐式，两腿伸直。吸气，手臂上举，脊椎向上延伸。吐气，上体前弯，双手抓脚，身体贴向腿面，前额触膝。保持呼吸 8 次，每次吐气更加贴近腿，吸气，伸直手臂抬起身体，吐气，手放下(图 10－123)。

(7) 鸽子式：放松身体坐直于地面，深呼吸。两脚弯曲，往右边方向伸展。平放地上，并且是两膝左右成一直线，将左臂弯勾住左脚背。右手伸往背后，绕过脖子，并将左、右手在背后相握，停留约数 10 秒，做一次深呼吸。还原之后，再换另一方向做(图 10－124)。

鸽子式演示视频

图 10－123

图 10－124

3. 跪姿：调整背部和脊柱

跪姿有狮子式、婴儿式、蜥蜴式、猫式、虎式、叩首式等。

(1) 狮子式：跪坐在脚跟上，脚趾触地。拉伸脊柱，两手放在大腿上，张开手指。用鼻子深吸气。向前倾身同时屏气，双手顺着大腿往下滑，让指尖触地，掌根靠着两膝，或者双手放在大腿上。

狮子式演示视频

婴儿式演示视频

(2) 婴儿式：跪坐，臀部坐在脚跟上，手臂在两旁自然垂落。脊背挺直，眼睛直视前方。上身前倾，手背着地。呼气，上体继续向前倾，额头自然地轻放在面前的地面上。双臂在小腿两侧垂放，手背贴地，肩膀自然下垂。保持自然呼吸，坚持尽量长的时间(图 10－125)。

图 10－125

图 10－126

(3) 蜥蜴式：腹部贴地，脸朝下，俯卧在垫子上。双腿并拢向后伸展，脚背贴地，双手向前伸直，手臂着地。两腿膝部用力，向上抬起臀部，下推背部。呼气，把胸部下压，直至胸部贴在垫子上，大腿与地面垂直。动作结束时，呼气，慢慢将全身放松回地面(图 10－126)。

蜥蜴式演示视频

(4) 猫式：跪在地上，两膝打开与臀部同一宽度，小腿及脚背紧贴在地上，脚板朝天。俯身向前，挺直腰背，注意大腿与小腿及躯干成直角，躯干与地面平行。双手手掌按在地上，置于肩膀下面正中位置，手臂应垂直与地面成直角，同时与肩膀同宽。指尖指向前方。吸气，同时慢慢地将臀部翘高，腰向下微屈，形成一条弧线。眼望前方，垂下肩膀，保持颈椎与脊椎连成一直线，不要过分把头抬高。呼气，同时慢慢地把背部向上拱起，带动脸向下方，视线望向大腿位置，直至感到背部有伸展的感觉。配合呼吸，重复以上动作 6 至 10 次(图 10－127)。

猫式演示视频

图 10－127

图 10－128

(5) 虎式：双膝跪地与肩同宽，小腿和脚背尽量贴在地面上，大腿与小腿成直角；俯身向前，双手手掌着地，指尖向前，手臂垂直地面，同时使脊椎与地面平行，调整呼吸；吸气，脊椎下沉，形成一条向下的弧线；抬腿，并让它在身体后侧笔直伸展，不可摆向侧面；同时抬头，视线向斜上方，抬高下巴，伸展颈部；呼气，把腿收回，膝盖向头部靠近，抬起脊椎，使成拱形；同时低头，收回下颔，膝盖尽量靠近下颔；配合呼吸，完成动作5～10次(图10-128)。

虎式演示视频

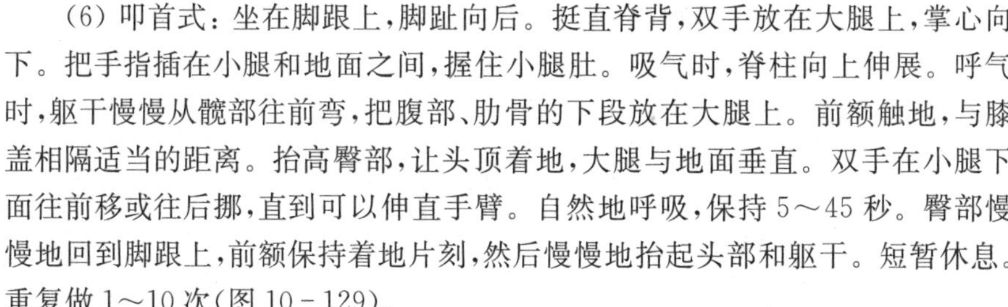

(6) 叩首式：坐在脚跟上，脚趾向后。挺直脊背，双手放在大腿上，掌心向下。把手指插在小腿和地面之间，握住小腿肚。吸气时，脊柱向上伸展。呼气时，躯干慢慢从髋部往前弯，把腹部、肋骨的下段放在大腿上。前额触地，与膝盖相隔适当的距离。抬高臀部，让头顶着地，大腿与地面垂直。双手在小腿下面往前移或往后挪，直到可以伸直手臂。自然地呼吸，保持5～45秒。臀部慢慢地回到脚跟上，前额保持着地片刻，然后慢慢地抬起头部和躯干。短暂休息。重复做1～10次(图10-129)。

叩首式演示视频

图10-129

图10-130

4. *俯仰之间：练习灵活与力量*

俯卧的有弓式、眼镜蛇式、反船式等；仰卧的有船式、鱼式、蹬自行车式等。

(1) 弓式：双腿平直伸长，趴在地上，手肘先伸直放在腿旁，然后调整做深呼吸。吸气，左手拉住脚，尽量往上抬成半弓形，吐气。停留数十秒，还原后换脚做(图10-130)。

弓式演示视频　眼镜蛇式演示视频

(2) 眼镜蛇式：俯卧，躯干抬起前，要收缩腿肌和臀肌，并用力下压，以促进身体的稳定，加大上背的后弯幅度。抬起上身时，脊柱一节节地抬起、拉长。保持姿势时，手臂尽量伸直。肚脐应尽量贴地，以增加下背部的伸展，同时也防止身体抬得太高而拉伤背肌。收回姿势后，可练习婴儿式，反向拉伸背部，直到感觉背部完全放松(图10-131)。

图10-131

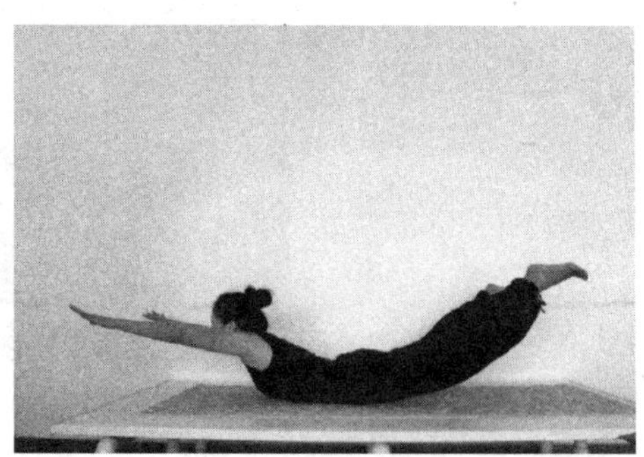

图10-132

反船式演示视频

船式演示视频

(3) 反船式：俯卧，身体伸展，展开脊柱，手臂、双腿伸展向上，抬头视线看向斜上方天花板(图 10－132)。

(4) 船式：坐在地面上，双腿向前伸直。手掌放于臀部两侧，手指指向前方。背部挺直。呼气，躯干向后靠，同时从地面抬起双腿，膝盖绷直，使腿笔直，脚趾向前。用臀部来保持身体的平衡，腿部与地面保持 60～65 度。双手离开地面，双臂向前伸直，与地面平行，靠近大腿，保持这个姿势 30 秒。呼气，放下手臂，双腿回到地面上(图 10－133)。

图 10－133

图 10－134

鱼式演示视频

(5) 鱼式：仰卧，两腿伸直并拢平放在地上。将两手臂伸直贴近身体两侧，然后将下巴靠近锁骨并使后脑勺离开地面，眼睛看自己的脚趾。此时用两肘撑地使背部离地，然后抬高下巴让头部后仰并让头顶靠地。保持你的两手及肘关节靠近身体并紧贴地面。上半身成反弓形。头顶靠地，脸部朝后。挺起胸部，两肩打开向两侧，肩胛骨夹紧。然后慢慢放平身体，回到最初的仰卧姿势。然后弯曲两膝抬至胸前并用手臂抱紧使脊椎得以恢复(图 10－134)。

(6) 蹬自行车式：仰卧，弯膝让脚掌平放地上。双臂放在体侧，掌心向下。稍收下巴。腰背下压，同时弯膝带到胸前。蹬脚跟或绷脚面，双腿慢慢地向前踩小圈，仿佛在骑自行车。踩圈时保持弯膝，伸腿时保持膝盖伸直。圈子逐渐踩大。保持颈肩放松，下巴稍微内收。后腰还是贴地。呼吸和动作都要均匀顺畅。重复 20～40 次后，停止踩圈，将膝盖收到胸前。换个方向朝后踩。开始时慢些，然后逐渐加快，重复 20～40 次。把双脚放到地上，再伸直双腿，放松(图 10－135)。

图 10－135

蹬自行车式演示视频

5. 手脚支撑和倒立

手脚支撑和倒立能够强健肌肉，强壮手臂，延缓衰老，促进血液循环。手脚支撑和倒立的姿势有半月式、前伸展式、肩肘倒立式、犁式等。

(1) 半月式：山式站立。右脚向左转 90 度，从腰部开始，将躯干和头部向左侧扭转 90 度。身体前倾，左臂向下伸展，五指压地；右肘弯曲，右手放在右臀外侧。将身体重量放在左手和右脚上，保持平衡，抬起左脚向后伸展，左腿绷直与地面保持平行，右膝不要弯曲。右臂向上伸展，胸部和头部朝右侧翻转，保持肩部伸展向上，双手手臂呈一条直线。身体重量放在右脚和右臂，左手只是作为身体平衡的支撑。躯干和头部向左侧回转 90 度，双眼视线朝向地面；弯曲左膝，脚趾指向头部；右臂伸向左脚，右手握住左脚脚背，用力下压，手臂绷直，脊柱保持伸展。呼气，身体保持平衡。再次将躯干和头部向右侧扭转 90 度，双眼视线越过右肩看向右手。保持这个体式 30～60 秒，正常地呼吸。抬起躯干，左脚回到地面，恢复山式站立。换另一侧重复这个体式(图 10－136)。

半月式演示视频

图 10－136

图 10－137

(2) 前伸展式：坐姿，双腿向前伸直，挺直上半身，双手放于臀部后方，指尖指向后方或臀部均可。吸气，臀部及双腿慢慢抬高离开地板，做到最大限度；呼气，双脚掌踩向地板，同时放松颈部，向后仰头。保持 6～10 秒，均匀地呼吸。身体呈一条斜面直线。呼气，放松(图 10－137)。

前伸展式演示视频

肩肘倒立式演示视频

(3) 肩肘倒立式：由直角坐开始，向后倒肩、举腿、翻臀，当向后滚动至小腿超过头部时，向上伸腿、展髋、挺直身体，同时两手撑腰后侧，夹肘，成肘、颈、肩支撑的倒立姿势(图 10－138)。

图 10－138

图 10－139

(4) 犁式：完成肩肘倒立式后，下巴锁定，松开下巴，躯干放低，把手臂和大腿伸过头部，将脚趾放在地面上，拉伸大腿后部的肌肉，绷紧膝盖，把躯干抬起，把双手放在背部中央，双手托好躯干使躯干与地面垂直，把手臂向腿的反方向伸直，手臂、手掌靠地(图 10－139)。

犁式演示视频

6. 瑜伽放松术

瑜伽放松的关键先是心，然后是身，身心放松才是真正的放松。放松姿势有摊尸式、俯卧式、婴儿式等。

摊尸式演示视频

(1) 摊尸式：完全平躺在地面上，双腿分开与肩同宽，脚趾尖向外，双手臂离开身体，手心向上，头部居中。轻轻闭眼，全身放松。要真正笔直地躺着，身体左侧和右侧都得到相等的放松(图 10－140)。

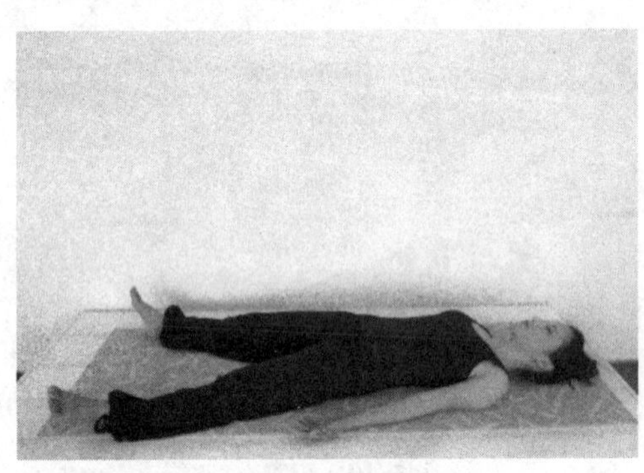
图 10－140

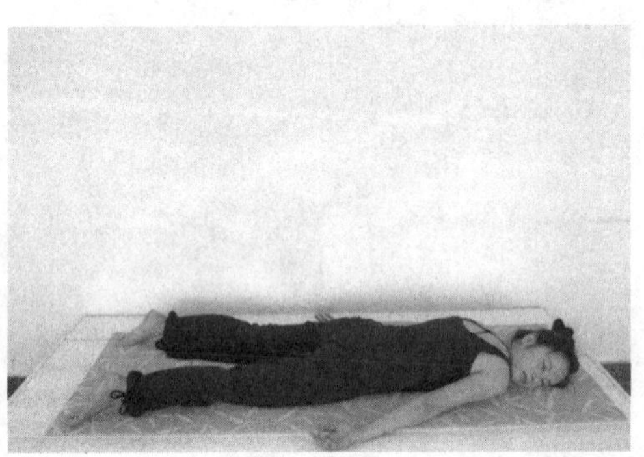
图 10－141

(2) 俯卧式：俯卧，两臂向斜下方打开，前额贴地，双腿打开，与肩同宽，脚背贴地，脚后跟分开，轻微伸展背部、双肩和双臂(图 10－141)。

俯卧式演示视频

(3) 婴儿式：身前弯到前额贴地，闭眼放松，臀部坐在脚后跟上，呼气，收缩腹部，上身慢慢向前弯曲，用腹部去贴近大腿，然后胸部也贴近，前额贴地，闭眼放松全身(图 10－142)。

图 10－142

五、瑜伽练习注意事项与饮食

(一) 注意事项

(1) 宜保持空腹状态练习瑜伽。饭后 3～4 小时、饮用流体后半个小时左右练习为佳，练习中另有规定的不依此例。

(2) 任何运动都有可能出现迟发性的肌肉酸痛。如在练习后出现肌肉绷紧、酸痛，请给予适当的按摩和冰敷。

(3) 每一次练习都要保持对身体的控制，缓慢而步骤分明，不要使身体出现失控的惯性动作。

(4) 瑜伽练习场所宜安静优雅，空气流通，且有足够的空间伸展肢体。瑜伽练习前应去除身体的一切束缚，如腰带、领带、手表、大的饰物等。

(5) 瑜伽练习应穿着宽松的衣服，并以赤脚练习为佳，坐、卧、跪的姿势，一定要在瑜伽的专用垫子上进行，切记地面一定不要产生滑动。

(6) 练习结束30分钟后沐浴为佳。瑜伽练习结束1个小时后方可进食，练习后不宜马上开始进餐。

(7) 女同学在生理期可以根据自己的体能做适当的练习，但是要避免倒立、伸展腹部的动作和翻转性的动作。

(8) 颈肩背腰有严重损伤已触及神经的朋友、年纪特别大且骨质过于疏松的朋友、孕妇，不提倡随大众训练课练习，哺乳期妇女要对其作特别说明后方可练习。大手术或妇女产后2个月内，骨折3个月内不提倡练习。

(二) 瑜伽饮食

瑜伽倡导的饮食方式是素食。饮食在瑜伽体系中占决定性的地位，是因为食品的种类和质量直接影响机体和精神状况。瑜伽认为食物不仅对我们生理状态很重要，同时也对我们的大脑起着重要的作用。一个人的食物不仅影响身体，同时也影响心理和意识。对于瑜伽修习者来说，充满能量、纯净的食物是大脑和身体健康的最大保障。自然的食物建立在新鲜、富有营养的食品中，如水果、种子类、蔬菜、豆类，它们让身体具有可塑性，让大脑清晰敏锐。瑜伽推崇素食主义，因为素食者较少产生高血压和心脏方面的疾病，并拥有较长的寿命。

第五节　普拉提

一、普拉提的起源与发展

普拉提的英文是Pilates(Pilates Method)，即“普拉提”(或称“普拉提技术”)，是以德国人约瑟夫·休伯特斯·普拉提(Joseph Hubertus Pilates)姓氏命名的一种运动方式和技能。普拉提生前将自创的这一套独特训练动作、运动的技能称为“控制术”(Contrology)。

狭义普拉提运动的范围：普拉提夫妇总共创造了500余个动作，大部分被拍成照片或纪录片保存下来。它们包括了垫上操及普拉提先生所发明的工作室器械的动作，这就是狭义的普拉提运动的概念。

广义的普拉提运动概念：普拉提首先是一种运动。它主要是锻炼人体深层的小肌肉群，维持和改善外观正常活动姿势，达到身体平衡，舒展躯干，扩大肢体的活动范围，提高活动能力，强调对核心肌群的控制，加强人脑对肢体及骨骼肌肉组织的神经感应及支配，再配合正确的呼吸方法所进行的一项全身协调运动。

现在，普拉提演化为一个名词，泛指所有运用普拉提动作来锻炼的课程，该课程可以是集体健身课程或是由一个教练为了纠正某种特殊损伤、肌肉不平衡或其他身体问题而开设的私人训练课程。普拉提集体健身课是专为在办公室工作的人群设计的，他们由于长时间在办公桌和电脑前工作导致肌肉发展失衡，这种课程主要是针对腹肌、髋肌群、肩、背等部位的肌肉训练。有规律地进行普拉提锻炼可纠正身体姿态，放松腰部、颈部，解决肩部问题，收紧手臂、腹部的松弛肌肉。现在很多专业的运动员也用普拉提练习来避免运动损伤。

（一）融合东方和西方运动概念而成

西方人一向注重身体肌肉能力的训练，例如腰、腹、背、胸等；而东方人就注重呼吸和心灵集中的训练，冥想、瑜伽和太极就是个好例子。普拉提把东方的柔韧和西方的刚毅合二为一，它的动作缓慢、清楚，而每个姿势都必须和呼吸相协调，所以普拉提适合任何年龄，特别是缺少运动、长时间接触电脑的上班族。伸展、拉长也是普拉提中最重要的训练之一，其特殊之处就是肌肉不会经运动后导致粗壮，通过对身体核心部位（腰部和腹部肌肉组成，包括腹横肌、腹内斜肌、腹外斜肌、腹直肌、竖脊肌）的锻炼，使脊柱变得柔软而有韧性。所以普拉提运动不但可以改善身体线条，还对矫正颈部和脊椎有非常好的效果。

（二）安全

普拉提的运动速度相对平和，是静力状态的运动，几乎不会产生对关节和肌肉的伤害。同时，动静结合的动作安排，使身体既有紧张也有放松，既有步伐的转换又有打坐的调息，这就使锻炼的人更容易控制身体，减少因姿势错误造成的负面作用。普拉提借助非常简单的器具给你的身体带来全面的锻炼。只要有一片安静的空间，有一块柔软的地毯，你就可以进行练习，达到身体与意念的完美结合。

（三）强调运动中的控制过程

普拉提使得训练者在增强肌肉力量的同时却不加大肌肉体积。普拉提的轻器械练习就是遵循着小重量多次数的原则，令肌肉充满弹性而又不会使肌肉变得太突出。它的运动强度不是特别大，但它讲究控制、拉伸和呼吸，对腰、腹、臀等女性重点部位的塑造有非常好的效果。这更适合女子在现实生活中对形体美的要求。

普拉提最大的特点是简单易学，不仅动作平缓，而且可以有目的地针对手臂、胸部和肩部锻炼，同时又能增强身体的柔韧性。而且，这项运动不受活动地点的限制，无论专业健身房还是起居室，都可以练习。

二、普拉提的锻炼价值

（一）一个健康柔软的背

普拉提可以给你的脊椎更多的支撑，给你的脊椎骨之间创造出更多的空间。这些空间不仅会让你看起来更加的修长，同样可以让你有更多的灵活性，把你的脊椎从一个坚硬的棍子变成一串珍珠。这样新的柔软的脊椎可以让你避免退化的脊椎问题，比如说滑倒危险。它同样可以帮助你在活动时更加的优雅和容易。

（二）温和的训练

普拉提不会给你的关节带来任何的压力，不会给你关节周围的软骨和韧带带来任何的损伤，尤其是你的膝关节和你的肩关节。它会让你的肌肉更加的协调，把你的注意力拉回到对自身内在的关注上来。普拉提的恢复很快，它更多的像是去做物理治疗。

实际上，普拉提不像其他的运动。你可以安全地每天做普拉提，而不必担心你的肌肉和关节有过多的压力。然而，为了达到锻炼效果，你只需要每周做 3 次普拉提就可以了。但是，你必须持之以恒，这是关键所在。

（三）提高精神和活力

普拉提可以促进你的情感健康。平缓的、稳定的动作可以让你的心灵平静，缓解你的精神紧张。在你拉长和加强你的肌肉的时候,可以帮助促进你的循环系统的运转,扫除你的紧张情绪。每一个动作都会让你感到平静、协调和有活力。把注意力集中在赶走你的压力上,你将会得到身心的健康。

（四）提高平衡性和协调力

在你四五十岁的时候,你的平衡性会因为你的肌肉的萎缩和神经感受器失去灵敏性而退化。普拉提通过稳定你的核心而扭转这种老化的过程。普拉提会锻炼到有助于保持你的身体稳定性的细微的、深处的肌肉,同时让你的脊椎更加柔软和强壮。

（五）减少疼痛和僵硬

如果你因为骨关节炎的疼痛而感到苦恼,你会发现通过做普拉提来拉长你的身体可以减少你的痛苦。恰当的运动对于治疗关节炎是至关重要的,因为它通过拉伸运动可以增加你的柔韧性,减少你的疼痛和疲劳。拉伸会让营养物质流向你的肌肉和腱,它们可以让你的肌肉健康,将你受伤的可能性降到最低。普拉提还可以刺激关节润滑剂的产生,可以让你的腿、背、颈和肩膀的肌肉放松,缓解疼痛感和紧绷感。

三、普拉提和瑜伽的相同点和区别

普拉提作为目前比较新鲜的一种运动,虽还没有像常见的健身方式瑜伽那样被大众所熟知,但普拉提通过体式的锻炼达到核心的增强,加强身体的控制能力,在各大健身场所也非常受欢迎,下面具体介绍一下普拉提和瑜伽的共同点和区别:

（一）普拉提和瑜伽的相同点

(1) 瑜伽和普拉提均属于静态练习,通过体式的练习达到效果。

(2) 瑜伽和普拉提对呼吸的要求都比较严格,需要气息的配合。

(3) 瑜伽和普拉提都需要静心来练习,需要安静的环境,平和的心态。

(4) 瑜伽和普拉提都要求在练习之前一段时间不能饱腹,因都有腹部的挤压和扭转,如果饱腹练习,很容易导致头晕恶心,也会影响消化功能,因此,在练习前不要饱腹,饿的话可以少量进食补充能量。

(5) 瑜伽和普拉提对身体健康都有很大的帮助,坚持练习,可以改善身体很多不适,增强身体韧性,使身体变得更加轻盈、灵活,不易受伤,同时运动也会给心理带来阳光和能量。

（二）普拉提和瑜伽的区别

(1) 呼吸方式不同:普拉提是用鼻子吸气,嘴呼气,多用腹式呼吸法,在呼吸时感受胸腔的扩展,而瑜伽的呼吸是通过鼻子吸气鼻子呼气,大部分采用腹式呼吸,也可用胸式呼吸或完全呼吸法。

(2) 体式练习方面不同:普拉提的体式更侧重于力量的练习和对肌肉的控制,体式连贯性较强,体式上要求核心的稳定,对各部位的肌肉锻炼效果较好,而瑜伽的体式在柔韧、拉伸和平衡体式上的锻炼更多些,体式对呼吸的配合要求更高。

(3) 侧重点不同:普拉提侧重核心的训练,强调身体肌肉和机能的练习,使各个部位的肌肉都能得到充分的练习,而瑜伽侧重于身心的结合,柔韧性和拉伸练习较普拉提多些,通过身心结合的瑜伽体式练习达到身心平衡的境界。

(4) 效果不同:普拉提在减脂塑形方面效果更加显著,坚持练习可以改善形体,同时有一定的康复训练的作用,瑜伽则在身体柔韧性锻炼方面效果更好,身体更加匀称,常常练习瑜伽,也会使人的心理得到改善,变得更加平和从容,达到身心的平衡。

（三）普拉提练习中的注意事项

(1) 每个人的体质和目的不同，根据自己的情况选择适合自己的练习方式。

(2) 在练习普拉提时要注重呼吸的方式，练习体式时都要配合呼吸的节奏。

(3) 在练习普拉提时要了解自己的身体，要学会保护自己，同时注意力度，适度练习，不要勉强自己，以免受伤。

四、普拉提练习动作

（一）正确的呼吸

正确的呼吸方式应该是以头脑、身体、精神来进行的，这样可以使练习者的肉体和心灵压力一扫而空。呼吸的时机必须正确，与我们通常的呼吸不同，普拉提运动在呼吸时要求在用力动作时吸气，而在收紧腹部时呼气。

普拉提运动要求心灵和精神的和谐。心灵减压，其实在普拉提练习中可以自然地完成。

1. 腹式呼吸

双腿分开自然站立，双手交叉放于丹田上，张嘴呼气收紧腹部，鼻子吸气腹部隆起。

2. 胸式呼吸

双腿分开自然站立，双手放于两侧肋骨上，吸气胸腔向外扩张，呼气收紧胸腔。

（二）常见动作

1. 并腿直立

方法：呼气提踵，身体向上立起，脚后跟并拢，小腿大腿并拢，双臂上举并掌。

动作提示：收紧腹部、臀部、腰部。

2. 仰卧起坐

方法：仰卧屈膝，双手放于体侧，呼气上体抬起，收紧腹部，两手臂自然前举，吸气上体落下成仰卧。

动作提示：身体随着呼吸慢慢抬起慢慢落下。

3. 仰卧屈膝举腿抬上体

方法：仰卧抬腿屈膝 90 度，呼气抬上体，肩胛骨离开地面，腰部不离地，双臂前举。

动作提示：控制约 3 秒。

4. 坐姿转体

方法：双腿屈膝并拢，双臂平行地面，静止吸气。吸气时收缩腹肌并将躯干转向一侧，加强侧腰及肋间肌的力量。

动作提示：尽量加大躯干后倾及扭转的幅度。

5. 单侧跪撑平衡练习

方法：左腿跪撑，右脚尖后侧点地，左臂平行地面打开，收紧腰腹背部肌肉，并保证体重均匀分布在左膝及右手掌上，静止吸气。呼气时右脚尖离地，至右腿平行地面位置停住。

动作提示：保持动作时自然呼吸。充分调动全身肌肉群，以保持平衡状态，尤其是腰、腹、背、臀的肌肉。此动作加强核心部位的稳固性及身体平衡性。

6. 单侧跪撑摆腿

方法：单侧跪撑身体成一平面，另一侧腿侧抬起成水平线，向上重复摆动。

动作提示：要求小幅度摆动。

7. 俯卧二头起

方法：俯卧吸气，双臂、上体和双腿同时上抬。

动作提示：控制约 3 秒。

8. 仰卧二头起

方法：仰卧呼气，双臂、上体和双腿同时上抬。

动作提示：控制约 3 秒，收紧腹部。

9. 仰卧直角举腿下摆

方法：呼气 5 次，同时双腿依次向下摆动 5 次。

动作提示：最后一次摆腿双腿离地面大约 20 厘米。

10. 腿部环绕

方法：身体平躺在垫子上，双臂放于体侧。先把一条腿向上举起，另一条伸直或者弯曲放在地上，腹部收紧，腰部贴紧地面。吸气的时候用向上举起的腿划圈，方向顺逆均可，呼气时则回到起点，并停止动作。这样一个方向做 4～6 次，然后换方向再做 4～6 次。

动作提示：过程中腿部环绕的幅度不要太大，并保持臀部、髋关节不动。

11. 单腿动作

方法：上体抬起，肩膀离地，左腿伸直，右腿弯曲。右腿外侧手抱住脚踝，内侧手抱膝，呼吸 1 次。换腿，重复动作。如此左右两侧各交换 8～10 次。

动作提示：整个过程中上体不要放松，上背部要离地。

12. 肩肘倒立

方法：仰卧然后臀部、腿部离开地面，以头部、肩颈部和肘关节支撑倒立。

动作提示：要求身体垂直于地面。

13. 平板支撑

方法：双屈臂俯身撑地，收缩腰腹肌，将上半身撑离地面，双脚脚趾抓紧地面，大腿及臀部肌肉向中间夹紧，使身体呈“一”字，并尽量保持躯干稳定。

动作提示：身体与地面平行。肩胛骨内收，收紧背、腰、臀、腹部肌肉，勿塌腰。

14. 侧位支撑

方法：左臂屈肘，双脚并拢或一前一后收缩腰、腹肌将身体撑起，右臂向上伸缩同时扩展胸腔及髋关节，保持身体侧面垂直地面。抬起右腿，使身体呈“大”字，收紧核心部位。

动作提示：身体呈“大”字时，骨盆勿下塌。

15. 身体牵拉

方法：腿部向前、向侧、向后牵拉。

动作提示：循序渐进地拉伸。

16. 踢腿

方法：腿部向前向侧向后踢腿。

动作提示：动作幅度由小至大，膝关节伸直。

17. 体前屈

方法：坐姿，双腿并拢伸直，呼气上体前倾。

动作提示：上体尽量靠拢双腿。

18. 燕式平衡

方法：单腿直立支撑，另一腿后摆举腿，双臂侧举，上体前仰保持平衡。

动作提示：先确定好平衡，再要求动作的到位。

19. 球式滚动

方法：坐位屈膝，双手拉紧双腿，上体后倒像球体滚动。

动作提示：身体拉紧，身体向外滚动。

五、普拉提练习的多样形式

（一）直立普拉提

这种锻炼改变了传统的垫上运动，整个运动过程是保持直立的姿势进行的。

两脚分开，与胯同宽，手臂伸直上举，手掌相对。右脚伸直，右腿上抬，与左脚成45度角。右脚沿顺时针方向划3个圆圈，这个过程胯部是平衡的。然后反向。完成后，右脚收回地面，并将右脚向右侧抬起，脚背弯曲，并沿顺逆两个方向划圆圈。左脚重复右脚动作。

作用：这种锻炼是健美腿部和臀部的好方法。同时直立进行动作能提高身体的平衡性和敏捷性。

（二）健身球普拉堤

这种锻炼始终都是在健身球上进行的。

跪在地板上，身体右侧靠在一个大健身球上。伸出左脚支撑身体，右脚仍跪在原地。右手搭在球上，左臂弯曲，左肘放于脑后，扶住颈部。侧弯腰，努力用左肘去触左胯，当无法再接近时返回，做8～12次。然后换另一侧做。

作用：有益于塑造腹部、胯部、臀部及下腰部的肌肉，同时还可以建立良好的平衡性和协调性。

（三）弹力绳普拉提

这组动作的过程中需要一个弹力绳。

仰卧在地板上，双腿绷直，脚背弯曲。把弹力绳绕在脚上，两手抓住弹力绳的两端。深吸气，努力将肚脐贴向脊柱。深呼气，肱二头肌收缩，双手向胸部抬起，同时将脊背一点一点蜷起。深吸气，然后在慢慢躺回地板的同时深呼气。深吸气，并将双手放下。以上动作重复5～10次。

作用：可以锻炼胸部、背部和手臂的肌肉柔韧性。

（四）小球普拉提

先准备一个直径为20～30厘米的软皮球。

仰卧在地板上，用两脚的踝部夹住球。双腿抬起，直至与地面垂直。双腿慢慢旋转，在空中划盘子大小的圆圈，顺时针和逆时针方向各转10次，手心向下，放于身体两侧。在转腿时保持背部的平直。

作用：对于塑造臀部、胯部和大腿外侧的曲线有一定作用。

（五）强化训练

动作1：背躺在地板上，颈部放松，保持脊椎的自然弯曲。吸气5拍，慢慢吐气5拍，同时收缩腹部并起上体。

动作2：仰卧在地板上，腹部收缩，并且双脚离地。背部需要尽量贴紧地面，同时颈部放松。呼气时把脖子梗起来，使头部离开地面，同时提膝并靠近上身。

动作3：面朝下俯卧。头顶心向前顶，沉肩。收缩腹部的肌肉，将你的肚脐部抬离地面。在整个动作中你都必须保持这个位置。吸气并且抬头，手臂和胸部离开地面，背部肌肉收紧。

呼气后再慢慢放下。呼气时上身躯干静止，将两腿抬离地面，抬到背肌不过度紧张的高度。

动作4：双手撑地，呈俯卧撑的姿势。腹部、臀部收紧，身体躯干呈一条直线，静止20秒。身体中心躯干轻轻地上下移动，抬起、放下，反复做12～15次。

动作5：呈俯卧撑的姿势，和动作4的前半部分一样。抬起左腿，同时吐气，髋关节不能移动。注意，要通过腹部肌肉的收缩来带动抬腿的动作。当你把左腿放下时吸气，再换抬右腿时吐气。确保你的髋部不移动，背部要挺直。还要做到沉肩，并尽可能伸长颈部。两腿轻轻地交替抬起、放下，保持均匀的速度。这几个动作可以循环练习 2 至 3 次。

第六节　形体与礼仪

一、形体课概述

形体是指人的身体形态、体态，由体格、体型、姿态三个方面构成。体格包括人的身高、体重、胸围等，其中，身高主要反映骨骼的生长发育情况，体重反映骨骼、肌肉、脂肪等综合变化的状况，而胸围则反映胸廓的大小及胸部肌肉的发育状况。因此，身高、体重、胸围被列为人体形体变化的三项基本指标。体型是指身体各部的比例，如上、下身长的比例，肩宽与身高的比例，各种围度之间的比例等。姿态，是指人的坐、立、行等各种基本活动的姿势。从构成形体的要素中不难看出，形体的美是一种综合的整体美。

形体运动是以身体练习为基本手段，匀称和谐地发展人体，塑造体型，培养正确优美的姿态和动作，增强体质，促进人体形态更加健美的一种体育活动。形体训练是通过身体练习来完成的，以身体各部位姿态训练为基础，经过舞蹈、徒手体操、艺术体操等多种形式的综合练习，提高动作的协调性及对动作美的感受和表现力；通过素质训练，掌握对身体进行针对性训练的方法及基本技术。因此，形体课可以理解为是以人体科学为基础，以改变学生形体动作的原始状态，提高身体灵活性和形体表现力，增强可塑性为目的的形体动作训练，同时也是向学生进行精神文明教育和美育教育，塑造优美身体形态的一门课。它也是一门体操和舞蹈简单动作综合的技术课。

形体课教学的最终目的是培育形体。这就要求在形体课整体实施过程中要使动作优美。首先要有一个规范的形，即正确的姿态，这是形体课的核心和基础。如站立，它是人体最基本的动作，由它可派生走、跑、跳等流动的、大幅度的形体动作。如果站立时含胸探颈或塌腰翘臀，这些不良的姿势就必然会在其他动作中反映出来，破坏动作的美感。即使掌握了难度较高的形体动作，也失去了训练的价值和意义。它贯穿形体训练的始终，各种舞姿百态的人体动作都属于形体的变化，但这些改变只有通过形体课才能实现。形体课的教学是通过形体这一无声语言的动作，一举一动均能反映出一个人的思想境界，任何有判断能力的人都可以鉴别。形体课的教学是注重学生掌握形体锻炼的基本知识、基本技术和技能的过程，同时也可以培养学生顽强的意志和良好的职业道德。总之，培育形体是形体课教学的最终目标，而形体课教学是完成这一目标的操作过程。

（一）形体训练的起源

形体训练起源于芭蕾、舞蹈和体操的基本功训练。形体训练，以开、直、绷、立作为其技术原则，以典雅、和谐、流畅为其运动审美原则，体现了现代人体的身体形态。通过多种教学方法，以鼓励的语言、严格的方法、标准的示范，使学生在流畅的音乐中展现形体动作美，在训练中超越自我。

体操运动起源于古希腊的健体运动，他们通过跳跃、投掷等动作展示人体的美和力量。而起源于古印度的瑜伽术，通过系列的动作从另一个角度展示出人类身体的柔韧性。目前形体训练所常用的基本动作很多都是从这两项古老的运动中借鉴演化而来的，由此可见，古代人对健身健美的追求是形体训练形成与发展的基础。

形体训练从健美操教学的早期阶段就一直是健美操教学的重要组成部分，现代健美操教学起源于 20 世纪 60 年代的美国宇航员训练课程，到 20 世纪 70 年代逐渐在美国兴起了健美操的热潮，其教学系统中包含了形体训练的相应内容。

我国在20世纪80年代初引入现代健美操，并将形体训练一并引入。因此，形体训练是近年来在我国新兴的体育项目，与西方发达国家相比发展相对迟缓，尚有许多不完善之处，在一定程度上影响了它的普及。但近年来，在群众体育和竞技体育协调发展方针的推动下，“艺术体育”这个体系在我国正在朝前发展，且不断扩大，形体训练作为其中的一个重要组成部分，也就成为人们选择越来越多的运动，同时，形体训练也受到广大学生的喜爱。

（二）形体与礼仪训练的发展

随着社会进步，人类发展，人们对生活质量的要求越来越高，对于形体与礼仪的标准也会有一定的要求。大学是步入社会的第一步，无论是世界观的形成还是人体生理都将会发生很大的变化，同学们也更加关注自己的身体，更想了解身体各方面的机能。虽然由于遗传的因素人的身材不尽相同，但每个人都对形体美有着美好的追求与希望。男同学希望自己身材高大，体型健壮，肌肉发达；女同学希望自己身材匀称、挺拔，曲线优美。大学时期如能长期坚持系统、全面、科学的形体练习，可以达到提高肌肉控制力、动作表现力以及协调性、灵活性的锻炼效果，进而全面“雕琢”身体，获得健美的体型、优美的仪态仪表和健康的体魄。形体训练中，在音乐伴奏下进行练习，会把“美”的意蕴有意识地注入到练习中，充分体现出韵律美、动态美和静态美的意境，培养同学们懂得如何欣赏美、塑造美的正确审美观。形体训练在塑身健体的同时，还能通过体育锻炼将开朗、豁达、真诚、进取等品格渗透到人的心灵之中。得体的举止、落落大方的仪态，能充分体现出阳光青年蓬勃向上的无限活力。

（三）形体与礼仪锻炼的价值

形体课教学是一项很有教育意义的工作。通过形体课的身体形态训练，可以抑制学生，特别是独生子女性格中的许多弊端弱点，在塑造健美的形体，提高柔韧性、协调性、灵敏性、节奏感和身体素质的同时，还可以加强学生与人交往、沟通、协调的能力，以及全面提高学生的综合潜在素质。同时可以加强学生进行自我形体锻炼的意识，掌握一些科学必要的锻炼方法。形体与礼仪课程的开设是符合社会发展，学生体育与终生体育接轨，学校体育与国际体育接轨等需要的。形体与礼仪课程在大学的开展必将得到重视，普及和完善。

二、形体与礼仪课程的要求

（一）场地、器材要求

场地为宽敞明亮有镜子的舞蹈房，器材要有把杆、音响、椅子、瑜伽垫。

（二）服装要求

上课时要穿有弹性的紧身服装或宽松的休闲服，穿体操鞋、舞蹈鞋或健身鞋；上课时不能佩戴饰物，以免发生伤害事故。

（三）课程要求

课程要有计划有步骤，循序渐进，切忌忽冷忽热、断断续续。要持之以恒，力求系统掌握形体训练的有关知识和方法。

（四）其他要求

要保持训练场的整洁和安静；在做垫上和器械练习时，要有专人指导和帮助，特别是联合器械的运用，要注意训练的安全；在课前和课后要注意补充适当的水，同时要注意饮食营养的合理搭配。

三、形体与礼仪课程的基本内容

（一）礼仪基本姿态练习

人的基本姿态是指坐、站、行、举、表。当这些基本姿态呈现在人们眼前时会给人一种感觉，如身体形态所显示的端庄、挺拔与高雅，给人的是赏心悦目的美感(包括日常活动的全部)。一个人的姿态具有较强的可塑性，也具有一定的稳定性，通过一定的训练，可以改变诸多不良体态，如斜肩、含胸、松垮，行走时屈膝晃体，步伐拖沓等。

1. 坐

坐共分六位式。

(1) 一位式(图 10－143)。

上身直立，臀部坐椅子二分之一面积，大腿与小腿成 90 度，双手握手式自然放在双腿上，目光平视。

图 10－143

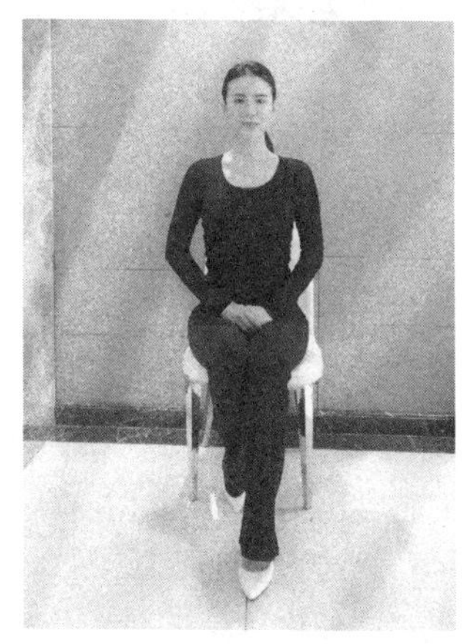

图 10－144

(2) 二位式(图 10－144)。

上身保持直立，左脚保持一位式，右脚向直后方撤半步，目光平视。

(3) 三位式(图 10－145)。

上身保持直立，右脚还原保持一位式，左脚向直后方撤半步，目光平视。

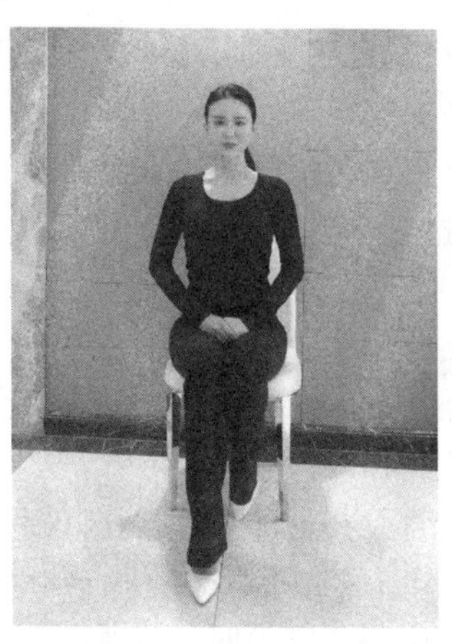

图 10－145

图 10－146

(4) 四位式(图 10－146)。

上身保持直立，左右脚还原一位式后分别向右侧平移半步，目光平视。

(5) 五位式(图 10－147)。

上身保持直立，双脚还原一位式后分别向左侧平移半步。

图 10－147

图 10－148

(6) 六位式(图 10－148)。

上身保持直立,左右脚还原一位式,右脚抬起叠加在左脚上,双腿小腿贴紧。

2. 站

站立是生活中最基本的一种举止。正确形体的站姿给人以挺拔笔直、舒展俊美、精力充沛、积极进取、充满自信的感觉。但是,站立时如果歪脖、斜腰、屈腿,尤其是蹶臀、挺腹,就会让人觉得轻浮,没有规矩,不懂教养。

站姿的基本要求是"站如松",基本要领是头正,双目平视、下颌微收,面带微笑,挺胸,收腹,立腰,双肩放松,双臂自然下垂,双手自然下垂于体侧或体前交叉,双腿直立。规范的站姿礼仪是:

(1) 两脚跟相靠,脚尖适度张开,身体重心主要落于脚掌、脚弓上。两脚并拢立直,髋部上提。

(2) 腹肌、臀大肌微收缩并向上挺,臀、腹部前后相夹,髋部两侧略向中间用力。脊椎、后背挺直,胸略向前上方挺起。

(3) 两肩放松,气下沉,自然呼吸。两手臂放松,自然下垂于体侧,虎口向前,手指自然弯曲。

(4) 脖颈挺直,头顶上悬。下颌微收,双目平视前方。

标准站姿的关键是三个部位,一是髋部向上提,脚趾抓地;二是腹肌、臀肌保持一定的肌紧张,前后形成夹力;三是头顶上悬,肩向下沉。这三个部位的肌肉相互牵制,才能保持标准的站姿。

3. 行

行是指走路姿态。走出来的形体,行出来的韵味。小步起,大步走;小步停,小步转体,一步一个脚印,一步一个重心,步步归一。

女模走猫步,男模走铁轨步,在很多方面男女都是相通的,下面从脚说起。

(1) 脚。

落脚点要适中,不能完全落在脚跟上,也不能脚跟和脚尖同时落地,那样看起来相当的别扭。往往初学者都会犯这样的毛病,建议落在脚跟朝前一些。脚跟到脚尖时要迅速,要等到脚完全稳了之后另一只脚才能出,有人走路有些颠,主要原因可能是脚没落稳就急着用脚后跟刻意向上蹬,一定要等前脚落稳了,后脚跟上才可以有向前蹬的力量,迅速向前脚移动,重心始终在前脚上。行走时身体是推出去的,而不是走出去的。动的时候脚尖始终朝着身体的正前方,因为脚是腿的延长线,这样可以使腿显得修长,更有吸引力。脚不能内收,腿一般情况不要弯,要绷直,否则会显得佝偻。

(2) 腿。

两腿在行走时空隙最好小点，甚至不要有空隙，这样会显得修长和挺拔。空隙太大，腿的重心会往两边左右偏，会左右晃。在有音乐伴奏行走时，当脚踢出去的时候，是用膝盖在找音乐，也就是说膝盖是在重心拍子上的，脚紧接着落地。

有许多人把重心直接落在脚上，这种走法是让人觉得节奏感很强，但却过于生硬，缺少缓冲。当脚踢出去时，建议速度快点，踢出去之后停留的时间要长，如果速度把握不好就会脚轻或脚晃，很多初学者脚都是特别轻的，主要原因是脚弹出去时速度没把握好，后脚向前蹬不稳造成的，我们平时训练时可以穿比较重的皮鞋或者靴子。如果普通人和走模特步的人在用同样的速度走来时，会发现模特要比普通人踢腿的速度快几倍，停留反而会很长，当然，不提倡踢得越快越好，那样看起来不自然。

(3) 跨。

女模是用跨来找音乐，而男模恰恰不能故意动跨，这对于男模来说有时是件很头痛的事，动跨大部分是当腿踢出去时，跨和腿用力不是一个平面造成的，刚开始接触走路要膝盖摩擦也是很容易动跨的原因之一，不要为了膝盖摩擦而借助大腿往膝盖上碰。多找找原因，不要太急。其实，男模动跨是件很正常的事，只要不明显，稍微动一点反而会比不动跨好看一些。

(4) 腹。

走路时别忘了收腹，特别是女模，露出小肚子是非常不雅的。有些男模走路时头和上半身在整体晃动，很有可能是没有收腹或腰太柔造成的，建议多练练腰部。

(5) 臂。

摆臂可以说是最不好学的。我们常说要用大臂带动小臂，但是真正能用大臂摆动的却很少，当你对着镜子看到大臂在动小臂也在动，往往这种情况下会认为大臂动了，就误认为是大臂在带动小臂的，其实是小臂在带动大臂或者是肘关节在用力。一般认为大臂带动小臂是肱三头肌在用力，往身体的后方偏下一点自然甩动。后摆臂要大，前摆臂要小。后摆臂速度要略慢于前摆臂。前摆臂时大小臂都不能用力，它是借助后摆臂自然向前弹动的。当弹到自己想要的前摆臂那个角度，手腕要控制一下打在重音上。很多人会在重音上面刻意地用手腕去突然定住，这样是对了，但不太自然，甚至有许多人没用手腕反而用小手臂去用力往下压，紧接着往后摆臂。摆臂追求的是自然、有力，让人看出来舒服不别扭就行了，不要为了摆臂而去刻意摆动。

(6) 肩。

肩和臂是相互联系的，臂摆得不好直接会影响动肩的效果。很多人错误地认为动肩就是在用腰左右晃肩或者是用大臂端肩，这样动肩就会失去肩与摆臂的原有目的，也可以说多此一举。动肩是在腰挺直的前提下，在行走的过程中，要以肩为柱，大臂自然带动小臂往后甩的那一刻，后背肌肉(与胸肌相背的那块可以形成倒三角的肌肉)在向后方偏下拉。在音乐合适的情况下，如果动肩特别大，会给人潇洒的感觉，很多时装要的就是这种效果。对于初学者，不建议动大肩，因为动大肩一般会出现以下弊端：① 一肩高一肩低(大部分是左肩高右肩低)；② 动不好就会用腰在左右晃肩；③ 前摆臂不够自然，臂会刻意把肩向上提；④ 不够自然；⑤ 身体左右两侧走动时不对称；⑥ 总是出现一个肩打在重音上；⑦ 明明是腰在晃动却总是自我感觉是肩在动。如果现在已经出现一肩高一肩低，可以试着两个肩同时打在音乐的重音上，多对着镜子，用背去感受哪点出了问题，只要方法正确，最多一两天就改过来了。最好是把肩动得小一点，甚至不动肩。

(7) 头。

头部晃动主要是因为注意力不够集中，也有的是先天养成的习惯。如果行走时头晃、头歪，平时多注意一点，想办法纠正，还是能解决的。行走时嘴一定不能乱动，也不可以闭得太紧，像平时一样放松就可以了，如果出现一些多余的动作，那是非常吓人的。一般从T台后台走到前台，眼睛眨两三次就足够了，眨得太多会显得不够稳当，前台女生抛媚眼更不可取。从眼睛里要看出自信，有内容是最好不过的，关键要根据音乐的不同去用眼睛表达出来。很多情况下，人的表情要大于人的肢体语言。

4. 举

举是指言谈行为举止。行为举止较可靠地体现了一个人的综合素质。

绅士的言行举止是其所以成为绅士的重要标志。英国绅士在这方面更是有着严谨的规范与久远的传统。他们的话语用词得体而富于技巧，他们的着装得体而品质高贵，他们彬彬有礼而毫不谄媚，他们充满热情却从不轻佻。

5. 表

表情是人的思想感情和内在情绪的外露。脸部则是人体中最能传情达意的部位，可以表现出喜、怒、哀、乐、忧、思等各种复杂的思想感情。在交际活动中表情倍受人们的注意。在人的千变万化的表情中，眼神和微笑最具礼仪功能和表现力。

五官中，嘴的表现力仅次于眼睛。笑，主要是由嘴部来完成的。嘴部是一个人全部表情中比较显露的、突出的部位，它是生动的、多变的感情表达语。笑，是眼、眉、嘴和颜面的动作集合，它能够有效地表达人的内心感情。在人的各种笑颜中，微笑是最常见的、用途最广、损失最小而效益最大的。

微笑的基本做法是不发声，脸部肌肉放松，嘴角两端向上略微提起，面含笑意，使人如沐春风。

训练微笑，首先要求微笑是发自内心、发自肺腑的，无任何做作之态，防止虚伪的笑。只有笑得真诚，才显得亲切自然，与你交往的人才能感到轻松愉快；其次，可进行技术性训练。因为人们微笑之时，口角两端向上翘起。练习时，为使双颊肌肉向上抬，口里可念着普通话的"一"字音。还得训练眼睛的"笑容"。取厚纸一张，遮住眼睛下边部位，对着镜子，回忆过去的美好生活，使笑肌抬升收缩，嘴巴两端做出微笑的口型，随后放松面部肌肉，眼睛随之恢复原形。

（二）形体基本素质训练

形体基本素质练习是形体训练的重要内容之一，在练习中可采用单人练习和双人配合练习两种形式。通过大量的练习，可对人体的肩、胸、腰、腹、腿等部位进行训练，以提高人体的支撑能力和柔韧性，为塑造良好的人体形态，改善形体的控制力打下良好的基础。形体基本功练习的内容较多，在训练时，应本着从易到难，从简单到复杂的原则；同时也要注意自己和配合者的承受能力，不能超负荷，以免发生伤害事故。

基本形态控制练习是对练习者身体形态进行系统训练的专门练习，是提高和改善人体形态控制能力的重要内容。通过徒手、把杆、双人姿态等大量动作的训练，进一步改变身体形态的原始状态，逐步形成正确的站姿、坐姿、走姿，提高形体动作的灵活性。这部分练习比较简单，个别动作要求比较严格，训练必须从严要求，持之以恒。

思考题

1. 试述健美操的概念、分类及特点。
2. 身体各部位肌肉健美锻炼的常用方法有哪些？
3. 体育舞蹈的分类及风格特点是什么？

4. 瑜伽练习有哪些注意事项?
5. 普拉提练习对身体有什么益处?

延伸阅读书目

[1] 程路明,沈亚培.健美[M].杭州：浙江大学出版社,2008.
[2] 刘光红.体育舞蹈读本[M].北京：人民体育出版社,2006.
[3] 李嘉.瑜伽[M].重庆：西南师范大学出版社,2013.
[4] 马玉健.瑜伽[M].长春：吉林文史出版社,2013.

参考文献

[1] 赵晓玲.健美操教程[M].重庆：重庆大学出版社,2017.
[2] 冯晓辉.新编健美操教程[M].沈阳：万卷出版公司,2013.
[3] 张岚,田颖华.健身健美操教程[M].武汉：华中科技大学出版社,2009.
[4] 林鸿严.健美宝典[M].广州：广东科技出版社,2010.

第十一章 民族民间传统体育

第一节 太极拳

一、太极拳概述

据《温县志》记载：在明思宗崇祯十四年(1641)陈王廷任温县“乡兵守备”，陈王廷是卓有创见的武术家，他研究道家的《黄庭经》，参照了戚继光的《拳经》创编了陈氏太极拳。陈氏太极拳的来源有下列三个方面：第一，综合吸收了明代各家拳法。戚继光是明代著名武术家，抗倭名将，他总结和整理了明代十六家民间著名拳法，并吸取了其中三十二式编成拳套。陈王廷吸收了其中二十九式编入太极拳套路。陈氏的《拳谱》和《拳经总歌》的文辞也仿照戚氏《拳经》。第二，结合了古代导引、吐纳之术。太极拳讲究意念引导动作，气沉丹田，心静体松，重在内壮，把拳术中的手、眼、身、步的协调配合与导引、吐纳有机地结合起来，这就使太极拳成为内外统一的拳术运动。第三，运用了中国古代的中医经络学说和阴阳学说。太极拳结合经络学说，要求“以意引气，以气运身”，内气发源于丹田，气达全身四肢，用劲时以腰为主宰，发力于全身。

二、太极拳的锻炼价值

太极拳合技击与养生为一体，是一种意气运动，太极拳又与中医学相结合，对身心的锻炼具有三方面的价值。

（一）太极拳的健身价值

“欲要健身先健心(指大脑)”，因为人的一切行为都是通过大脑来指挥的，人身有三宝，就是“精气神”，人的精气神旺盛，则如天行健，可永葆青春。

太极拳作为健身运动的几个优点：

1. 身体的全面锻炼

太极拳的动作有几个极为重要的特点，以腰为轴，动作柔软、缓慢、连贯、处处走弧线(即圆形动作)和“一动无有不动”，都是锻炼上绝对不可忽视的法则。太极拳在做动作时，凡是全身能动的部分，都要参加运动，所以叫作“一动无有不动”“触一发而动全身”。

2. 内外兼修，形神具备

太极拳在锻炼时，不但肌肉活动有各式各样的柔和螺旋动作，同时还要做好呼吸运动和横膈肌运动，来促进心、肺、肠、胃等内脏的机能活动。另外，由于每一个动作都用意识加以引导，使人精神集中，不起杂念，以至越练越纯静(即心境异常安静之意)，也能使中枢神经系统得到更好的调节。这种锻炼方法，一方面有一般运动项目活动肌肉的好处，另一方面又吸收了静坐法调息养神的好处，所以能有内外兼修的优点。

3. 动作圆弧，趣味浓厚

太极拳的动作都走圆形或者弧形的线路，在初练架子时，不容易做好圆形动作，当然趣味较少。但练到后来，越练越熟，圆转如意的程度不断提高，便会产生浓厚的趣味。到最后，在圆形动作中，运用虚实变化和运动调息的功夫，它的趣味也就更加层出不穷了，趣味浓厚能提高锻炼情绪，对促进健康很有好处，这也是太极拳所具有的优点之一。

4. 陶养性情，修心养性

太极拳的动作要求柔和，要求轻灵贯串，又要求在动作中包含着“动中有静、静中有动”的意识作用，即所谓“动养生，静养心”，能使性急的或者性慢的练拳人在无形中接受影响，矫正原有的习惯。因为太极拳一方面讲究灵敏，能使人提高灵敏性，另一方面又讲究沉静，能使人抑制浮躁。

5. 老少咸宜，人人可练

太极拳动作柔和，速度较慢，拳式也不难学，而且动作的高低或用力的多少都可根据个人特点进行调节，可以适应病人的不同要求（但正在咯血或者出血的病人除外），所以能帮助病人在恢复和增进机能活动上获得显著的效果。

（二）太极拳的防身作用

太极拳是中华传统武术的一个流派，必然有它的攻防格斗作用。太极拳的防身真谛在于它的“六合与八法”，即通过信息、控制的手法对意、气、形三者相依而不相违的生理反应，以及对阴阳哲理进一步提高认识和理解，更能促进身心的机智灵活，而趋于完善。太极拳是武术的一种，她的每一个拳式都包含着攻防意义，应细加琢磨，融会贯通。

总之，太极拳之所以有克敌制胜的手段，主要靠阴阳变化之理、虚虚实实的转换，这阴阳虚实，实际上就是一个个圆圈。这圆圈内有许多科学道理，如心理学（用意不用力）、物理力学（运用刚体、三角、胡克定律等）、运动生理（生态变化、增强抵抗力等）、哲理，即太极一动一圆圈、一静一圆圈，避实就虚，在这动静圆圈之内，许多科学之理蕴藏于其中。

（三）太极拳运动美的体验和欣赏

太极拳不仅蕴藏有祛病强身和防身等明显功效，而且它在动作的姿势上别具一格，动作典雅古朴、柔韧圆润、轻盈洒脱、舒展大方。所以，学习者通过认真锻炼不仅可使体态健美而且会增添一种艺术享受的乐趣，享受“自然之美”“和谐之美”。太极拳运动中，全身的肌肉骨骼，内部气与外部形配合恰到好处。太极拳之美在内外和谐之中，对内求“心灵之美”，外求“神静体松”“体态安详”“气度非凡”。太极拳呈现许多独特的风格和特点，例如“轻灵沉稳”“形如搏兔之鹄，神如捕鼠之猫”；外示舒缓和内固精神，做动作时“运劲如抽丝，迈步如猫行”，动作连绵不断“如长江大河，滔滔不绝”，完整一体，一气呵成，富含哲理——“阴不离阳，阳不离阴，阴阳相济”。无处不体现太极拳运动的韵律美、协调美、气度美。太极拳“仙气”浓厚，动作和谐自然、柔和缓慢。轻松洒脱、丰富多姿的动作，加上它所独具的温文尔雅、举重若轻、从容不迫的风度和气韵，以及它的形体感、节奏感、方向感、协调感，使练功者油然产生行云流水般的悠然自得、清风入怀般的愉快舒适，这种难以言喻的心灵享受，有助于消除精神的过度紧张，解除人在应激时所引起的不良身心反应，是治疗心理失衡的“良药”。

三、太极拳的身法要求

（一）太极拳的身法各部位要求

头：保持“虚领顶劲”，头顶“百会穴”有上悬之意，不可歪斜摇摆，眼要自然平视，下颌内收，嘴要轻闭，舌抵上颚。

颈：自然竖直，转动灵活，不可紧张。

肩：平正松沉，不可上耸、过度前扣或后张。

肘：自然弯曲沉坠，防止僵直或上扬，高不过手腕。

腕：下沉"塌腕、坐腕"，劲力贯注，不可松软。

胸：舒松微含，不可外挺或故意内缩。

背：舒展伸拔，称为"拔背"，不可过度弓驼弯腰。

腰：向下松沉，旋转灵活，不可前塌或后挺。

脊：中正竖直，保持身型端正自然，百会穴与尾骨的长强穴对拉。

臀：向内微敛，不可外突，称为"裹臀""敛臀"。

胯：松正含缩，使劲力贯注下肢，不可歪扭、前挺。

腿：稳健扎实，弯曲合度，转旋轻灵，移动平稳，膝部松活自然，脚掌虚实分清。

（二）太极拳的手型

拳：四指自然卷曲，拇指扣于食指、中指第二指节上。拳面齐平，不可僵硬，拳中空虚能容一食指。（图 11-1）

掌：五指自然伸直微分，手指向掌心侧微屈不伸直，指肚微向手背撑张，虎口撑圆，掌心内凹，形如荷叶状。（图 11-2）

勾：屈腕，五指自然内合，第一指节自然捏拢，屈腕。掌心含空，五指不可用力。掌心可容一小球，勾顶和腕关节处无绷紧感。（图 11-3）

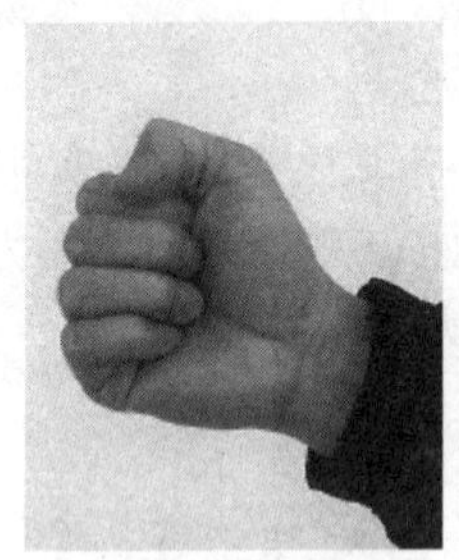

图 11-1

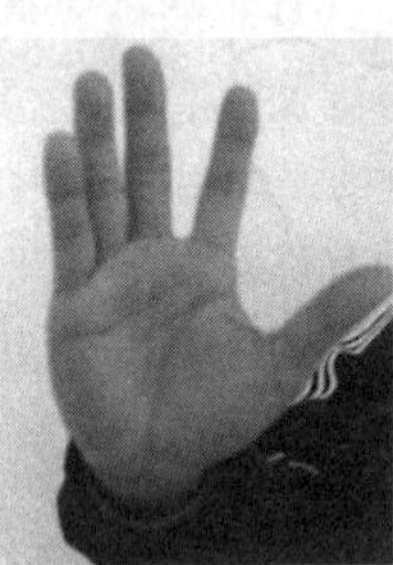

图 11-2

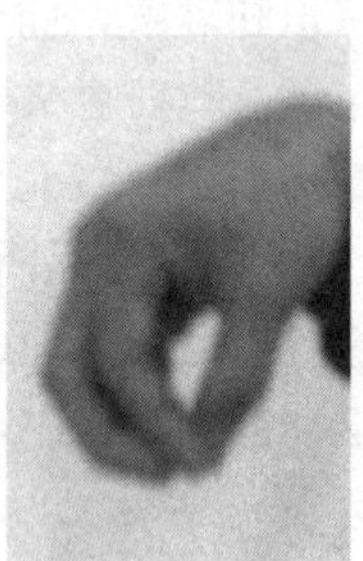

图 11-3

（三）太极拳的腿型腿法

1. 弓步

两脚前后分开站立，前腿屈膝，膝盖投影点不超过脚尖，后腿微屈前蹬，脚尖向前倾斜 45 度，全脚着地，两脚横向距离约 10～30 厘米(图 11-4)。

图 11-4

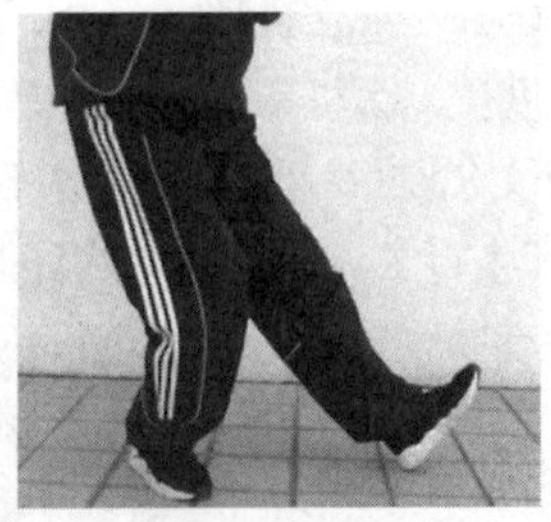

图 11-5

(1) 顺弓步：如"单鞭"，两脚横向距离约 10～15 厘米。

(2) 拗弓步：如"搂膝拗步"，左腿与右手在前，或右腿、左手在前时，两脚横向距离可以在 15～30 厘米之间。

易犯错误：前脚尖外撇，膝与脚方向不一致，后腿挺劲，绷得太直。

2. 虚步

两腿屈膝，后脚尖斜向前方，屈膝半蹲，全脚踏实，前腿微屈，脚尖或脚跟点地，两脚横向距离5厘米左右(图11-5)。

易犯错误：前腿膝部绷得太直；前后膝部由于腿力不足，形成过分内扣夹裆。如白鹤亮翅和手挥琵琶。

3. 仆步

一腿全蹲，大腿和小腿贴紧，臀部接近小腿，膝部与脚尖稍外展；另一腿自然伸直，脚尖内扣，两脚着地(图11-6)。如左下势、右下势。

易犯错误：伸出的脚外侧掀起，蹲腿膝部向里裹扣成跪膝；上体前倾，导致突臀。

图11-6

图11-7

4. 独立步

一腿自然直立，另一腿屈膝提起，大腿膝高于胯根，小腿及脚尖自然向下微内收(图11-7)。

易犯错误：支撑腿过屈或绷得太直。如左、右独立。

四、太极拳的步法与基本功练习

(一) 移动步法练习

上步演示视频

上步练习：两手交叠靠在腰后，上身向右转，膝盖弯曲，将左脚脚跟抬起前收经右踝内侧再向左前方进半步，脚跟轻点地，重心前移成左弓步，重心后移翘左脚尖，重心前移左脚往外撇，右脚脚跟抬起前收，经左踝内侧再向右前方进半步，脚跟轻点地；重心前移成右弓步，上身的姿势保持不变，眼睛直视前方(重复多次连续上步)。

退步演示视频

退步练习：两手交叠靠在腰后，由右弓步开始，重心后移身体左转，左腿膝关节弯曲成右虚步，右腿抬起收回经左内踝向右侧后方伸前脚掌着地，重心慢慢后移，右腿弯曲成左虚步(重复多次连续退步)。

(二) 原地基本功练习

原地基本功练习有混元桩、左右抽丝桩、左右平抹桩、原地云手、左右揽雀尾练习等。

混元桩演示视频

左右抽丝桩演示视频

左右平抹桩演示视频

原地云手演示视频

左右揽雀尾演示视频

五、太极拳动作名称及要领

（一）起势

动作说明：

图 11-8

（1）双脚并立。

左脚向左分开半步，两脚平行向前同肩宽，成开立步。

（2）两臂前举。

两臂慢慢向前平举，与肩同高、同宽，双臂自然伸直，肘关节向下微屈；两手心向下，指尖向前。

（3）按掌。

两腿慢慢屈膝半蹲，重心平均落于两腿之间，成马步；两掌轻轻下按至腹前，如按在身前的书桌上，上体舒展正直，如端正地坐在椅子上。眼平视前方（图 11-8）。

（二）野马分鬃

1. 动作说明

（1）左野马分鬃。

抱手收脚：上体稍向右转，右臂屈抱于右胸前，右手心向下，左手翻转向上，左臂屈抱于腹前，两手上下相对，如在右肋前抱球；左脚收至右脚内侧，脚尖点地；眼看右手（图 11-9）。

转体上步：上体左转，左脚向左前方迈出一步，脚跟轻轻着地，重心仍在右腿。

弓步分手：上体继续左转，重心前移，左脚踏实，左腿屈膝前弓，右腿自然蹬直，右脚跟外展，成左弓步；两掌前后分开，左手分至体前，高与眼平，手心斜向上，右手按至右胯旁，手心向下，指尖向前；两臂稍屈；眼看左掌（图 11-10）。

图 11-9

图 11-10

（2）右野马分鬃。

转体撇脚：重心稍向后移，左脚尖翘起外撇；上体稍左转；两手准备翻转“抱球”。

抱手收脚：上体再左转，左手翻转在左胸前屈抱；右手翻转前摆，在腹前屈抱，两手上下相对，如在左肋前抱球；重心前移至左腿，左脚踏实，右脚收至左脚内侧，脚尖点地；眼看左手。

转体上步：上体稍右转，右脚向右前方迈出一步，脚跟轻轻着地。

弓步分手：上体再右转，重心前移，右脚踏实，右腿屈膝前弓，左腿自然蹬直，左脚跟外展成右弓步；两手前后分开，右手分至体前，高与眼平，手心斜向上，左手按至左胯旁，手心向下，指尖向前，两臂微屈；眼看右手(图 11－11)。

例如，敌人以右手打你的左边的嘴巴，你就用左手将其右大臂向上微托，用右肩靠住敌人的右腋窝处贴紧粘住不离，同时以自己右耳紧贴自己的左手背；右臂放松置身前，右脚随着进身往敌身左后方迈进一步，目的是索敌后腿；右脚落地踏实，随之屈右膝前拱，左腿伸直形成右弓箭步。与此同时，右臂朝右前上抬起，左臂从右前上方往左后下方移动至臂伸直时为度。同时向左回头，两眼注视左手中指指甲盖。此时敌人即会被撞出数步即丈许远或摔倒在地。这即是太极拳中“野马分鬃”姿势的用法。

图 11－11

(3) 左野马分鬃。

转体撇脚：重心稍向后移，右脚尖翘起外撇；上体稍右转；两手准备翻转“抱球”。

抱手收脚：上体再右转，右手翻转在右胸前屈抱；左手翻转前摆，在腹前屈抱，两手上下相对，好像在右肋前抱球；重心前移至左腿，右脚踏实，左脚收至右脚内侧，脚尖点地；眼看右手。

图 11－12

转体上步：同前。

弓步分手：同前(图 11－12)。

2. 练习要点

(1) 转体和抱手的动作是同时进行的。

(2) “左脚收至右脚内侧，脚尖点地”。这时身体重心绝大部分应落在右腿上，左脚只起辅助支撑的作用。待动作熟练以后，左脚收向右脚内侧，脚尖不应点地，以后各式类似的步法转换，均应照此理解。

(3) 假设面向南起势，第一个“分鬃”要面向东方。这一转动在上步时先转至偏东，弓步时再转向正东。

(4) 左脚上步要脚跟先着地。迈左步时，左脚落点要在中线偏北，脚尖向东，两脚跟之间保持 20～30 厘米横向宽度。

(5) 弓步完成时左腿膝盖与脚尖应上下对正，与地面垂直。右腿伸直时要后蹬脚跟，就是以脚前掌为轴，使脚跟外展，将右脚转向东南，与中线的交角成 45～60 度，使两脚调整成“人”字形。另外，在右腿自然伸直以后，右脚要全面踏实地面，不允许出现脚外侧离地和脚后跟离地的现象。

(三) 白鹤亮翅

1. 动作说明

(1) 跟步抱球：上体稍左转；右脚向前跟步，前脚掌轻轻落于左脚后，相距约一脚长；两手翻转相对，在胸前屈臂“抱球”，左手在上；眼看左手(图 11－13)。

(2) 后坐转体：重心后移，右脚踏实，上体后坐并向右转体；两手开始交错分开，右手上举，左手下落；眼看右手(图 11－14)。

(3) 虚步分手：左脚稍向前移动，脚前掌着地，成左虚步；右手分至右额前，掌心向内，左手按至左腿旁；上体转正，眼平视前方(图 11－15)。

2. 练习要点

虚步时，后腿保持原屈膝程度，支持着绝大部分的体重。后脚全脚掌踏实，脚尖外撇，约为 45～60 度；前脚以脚跟或脚前掌着地(本式是以左脚前掌着地的虚步)，指向正前方。后腿膝部保持和脚尖相同的方向，不要里裹夹裆或外展敞裆；前腿膝部要保持微屈，不要僵硬挺直。虚步两脚间的横向距离，不要超过一拳宽度。

图 11 - 13

图 11 - 14

图 11 - 15

(四) 左右搂膝拗步

1. 动作说明

(1) 左搂膝拗步。

转体摆臂：上体稍左转；右手摆至体前，手心转向上；眼看右手(图 11 - 16)。

摆臂收腿：上体右转；两臂交叉摆动，右手自头前下落，经右胯侧向右后方上举，与头同高，手心向上，左手自左侧上摆，经头前向右划弧落至右肩前，手心向下；左脚收至右脚内侧，脚尖点地；头随体转，眼看右手(图 11 - 17)。

上步屈肘：上体稍左转；左脚向左前方迈出一步，脚跟轻轻落地；右臂屈肘，右手收至肩上、头侧，虎口与耳相对，掌心斜向前，左手落经腹前；眼转看前方(图 11 - 18)。

图 11 - 16

图 11 - 17

图 11 - 18

图 11 - 19

弓步搂推：上体继续左转；重心前移，左脚踏实，左腿屈弓，右腿自然蹬直成左弓步；左手经左膝前上方搂过，停于左腿外侧，掌心向下，指尖向前；右手向前推出，与鼻尖相对，掌心向前，五指向上，右臂自然伸直，肘微屈垂；眼看右手(图 11 - 19)。

(2) 右搂膝拗步。

转体撇脚：重心稍后移，左脚尖外撇；上体左转；两臂外旋，开始摆动；眼看右手。

摆臂收脚：上体再左转；重心前移，左脚踏实，右脚收至左脚内侧，脚尖点地；右手经头前划弧，摆至左肩前，掌心向下，左手向右上方划弧上举，摆至与头同高，掌心向上；眼看左手(图 11 - 20)。

上步屈肘：上体稍右转；右脚向右前方迈出一步，脚跟轻轻落地；左臂屈肘，左手收至肩上、头侧，虎口与耳相对，掌心斜向前，右手落经腹前；眼转看前方。

弓步搂推：上体继续右转；重心前移，右脚踏实，右腿屈弓，左腿自然蹬直成右弓步；右手经右膝前上方搂过，停于右腿外侧，掌心向下，指尖向前，左手向前推出，与鼻尖相对，掌心向前，五指向上，左臂自然伸直，肘微屈垂；眼看左手（图 11－21）。

（3）左搂膝拗步。

动作与右搂膝拗步相同，唯左右相反。

2. 练习要点

搂膝拗步的弓步与野马分鬃一样，前脚应保持直向前方，与后脚的宽度应在 30 厘米左右。

图 11－20

图 11－21

3. 攻防含意

搂膝拗步的用意是：一手搂开对方攻来的手和脚，另一手向前推打反击。

（五）手挥琵琶

1. 动作说明

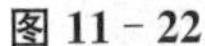

图 11－22

图 11－23

（1）跟步展臂：右脚向前收拢半步，脚前掌轻落于左脚后，相距约一脚长；右臂稍向前伸展，腕关节放松（图 11－22）。

（2）后坐引手：重心后移，右脚踏实，左脚跟提起，上体右转；左手向左、向上划弧摆至体前，掌心斜向下，右手屈臂后引，收至胸前，掌心也斜向下。

（3）虚步合手：上体稍向左回转，左脚稍前移，脚跟着地，成侧身左虚步；两臂外旋，沉肘屈抱，两手前后交错，侧掌合于体前，左手与鼻相对，掌心向右，右手与左肘相对，掌心向左，两臂像怀抱琵琶的样子；眼看左手（图 11－23）。

2. 攻防含意

手挥琵琶是合手撅臂。当对方右手打来，我用右手扶其腕部，顺势向后牵引；同时左手贴于对方肘关节处，然后两手左右用力内合，采用反关节擒拿方法，使对方右臂伤折。

（六）左右倒卷肱

1. 动作说明

（1）右倒卷肱。

转体撤手：上体稍右转；两手翻转向上，右手向下经腰侧向后方划弧上举，与头同高，左手停于体前；头随体转，眼向右看（图 11－24）。

退步卷肱：上体稍左转；左脚提起向后退一步，脚前掌轻轻落地；右臂屈肘卷收，右手收至肩上耳侧，掌心斜向下方；眼看左手（图 11－25）。

虚步推掌：上体继续左转；重心后移，左脚踏实，右脚以脚掌为轴将脚扭直，脚跟离地，右膝微屈成右虚步；右手推至体前，腕高与肩平，掌心向前，左手向后、向下划弧，收至腰侧；眼看右手（图 11－26）。

（2）左倒卷肱。

转体撤手：上体稍左转；右手翻转向上，左手向左后方划弧上举，与头同高，掌心向上；头随体转；眼看左侧（图 11－27）。

图 11-24　　图 11-25　　图 11-26

退步卷肱：上体稍右转；右脚提起向后退一步，脚前掌轻轻落地；左臂屈肘卷收，左手收至肩上耳侧，掌心斜向前方；眼看右手（图 11-28）。

虚步推掌：上体继续右转；重心后移，右脚踏实，左脚以脚掌为轴将脚扭直，脚跟离地，左膝微屈成左虚步；左手推至体前，腕高与肩平，掌心向前，右手向后、向下划弧，收至右腰侧；眼看左手（图 11-29）。

图 11-27　　图 11-28　　图 11-29

（3）右倒卷肱。

同前（图 11-30、图 11-31、图 11-32）。

图 11-30　　图 11-31　　图 11-32

(4) 左倒卷肱。

同前(图 11-33、图 11-34、图 11-35)。

图 11-33

图 11-34

图 11-35

2. 练习要点

(1) 本式定势的步型是前脚掌着地的虚步,本式的步法是连续退步。

以左虚步开始的退步为例。左腿屈膝轻轻提起,带动左脚离开地面,脚尖自然下垂,以不超过右踝的高度为宜。然后左脚慢慢地经右踝内侧向后落步。落步时左脚前掌先轻轻着地,体重仍由右腿来支撑。

(2) 后撤手时,注意不要直向回抽。正确的做法是手走弧线,胸、肋、肩、臂都要圆活自然。手从腰侧向后上方划弧平举时,两臂约成 135 度,不要前后拉成一条直线。

(3) 本式的眼神,应随着转体先向侧看,再转看前手。

3. 攻防含意

倒卷肱是在退守中反击。当对方右手攻来,我用左手接住,顺势退步牵引;右手则乘势向前击打对方胸部。

(七) 左揽雀尾

动作说明:

(1) 转已撤手:上体微右转,右手由腰侧向侧后上方划弧平举,与肩同高,掌心向上;左手在体前下落,手心向下。头随体转,眼看右手(图 11-36)。

(2) 抱手收脚:上体继续右转,右手屈抱于右胸前,掌心翻转向下,左手划弧下落,屈抱于腹前,掌心转向上,两手上下相对呈抱球状;左脚收至右脚内侧,脚尖点地;眼看右手(图 11-37)。

(3) 转体上步:上体左转,左脚向前迈出一步,脚跟轻轻着地。

(4) 弓步靠臂:上体继续左转,重心前移,左腿踏实,左腿屈膝前弓,右腿自然蹬直,成左弓步;两手前后分开,左臂半屈向体前架,腕高与肩平,掌心向内;右手向下划弧按于左胯旁,掌心向下,五指向前;眼看左前臂(图 11-38)。

(5) 转体摆臂:上体微向左转,左手向左前方展伸,掌心转向下,右前臂外旋,右手经腹前向上、向前摆至左前臂内侧,掌心向上;眼看左手(图 11-39)。

(6) 转体后捋:上体右转,重心后移,身体后坐,右腿屈膝,左腿自然伸直;两手同时向下经腹前向右后方划弧,右手举于身体侧后方,与头同高;左臂平屈于胸前,掌心向内;眼看右手(图 11-40)。

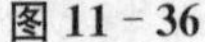
图 11-36

图 11-37

图 11-38

图 11-39

图 11-40

图 11-41

(7) 转体搭手：上体左转，正对前方；右臂屈肘，右手收至胸前，四指搭于左前臂内侧，掌心向前，左前臂仍屈收于胸前，掌心向内，指尖向右；眼看前方(图 11-41)。

(8) 弓步前挤：重心前移，左腿屈弓，右腿自然蹬直成左弓步；右手推送左前臂向体前挤出，与肩同高，两臂撑圆；眼看前方(图 11-42)。

(9) 后坐引手：重心后移，上体后坐，右腿屈膝，左腿自然伸直，左脚尖翘起；左手翻转向下，右手经左腕上方向前伸出，掌心也向下，两手左右分开与肩同宽，同时屈肘后引，经胸前收至腹前；眼向前平视(图 11-43)。

图 11-42

图 11-43

图 11-44

（10）弓步前按：重心前移，左脚踏实，左腿屈弓，右腿自然蹬直仍成左弓步；两手沿弧线推至体前，两腕与肩同高、同宽，掌心均向前，指尖向上；眼看前方（图 11－44）。

（八）右揽雀尾

1．动作说明

（1）转体分手：重心后移，上体右转，左脚尖内扣；右手经头前划弧右摆，掌心向外，两手平举于身体两侧；头及目光随右手移转（图 11－45）。

图 11－45

图 11－46

图 11－47

（2）抱手收脚：左腿屈膝，重心左移，右脚收至左脚内侧，脚尖点地；左手屈抱于左胸前；右手屈抱于腹前，两手上下相对，在左肋前“抱球”；眼看左手（图 11－46）。

（3）转体上步：同前（图 11－47）。

（4）弓步靠臂：同前（图 11－48）。

（5）转体摆臂：同前（图 11－49）。

图 11－48

图 11－49

图 11－50

（6）转体后捋：同前。

（7）转体搭手：同前（图 11－50）。

（8）弓步前挤：同前（图 11－51）。

（9）后坐引手：同前（图 11－52）。

（10）弓步前按：同前（图 11－53）。

2．练习要点

（1）手随身体右转平行向右划弧时，左手不可随着向右摆动。

图 11 - 51

图 11 - 52

图 11 - 53

(2) 脚尖内扣的角度以略超过身体的正前方为宜。

3. 攻防含意

揽雀尾包括了太极拳中最重要的四种攻防手法。手的含意是伸臂架接住对方的来手,以观其变。手在外形上与野马分鬃相似,其含意则完全不同。后者是以分靠手法去进攻,手则是筑起一道防线,静待对方的反应,以变应变。

捋的含意是当对方攻来,我方一手附于其腕,另一手附于其肘关节,顺势向后牵引,同时转腰侧带,使其扑空。它与强拉不同之处在于不以力胜,而是借力巧取,引进对手使其落空。

挤的用法是当对手感到落空,急欲抽身后退之际,我方用前臂贴紧对方,用快速挤压之力战胜对手。

按的原意是向下用力。但在太极拳中常在向前用力发放之前,先向下牵引对方,使其向上反抗,重心升高,立脚不稳,再快速发力前推,取得更大效果。这种变化的用力称为按或前按。它比单纯地用力直推更为巧妙,其动作及用力方向呈曲线。

(九) 单鞭

1. 动作说明

(1) 转体运臂:重心左移,上体左转,左腿屈膝,右腿伸直,右脚尖内扣;两臂交叉向左运转,左手经头前向左划弧至身体左侧,掌心向外。右手经腹前向左划弧至左肋前,掌心转向;视线随左手移转(图 11 - 54)。

(2) 收脚:上体右转,重心右移,右腿屈膝,左脚收至右脚内侧,脚尖点地;右手向上向右划弧,掌心向内,经头前至身体右前方变成勾手,腕高与肩平,左手向下、向右划弧,经腹前至右肩前,掌心转向内;视线随右手移动,最后看勾手(图 11 - 55)。

图 11 - 54

图 11 - 55

图 11 - 56

(3) 上步：上体稍左转，左脚向左前方上步，脚跟落地；左手经面前向左划弧，掌心向内；眼看左手。

(4) 弓步推掌：上体继续左转，重心前移，左脚踏实，左腿屈弓，右腿自然蹬直，脚跟外展，成左弓步；左手经面前翻掌向前推出，腕与肩平，左臂与左腿上下相对；眼看左手(图 11－56)。

2. 练习要点

(1) 单鞭的弓步应略斜向左前方，不超过 30 度，两脚宽度约 10 厘米。前臂、前腿应方向一致。勾手时右臂不要过直，方向为斜后方约 45 度。弓步时后脚跟要向外蹬展，不可敞裆开胯。

(2) 身体左右转时，重心的移动一定要充分，两腿要虚实分明。

(3) 做勾手时，屈腕，五指第一指节捏拢，勾尖指向下方。

定势时，左手指尖与鼻尖前后相对，左肘与左膝上下相对。右臂向后撑开，两臂之间的夹角约 135 度。

3. 攻防含意

单鞭的用法是我方用右勾手刁住对方的手腕，再用左手出击，像一条钢鞭一样给对方有力打击。

(十) 云手

1. 动作说明

(1) 转体松勾：重心后移，上体右转，左脚尖内扣；左手向下向右划弧，经腹前至右肩前，掌心向内；右勾手松开变掌，掌心向外；眼看右手(图 11－57)。

(2) 左云收步：上体左转，重心左移，右脚向左脚收拢，脚前掌先着地，随之全脚踏实，两腿屈膝半蹲，两脚平行向前，相距约 10 厘米成小开立步；左手经头前向左划弧运转，掌心渐渐向外翻转，停于身体左侧，高与肩平；右手向下经腹前向左划弧，停于左肩前，掌心渐渐转向内；视线随左手运转(图 11－58)。

图 11－57

图 11－58

图 11－59

(3) 右云开步：上体右转，重心移向右腿，左脚向左横开一步，脚前掌先着地，随之全脚踏实，脚尖向前；右手经头前向右划弧运转，掌心逐渐由内转向外，停于身体右侧，高与肩平；左掌下落经腹前向右划弧，停于右肩前，掌心渐渐翻转向内；视线随右手运转(图 11－59)。

(4) 左云收步：同前(图 11－60)。

(5) 右云开步：同前(图 11－61)。

(6) 左云收步：同前(图 11－62)。

图 11-60

图 11-61

图 11-62

2. 练习要点

(1) 云手动作应做到以腰为轴，转腰带手，身手合一。不可像木偶一样，孤立摆动两手，没有转腰动作。

(2) 重心转移、腰的旋转和手的云转三者要同一方向，同时完成，配合协调。不可腰腿超前，上下脱节，形成身体扭动。

(3) 本式的步型为小开步。小开步的要求是两脚平行向前，相距 10～20 厘米。不要做成两脚尖外撇“八”字脚，或者两脚靠拢成并步。

(4)“云手”的步法是侧行步，做侧行步时要注意下述几点：

① “点起点落”“轻起轻落”的步法规律。在侧行中，随着身体重心的左右移动，两脚掌轮流踏实支撑，重心移动要充分，两腿虚实要分明，要能使左脚轻灵地提起向左迈出，右脚轻灵地向左脚靠近。

② 步幅要合度。侧行步的恰当步幅，是以一腿屈膝支撑着体重，另一腿自然伸直横迈一步的距离。

③ 上体不可俯仰歪斜或摆晃。

④ 身体不可起伏，应保持平稳、均匀地运动，保持拳架高度。

⑤ 眼神随划弧的上手移动时，要“视而不死”。手从面前经过时，眼神适当放松，不可死盯着手掌，像“照镜子”那样。

⑥ 云手手法是两手交错向左右划立圆，同时旋臂翻掌。手臂经过面前划圆时应半屈成弧，距头不可过近；向下划圆时，肘微屈，臂自然伸直。

3. 攻防含意

云手是防守动作，用前臂或手拨开对方的进攻。当对方用左、右手连续进攻，我则用云手连续破解对方。也可以用一手拨开对方，另一手插入对方腰间横拨助力。

(十一) 单鞭

动作说明：

(1) 转体勾手：上体右转，重心移向右腿，左脚跟提起；右手经头前向右划弧，至右前方时掌心翻转变勾手。左手向下经腹前向右划弧至右肩前，掌心转向内；眼看勾手(图 11-63)。

(2) 转体上步：上体稍左转，左脚向左前方上步，脚跟落地；左手经面前向左划弧，掌心向内；眼看左手。

（3）弓步推掌：上体继续左转，重心前移，左脚踏实，左腿屈弓，右腿自然蹬直，脚跟外展，成左弓步；右手经面前翻转向前推出，腕与肩平，左臂、左腿上下相对；眼看左手（图11－64）。

图 11－63

图 11－64

（十二）高探马

1. 动作说明

（1）跟步翻手：后脚向前收拢半步，脚前掌着地，距前脚约一脚长；右勾手松开，两手翻转向上，两臂前后平举，肘关节微屈；眼看左手（图11－65）。

（2）后坐卷肱：上体稍右转，重心后移，右脚踏实，右腿屈坐，左脚跟提起；右臂弯曲，右手卷收至头侧，手心向下；头随上体半面右转，目光平视（图11－66）。

图 11－65

图 11－66

图 11－67

（3）推掌：上体左转，右肩前送；左脚稍向前移，脚前掌着地，成左虚步；右手经头侧向前推出，高与头平，掌心向前。左臂屈收，左手收至腹前，掌心向上；眼看右手（图11－67）。

2. 练习要点

本式和“倒卷肱”比较，有下述差别：

（1）“倒卷肱”是顺步的虚步推掌，而本式则是拗步的虚步推掌，即前推的掌和前伸的虚腿在身体的异侧。故本式推掌后顺肩程度要小于“倒卷肱”，上体才较为宽敞自然。

（2）本式前推掌手指高与眼平，较之“倒卷肱”推掌要高。本式后手收至腹前，而“倒卷肱”为收至腰间。

3. 攻防含意

当对方右拳或右掌击来，我翻掌顺势向下、向后捋带，或用前臂外旋压住其腕；右手随之直击其面，又称扑面掌。

（十三）右蹬脚

1. 动作说明

（1）穿手上步：上体稍左转，左脚向后提收，再向左前方（约30度）上步，脚跟落地；右手稍向后收，左手经右手背上方向前穿出，两手交叉，腕关节相交，左掌心斜向上，右掌心斜向下；眼看左手（图11－68）。

(2) 分手弓腿：左脚踏实，重心前移，左腿屈弓，右腿自然蹬直；上体稍右转，两手向两侧划弧分开，掌心皆向外，眼看右手(图 11 - 69)。

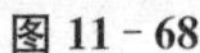

图 11 - 68　图 11 - 69　图 11 - 70　图 11 - 71

(3) 抱手收脚：右脚收至左脚内侧，脚尖点地；两手向腹前划弧相交合抱，举至胸前，右手在外，两掌心皆转向内；眼看右前方(图 11 - 70)。

图 11 - 72

(4) 分手蹬脚：两臂内旋，两手翻转分别向右前方和左后方划弧分开，两臂撑于两侧，肘关节微屈，腕与肩平，掌心皆向外；左腿支撑，右腿屈膝上提(图 11 - 71)，脚跟用力慢慢向前上方蹬出，脚尖上勾，膝关节伸直，右腿与右臂上下相对，方向为右前方约 30 度；眼看右手(图 11 - 72)。

2. 练习要点

(1) 本式手臂的动作较为复杂。在“穿掌—分手—合抱—撑开”的整个过程中，双手划弧的路线呈两个相交的立圆。

分手时两臂应始终保持微屈状态，两手经面前分开，交叉于腹前，合抱于胸前。上体始终保持正直，不可低头弯腰。合抱时两掌手心向内，右手在外，两肩松沉，两肘微坠，两臂抱圆。再度分手外撑时，两手划弧不要超过头部的高度，两肘保持微屈。两掌的翻转要在划弧的过程中逐渐完成，不要有突发的翻掌直推动作。

(2) 蹬脚前，首先使身体稳定，然后再提膝蹬脚。右腿提膝时，脚尖自然下垂，膝部高提。接做蹬脚时，一边勾屈脚尖，另一边伸蹬右腿，力点在脚跟。右腿要蹬直，右脚高于腰部。支撑身体的左腿微屈，保持平衡稳定，上体正直，下颏内收，头向上顶，两肩松沉，两臂平举。

(3) 练习中注意：穿掌与上步一致；弓腿与分手一致；收脚与抱手一致；蹬脚与分手撑臂一致。

3. 攻防含意

用手拨开对方进攻，抬腿起脚，用右脚蹬踹对方。

(十四) 双峰贯耳

1. 动作说明

(1) 屈膝并手：右小腿屈膝回收，脚尖自然下垂；左手经头侧向体前划弧，与右手并行落于右膝上方，掌心皆翻转向上；眼看前方(图 11 - 73)。

(2) 上步收手：右脚下落向右前方上步，脚跟着地，脚尖斜向右前约 30 度；两手收至两腰侧，掌心向上(图 11－74)。

(3) 弓步贯拳：重心前移，右脚踏实，右腿屈弓，左腿自然蹬直，成右弓步；两手握拳从两侧向上、向前划弧摆至头前，两臂半屈成钳形，两拳相对，同头宽，两臂内旋，拳眼斜向下；眼看前方(图 11－75)。

图 11－73

图 11－74

图 11－75

2. 攻防含意

两拳自腰间同时向前上方划弧摆打，横击对方额角(太阳穴)。

(十五) 转身左蹬脚

1. 动作说明

(1) 转体分手：重心后移，左腿屈坐，上体左转，右脚尖内扣；两拳松开，左手随转体经头前向左划弧，两手平举于身体两侧，掌心向外；眼看左手(图 11－76)。

(2) 收脚抱手：重心右移，右脚屈膝后坐，左脚收至右脚内侧，脚尖点地(图 11－77)；两手向下划弧，于腹前交叉合抱，举至胸前，左手在外，两手心皆向内；眼看前方(图 11－78)。

图 11－76

图 11－77

图 11－78

(3) 分手蹬脚：两手向左前方和右后方划弧分开，撑举于身体两侧，掌心皆向外，肘关节微屈；左腿屈膝高提(图 11－79)，左脚脚跟着力，脚尖上勾，向左前方慢慢蹬出，左腿蹬直与左臂上下相对；眼看左手(图 11－80)。

2. 练习要点

(1) 本式与上式右蹬脚的方向要对称，与中轴线保持约 30 度的斜向。

(2) 转身时，应充分坐腿扣脚，上体保持正直，不可低头弯腰。

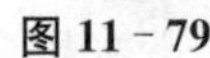

图 11-79

图 11-80

3. 攻防含意

转身拨开对方的进攻，随即用左脚蹬踹对方。

(十六) 左下势独立

1. 动作说明

(1) 收脚勾手：左腿屈收，左脚下垂收于右小腿内侧；上体右转；右臂稍内合，右手捏拢变勾手，左手经头前划弧摆至右肩前，掌心向右；眼看勾手(图 11-81)。

(2) 屈蹲开步：右腿屈膝半蹲，左脚脚前掌落地，沿地面向左侧伸出，随即全脚踏实，左腿伸直；左手落于右肋前；眼看勾手。

(3) 仆步穿掌：右腿屈膝全蹲，上体左转成仆步；左手经腹前沿左腿内侧向左穿出，掌心向前，指尖向左；眼看左手(图 11-82)。

图 11-81

图 11-82

图 11-83

(4) 弓腿起身：重心移向左腿，左脚尖外撇，左腿屈膝前弓，右脚尖内扣，右腿自然蹬直，重心恢复至弓步高度；左手继续前穿并向上挑起，右勾手内旋，背于身后，勾尖朝上；眼看左手(图 11-83)。

(5) 独立挑掌：上体左转，重心前移，右腿屈膝前提，脚尖向下，左腿微屈独立支撑，成左独立步；左手下落按于左胯旁，右勾手下落变掌，经体侧向体前挑起，掌心向左，指尖向上，高与眼平，右臂半屈成弧，肘关节与右膝相对；眼看右手(图 11-84)。

图 11-84

2. 动作要点

(1) 收脚勾手动作先把蹬出的左小腿收回，左腿下落，左脚自然下垂在右小腿内侧(不着地)。向右转身，视线随左手右移，转身看右勾手。勾手的方向是侧后方约 45 度。

屈蹲开步动作时右腿屈膝下蹲，左脚从右脚内侧沿地面向左伸出，全脚掌逐渐踏实。注意此时眼仍看右勾手。

仆步穿掌动作时右腿充分下蹲，左掌转成手心向前，顺着左腿内侧向左穿出。穿掌时肩部放松，上体微向前倾斜约 30 度，以助其势。

(2) 独立步时重心升高,仆步时重心降低,其他姿势应保持屈膝半蹲状态。

(3) 由仆步转换独立步时,一定要充分做好两脚的外撇和内扣。

(4) 定势时,右臂要舒展撑圆,不要屈折;左手要向下沉按,臂微屈,不可软缩。

(5) 仆步规格是一腿全蹲,另一腿侧伸铺直;两脚平行或略外展,全脚掌着地;屈蹲腿膝关节与脚尖方向一致;两脚前后宽度以仆出脚脚尖和屈蹲脚脚跟同处中轴线位置为宜。

(6) 独立步的规格是支撑身体的腿微屈站稳,另一腿屈膝上提,小腿内收,脚尖下垂。头颈微微上顶,上体正直伸拔。眼平视力前方,精神贯注。

3. 攻防含意

下势(仆步穿掌):对方左手打来,我方用右勾手刁住其腕,随之蹲身下势,左腿、左掌插入对方裆下将对方掀起。

独立挑掌:对方左手击出来,我方用右掌向上挑开对方,随即右腿屈提,用膝关节向前顶撞对方。

(十七) 右下势独立

1. 动作说明

(1) 落脚勾手:右脚落于左脚前约一脚距离,脚前掌着地;上体左转,左脚以脚掌为轴脚跟向内扭转;左手变勾手向上提举于身体左侧,高于肩平,右手经头前划弧摆至左肩前,掌心向左;眼看勾手(图 11-85)。

(2) 屈蹲开步:左腿屈膝半蹲,右脚提收至左小腿内侧,然后以脚前掌落地,沿地面向右伸出,随之右腿伸直,右脚全脚踏实;右手落向左肋前;眼看勾手。

(3) 穿掌:左腿屈膝全蹲,上体右转成右仆步;右手经腹前沿右腿内侧向右穿出,掌心向前,指尖向右;眼看右手(图 11-86)。

(4) 弓腿起身:重心移向右腿,右脚间外撇,右腿屈膝前弓,左脚尖内扣,左腿自然蹬直,重心恢复至弓步高度;右手继续前穿并向上挑起,左勾手内旋,背于身后,勾尖向上;眼看右手(图 11-87)。

图 11-85

图 11-86

图 11-87

图 11-88

(5) 独立挑掌:上体右转,重心前移,左腿屈膝前提,脚尖向下,右腿微屈独立支撑,成右独立步;右手下落按于右胯旁,左勾手变掌,经体侧向体前挑起,掌心向右,指尖向上,高与眼平,左臂半屈成弧,肘关节与左膝相对;眼看左手(图 11-88)。

2. 练习要点

(1) 右脚前掌应落在左脚右前方约 20 厘米处,这样,当左脚跟内转之后,右脚的位置恰在左脚弓内侧。向左转身的过程中始终在左腿上。

(2) 本式第二动作应先把右脚提起后再伸出,不要不提脚直接擦地伸出。

(3) 其余皆同“左下势独立”,但左右相反。

(十八) 左右穿梭

1. 动作说明

(1) 左穿梭。

① 落脚抱手：左脚向左前方落步,脚跟着地,脚尖外撇,随之全脚踏实,上体左转;左手翻转向下,右手翻转向上,两手在左肋前上下相抱,如抱球的姿势;眼看左手(图 11－89)。

② 上步错手：上体右转,右脚向右前方约 30 度上步,脚跟着地;右手向前上方划弧,两手交错;眼看右手。

③ 弓步架推：上体继续右转,重心前移,右脚踏实,右腿屈膝前弓,成右弓步;右手翻转上举,架于右额角前上方,掌心斜向上,左手经肋前推至体前,高与鼻平;眼看左手(图 11－90)。

图 11－89

图 11－90

图 11－91

图 11－92

(2) 右穿梭。

① 转体撇脚：重心稍后移,右脚尖外撇,上体右转;右手下落于头前,左手稍向左划弧外展,准备抱球;眼看前方(图 11－91)。

② 抱手收脚：上体右转,两手在右肋前上下相抱,如同抱球的姿势;左脚收至右脚内侧,脚尖点地;眼看右手。

③ 上步错手：上体左转,左脚向左前方上步,脚跟着地;左手由下向前上方划弧,右手由上向后下方划弧,两手交错;眼看左手。

④ 弓步架推：上体继续左转,重心前移,左脚踏实,左腿屈膝前弓,成左弓步;左手翻转上举,架于左额角前上方,右手经肋前,高与鼻平;眼看右手(图 11－92)。

2. 练习要点

(1) 左右穿梭是拗弓步推掌,切忌弓步过窄和手脚方向不一致。本式定势的方向为左、右斜前方,与中轴线成 30 度,弓步两脚宽度约 30 厘米。要保持上体松正,不可歪扭。架掌时不可耸肩翻肘。

(2) 本式的手法是一手上架,一手前推。上架手翻掌向上举撑于额前上方,另一手要先收到肋前或腰间蓄劲,再向前推出。有些人不是先收手再前推,而是半途推出,或侧绕互形前推。路线不对,劲力当然不会顺遂。

(3) 由“右穿梭”接做“左穿梭”时,要注意右脚尖不要外撇过大。

3. 攻防含意

对方右手打来,我伸右手向上挑架,同时左手向前推击。左穿梭用意相同,唯左右相反。

（十九）海底针

1. 动作说明

（1）跟步提手：右脚向前收拢半步，脚前掌落地，距前脚约一脚长，随之重心后移，右脚踏实，右腿屈坐，上体右转，左脚跟离地；右手下落经体侧屈臂抽提至耳侧，掌心向左，指尖向前，左手经体前向下划弧至腹前，掌心向下，指尖斜向右前方；眼看前方（图 11－93）。

图 11－93

图 11－94

（2）虚步插掌：上体左转向前俯身，左脚稍前移，脚前掌着地成左虚步；右手从耳侧向前下方斜插，掌心向左，指尖斜向前下方，左手经左膝前划弧搂过，按至左大腿侧；眼看右掌（图 11－94）。

2. 练习要点

（1）海底针式上体要舒展伸拔，不可因为稍有前俯就弯腰驼背，耸肩缩脖。上体前倾不宜超过 45 度。

（2）两手的动作路线，是右手随转体在体侧划一个立圆；左手随转体下落，经体前划平弧按于左胯旁。在右手插掌时，要转腰顺肩，手向前下方直插，四指并拢，意在指尖，不要成前“劈”或下“砍”。

（3）身体后坐右转的同时右手向上抽提；在上体左转时，右手向前下方斜插。

3. 攻防含意

对方右手打来，我方用左手搂开对方，右手直插对方裆部，用指尖戳击对方。

（二十）闪通臂

图 11－95

图 11－96

1. 动作说明

（1）提手收脚：上体右转，恢复正直；右手提至胸前，指尖朝前，掌心向左，左手屈臂收举，指尖贴近右腕内侧；左脚收至右脚内侧；眼看前方（图 11－95）。

（2）弓步推掌：左脚向前上步，脚跟着地，左脚踏实，左腿屈弓，右脚自然蹬直，成左弓步；左手推至体前，掌心向前，指尖与鼻尖对齐，右手撑于头侧上方，掌心斜向上，两手分展；眼看左手（图 11－96）。

2. 练习要点

（1）闪通臂是顺弓步推掌。步子不可过宽。前手、前腿要上下相对。上体不可过分扭胯侧身，做成侧弓步。

（2）本式两手先上提后分开。左手经腹前向前推出，肘部保持微屈，不要伸直，右手上撑并微向后引拉。“穿梭”是拗弓步，上举的手是托架在额前上方。而“闪通臂”是顺弓步，撑举的手向后引拉，故应举于头侧上方。

3. 攻防含意

我方用右手捋其右腕后带，左手推击对方肩或肋部。名称中的“闪”形容快如闪电，两手同时推撑，快速突然。“通臂”或“通背”是指劲力通达于两臂或背部、腰、臂同时发力，全身形成一个整体，将劲力集中施加于对方。

（二十一）转身搬拦捶

1. 动作说明

（1）转身扣脚：重心后移，右腿屈坐，左脚尖内扣，身体右转；两手向右侧摆动，右手摆至体右侧，左手摆至头左侧，掌心均向外；眼看右手（图 11－97）。

（2）坐腿握拳：重心左移，左腿屈坐，右腿自然伸直，右脚跟随之内转；右手握拳下落，经腹前向左划弧，停于左肋前，拳心朝下，左手撑举于左额前；眼向前平视（图 11－98）。

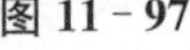

图 11－97

图 11－98

图 11－99

（3）垫步搬拳：右脚提收至左脚踝关节内侧，再向前垫步迈出，脚跟着地，脚尖外撇；右拳经胸前向前搬压，拳心向上，高与胸平，肘部微屈，左手经右前臂外侧下落，按于左胯旁；眼看右拳（图 11－99）。

图 11－100

图 11－101

（4）转体收拳：上体右转，重心前移，左脚跟提起；右拳向右划弧至体侧，拳心转向下，右臂半屈，左臂外旋，左手经左侧向体前划弧，掌心斜向上；眼平视前方（图 11－100）。

（5）上步拦掌：左脚向前上步，脚跟着地；左掌拦至体前，高与肩平，掌心向右，指尖斜向上，右拳翻转收至右腰间，拳心向上；眼看左掌。

（6）弓步打拳：上体左转，重心前移，左腿屈弓，左脚踏实，右腿自然蹬直，成左弓步；右拳向前打出，与胸同高，肘微屈，拳眼转向上，左手微收，掌指附于右前臂内侧，掌心向右；眼看右拳（图 11－101）。

2. 练习要点

（1）搬拦捶的转身动作要做到虚实清楚、转换轻灵、重心平稳。切忌转身时后腿不屈坐，挺膝挺髋，重心升高，上体歪扭等。

（2）“垫步搬拳”时应注意：

① 右脚收至左脚内侧不点地，随即垫步迈出。

② 右脚迈出时脚尖外撇。

③ 垫步时勿抬脚过高，不要做成踩脚下落。

④ 落地时脚跟先着地，随即踏实，不要停顿。

⑤ 右脚跟落点应大体与左脚掌相对。

⑥ 搬拳时力点在拳背，右臂微屈。

(3) 拦掌和收拳要同时协调动作，尤应注意腰部和前臂的旋转。初学者常犯的毛病有：拦掌、收拳时前臂内旋、外旋不明显；收拳时划弧过大，造成扬肘耸肩。

(4) 本式虽是左弓步打右拳，但由于左手附于右前臂内侧，所以不能过于顺肩。

3. 攻防含意

(1) 搬拳：拳由内向外格挡防守。做法是前臂翻摆，拳由内向外格挡，或由上向下搬压。力点在拳背或前臂外侧。

(2) 拦掌：掌向前阻拦防守。做法是掌经体侧划弧向前伸出，由外向内翻掌拦截。力点在掌指。

(3) 打(冲)拳：拳由腰间旋转向前冲打，由拳心向上转为拳眼向上。力点在拳面。

(4) 对方左手打来，我方用右搬拳格挡拦截，并旋臂右带；对方右手打来，我方复以左拦掌拦阻，以左手向右推开对方手臂，截断对方攻势；随即用右拳冲击对方。

(二十二) 如封似闭

1. 动作说明

(1) 穿手翻掌：左手翻转向上，经右臂下面向前穿出，右拳随之变掌，也翻转向上，两手交叉举于体前；眼看前方(图 11-102)。

(2) 后坐收掌：重心后移，右腿屈坐，左脚尖翘起；两臂屈收后引，两手分开收至胸前，与胸同宽，掌心翻转，斜向前下方；眼看前方(图 11-103)。

图 11-102

图 11-103

图 11-104

(3) 弓步按掌：重心前移，左腿屈弓，左脚踏实，右腿自然蹬直，成左弓步；两掌经胸前弧线向前推出，高与肩平，宽与肩同，掌心向前，指尖向上；眼看前方(图 11-104)。

2. 练习要点

(1) 后坐收掌时，重心充分后移，右腿屈膝缩髋，两臂屈收内旋，两手边收边分边翻转。不可卷肱扬手、两肘夹肋，不可抬肘耸肩。

(2) 按掌时两掌平行向前，沿后收弧线前推，不可做成合手或挑掌。

(3) 本式步法与“揽雀尾”的按式相同。

3. 攻防含意

对方双手推来，我方两手交叉插入其两臂之间，顺势引进，同时旋臂分手化解对方攻势，使其落空。当对方欲抽退摆脱时，我方随即双手前按，乘势追击。

(二十三) 十字手

1. 动作说明

(1) 转体扣脚：上体右转，重心右移，右腿屈坐，左脚尖内扣；右手向右摆至头前，两手心皆向外；眼看右手(图 11-105)。

(2) 弓腿分手：上体继续右转，右脚尖外撇，右腿屈膝侧弓，左腿自然伸直；右手继续右摆划弧至身体右侧，两臂侧平举，手心皆向外；头随手右转，眼看右手。

(3) 交叉搭手：上体左转，重心左移，左腿屈膝侧弓，右腿自然蹬直，脚尖内扣；两手划弧下落，经腹前交叉上举，成斜十字形，右手在外，手心皆翻转向内；眼平视前方(图 11-106)。

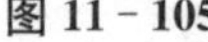
图 11-105

图 11-106

图 11-107

(4) 收脚合抱：上体转向起势方向；右脚提起收拢半步，脚前掌先落地，随之全脚踏实，两腿逐渐直立，身体重量平均置于两腿，两脚平行向前，与肩同宽，成开立步；两手交叉举报于胸前，两臂撑圆，两腕交搭成斜十字形，高与肩平；眼平视前方(图 11-107)。

2. 练习要点

(1) 转体扣脚与弓腿分手两动要连贯衔接，不可中途停顿，关键在于转腰与右腿侧弓一气呵成，连贯不断。

(2) 两手由两侧划弧下落时不可弯腰低头，好像从地上抱起东西似的。收脚时，上体也不可歪斜摇晃。

(3) 两手举抱胸前时臂要撑圆，不可抱得太紧。

(4) 左脚尖内扣应转向起势方向，以保证开立步两脚平行向前。

3. 攻防含意

双手合抱胸前，既是封闭防守，又是伺机而发，以应付对手的进攻。

(二十四) 收势

1. 动作说明

(1) 翻掌分手：两臂内旋，两手翻转分开，平举于身前，与肩同宽，掌心向下；眼平视前方(图 11-108)。

(2) 垂臂落手：两臂徐徐下垂，两手落于大腿外侧；目光平视(图 11-109)。

(3) 并脚还原：左脚轻轻收回，与右脚并拢，恢复成预备姿势(图 11-110)。

图 11－108

图 11－109

图 11－110

2. 练习要点

(1) 翻掌分手时，腕关节不要屈折挽花。

(2) 垂臂落手不要做成屈臂下按。

(3) 收势要轻匀沉稳，呼吸自然。不要加快速度匆匆还原，也不要匆忙走动。

3. 整体练习要点

健身气功

(1) 打太极拳要求心静体松。

(2) 太极拳要求下肢屈腿落胯，行步轻灵沉稳。

(3) 太极拳动作如行云流水，绵绵不断。

(4) 太极拳在均匀中要表现虚实、刚柔变化。

(5) 太极拳要求“气以直养而无害”，呼吸深长细匀，自然平稳。

第二节　散　　打

一、散打的起源与发展

散打以前称为散手，是中华武术的精华，是具有独特风格的体育项目，多年来在民间流传发展并深受人民喜爱。散打的起源与发展，是和中华民族悠久历史同步的。它从先辈的生产劳动、生存斗争中产生，又服务于此，演化至今成为中华民族灿烂文化遗产中的瑰宝。原始社会人类为了猎取食物，长期与野兽搏斗并学会了与野兽搏斗所使用的不同方法，古称相搏、手搏、卞、弁、白打等。

现代的散打是按照国家体育总局武术运动管理中心制定的规则，运用武术中的踢、打、摔和防守等方法，进行徒手对抗的现代体育竞技项目，它是中国武术的重要组成部分。中国武术有两种表现形式，另一种是套路演练形式，一种是格斗对抗形式。散打就是格斗对抗形式的一种。

二、散打的锻炼价值

(一) 健体防身

散打是练习双方以互相对抗为运动形式，进行斗智、较技的激烈的对抗性武术项目。通过学习和练习散打，能够发展人的力量、耐力、柔韧、灵敏等素质以及发展人的心智，使人的身心得到全面锻炼。长期坚持散打练习,可强筋骨、壮体魄。

（二）培养品质

散打练习从开始的基本动作、基本技术到全面实战练习的整个过程,每个阶段和每个层次都对人的意志品质具有不同程度的考验和锻炼。

通过长期的散打练习,可以培养练习者勇敢、顽强、坚毅、不怕苦、不怕累、敢于拼搏的精神。

（三）竞技观赏

武术散打比赛激烈精彩,具有较高观赏性。历史上设擂比武、比武招亲等吸引了众多的观众,一直延续至今。

散打比赛中运动员娴熟的技艺、精彩的摔法以及比赛中表现出来的机警、巧劲、勇于拼搏的精神等,都给观者以感官和精神上的享受,而其中所反映出的深厚的中华民族传统文化底蕴,如自强不息的民族精神等,都给观者以美的享受。

（四）增进友谊

通过散打练习,教师的言传身教,学生的互相喂招、模拟练习以及练习中的互帮互助、相互交流等都能增加彼此的尊重和友谊。随着世界散打王争霸赛、世界杯武术散打赛等国际赛事的顺利开展,武术散打正逐渐向国际化发展。

三、散打比赛场地与必需装备

比赛场地为高 80 厘米,长 800 厘米,宽 800 厘米的木结构的台,台面上铺有软垫,软垫上有帆布盖单,台中心画有直径 120 厘米的国际武联的会徽。台面边缘有 5 厘米宽的红色边线,台面四边向内 90 厘米处画有 10 厘米宽的黄色警戒线。台下四周铺有高 30 厘米、宽 200 厘米的保护软垫。

运动员装备:两名运动员必须穿戴赛会规定的统一比赛服装参赛,双方运动员在比赛时要戴一些比赛防护用具,包括拳套、护肘、护胸、护裆、护齿等,拳套的颜色是红色或蓝色,必须经裁判检查符合竞赛规则方能使用。

四、散打基本技术

（一）散打的礼节

敬礼的标准姿势应为抱拳礼。即两腿并立,左掌右拳于胸前相抱,高于胸部,手与胸之间距离为 20～30 厘米(图 11 - 111)。

图 11 - 111

（二）实战姿势

实战姿势就是散打练习前或比赛前所做出的准备动作,这种准备动作犹如一个屏障,不仅可以有效地保护自己还可以为进攻创造有利条件。保护自己是通过将自身的薄弱环节隐蔽或置于有效的防守条件下,攻击对方是通过实战姿势的调整来选择最佳进攻的角度。

动作要领:侧身,两脚前后自然开立,为了便于学习可在地上画一大十字。以右架为例,左脚落在十字两线交点向左下角引出的一条 45 度的连线上,前脚掌着地,脚尖内扣约 45 度;右脚在后,距左脚略比肩宽的距离,前脚掌着地,脚尖指向前方，两膝稍弯曲，两脚前后不能站在一条直线上，左右相距10～15厘米。重心放在两腿中间。两手握拳，屈肘置于胸前，左臂在前，右手在后，左手臂弯曲角度为90～110度，肘尖下垂，左拳心朝斜下方，高与下颌平，右手臂屈肘角度一般应小于90度，右掌心朝内放在右下颌处。用以保护头部，肘尖自然下垂以保护肋部。上体微微含胸，收腹，张背，头部略低，下颌微收，目视对方上体，全身自然放松，呈弹性状态（图11－112）。

①

②

图11－112

练习方法：

（1）做好实战姿势，对着镜子自检或在同伴的帮助下规范动作。

（2）结合步法进行练习。

（3）与防守技术结合练习来检验防守的能力。

提示：实战姿势是实战时的预备姿势，因此，要求进攻灵活，防守严密，移动方便。姿势不要太低，重心控制在两脚之间；两手紧护躯体，暴露给对手打击的有效部位尽量缩小。

（三）步法

步法是散打格斗中身体向前后左右移动的方法。灵活而敏捷的步法，不仅是调节重心维持身体平衡的关键，也是进攻和防守占据有利位置、发挥最优攻势的基础，还是提高实战能力的重要环节。

1. 滑步

滑步是步法技术中最主要的技术之一，在实战中滑步的作用不仅可以用于调整与对手之间的距离，还可以通过滑步来实现躲闪和防守对方的进攻动作。滑步可分为前滑步、后滑步、左滑步和右滑步四种。

动作要领：

实战姿势站立，向哪一侧滑动时哪一侧的脚先动，随之另一侧脚快速跟上；滑动的距离与跟步的距离要相等，膝关节始终保持微屈，以脚前掌抓地，踝关节保持放松状态；移动要平稳快速，预兆要小，启动要突然，手型、步型、身型保持不变（图11－113）。

图11－113

2. 单跳步

一腿提起，另一腿支撑身体重心，向前跳动称为单跳步，动作完成后成实战姿势站立（图 11－114）。

图 11－114

图 11－115

3. 插步

动作要领：

右脚经左脚后向前上步，脚跟离地，两腿略成交叉状，随即左脚向前上步，还原成实战姿势。后脚向左横移一步，脚跟离地，两脚略呈交叉（图 11－115）。

提示：

插步时身体不要转动，左侧面仍与对手相对；插步要及时，不要成预备势。

4. 换步

动作要领：

左脚与右脚同时蹬地并前后交换，同时两拳也前后变换成反架姿势。

提示：

换步时要平移，转换时要以髋关节带动两腿，避免双腿向上腾空过高（图 11－116）。

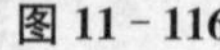

图 11－116

图 11－117

（四）拳法

拳法技术在散打运动中常用的有直、摆、勾、鞭拳等四种。在实战中具有速度快和灵活多变的特点，它能以最短的距离，最快的速度击中对手。

1. 直拳

动作要领：

以左直拳为例，左势站立，右脚微蹬地，身体重心稍向左脚移动，同时转腰送肩，左拳直线向前击出，力达拳面，右拳自然收回颌前(图 11－117)。右直拳反之。

实战范例：

(1) 当对手用左摆拳攻击我头部时，右手向外格架防守，同时以左直拳反击其头部。

(2) 左右直拳抢攻对方头部。

(3) 当对方侧弹腿进攻时，左手外挂防守，同时右直拳反击对方头部。

练习方法：

(1) 原地练习法：牢记动作要领，体会分解动作，重点体会腰的转动。体会直拳的技术要领，重点掌握拧腰转跨、送肩、发力这一串动作间的协调配合，体会“力点”，要求动作由慢到快、放松、协调、富有弹性。

(2) 行进间练习法：将活动步法与直拳有机结合为一个整体进行练习。如前(后)滑步—左右直拳，也可左直拳—右直拳的基本拳法的组合练习。注意体会蹬地—拧腰转跨—旋拳发力的协调用力。

(3)(原地、行进间)打手靶练习(图 11－118)。

图 11－118

左直拳时，上体不可前倾，腰略向右转。

拳面领先，上臂催前臂，臂微内旋，肘微屈。

快出快收，切勿停顿，迅速还原成预备势。

右直拳的发力顺序是起于右脚，传送到腰、肩、肘，最后达于拳面。

上体向左转动(头不转)，以加大冲拳力量。

还原时以腰带肘，主动回收。

提示：

冲拳时，上体不可前倾，并充分体会蹬地、转腰、急旋臂的发力过程。快出，快收，迅速还原成实战姿势。

2. 摆拳

动作要领：

图 11－119

以左摆拳为例，实战姿势站立后，后脚蹬地，向右转体，以腰带臂，身体重心移向左脚，左脚跟微外转，并辗转脚掌，左肘关节弯曲 110～120 度，前手臂抬肘与肩平，使拳由左向右弧线向前击打，右手护住下颌，完成出拳动作后恢复基本姿势(图 11－119)。右摆拳反之。

实战范例：

(1) 双方对峙时，以直拳假动作虚晃，待对手举臂防守时，迅速以右摆拳抢攻对方头部。

(2) 当对方右蹬腿攻击我中盘时，左手里挂防守，随即用右摆拳反击对方头部。

练习方法：

(1) 严格按照动作要领分步练习。特别注意：前臂前移，外摆放于左眼外45度处，略高于眼，不可太低。

(2) 重点掌握身体内旋，带动前臂以肘关节为弧发力。

(3) 体会蹬地、转腰、划弧、掀肘、横惯、发力整体动作间的协调配合，以及动作的还原。

(4) 结合有关步法进行练习。

(5) 原地、行进间打手靶练习(图11-120)。

(6) 结合直拳进行拳法组合练习，如左直拳—右直拳—左摆拳。

提示：

摆拳击打前臂不可后拉，重心落脚，但上体不可过于前倾；要边击拳边抬肘，手腕摆动至身体中轴线处，不要超过中轴线过大；要含胸收腹，不可低头。

图11-120

图11-121

3. 勾拳

动作要领：

以左上勾拳为例，实战姿势站立后，身体重心移向前脚，上体稍向左转，重心略下沉，左拳微下落，随即左脚蹬地，上体右转，左手拳借挺腰的力量由下向上勾击，同时前臂外旋，使拳心向内，力达拳面，大小臂夹角90～110度，右拳自然回收于下颌前，目视左拳。击打后，身体左转，动作复原(图11-121)。右上勾拳反之。

实战范例：

(1) 双方对峙时，以假动作虚晃，忽然上部靠进对方用上勾拳击其下颌。

(2) 当对手上步欲抱腿施摔时，迅速后退并用左勾拳反击其头部。

练习方法：

(1) 严格按照动作要领，体会分解动作。

(2) 重心略下沉，是为了更好地利用前脚蹬地拧转的反作用力，加大勾拳力量。动作要连贯、顺达，用力要由下至上。

(3) 勾拳发力时，腰向右侧转动，发力短促。

(4) 右勾拳要借助右脚蹬地、扣膝、合胯、转腰的力量，发力由下至上，协调顺达。

(5) 结合有关步法进行练习。

(6) 原地、行进间打手靶练习(图11-122)。

(7) 结合直拳、摆拳进行拳法组合练习，如左直拳—右摆拳—左勾拳。

用法：

勾拳属上下进攻型动作，由于击打距离短，适用于近距离实战，双方接触时，正面攻击对手的胸、腹或下额。

提示：

勾拳时，手臂先微内旋再外旋，螺旋形运行。动作不宜过大，要有控制，发力要短促有力。

图 11 - 122

图 11 - 123

4. 鞭拳

动作要领：

以右鞭拳为例，实战姿势站立后，以左脚前脚掌为轴，身体向后转 180 度，右脚经左腿后叉步，身体继续右后转，同时以腰带动右臂向右侧横向鞭击，力达拳背，左拳自然收于额前。动作还原(图 11 - 123)。

实战范例：

(1) 双方对峙时，以左直拳假装进攻，随即突然用右鞭拳抢攻其头部。

(2) 对手用左侧弹腿攻我中盘时，左手里挂防守同时以右鞭拳反攻其头部。

练习方法：

(1) 严格按照动作要领，体会各分解动作。

(2) 可专做转体练习，待熟练后再做完整练习。

(3) 结合有关步法进行练习。

(4) 原地、行进间打手靶练习。

(5) 结合直拳进行拳法组合练习，如左直拳—右鞭拳。

提示：

鞭拳是横向型进攻动作之一，并能借助于转体的惯性，动作幅度大，运动路线长，力度较大。用于退守反击时，动作隐蔽、突然。

(五) 拳法组合

散打进攻方法的组合，千变万化，既有两三个方法的组合，也有五六个方法的组合，但组合不是盲目的，而是根据其动作转换的合理性和在实战中的可行性组织编排的。组合要求：

(1) 上下结合。动作应有上有下，手脚并用，或用摔法接踢、打，或用踢、打接摔法。同一方法亦应上下运用，尽量扩大攻击面，分散对手的注意力，使其顾此失彼。

(2) 左右结合。动作忽左忽右,左右连击。如左直拳进攻对手头部左侧,紧接右横踢腿击其右侧肋部。

(3) 横直结合。进攻路线纵横交错,逼迫对手无所适从。中垫步左踹腿直线攻击对手腹部继而右手摆拳击其头部。

(4) 真假结合。动作真真假假,假中有真,以假乱真,在战术上是指上打下,声东击西;在招法上则是虚实的运用,虚者为假,实者为真;在力度上虚则轻而灵活,实则重而猛狠,使对手防不胜防。

(六) 肘法

1. 上挑肘

动作要领:

在近距离格斗中,可运用上挑肘猛击对手胸部及下颏,以重创对手。实战姿势站立后,左腿蹬地,上体左转,带动右肘尖由下向上挑击,力达右肘尖,再还原成格斗势(图 11-124)。

练习方法:

(1) 将左右上挑肘进行反复空击练习。可先定步练习,熟练后再与各种步法结合起来进行训练。

(2) 用上挑肘技术进行打沙袋及固定靶练习。

(3) 用上挑肘技术配合各种步法进行击打活动拳靶、脚靶练习。

提示:

蹬地、转体拧腰带动肘发力,动作短促、凶狠。

图 11-124

图 11-125

2. 摆肘

在近战时可重创对手的头部,亦可用于摆脱对手的扭抱纠缠。以右摆肘为例,实战姿势站立后,左腿蹬地,脚跟外展,使上体左转。同时将右肘抬平,由右向左摆击,力达肘尖(图 11-125)。左摆肘反之。

练习方法:

(1) 用摆肘技术进行反复空击练习。可先定步练习,熟练后再与各种步法结合起来进行训练。

(2) 用摆肘技术进行打沙袋及固定靶练习。

(3) 用摆肘技术配合各种步法进行击打活动拳靶、脚靶练习。

(4) 两人进行近距离的攻击及格挡训练,以逐渐适应实战。

提示:屈肘划弧横向扫摆,快速有力,肩从合到开,拧腰转体发力,力达肘尖。

(七) 膝法

膝法用于攻击对方腹、左右肋、胸和头面部,适用于近距离的格斗,具有很大的攻击力,尤其是在实战中破对方的搂抱腿及对方下蹲主动抱摔最为有效。下面以顶膝为例进行介绍。

动作要领：

用于撞击对方的头面部、胸裆或腹部。膝盖上提，脚尖朝下，顶膝并送髋；身体重心后移，拧腰发力，由大腿带动，力达膝盖(图 11－126)。练习时可以左右膝交替进行。

实战范例：

双方近战缠抱时，使用顶膝攻击对方腹部。

练习方法：

(1) 原地反复进行膝部上顶练习。

(2) 用顶膝技术进行反复攻击重沙袋练习。

(3) 用顶膝配合步法进行反复击打活动靶练习，以训练对距离、时机的掌握。

提示：

提膝前顶快而有力，爆发力强，具有穿透力。

图 11－126

图 11－127

(八) 腿法

腿法内容丰富，分屈伸性、直摆性、扫转性三大部分。格斗中腿法灵活机动，变化多端，攻击距离远，力度大，还具有隐蔽性、突出性的特点。在运用腿法攻击时，要求做到快速有力，击点准确。

1. 正蹬腿

动作要领：

以右正蹬腿为例，按实战姿势站立，左腿直立或稍屈，右腿提膝上顶，勾脚，当膝略高于髋时，以脚领先，大腿推小腿，向前蹬出，力达脚跟，亦可送髋，脚掌下压，力达脚前掌，小腿回收，动作还原。左蹬腿相反(图 11－127)。

实战范例：

(1) 双方对峙时，以拳法佯攻对方上体，继而突然以正蹬腿攻击对方躯干。

(2) 当对方运用鞭腿攻击时，突然用右正蹬腿抢先攻击对方上盘。

练习方法：

(1) 严格按照动作要领，进行左、右正蹬腿空击练习，由慢到快，体会各分解动作。同时可绑上沙绑腿进行，以增加难度来增长腿部肌肉力量并提高速度。

(2) 发力时，脚腕要紧张，不要松动，支撑腿要有强大的后坐力，重心顺势前移。练习时可蹬击固定物(蹬墙壁、树干、沙包等)反复练习。做到发力和着力点明确、准确，以此体会发力。

(3) 用左右蹬腿击打沙袋及脚靶，击打沙袋可增加腿部的攻击力，而击打固定及活动脚靶可加速对实战的体会及对时间、角度、距离的判断。

(4) 结合有关拳法、步法进行组合动作的练习，如左直拳—左蹬腿—右直拳。

提示：

屈膝高抬，爆发用力，快速连贯。当击中对方时，脚踝发力，前脚掌下压，这样击后容易将对方蹬开或使其倒地。

2. 鞭腿

动作要领：

以左鞭腿为例，按实战姿势站立，重心后移，右腿直立或稍屈，上体稍向右侧倾，同时左腿朝正前方屈膝提起，膝关节夹紧，小腿接近水平，以前脚掌为轴，脚跟外旋，由转体动作带动大小腿，横向由外向上、向前弧线形摆踢，力达脚背，目视击出脚。击打目标的瞬间，支撑脚以前脚掌为轴转体，脚尖横向斜后方，同时小腿、大腿、上体基本成直线(图11-128)。动作完成后，收势还原。右鞭腿反之。注意上体不要倾斜过大，弹踢的瞬间同侧手置于大腿外侧，异侧手置于下颌处防守。

图 11-128

实战范例：

(1) 双方对峙时，以左鞭腿佯攻对方下盘，随即右鞭腿实击对方上盘。

(2) 对方使用左鞭腿攻击我大腿或小腿时，向后滑步躲闪对方攻击，同时以右鞭腿反击对方。

练习方法：

(1) 左、右鞭腿分低、中、高位，进行反复空击练习。以提高在各个角度出腿时的协调性及灵活性。

(2) 手扶固定物(树、墙、肋木等)，另一手提左(右)大腿外侧，反复体会发力时小腿以膝关节为轴横向鞭打时的感觉。

(3) 运用鞭腿技术进行踢击沙袋及固定靶的训练，反复进行。注意左、右鞭腿要协调配合起来。

(4) 两人一组，进行踢击脚靶练习，并体会鞭腿整个动作的流畅性。

(5) 与各种拳法、步法配合起来进行空击练习，以提高整体的协调性，形成整体配合的潜意识，如左鞭腿—右直拳—右蹬腿。

提示：

脚背紧张用力，膝内扣，以膝带腿，并借助转腰的力量加大打击力度。

3. 侧踹腿

动作要领：

以左侧踹腿为例。按实战姿势站立，身体重心后移，右腿膝关节微屈，左腿屈膝提起，与腰同高，大腿贴近胸部，小腿外摆，与上体成90度夹角，脚尖自然勾起，脚掌指向对手，上体握拳成实战姿势，身体向后侧后仰，同时大腿猛力伸直，带动脚掌向前沿直线蹬踹，发力同时展髋，支撑腿脚尖指向后方，此时左手置于左腿大腿侧上方，右手置于下颌处防守(图11-129)。动作完成后腿收回成实战姿势。

用法：

踹腿是比赛中使用率较高的腿法之一，容易调整步法。因此，踹腿的使用变化较多，它直线

图 11－129

运动，速度快，力量大，不易防守；而且配合步法运用变化多，易于在不同距离上使用。

实战范例：

（1）以左低鞭腿，假装攻击对方下盘，随即用左踹腿实攻对方上盘。

（2）双方对峙时，对方使用拳法进攻时，以侧踹腿反击其躯干阻击对方进攻。

练习方法：

（1）左、右腿的提膝训练。在结束快速提膝训练之后，可将膝部用手掌按住，使其尽量贴近身体，并坚持一段时间，为日后的高位侧踹打下基础。

（2）左、右侧踹腿由慢到快空击训练，并在完成踢击动作时，在空中停住，坚持几分钟，使其产生正确的技术定型。

（3）可以绑上沙绑腿，一手扶固定物（树，墙，肋木等），另一手推大腿，展髋，用力踹击，力达脚掌，体会发力时大腿推动小腿的感觉。注意发力的协调性和全身的整体用力。

（4）在练习者前面放置适宜高度的固定物（如椅子、凳子等）。练习时，越过该固定物进行踹击，以此纠正提膝和踹击动作。

（5）用左右踹腿反复进行击打沙袋、树木、固定及活动脚靶的训练。

（6）结合有关拳法、步法进行组合动作的练习，如左直拳—右直拳—左踹腿。

提示：

上体、大腿、小腿、脚掌成一条直线，踹出时一定要以大腿推动小腿直线向前发力。

图 11－130

4. 扶地后扫腿

动作要领：

实战姿势站立，身体屈膝下蹲，以左脚前脚掌为轴，两手在两腿之间扶地，右腿伸直，上动不停，以腰带腿，右腿向侧后方弧形擦地后扫，扫转角度约为 360 度（图 11－130），动作完成后两手推地起立，成实战姿势站立。

实战范例：

（1）当对方使用拳法进攻时，随即用扫腿攻击对方支撑腿。

（2）当对方使用腿法进攻时（如侧踹腿），随即用后扫腿攻击对方支撑腿。

练习方法：

（1）严格按照动作要领，体会各分解动作。

（2）徒手单练，体会完整的动作。要求整个身体的扭转要协调配合，动作连贯，快速有力。

（3）在单个动作熟练的基础上，进行组合动作的练习。

提示：

蹲身与转体要快速连贯，借以带动扫腿，加快动作速度，增强力度。

5. 转身后摆腿

动作要领：

图 11－131

以右转身后摆腿为例，实战姿势站立，右腿蹬地，重心移到左脚，以前脚掌为轴，上体向右后猛转 360 度，同时右腿屈膝提起，随转体动作大、小腿伸直，由下向上、由后向前摆踢，摆踢时脚面绷平，力达脚掌和脚跟（图 11－131），目视摆动腿。当右腿摆至体前中心线时开始下落回收，成实战姿势站立。

用法：

转身后摆腿是横向型的进攻动作。虽动作路线长，但在直线动作难于进攻时，突然改变路线，亦能使对手防不胜防。运用时往往以假动作做掩护，动作要果断、敏捷、转体快速。

实战范例：

用右低鞭腿假装攻对方下盘，然后用左转身后摆腿攻击其上盘。

练习方法：

（1）严格按照动作要领，体会各分解动作。

（2）对镜自检，上步扣脚转身，使自己的臂部正对对方，以便于摆动腿的启动和准确击打目标。

（3）两人配对练习，一方以转身后摆腿进攻，另一方防守，帮其纠正动作。然后交换练习。

（4）击打固定物练习，如用转身后摆腿击打树、脚靶、沙包等，体会用力的协调性和力点掌握的准确性。

（5）结合有关拳法、腿法进行组合动作的练习。

提示：

转体时以头领先，并借其惯性，腰背发力，展髋，挺膝，绷脚背。

（九）摔法

摔法是在竞技格斗中被用作巧妙的技法使对手倒地的方法。在格斗中，用摔法必须做到快速、果断。因为是竞技里的格斗，所以不能给对手留下半点喘息的机会，只有这样才能有效地保护自己。

1. 夹颈过背

动作要领：

双方由实战姿势开始，甲用右摆拳击乙头部；乙立即向前上步，右闪身，左臂格挡；右脚上步至与左脚平行，两膝弯曲；同时左手推拉甲右前臂，两腿蹬直，向下弓腰、低头，右臂夹甲颈将甲摔倒。

用法：

防守掼、冲拳对头部攻击时，闪躲反击。

易犯错误及纠正方法：

（1）夹颈不紧：应以背部靠近对手。

（2）背不起对方：注意低头、弓腰、蹬腿动作连贯。

提示：

闪身快，背步、转身协调一致，低头、弯腰连贯有力。

2. 抱双腿过肩摔

抱双腿过肩摔演示视频

动作要领：

双方由实战姿势开始，甲以左摆拳击乙头部，乙用前臂格挡甲左前臂，右屈臂抱对方双腿，两腿屈膝，用左侧髋部紧贴对方前身，然后两腿深蹲，向下弓腰低头，将对方抱起后摔倒。

易犯错误及纠正方法：

（1）抱腿不紧。应注意上步转身要贴近对方身体。

（2）摔不倒对方。应使上步、转身、屈膝、低头、弓腰、伸腿动作连贯一致，用力充分；向下弓腰、低头并向右转体。

提示：

闪身快，抱腿紧，屈膝、伸腿、弓腰协调一致，蹬腿连贯有力。

3. 抱腿手别

动作要领：

双方由实战姿势开始，在对手攻击时，上前伏身用左手抱住对手右腿，右肩抵住其肋部。并用右臂从对手裆下穿过，别住其左腿膝窝，右手后别的同时，上体前靠，将对手摔倒在地。

防守：

当被对手抱住腿时，上体迅速前倾，压在对手后背上，并用一手按压对手头部，另一手将对手臂部向上提，使对手无法用力并失去重心而倒地。

易犯错误及纠正方法：

（1）抱腿不紧。抱腿后由上向下环抱，向内力拉，贴住腹部。

（2）别不倒对方。身体重心下降，别时上体要转动，以发挥腰部力量。

提示：

别腿与上体前顶要协调、迅速、有力。

4. 接腿勾踢

接腿勾踢演示视频

动作要领：

对手用腿攻击时，迅速抱住其左小腿，左手下压对手颈部。同时用左脚勾踢其支撑腿，将对手摔倒。

防守：

当被对手接腿时，应迅速屈膝前顶，并用双手按压或抱住对手头部。当对手勾踢时，适时跳起，使之踢空，亦可用上体压住对手后背，使之无法发力。

提示：

抱腿、压颈、勾踢要迅速、协调、有力。

（十）防守法

防守是一种可以节制和削弱对方的攻击，保护自己并能处于反击位置的方法，最终目的是在于防守后和反击。准确巧妙地防守，不但能保护自己，而且能为攻击创造更好的条件。

1. 拍挡防守

动作要领：

以左拍挡为例，左手掌心向里贴，向里横拍并稍右转体（图 11－132）。

图 11－132

易犯错误及纠正方法：

防守时向前方迎拨，幅度过大。应注意只动前臂，不能伸肘、伸臂。

用法：

防守对方直线型拳法或横向型腿法对上盘的攻击。

提示：

前臂尽量垂直，拍挡幅度小，用力短促。

2. 挂挡防守

动作要领：

左右手屈臂向同侧头部或肩部挂挡(图 11－133)。

易犯错误及纠正方法：

持肘向外格挡。可面对镜子检查动作规格，也可作攻防练习，检查防守的效果。

用法：

防守对方横向型的手法或腿法攻击上盘，如左右掼拳或左右横扫腿等。

提示：

上臂和前臂叠紧并贴于头侧，要含胸侧身，暴露面小。

图 11－133

图 11－134

3. 里抄防守

动作要领：

左右手臂微屈并外放，紧贴腹前，手心向上，同时左右手屈臂，紧贴胸前立掌，掌心向外(图 11－134)。

提示：

抱腿时两手相合锁扣要紧，两臂紧贴体前，保护胸、腹、裆部。

图 11－135

4. 外抄防守

动作要领：

左右手臂外旋弯曲，上臂紧贴肋部(图 11－135)。

易犯错误及纠正方法：

两肘离开躯干，两手防守不同时。纠正时，两人一组，一人横踢腿，用力要小，另一人体会外抄接抱腿的方法。

用法：

接抱对方横踢腿对上、中盘的进攻，如左右横扫腿等。

提示：
上臂护躯干，两手成钳子状。抱腿时，两手相合锁扣。

第三节　跆拳道

一、跆拳道运动的起源与发展

跆拳道的产生缘起于人类远古祖先的生存需要，在原始社会生产力极为低下的社会条件下，人类为了生存，必须同自然界的野兽搏斗，这就产生了搏斗的各种方法。经过漫长的岁月，搏击逐渐演化为有意识的技击活动，从而产生了朝鲜民族特有的运动形式——跆拳道。

现代的跆拳道被韩国人视为国技。跆(TAE)，意思为脚踢、脚踹，这与中国词典中关于“跆”字的解释非常吻合，跆即为踩踏、蹬踏之意；拳(KWON)，意指用拳击打；道(DO)，即为练习的方法，也为一种精神。

二、跆拳道运动的特点与价值

(一) 跆拳道的主要特点

(1) 以腿法为主，拳脚并用。

(2) 以击破为测试功力的手段。

(3) 强调气势，发声扬威。

(4) 礼始礼终，培养良好道德品质。

(5) 以刚制刚，直来直往。

(二) 跆拳道的价值

跆拳道具有防身健身、修身养性、娱乐观赏等多方面的作用，是人们增强体质，培养意志品质的一种较好的手段。

(1) 改善和增强体质。

(2) 提高防身与自卫的能力。

(3) 磨炼意志，培养高品格的修养。

(4) 娱乐观赏。

三、跆拳道运动的必需装备

跆拳道的比赛场地是一个10米×10米的垫子，运动员在垫子上进行比赛(图11-136)。比赛时，两名参赛的运动员要身穿跆拳道指定道服，系腰带，按要求戴上头盔用以保护头部，并且穿上护具、护腿、护臂、护裆。护甲的颜色是红色或蓝色。护甲要穿在道服外面，头盔的颜色要与护甲的颜色相一致。其他保护装备必须穿在道服里面。

四、跆拳道的基本技术

(一) 跆拳道技术动作的使用部位

1. 拳法

拳法在竞赛跆拳道中主要有正拳(也称平冲拳或直拳)，在品势中则有正拳、勾拳、锤拳、平拳、中突拳等。

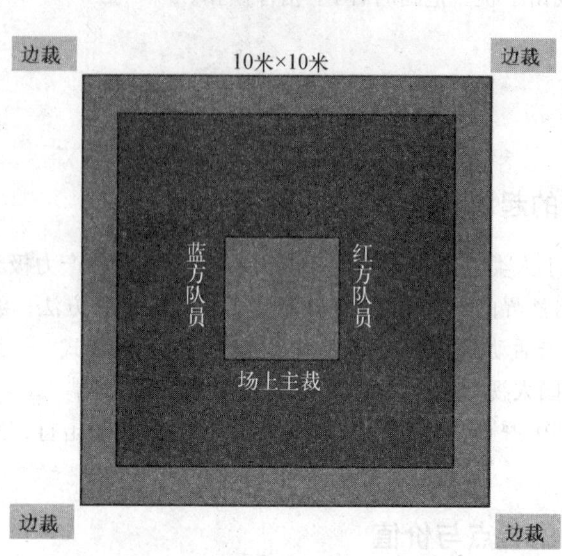

图 11 - 136

(1) 正拳(也称平冲拳或直拳)：将手的四指并拢握紧，拳面要平，然后拇指压贴于食指和中指的第二节上。使用正拳时，用拳的正面的食指和中指部分击打。

(2) 勾拳：握法同正拳。使用时用食指和中指关节根部的突出部分击打。

(3) 锤拳：握法同正拳。使用时用小指和手腕间的肌肉部分击打。

(4) 平拳：向前平伸拳，然后把手指的第二节弯曲，指尖贴紧手掌，拇指弯曲紧贴食指尖，用第二指节击打。

(5) 中突拳：中指弯曲或食指从正拳握法中突出，主要是击打太阳穴和两肋部。

2. 掌法

(1) 手刀：四指伸直，拇指弯曲靠近食指，用小指侧的掌外沿攻击对方。只局限于在品势中使用。

(2) 背刀：此掌法与手刀基本相同，用食指侧攻击对方。只限于在品势中使用。

(3) 贯手：手形与手刀基本相同，要求微屈中指，主要用四指指尖截击对方的要害部位，如攻击对方的眼睛、喉部等。只限于在品势中使用。

3. 臂法

(1) 腕部：腕关节的四周部位。主要用于防守格挡。

(2) 肘部：用肘的鹰突关节攻击，只限于在品势中使用。

(3) 前臂和上臂：主要用外侧进行格挡防守，其中前臂的格挡在竞赛跆拳道比赛中经常被运动员所使用。

(二) 跆拳道的基本步法

1. 跆拳道品势中的步型

(1) 准备势。

两脚开立与肩同宽，身体自然直立，两脚尖略外展，两手握拳置于腹前(图 11 - 137)。

图 11 - 137

(2) 开立步。

两脚开立与肩同宽，身体自然直立，两膝微屈，两脚尖正对前方，两手握拳置于体侧。

(3) 马步。

两脚开立，较肩宽，两脚尖平行或略内扣，挺胸直背，两腿屈膝半蹲，重心在两脚之间(图 11 - 138)。

图 11 - 138

图 11 - 139

(4) 弓步。

弓步又称前屈立，前后脚分立，两脚相距一步半，前腿屈膝，后腿伸直，前腿膝关节与脚尖垂直，重心大部分在前脚上，左脚在前称右弓步，右脚在前称左弓步(图 11 - 139)。

(5) 后弓步(三七步)。

后弓步又称后屈立，前后脚分立，两脚相距约一步，后脚尖外展 90 度，后腿屈膝如同骑马状，前腿膝关节略屈，重心大部分在后脚上。左脚在前称右后弓步，右脚在前称左后弓步(图 11 - 140)。

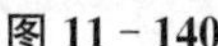

图 11 - 140

图 11 - 141

(6) 前探步(前行步)。

前探步又称高前屈立，如走路姿势。两脚之间距离小于弓步，上体略前倾，前腿膝关节略屈，重心大部分落在前脚上。左脚在前称左前探步，右脚在前称右前探步(图 11 - 141)。

(7) 虚步。

虚步与后弓步相似，前脚掌点地，脚跟提起，重心落在后脚。左脚在前称右虚步，右脚在前称左虚步(图 11 - 142)。

图 11-142

图 11-143

(8) 交叉步。

一脚向另一脚的前侧(前交叉步)或后侧(后交叉步)落步,脚尖着地,两腿屈膝交叉(图 11-143)。

(9) 并步。

两腿直立,两脚跟并拢,脚内侧相靠。(图 11-144)。

图 11-144

图 11-145

(10) 单脚立。

提起一条腿将脚放于另一条腿的膝关节处,只用一条腿站立(图 11-145)。

2. 跆拳道竞技中的基本步法

准备姿势的基本步法,是指在准备姿势站立后,向不同方向移动的方法。

图 11-146

图 11-147

前进步和后撤步演示视频

（1）前进步。

右架准备姿势（以下简称“右架”）站立，右脚向前上一步，成为左架准备姿势（以下简称“左架”）。反之左架亦然（图 11－146）。

要领：

上步时通过向左拧腰转髋完成，两臂在侧自然上下移动，重心不要上下起伏过大。

（2）后撤步。

右架站立，左脚向后撤一步，成为左架准备姿势，反之左架亦然（图 11－147）。

要领：

后撤步时重心保持平稳移动，通过向左拧腰转髋完成，两臂在体侧自然上下移动。

（3）前滑步。

右架站立，两脚同时向前跃进一步，保持右架准备姿势，反之左架亦然（图 11－148）。

要领：

向前跃步时，重心不宜起伏过大，尽量使重心平稳移动，两脚稍离地即可。

图 11－148

图 11－149

前滑步和后滑步演示视频

（4）后滑步。

右架站立，两脚同时向后回撤一步，保持右架准备姿势，反之左架亦然（图 11－149）。

要领：

向后回撤时，重心不宜起伏过大，使重心平稳移动，两脚稍离地即可。

（5）原地换步。

右架站立，两脚原地前后交换，由右架换成左架，反之左架亦然。

要领：

重心不宜起伏过大，尽量使重心平稳移动，两脚稍离地即可。

（6）侧移步。

第一种步法是以前脚为轴，后脚向左（右）侧方向移动，用以改变与对手的站位方向；第二种步法是右架站立，右脚先向右（或向左）侧移动一步，随之左脚也迅速向右（或向左）侧移动一步。

要领：

一般是将身体重心移向前脚，以利于后脚进攻。

（7）垫步。

右架站立，右脚向左脚内侧上步，同时左腿迅速抬起以便进攻和防守。

要领：

使用垫步，主要是在主动进攻时用前腿攻击对方。

（三）跆拳道的基本腿法

1. 前踢

前踢是学习旋踢的基础，在品势中常被使用。

（1）左架站立，重心移至右腿（图 11－150）。

图 11－150

图 11－151

（2）提起左大腿同时髋部略向右转，膝盖朝前，脚面稍绷直，双手握拳自然垂放在身体两侧（图 11－151）。

（3）继续将髋关节前送，左大腿向前抬提，当大腿抬至水平或稍高时，向前弹出小腿，用脚面击打目标（图 11－152）。

图 11－152

图 11－153

（4）直接向左转髋使左小腿折叠快收回原位，然后后撤左腿，还原为左架准备姿势（图 11－153）。

易犯错与纠正：

髋部没向前送。

击打时脚面没有绷直。

提膝时没有直线出腿。

支撑腿没有积极配合髋部的转动。

小腿弹出后，在弹直的一刹那，要有一个制动的过程，即没有快打快收的折叠小腿的过程。

2. *横踢*

横踢是跆拳道比赛中最为常用的动作之一，也是比赛得分的主要技术。

左架站立，重心移至右腿。提起左大腿同时髋部略向右转，膝盖朝前，大小腿折叠，脚面绷直。继续将左大腿向前提高，右脚向外侧转动，左腿快速鞭打踢出小腿，膝盖朝向右侧。击打后，左脚自然落下成右架，还原成右架准备姿势。

横踢演示视频　横踢分解动作演示视频

要领：

(1) 横踢与前踢类似，区别在于横踢腿的膝盖方向在击打的一刹那，是瞬时转髋朝向对方的腹部，而前踢腿的膝盖方向是向前上方。

(2) 提起右腿时，两大腿内侧之间的距离应尽量小，即右腿尽量直线出击。

(3) 为保护重心，躯干稍向左后倾以配合快速转髋。

(4) 击打时脚面稍绷直，但踝关节要放松。

(5) 小腿弹出后，在弹直的一刹那，要有一个制动的过程，使脚面产生鞭打的效果。

(6) 提膝应尽量随着转髋同时进行，不能完全转髋后再提膝。

(7) 用横踢主要进攻对方的胸部和面部及肋部。

易犯错与纠正：

(1) 先练前踢待熟练后再开始练横踢。

(2) 提后腿(提膝)，同时转髋。

(3) 弹收小腿。

(4) 左右交替练习，使两条腿都能熟练横踢。

3. *后踢*

后踢是跆拳道比赛中最为常用的动作之一，也是运动员反击对方进攻的主要技术。

左架站立，重心移至右腿。以右腿尖为轴，右腿跟外旋，身体向后方转动，同时提起左大腿，使大小腿几乎折叠，脚尖勾起，头部稍向左后方转动。左腿向后平伸后蹬，在蹬直前膝盖稍外翻(向左侧)。击打后，右脚自然落下成左架，然后后撤右脚，还原成右架准备姿势。

后踢演示视频

要领：

(1) 身体右后向转动时，同时要快速提起右膝。

(2) 在提起右腿时，两大腿内侧之间的距离应尽量小，即右腿“擦”着左腿起腿。

(3) 身体转动时，头部配合同向转动。

(4) 为保持重心，躯干在向下弯曲的同时可稍挺胸。

(5) 动作熟练时，转身与后蹬应是同时进行的。

易犯错误与纠正：

(1) 身体转到背朝对方时没有制动，身体继续转动，腿不是直线向后踢出。

(2) 在提起右腿时，右腿没有“擦”着左腿起腿。

(3) 身体转动时，头部配合同向转动，但肩和上体不应跟着转动，否则容易被对方反击。

(4) 转身与后蹬没有同时进行，动作不连贯。

(5) 左脚没有积极配合髋部的转动。

4. *下劈*

下劈演示视频

下劈也称为下压和劈腿，是跆拳道比赛中常用的动作之一，也是进攻和反击对方进攻的主要技术。

右架站立,重心先移至左腿。提起左腿,同时略转髋向左并向上送髋,使左腿膝盖与胸部尽量贴近,身体重心尽量向上。左腿高举过头,左腿伸直贴紧上体,上体保持正直或稍前俯,重心向上。左脚脚面稍绷直,左腿快速下劈(如刀劈木块一样),用脚掌或脚后跟下砸对方的头部,身体重心前移至左腿上,身体要稍后仰来控制重心。击打后,左脚自然落下成右架,然后后撤右脚,还原成右架准备姿势。

要领:

(1) 下劈与中国武术的正踢腿相似,区别在于下劈稍有一点转髋,并且踢腿向上时,要向上积极送髋,大小腿之间也可有一定的弯曲度。

(2) 在下劈时,身体重心向前移。

(3) 上提右腿时,右脚脚面不需要绷直,应自然放松,而下劈腿时要稍绷直。

(4) 也可直接用前腿(左腿)使用下劈,右腿进行跟步,即随着身体重心向前移动而向前移动。

(5) 左脚应积极配合身体向前移动,调整好身体重心。

(6) 在练习时,也多采用如武术中的外摆腿和内摆腿的劈腿方法,只是在下落时是向前方劈下,分别称为外摆劈腿(由内向外摆)和内摆劈腿(有外向内摆)。

易犯错误与纠正:

(1) 起腿高度不够。

(2) 支撑腿没有积极配合身体向上和向前移动,“拖”在了后面。

(3) 下劈时,为控制好身体重心而使重心向前压过多。

(4) 上体过于后仰,使得下劈力量不足。

5. *后旋踢(简称后旋)*

后旋是跆拳道比赛中常用的动作之一,也是运动员反击对方进攻的主要技术。

左架站立,以右脚尖为轴,右脚跟外旋,重心移至右腿(图 11 - 154)。身体向后方转动,同时提起左大腿向斜后方 40 度左右蹬伸,头部向左后方转动(图 11 - 155)。身体继续旋转,左腿借旋转的力,向后划一个半圆形的水平弧线,快速屈膝用脚掌击打对方头部(图 11 - 156)。击打后,身体重心依然在右腿上,左脚自然落下,还原成左架准备姿势(图 11 - 157)。

图 11 - 154

图 11 - 155

要领:

(1) 右腿并不是抡圆了去划弧,在开始时有一个向斜后方蹬伸的动作。

图 11－156

图 11－157

(2) 身体向右后方转动时，同时要快速提起右腿。

(3) 身体转动时，头部配合同向转动。

(4) 小腿在开始时要自然放松，在接触对方头部前瞬时绷直脚面，用脚掌呈水平弧线鞭打。

(5) 动作熟练时，转身与后蹬接摆动应是同时进行的。

易犯错误与纠正：

(1) 右腿抡圆了去划弧，在开始时没有一个向斜后方向蹬伸的动作。

(2) 身体向右后方向转动时，提起右腿的速度过慢。

(3) 身体转动时，头部没有配合同向转动。

(4) 小腿在开始时没有放松而完全绷紧。

6. 侧踢

侧踢演示视频

侧踢主要用来阻挡对方进攻。

右架准备姿势站立，将重心移至左腿，同时以左脚前掌为轴脚跟内旋。直线提起左大腿，弯曲小腿同时向右转髋，身体左侧侧对对方。膝盖方向朝内，勾脚面，展髋，走直线平蹬出右腿，用脚掌外侧攻击对方。左腿自然落下，平撤回原位。

要领：

(1) 侧踢同中国散手中的侧踹。

(2) 也可用前腿(左腿)直接侧踢对方。

(3) 左脚一定要配合积极向前移动。

(4) 用侧踢主要攻击对方两肋部、胸腹部。

易犯错误与纠正：

(1) 击打对方时，髋部没有展开，致使击打力度不够。

(2) 大小腿折叠不够，或是蹬出的速度不快。

7. 双飞踢(简称双飞)

双飞踢是跆拳道比赛中较为常用的动作之一，也是运动员得分的主要技术。

右架站立，重心移至左腿。提起右大腿使用旋踢，然后在右脚未落下时，立即提左腿使用旋踢，也就是连续使用两个旋踢。击打后，两脚自然落下，还原成右架准备姿势。

要领：

(1) 一般来说在中远距离时是使用双飞踢的较好时机，双飞踢中的第一个旋踢常常是为了找到合适的距离或破坏对方的进攻，以利于第二个旋踢。

(2) 击打第一个旋踢时身体可稍后仰,以利于第二个旋踢。

(3) 两腿交换之后,髋部要快速扭转。

(4) 小腿弹出后,在弹直的一刹那,要有一个制动的过程,使脚产生鞭打的效果。

(5) 双飞踢主要攻击对方的胸腹部、两肋部和面部。

易犯错误与纠正:

(1) 第一旋踢完全没有做出来,只是前踢了一下。

(2) 两腿交换之间髋部扭转过慢。

(3) 身体过于后仰。

8. 鞭踢(勾踢)

鞭踢要用前腿击打,是在跆拳道比赛中不常用的动作。

右架站立,重心移至左腿,以左脚掌为轴脚跟内旋(图 11 - 158)。身体向右方转动,同时提起左大腿向前,头部向右方转动(图 11 - 159)。左腿膝盖朝内扣,左小腿由外向内有一定弧度的摆动并伸小腿,身体随之侧倾(图 11 - 160)。突然屈膝,用脚掌向左横着鞭打对方面部(图 11 - 161)。击打后,左脚自然落下,还原成右架准备姿势(图 11 - 162)。

图 11 - 158

图 11 - 159

图 11 - 160

图 11 - 161

图 11 - 162

要领：

(1) 为增加击打力度，右腿应先由外向内有一定弧度的摆动，再突然向右方鞭打。

(2) 击打时，小腿和足尽量横着鞭打。

(3) 身体转动时，头部配合同向转动。

(4) 在开始时小腿要自然放松，在接触对方头部前再瞬间绷紧脚面，用脚掌击打。

(5) 左脚应积极配合髋部的转动，调整好身体重心。

易犯错误与纠正：

(1) 右腿直着伸出，没有一定的摆动。

(2) 在开始时小腿过于紧张而没有自然放松，小腿和脚掌没有横着鞭打。

(3) 身体转动时，头部没有配合同向转动。

五、跆拳道练习方法与注意事项

(一) 跆拳道运动的练习方法

跆拳道运动的一般训练方法有讲解法、示范法、分解法、完整法、重复法、间歇法、变换法、游戏法、比赛法等。

在跆拳道技术训练中，除了要采用一般训练方法外，还主要采用以下几种方法：

1. 慢速重复练习

慢速重复练习适用于运动员学习新的动作，在教练员的讲解、示范或经过自学后，一般不要立即快速练习，而要采用慢速度的模仿练习，复杂动作还应分解练习。一个动作不要在一组中过多的重复次数，要少次数、多组数。如可将 5 组 10 次的练习改换成 10 组 5 次，这样可以避免即使动作错了也不会重复过多的次数，同时也可以避免运动员感到枯燥。

2. 结合身法和步法练习

经过慢速重复性练习基本学会了动作后，则根据实战的需要结合相应的身法和步法进行练习，使技术与实战紧密联系。如练习旋踢技术时，可以练习向前上一步后再进行旋踢练习，或是后撤一步再练习旋踢，或是要求先用身体晃动引动对方。这样可以使运动员避免枯燥的单纯的步法练习，又可以较快地和实战结合起来。

3. 固定靶的练习

固定靶的练习是利用沙袋、大脚靶、多层护具等器材作为击打目标的练习。如 3～5 名同伴手持不同高度、不同放置角度的脚靶站在一条直线上或不同方向上，由练习者依次踢靶。

4. 实战练习

运动员掌握并熟练了跆拳道技战术后，要按照规则进行不断的实战，逐步提高技战术的应用能力。要在对抗中，(在与比赛要求一致的情况下)将技战术使用出来，实战的时间可以根据训练的目的进行安排，如 30 秒钟实战，则主要让双方运动员在短时间内学会抓住时机尽可能多地进攻并得分；5 分钟三局实战，则主要使双方运动员在超过正式比赛的时间内，学会在非常疲劳的情况下使用动作战胜对手，并达到培养坚强意志品质的目的。

(二) 练习跆拳道注意事项

1. 加强礼仪和武德修养

跆拳道的修炼过程是一个内外双修的过程，讲究礼仪、廉耻、忍耐、克己、百折不屈的精神，学习跆拳道的目的不仅是追求强健的体魄、自强不息的尚武精神，更是培养宽厚谦让、诚实守信、除暴安良、扶助弱小的道德修养。

2. 树立坚忍不拔的意志品质和持之以恒的学习态度

跆拳道是一项对抗性的运动项目，学习的过程中将遇到各种各样的困难，例如恐惧、伤痛、疲劳等。在这些困难面前只有树立坚忍不拔的意志品质和持之以恒的学习态度才能不断提高自身的运动水平。

3. 练习前准备活动要充分

在跆拳道练习前，必须做伸展肌肉、关节和韧带的准备活动，否则很容易造成肌肉韧带的扭伤或其他损伤。准备活动，首先应该是心理上的准备，即思想上要先明白今天为什么要练，如何投入全身心去练。准备活动一般都是做到感觉身上微出汗为好。肌肉、关节和机械一样，只有达到一定温度和润滑度（关节间），才能既发挥效率，又保证不受损伤。

第四节 毽　球

一、毽球运动的起源和发展

毽球运动起源于中国，发展与传播更是依赖于我国人民的勤劳和对生活的热爱。1947 年前后，我国南方城市广州出现了“网毽”——现代竞技毽球比赛的雏形。起初流行于三轮车夫和个体摊贩之间，他们利用业余时间，聚集在一起，在两车之间拉起一根绳子，以绳代网，约定俗成地规定了简单的规则，在两块场地进行，上场队员 2～3 人，隔绳对踢，落地为败，双方竞争十分激烈。由于广州地理环境的特殊性，随着华侨的往来，“网毽”运动也先后传到了东南亚一些国家的民众之中。

1999 年 11 月 11 日，中国、越南、老挝、德国、匈牙利、荷兰等国家和地区的代表云集越南河内成立了国际毽球联合会。会议决定，每年举行一届毽球世界杯，首届“世界杯”于 2000 年 7 月在匈牙利举行。比赛共设 7 个项目，即男单、女单、男双、女双、男子团体、女子团体、男女混合赛。首届比赛各支队伍实力接近，我国代表团女子团体、女子单打赛获冠军，其余项目均获亚军。

二、毽球运动的锻炼价值

毽球运动将个人技艺融入集体智慧之中，其娱乐性中又充满了竞技性；具有全面的锻炼身体的价值和丰富的观赏价值。所用场地小，设施简单，不论农村、城市，还是企业、机关、学校都适于开展。

（一）毽球运动的健身价值

踢毽球不仅能促进人的背、腿、躯干及骨骼、肌肉的正常发育，还能扩大肺活量，提高心脏等有机体的功能，改善代谢能力，培养人们对时间、空间的立体感，也有利于锻炼踝、膝、髋等关节的灵活性，使身体的协调性进一步得到发展，从而增强体质，促进健康。

（二）毽球运动的健心价值

在毽球比赛中，除发球和一次击球过网外，如果没有两人以上的密切配合，是无法发挥个人技术和进行比赛的，这就使毽球运动具有高度的协同配合团队精神。各种不同的运动都可以给予人们提高品质的功效，但具体的运动项目发展的品质又有所差异，比如田径，可以使人顽强拼搏，永不服输；比如射击，可以使人平静并且持之以恒；又比如健美操，让人追求身体的美，热情积极；而毽球的最大特点就是培养团队合作的精神，球场上有传球手负责组织进攻，有主攻手负责扣杀得分，而拦网球员不仅要保护本方半场，而且还要使对方失误，自己得分，可谓每个人都有自己的特点和能力，而又为着同一个目标努力。好比在工作中，每个人的岗位不同，分工不同，但都是为了集体的利益而付出。大学是学习的圣地，我们不仅要学习知识，而且要学会怎样更好地适应社会，而体育锻炼给我们的点点滴滴，将使我们一生受益。

三、毽球运动的基本技术

（一）毽球运动的准备姿势与移动步法

在任何隔网对抗的比赛中，运用各种技术战术都是从准备姿势和移动开始的。准备姿势的作用就是准备动员身体最大的能力，抓住时机，快速移动，及时发挥各种技战术。

1. 准备姿势

（1）两脚左右开立的准备姿势。

两脚左右平行开立与肩同宽，脚跟提起，脚掌内扣，两膝稍弯曲内扣，重心在两脚中间，上体放松稍前倾，两臂放松，自然弯曲置于体侧，两脚保持待动状态，全身肌肉适度紧张，注视来球（图 11－163）。

特点：该姿势使运动员能从静止状态快速转向左右的移动状态，常用于预判移动后防守对方攻球落点在中前场时。

图 11－163

图 11－164

（2）两脚前后开立的准备姿势。

两脚前后开立与肩同宽，脚内侧着地，两脚尖正对前方，后脚跟稍提起，膝关节保持一定的弯曲内扣，身体重心前倾，两臂放松，自然置于体侧，两脚保持微动，注视来球，身体适当放松，保持待动状态（图 11－164）。

特点：该姿势使运动员能从静止状态快速转向前后的移动状态，常用于接发球和后排防守预判移动中。

2. 移动步法

移动的目的就是调整好人和球的最佳位置，有利于更好地发挥各种技战术。移动必须快速准确，毽球运动的移动步法一般有 7 种：

（1）前上步。

前上步时，踢球脚蹬地，支撑脚向前迈一步，踢球脚跟上成踢球准备姿势。

（2）后撤步。

后撤时，支撑脚向后蹬，重心后移，同时踢球脚向后迈出一步，支撑脚跟上成

前上步与后撤步演示视频

踢球准备姿势。

(3) 交叉步。

向右(左)交叉步移动时,左(右)脚向右(左)侧蹬地,将身体重心移到右(左)脚,左(右)脚从右(左)脚前往右(左)侧交叉迈出,同时右(左)脚向外侧蹬地,从左(右)脚后侧迈出,成踢球姿势。

交叉步演示视频

左右滑步演示视频

(4) 左右滑步。

左右开立准备姿势,左(右)脚用力侧蹬,重心侧移,同时右(左)脚向侧右(左)迈出,左(右)脚迅速地跟上,可连续滑步。

(5) 跨步。

支撑脚用力向前蹬地,重心前移,踢球脚跨出成接球姿势。

跨步演示视频

(6) 转体上步。

左(右)转体时,以右(左)脚为中枢,左(右)脚向后蹬地,重心下降稍后移,以髋带动向左(右)转体 90 度～180 度,成踢球准备姿势。

(7) 跑动步。

跑动的第一步基本同前上步、后撤步、交叉步的第一步,第二步开始逐渐进入正常跑动,最后停止时重心稍下降成踢球准备姿势。

(二) 毽球运动基本技术与练习方法

1. 发球技术

发球是进攻的开始,既可以直接得分,又能破坏对方一传,增加对方接球组织进攻的困难,为防守和反击创造有利条件。

(1) 发球方法。

脚内侧发球：持球抛脚前,抬腿加转髋,踝内加力送推球。

特点：发球隐蔽性强,对方难于判断发球方向。

正脚背发球：持球抛脚前,伸腿绷脚面,抖动加力击出球。

特点：能较好地控制球的方向及落点。

扫发球：持球前上抛,抬腿至高点,转体抖踝击球。

特点：球速很快,球落点下坠,杀伤力极强。

(2) 发球的练习方法。

发球一般以控制球的速度和落点分为快速球、中速球、慢速球、后场球、中场球、近网球。在比赛中,快速球一般用于追身发球,就是发球落点在对方腰部,使对方接球时必须快速反应,在对方体力下降时,效果较佳;中、慢速球落点比较精确,一般配合控制球落点运用;后场球可以增加对方一传调整次数,使对方组织不起快攻;如果对方 3 人配合不熟练,中场球能够引起对方的接球走位混乱;近网球主要用于对方站位靠后,接发球时使对方措手不及。在组织练习中可采用以下方法：

① 单人以不同脚法练习发球,以过网为有效。

② 以控制球为目的的低弧度平快球,一般中速球和慢速球。

③ 以控制球的落点为目的的快速后场球、高弧度后场球,一般中场球和小弧线近网吊球。

④ 练习时可一人多球,也可双人对发接球练习,可将对方场区分为 1 至 9 区,采用计分法互相比赛。

2. 踢、触、传球技术

(1) 脚内侧踢球。

动作要领：左脚支撑身体,右大腿带动小腿屈膝上摆,同时以髋关节为轴,膝关节向外展,小腿向上摆，击球的一刹那踝关节内屈端平，用脚弓内侧把球向上踢起（图 11－165）。脚内侧踢球除一次性接发球外，多用于第二人次传球或者调整处理球。

特点：击球稳、准，便于控制球，但控制范围较小。

图 11－165

图 11－166

（2）脚外侧踢球。

动作要领：左腿支撑身体，右脚大腿带动小腿，髋关节为轴屈膝，膝内收向体外侧上摆，击球的一刹那勾足尖，踝关节外屈端平，用脚背外侧把球向上踢起（图 11－166）。

特点：对于踢脚外侧的近身来球，用此脚法最便捷。

（3）正脚背屈踢球。

动作要领：屈踝，右脚大腿带动小腿，屈膝屈踝上摆，脚背与地面平行，以大腿上摆力量把球向上踢起（图 11－167）。

特点：便于控制正前方近身落点来球。

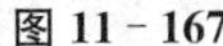

图 11－167

图 11－168

（4）正脚背绷踢。

动作要领：脚背上绷，右腿膝微屈，脚微直，自然放松，当球下落到离地面 10～15 厘米时，脚插进球底部，小腿用力同时屈踝绷脚，用脚趾或脚趾根部把球向上踢起（图 11－168）。

特点：多用于中距离的接球或正脚背网前传球。

图 11-169

(5) 腿部触球。

动作要领：左脚支撑身体，右腿屈膝，大腿带动小腿上摆，当球下落到略低于髋部时，用大腿的前半部分触球(图 11-169)。

特点：当对方来球过快且直落大腿位置时，可用腿触球来辅助接球。

(6) 胸部触球。

动作要领：两脚自然开立，当球传到胸前约 10 厘米处时，两臂自然微屈，两肩稍用力向后拉挺胸，同时两脚蹬地，身体挺起，用胸部触球。

特点：当对方来球较高，落点在胸部位置时，可用胸部触球来辅助接球。

(7) 传球技术。

传球技术在接发球、一传和二传组织进攻及防守组织反击中，起着串联和纽带的作用，是组织各种进攻战术的基础。一般分为两种：

① 前面传球。球点在体前，找好支撑点，大腿带动小腿，将球托送前。

② 背向传球。球点在体前，找好支撑点，身体成反弓，将球送后边。

3. 进攻技术

进攻是完成战术配合的最后一个技术，也是得分的重要手段，强有力和具有战术目的的进攻能使对方防不胜防。

(1) 倒勾攻球。

主攻队员在进攻中采用脚的正面、内侧、外侧和凌空扣球动作将球击向对方场区，从而得分。

① 正倒勾球。

动作要领：背向网两脚平行站立，右腿蹬地起跳，左腿屈膝上摆，上摆到空中最高点时，左腿迅速下摆，同时右腿屈膝，大腿带动小腿用力上摆，当球下落到头的右侧斜前上方时，小腿用力摆出，击球的一瞬间，脚踝抖屈，以正脚背击球，随后左右脚顺势依次缓冲着地。

特点：击球落点变化多，动作相对简单，易掌握，但背对对方防守，容易被拦网堵防。

② 内倒勾球。

内倒勾球演示视频

动作要领：基本同正倒勾球，不同的是踢球腿向内侧斜前上方，踢球脚击球一瞬间稍向内翻。

特点：能打出转体或不转体的大小斜线球，其变化大、角度刁，但技术动作难度较大。

③ 外倒勾球。

外倒勾球演示视频　脚踩攻球演示视频

动作要领：基本同正倒勾球，由于击球点偏外侧，对击球腿柔韧素质要求较正、内倒勾低。

特点：攻击面广，可移动进攻，技术动作较易掌握，但攻球线路较单一。

(2) 脚踩攻球。

动作要领：面向网站立，左脚向前迈出一步支撑身体或跳起腾空，右腿大腿带动小腿迅速上摆，当摆到距球 10 厘米左右时，展髋、展腹、伸腿、压扣脚，用脚掌的前半部分击球过网。

特点：攻击线路最为丰富，技术动作容易掌握，但在击球力度上较弱。

4. 防守技术

防守在毽球比赛中不仅是可以缓解对方进攻的方法，同时也是主要的得分手段之一，并且能为本方再次组织起有效进攻创造有利条件。

（1）拦网防守。

拦网是在防守体系中最重要的技术，有效的拦网能直接得分，削弱对方攻击威力，还能组织有效的反攻。

拦网防守演示视频

动作要领：面向球网，距20～25厘米双脚平行开立，与肩同宽，双膝微屈，重心下降，自然收腹，上体稍前倾，两臂自然屈，置于体侧，目视攻球，准备起跳拦网。当对方攻球时，两脚用力蹬地起跳，两臂收拢自然下垂于体侧，提腰收腹挺胸堵击球。起跳下落时，双脚前脚掌先着地，屈膝缓冲。

比赛应用：比赛中拦网队员应随时观察对手的进攻特点，善于预判，抓住对手的进攻规律，调整拦网位置和起跳时身体的形态，及时起跳，利用单人拦网或双人拦网动作进行防守，在拦堵线路时要注意堵一边，放一边。

练习方法：一人在网前起跳拦网，另一人用手连续扣球进攻，拦网人把球拦回对方半场。

（2）踢防和触防。

踢防、触防是在前方同伴拦网时，侧边两名防守队员判断来球的线路，用脚踢或身体其他部位触球，来接起对方来球。

动作要领：基本技术与踢球、触球相同，重点在于对球飞行下落方向的判断，以及快速的步伐移动。

比赛应用：踢防、触防成功的关键在于准确的选位、敏捷的反应、扎实的基本功。随时保持动态的准备姿势，在防守中的选位应根据对方的进攻特点和本方的拦网位置选位，注意保持好整体队形，形成立体防守模式。

练习方法：个人练习可把球扔向墙壁，球反弹回来后运用各种技术、各个部位踢、触球；双人练习，一人快速扔球，另一人积极跑动踢球或触球。

四、毽球运动的基本战术

战术是指运动员在比赛中根据毽球运动的规律、双方的具体情况和临场的发展变化，正确地分配力量，合理地运用技术及采取有组织、有目的、有预见性的协调配合行动。以己之长攻彼之短，战术是一种艺术。

（一）阵容配备（以三人赛为例）

阵容配备是合理使用本队队员的一种组织形式，其目的是把全队力量有效地组织起来，最大限度地发挥每个队员的特长和作用。

1. “主攻型”配备

当一名上场队员的进攻能力较强，二传队员和另一队员攻击力较差时采用，即安排一名主攻队员，一名二传队员和一名防守队员。其优点是能充分发挥主攻队员的进攻威力，场上队员分工明确、配合简单。在一支队伍的成长过程中，往往不可能同时拥有多名能攻善守的队员，在这种情况下，教练员往往挑选防守和二传能力较强的队员上场，以增加整体实力。主攻型配备的弱点是一点进攻，战术变化少，易被对方适应并有效地组织封堵和防守；另外主攻队员在比赛中频繁地进攻，体力消耗大，会直接影响进攻的威力。所以应注意对主攻队员体力的调解，减少主攻队员接起和防起后又要进攻的负担，最好其他队员也适当参与进攻。

2."二传助攻型"配备

当二传队员脚攻能力较强时,即安排一名主攻队员,一名二传助攻队员和一名防守队员。这种配备的优点是二传队员脚攻突然,隐蔽性强,进攻效果较为理想,同时可牵制对方的封堵队员,为主攻队员减轻压力。所以,如果二传助攻与主攻队员能巧妙配合,交错进行,能弥补"主攻型"配备的弱点。

(二)交换位置

比赛中的位置交换可以最大限度地发挥场上队员的特长,调动积极因素,加强攻防力量,以及弥补队员技术特点不一样,技术发展不平衡所带来的缺陷。当球一发出后,双方队员可以在本方半场内任意交换位置。

1. 封网队员的换位

封网是防守的第一道防线,是网上争夺的焦点,应把封网能力强的队员安排在网前。主攻队员如果拥有拦网技术的话,也可以在拦网位置上出现。

2. 二传队员的换位

当二传队员轮转到不在二传位置上时,可利用换位的方法调整到二传位置。当二传在后排时,可插到前排组织进攻,当二传在主攻位置时可平移到二传位置进行传球。在对方发球的情况下,可让二传队员不接球,在本方发球的情况下,可在发球后迅速换位。

(三)信号联系

技术的运用和战术的配合离不开相互间信号的联系,没有完善明确的信号系统来统一场上队员的行动,就不可能实现预定的战术意图,获得理想的进攻效果,还可能造成配合失误。不同的队伍有不同的信号联系习惯,这是在长期训练中形成的。

1. 语言信号联系

语言信号联系是指队员直接利用简明、扼要、准确的语言及时提醒队友和明确战术配合的联系方式。在比赛中,队员之间不说话,打不出较高的水平,互相之间有沟通交流可以时时把三个人的力量扭成一股力量,俗话说团结就是力量。但语言联系容易暴露本队的战术意图,并且如果队员思想、技战术不统一的话也容易出现急躁的情绪。

2. 动作信号联系

动作信号联系是指在发球以前或比赛过程中,采用代表一定战术的动作与同伴联络。动作信号要简单明了、迅速准确,以便于把握时机,因为每一回合的战机可能转瞬即逝。动作信号可以避免队员间不协调的情绪,但是对鼓舞士气的作用比较小。

(四)三人赛打法

三人赛具体的进攻战术组织形式,通常有二传组织进攻、一次传组织进攻、自传自攻等。合理运用这些组织形式可以组成各种各样、丰富多彩的战术。

1. 二传组织进攻形式

二传组织进攻形式是指接起或防起到位后,由二传队员把球传给进攻队员进攻的组织形式。该进攻形式必须经三人次击球,并由一名主要二传队员担任传球,表现出节奏慢、分工明确、便于组织、指挥集中、战术灵活的特点。该战术形式能较好地组织各种脚踏和倒勾进攻战术,并能充分发挥主攻队员的作用,广泛地运用于各种水平的队伍,是毽球进攻战术的基本组织形式。

二传组织进攻形式演示视频

2. 一次传组织进攻形式

一次传组织进攻形式是指某一起球队员充分利用两次击球的机会,第一次起球自我调整后,再把球直接传给进攻队员进攻的组织形式。该战术形式只需两人次三次击球过网,减少了二传环节，缩短了组织进攻的时间，所以突然、隐蔽、节奏快，经常被用作突然进攻和快速反击的有效武器。

3. 自传自攻组织形式

自传自攻组织形式是指接起和防起到位后，进攻队员合理运用二次击球机会，自己把球传到所需位置，自己把球攻入对方场区的组织形式。该战术形式只需二人次四次或二人次三次击球过网，并且减少了他人传球环节，这样一方面缩短了传球和攻球的衔接时间，加快了进攻节奏；另外自传自攻，传攻一体，不但便于组织，而且隐蔽性较强。

一次传组织进攻形式演示视频

自传自攻组织形式演示视频

五、毽球比赛规则

（一）场地

1. 场地面积

比赛场地采用羽毛场双打场地，长 11.88 米，宽 6.1 米。场地上空 6 米以内（由地面计算）和场地四周 2 米以内不得有障碍物。

2. 界线

比赛场地应画出清晰的界限，线宽 4 厘米，线的宽度包括在场地面积之内。较长的两条边界叫边线，较短的叫端线。连接场地两边线的中点与端线平行的线叫中线。中线将场地分为均等的两个场区。在中线两侧各画一条与中线平行的线叫限制线（此线包括在限制区内）。中线至限制线的距离为 2 米。

（二）球网

1. 球网的规格

球网长 7 米，宽 76 厘米，网孔 2 厘米见方。球网上沿缝有 4 厘米宽的双层白布，用绳穿起，将球网张挂在网柱上。球网必须挂在中线的垂直上空。球网为深绿色。网柱安在中线以外距边线 50 厘米处。

2. 球网的高度

球网的中部顶端距地面垂直高度为 1.60 米（男子），1.50 米（女子）。网的两端距地面的垂直高度必须相等，两端的高度与中间的高度相差不得超过 2 厘米。

（三）比赛队员的组成

（1）比赛队由 6 人组成，上场队员 3 人，其中队长 1 人（左臂应佩带明显标志）。比赛前，各队应将参赛队员（包括替补队员）的姓名、号码登记在计分表上。未登记的队员不得参加比赛。

（2）可因时、因地、因人制宜，增加单人、双人毽球赛，规则与 3 人制大体相同，计分可采取直接得分法。

（3）教练员和替补队员应坐在指定的位置上。

（四）场上队员的位置

（1）双方队员必须站在本方场区内。

靠近球网的两名队员从左至右分别为 3 号位和 2 号位队员，靠近端线的队员为 1 号队员。场上队员的位置必须与登记的轮转顺序相符合。

（2）发球的位置。

发球的一方，2、3 号位的队员在发球队员的前方，彼此间相距不得少于 2 米。球发出后，双方队员可以在本方场区内任意交换位置。

（3）每局比赛结束之前，队员的轮转顺序不得调换。

（五）暂停

(1) 比赛成死球时，教练员或队长可以向裁判员要求暂停。

(2) 暂停时，教练员可以在场地外进行指导，但场上队员不得出场，也不得与场外其他任何人讲话，场外人员不得进入场内。

(3) 每局比赛中，每队可以要求两次暂停，每次暂停时间不得超过 30 秒钟。某队在一局中请求第三次暂停，应判该队失发球权或对方得 1 分。

（六）发球

(1) 发球要求。

发球队员须站在本方发球区内，用手持球，将球抛起，用脚踢向对方场区，使比赛进行。发球队员必须在发球区内发球，在球发出后才能进入场区。发球时 2、3 号队员不得有任何掩护动作，否则，判由对方发球。

(2) 发球失误。

发生下列情况之一时，即判为发球失误：

① 队员发球时，踏及端线或发球区线及其延长线。

② 球未过网、触网或触及标志杆。

③ 球从网下穿过。

④ 球从标志及其延长高度以外过网。

⑤ 球触及任何障碍物，或在进入对方场区前触及本队队员。

⑥ 球落在界外。

⑦ 发球延误时间超过 5 秒钟。

⑧ 裁判员鸣哨后球坠落在地上。

(3) 当发球队失误时，应判失发球权，由对方发球。

(4) 重发球。

发生下列情况之一时，须重发球：

① 在比赛进行中，球挂在网上(最后一次击球挂网除外)。

② 在比赛进行中，毽毛和毽垫在飞行时脱离。

③ 在裁判员鸣哨之前发球。

④ 在比赛进行中，其他人或物品进入场区。

(5) 发球次序错误。

当球发出后，裁判员发现一队发球次序错误，则判该队失发球权，并恢复正确位置。如犯规队已得分，应取消该队因该次发球次序错误所得的分数。

(6) 轮转顺序。

① 某队取得发球权时，应先按顺时针方向轮转一个位置，然后由轮转到 1 号位的队员发球。

② 新的一局开始前，可以变换本队队员的轮转顺序，并填好位置表交给记录员。

（七）比赛进行中的击球与附加动作

(1) 每队在将球踢入对方场区前，在本方场区最多只能有三人次共击球四次。

(2) 每个队员可以连续击球两次。

(3) 不得用手、臂触球。但防守队员在手臂下垂不离开躯干的前提下，拦网时手球不判违例。

(4) 球不得明显地停留在队员身体的任何部位。

违反规则为违例，判由对方发球或得 1 分。

（八）触网

（1）比赛进行中，队员身体任何部位触及两标志杆以内的球网，均为触网违例。

（2）队员击球后，触及标志杆或标志杆以外的球网、网柱、网绳或其他物体，不为违例。

（九）进入对方场区和空间

（1）过网击球为犯规。

（2）比赛进行中，身体任何部位不得进入对方场区的空间。

（3）队员若用头攻球时，必须在限制线以外，但落地时两脚可落在限制线以内。防守队员在限制区内，头部无意识触球过网不判违例。

（4）在比赛进行中，除脚以外，身体任何部位不得触及中线。脚不得完全越过中线。

（十）计胜方法

（1）接发球队失误，应判对方得 1 分；发球队失误，则判由对方发球。

（2）某队得 15 分并至少比对方队多得 2 分时，则为胜 1 局。如比分是 14 比 14，比赛应继续进行，直至某队领先 2 分，方为胜 1 局。

第五节　射　　箭

一、射箭的发展历程

射箭有着悠久的历史，最初用于打猎和战争。最初的射手就是猎人，他们用弓箭捕杀动物维持生存，后来弓箭变成了战争中可怕的武器。公元前 5 000 年古埃及人就掌握了使用弓箭的方法。古代文明中，弓箭是使用非常普遍的武器。

现代射箭运动最早出现在英国，英格兰约克郡自 1673 年起举行的方斯科顿银箭赛，延续至今。1787 年英国成立皇家射箭协会，成为世界上最早的射箭组织。19 世纪初，射箭传入美国，1828 年成立费城射箭联合会。1844 年举办第 1 届全英射箭锦标赛。1861 年英国射箭协会成立，统一竞赛规程。1879 年成立全美射箭协会，同年在芝加哥举行第 1 届全美射箭比赛。1931 年，以英国和法国为主，成立了国际射箭联合会，同年在波兰的里沃夫举行了第 1 届世界锦标赛。在世界射箭运动中占优势的国家有美国、俄罗斯、韩国。

射箭运动在中国有着悠久的历史，考古发现，早在旧石器时代晚期就发明了弓箭。但是现代射箭运动却开展较晚。1949 年前，射箭只是武术项目中的表演项目。1949 年后，1955 年以前射箭仍然为表演项目，1956 年开始被列为比赛项目，1959 年才开始按照国际规则举办比赛。

二、射箭的锻炼价值

（一）射以养身

射箭是柔和用力的运动，所以适合男女老少，是可以终身从事的运动。射箭强调端身正体与直线对称用力，符合人体生理养生。射箭是非对抗性运动，以战胜自己为目标，不会因好狠斗勇而伤身。

（二）射以养眼

射箭讲求目容端正，而目光静若无人，动若射的（箭靶）。在野外射箭时，郁郁葱葱的大自然就是养眼的最佳环境，长期习射对眼力定有帮助。

（三）射以养气

射箭时要求声容静、气容肃。射箭用力柔和，从容安详，故呼吸始终深沉、顺畅。

（四）射以养胆

射箭时动作一气呵成，不能停顿迟疑，故可以培养果断的品格。古语云：练兵自练胆始，练胆自练气始，练气自练射始。

（五）射以养神

射箭除了技术熟练、稳定外，更重要的是注意力高度集中，始终将精神返回到自身上来，并贯注于目标；中不喜，失不恼，全心全意射出每一箭。

（六）射以养智

射箭只要有一把弓一支箭就可练习，非常简便，但涉及许多学问，如力学、空气动力学、材料学、人体运动力学和生理学、天文气候、地理环境、心理学等，追求射以养德的射道则更要学习传统文化。通过射箭又能直观而深刻地体会出抽象的道理，培养自觉、自律、自修的良好习惯，继而启发智慧，学以致用，身心受益。

（七）射以养德

射箭是修身的运动。《礼记·射义》："射者，仁之道也。射求正诸己，己正而后发；发而不中，则不怨胜己者，反求诸己而已矣。孔子曰：'君子无所争，必也射乎。揖让而升，下而饮，其争也君子。'"通过射箭，修正自己，同时培养恭敬礼让的品德。

（八）射以养美

世上最美的是自然美和内在散发的气质之美等。射箭运动中具备多种美：动作简单而自然之美，柔和用力之美，身体端正挺拔之美，气定神闲之美，从容果敢之美，坚毅之美，恭敬礼让之美，自觉互助之美，尊重生命之美，积极向上之美和"学而时习之，不亦说乎"的精神愉悦之美等。不惟习射者能享用到这些美，旁观者亦会为这些美而感动。

（九）射以养正

射箭能养身、养眼、养气、养胆、养神、养智、养德、养美，则人自然身正、心正；身正、心正，则自然为人中正，做事正直，是谓养正。

（十）射以养和

通过射箭，个人可以练就诚意、慎独的功夫，培养自觉、内省、坚毅、果敢、恭敬、礼让、中正等品德，达至身心合一、安详大雅的境界。

三、比赛场地与器材设备

（一）比赛场地

奥运会排名赛场地：一般设22个箭靶，宽度在150米左右，男、女分开进行排名赛。排名赛场地也是赛前、淘汰赛和决赛期间的热身训练场地，除22个箭靶以外，还应提供一定数量的10米距离的热身撒放箭靶。奥运会淘汰赛和决赛场地：淘汰赛阶段既可以采用一个场地共设4个箭靶的方案，也可采用2个场地各设2个箭靶的方案，但在决赛阶段，场地上只设2个箭靶，淘汰赛和决赛场地的周围要设观众席。按不同的功能，射箭场分为器材区、运动员休息区、比赛区几个区域。

（二）器材设备

1. 箭靶

射箭比赛用靶一般有方形靶（图11－170）和圆形靶（图11－171）两种，箭靶用稻草加麻布或其他适合的材料制作。箭靶的边长或直径不得少于4厘米，厚度一般在15～25厘米。箭靶要求结实耐用、软硬适度，使箭既易射入不受损又不易穿透或反弹、脱落。

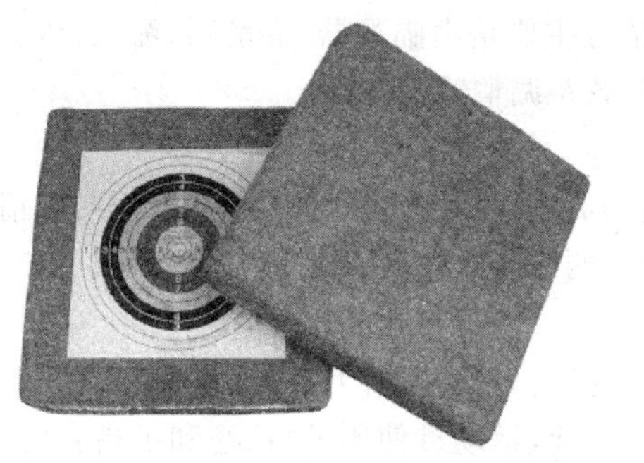

图 11－170　　图 11－171

2. 靶架

支撑箭靶的架子称为靶架(图 11－172),用木料或竹料制成,要求坚固,但不能对箭造成损伤。靶架斜放在终点线上,与地面垂直线的夹角约为 10～15 度,各环靶中心的高度距地面 130 厘米,均应在一条直线上。

图 11－172

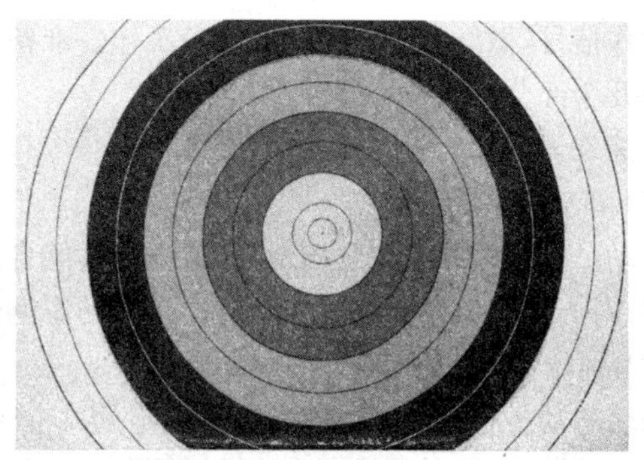

图 11－173

3. 环靶

射箭靶心环靶为圆形,直径 2 厘米,自中心向外分别为黄色、红色、浅蓝色、黑色和白色五个等宽同心圆色区。每一色区由一条细线分为两个同色的等宽区,这样就构成了 10 个等宽的环区,10 环区内有一个中心环线,称为内 10 环(图 11－173),用于评定一些环数相同的名次。分区环线画在高环区内,最外面的白色区外缘线,画在计分区内,线宽均不得超过 2 毫米,环靶中心用"＋"符号标出,称为针孔。"＋"符号的线宽不超过 1 毫米,环靶可用纸、布或其他适当的材料制成,但同一次比赛中,要求所有材料相同、规格统一。

4. 计时设备

射箭场地上应设置红、绿、黄三种颜色的信号灯,同时还有倒计时的数字钟(图 11－174),这种装置的正式名称为"计时器信号灯",简称"计时器"或"信号灯"。根据比赛赛制和比赛阶段的需要,计时器或放在赛场的两边,或放在运动员的前面。

图 11－174

5. 运动员设备

(1) 弓。

目前,射箭运动员使用的弓、箭器械是现代最新科技的成果,具有良好的性能。弓上可安装瞄准器,并允许安装稳定器或箭飞行防震器,但不准用作引弦瞄准,不能触及他物。一般来说,现代弓的种类可以分为复合弓、反曲弓，一把弓主要是由瞄准器、夹箭器、箭座、弓震吸收器、V型座、延伸杆、握把、V型平衡杆、中央安定杆、弦距调整器所构成。

(2) 箭。

箭包括箭头、箭杆、箭尾和箭羽，运动员在同一组比赛所使用箭支的样式、箭羽和颜色必须相同，每个运动员的每支箭上都应标明自己的姓名或姓名的缩写，以示区别。

(3) 其他装备。

运动员可戴一些护具，包括持弓手护指套(护手皮片)、护臂、护胸、射箭眼镜和太阳镜等，这些装备必须符合国际箭联规则。射箭比赛前，运动员使用的弓、箭和护指套(护手皮片)，必须经裁判检查符合竞赛规则方能使用。

四、射箭的基本技术

发射一支箭的技术程序，大致可分为准备动作、基本动作和结束动作三个部分。

(一) 准备动作

准备动作部分的主要任务：使注意力处于高度集中的状态，对射好一支箭或一组箭发出指令性动作信号，做好起射前的一切准备工作。准备动作分为审靶与选位、站立、搭箭、推弓、勾弦、转头等几个部分。

1. 审靶与选位

(1) 审靶。

运动员进入训练或比赛场地后，首先观察好自己所射的靶位，以及场地上的情况和周围的环境，并针对光线和风向等客观因素可能带来的影响做好思想准备。

(2) 选位。

每名运动员在起射线上应有自己固定的站立位置，最理想的位置是站在靶的中心线上。但根据目前的比赛规则，单轮比赛均采用同靶位三名运动员在同一时限内发射，运动员根据抽签的顺序决定站位，这样就出现了三种可能：中心在线、中心线前、中心线后三个站立位置，所以运动员又必须具备前、中、后均善射的能力。

2. 站立

图 11－175

(1) 平行式。

平行式又称侧立式，是射箭运动最基本的一种站立姿势，基本要求是：两脚开立同肩宽，站立在起射线两侧，脚稍外展，尽量紧靠靶的中心线(图 11－175)。

平行式采用人体的基本站立姿势，比较自然，能保证内脏器官的正常机能活动和使有机体保持长时间的工作能力，不易对躯干产生过分的屈曲和扭转。初学者和女运动员采用此种站立姿势比较合适。

(2) 暴露式。

暴露式又称开放式，基本要求是：左脚(左手持弓者)与起射线成 30～45 度角，右脚与起射线平行，脚尖靠靶心线。双脚分开大约与肩同宽，双腿分开大约与肩同宽，身体重心的 60%～70%分配于双脚拇指上，其余 30%～40%置于双脚脚后跟上，双膝关节固定不动，无论何射程均保持躯干正直(图 11－176)。

暴露式对加强拉弓臂的后背肌群用力有一定作用。因为这种站式在射箭时躯干扭转较大，参与工作的肌肉较多，所以必须使体重平均落于两脚，使两膝稳固不动，注意持弓臂指向及用力的主动性。

图 11－176

图 11－177

(3) 隐蔽式。

隐蔽式又称闭锁式，基本要求是：两脚分开站在起射线两侧，左脚(左手持弓者)与起射线平行并紧靠靶的中心线，右脚稍向后并取斜向站立，与靶的中心线约成 70 度角(图 11－177)。

隐蔽式对加强前撑力有一定帮助，对身体有一定的补偿作用，当弓举起后，人体的重心就发生向持弓臂一侧移动的变化，在这种情况下躯干稍右转(脊柱回旋)会对保持身体平衡有所补偿，减轻骶棘肌的负担，使身体保持正中位，有利于技术的发挥。但是不利的一面是容易造成持弓臂肩部的耸起，破坏前撑直线用力，并且造成弓弦打臂的错误动作。另外，采用此种站立方法对加强后背肌群的用力不利。

3. 搭箭

搭箭是指将箭杆放置于信号片下和箭台上，箭尾槽搭在弓弦箭口上的技术动作。搭箭的方法多种多样，这里主要介绍以下两种：

(1) 先将箭尾槽插入弓弦的箭扣部位，并将箭杆置于箭台上，然后把箭杆压入信号片下。

(2) 先将箭杆压入信号片下，然后将箭杆置于箭台上，最后将箭尾槽插入弓弦的箭扣处。

无论采用何种搭箭方法，每次搭箭必须采用固定的一种，并注意主羽片的方向在身体一侧。

4. 推弓

推弓位置是在弓的中心点，推弓点及推弓手施加到这点上的压力将对撒放时弓的运动方向产生巨大影响，错误的推弓点与推弓用力将会对射箭动作直线用力造成许多变化因素，从而影响箭的发射。

(1) 推弓的方法。

① 低推法。

推弓的施力点在大鱼际上，弓的压力落在桡腕关节上(图 11－178)。手部肌肉和桡腕关节周围肌肉的紧张程度可以相应减小。

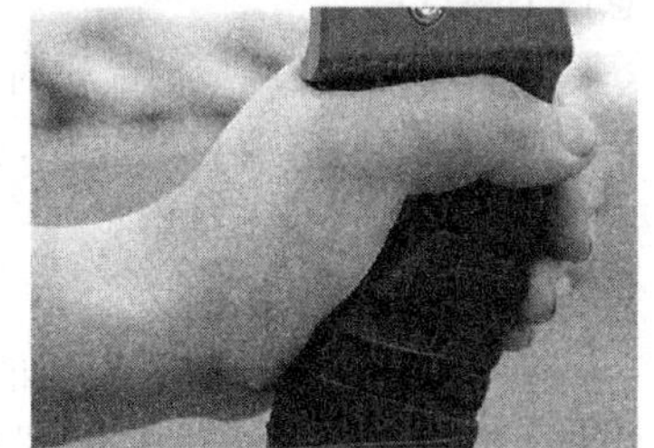
图 11－178

② 中推法。

推弓的施力点较集中在大鱼际的上端，与虎口相接近，桡腕关节略低于支撑点水平面(图 11－179)，此推法介于低推法与高推法之间，是运动员根据自身实际推弓感觉后进行上下的角度微调，最终确立的最佳适合推弓位置，从而达到推弓手感觉自然舒适，在射箭动作持续用力过程中保持弓臂和肩关节的稳定。

③ 高推法。

此种方法的支撑点与桡腕关节处在同一水平面上，即手和前臂形成一条直线，手掌不完全接触弓把，手指自然下垂保持手掌的水平姿势(图 11－180)。采用这种推法，在固定桡腕关节时需要较大的肌肉用力，推弓手容易出现不稳定情况，用重磅级弓的运动员不宜采用这种推弓方法。

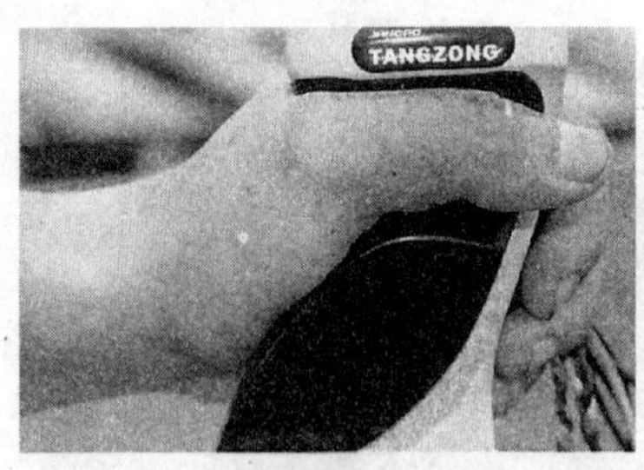

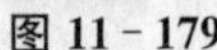
图 11 - 179

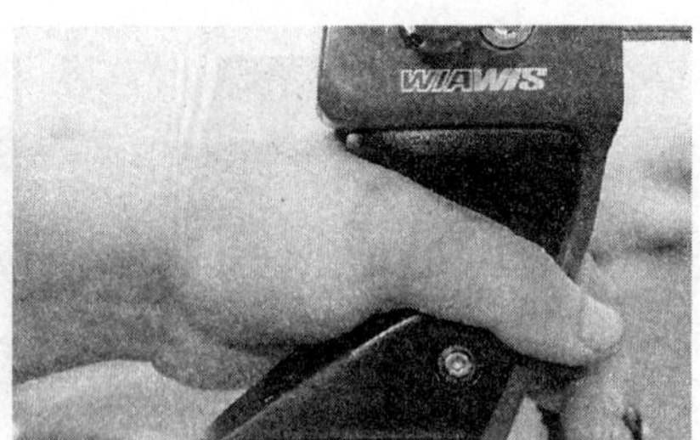

图 11 - 180

(2) 推弓的基本要求。

① 开弓后弓与手的压力方向应通过腕关节桡侧(尽量靠近关节中心)。

② 手指屈肌不要参与工作,并做到最大限度的放松。

③ 推弓的施力点要始终落在弓把的同一位置上,做到对位推弓。

5. 勾弦

勾弦动作由食指、中指、无名指完成,拇指和小指不参与勾弦(图 11 - 181)。为防止干扰,拇指应自然弯曲指向掌心,小指可自然弯曲或自然伸直靠在无名指上。手腕要放松,并同手背连成一条直线。手的其他部位必须处于最大限度的放松状态,否则勾弦手任何多余的紧张,都会给整个射箭动作带来许多不利的影响。

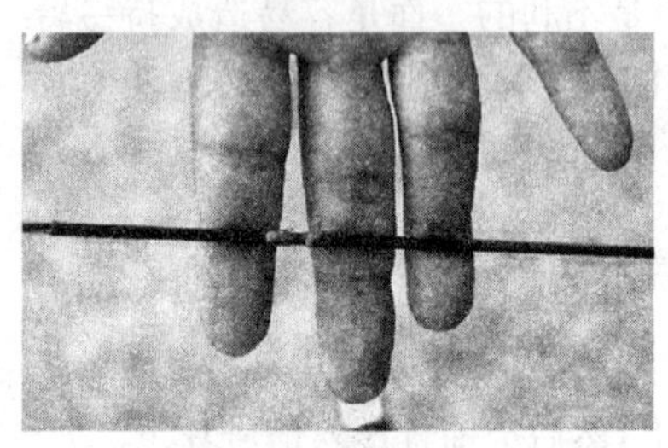
图 11 - 181

满弓时手指对弓弦最后的加压量,建议依次为食指大约在 30%,中指 50%,无名指 20%。然而,根据手和手指的大小不同,食指和无名指加压的力度可以变化。中指应承担拉力的 50%～60%的力量。

6. 转头

做好推弓和勾弦动作后,在保持身体姿势不变的情况下,头部自然转向靶面(图 11 - 182)。在选择头部最佳位置时,运动员除考虑到自己的特点外(如鼻子的高低、下颏的长短等),还要注意以下两点:

(1) 转头后眼睛应向箭靶自然平视。

(2) 颈部肌肉要自然放松,否则会对背部和肩带肌肉用力产生不良影响。

图 11 - 182

(二) 基本动作

基本动作是指在射一支箭的过程中,身体在完成主要动作时的活动状态,是射箭技术的核心动作。这部分动作总的要求是准确一致、轻松自然、稳健流畅、层次清楚、一气呵成、节奏明显。

1. 举弓

左手持弓,右手勾弦,头部自然转向靶面,眼睛平视前方,两臂举起,高度一般以使拉弓臂在眼睛的水平面上为宜,弓与地面垂直,箭要同拉弓臂的前臂连成一条直线,两肩自然下沉,调整呼吸,准星对准黄心或黄心垂直线上方的某一个固定位置。通常采用的举弓方法有两种:

(1) 高位举弓法。

弓举起后,眼睛、准星和黄心垂直线上方的某一点连成一条直线。举弓的高度一般与眼睛持平。这种举弓方法在开弓前两肩能最大限度地舒展放松,背部肌群也能预先拉长放松,对开弓和开弓后的固定姿势都是十分有利的。

图 11-183

（2）水平举弓法。

弓举起后，眼睛、准星和黄心连成一条直线。举弓的高度一般与下颌持平（图 11-183）。

2. 开弓

举弓稳定以后，利用两肩带肌肉的力量，采用前撑后拉的方法，以最短距离将弓拉开。开弓的具体方法，由举弓动作来决定，分为高位开弓法和水平开弓法。

（1）高位开弓法。

在开弓过程中，眼睛不要离开准星以检查准星是否偏离了靶心的垂直线，是否接近黄心，以使在弓弦到位的同时，准星也进入靶心。

（2）水平开弓法。

采用水平举弓法的运动员，就采用水平开弓的方法。在开弓过程中，除保持两肩沿水平方向用力外，准星始终不离开靶心。

开弓是射箭基本姿势动作的一个重要环节，因而应做到：

开弓要做到两准。拉距要准。开弓后，信号片应压在箭头的一个固定位置上，否则会破坏完成射一支箭整体动作的节奏。准星要准确进入靶心。弓开满（即弓弦到位）时准星瞄入靶心，不进行第二次移动瞄准。

开弓既要做到稳定又要果断。

稳定是指弓举起后要有一个稳定过程。在开弓过程中，也要保持这种稳定状态。

果断就是要大胆果断地将弓拉开，开弓时思想上没有任何顾虑，古人云“怒气开弓”，也有这方面的含义。

3. 靠弦

靠弦是勾弦手的定位方法。通常有两种靠弦法。

（1）靠弦的方法。

① 颌下正中定位法。

基本要求：拇指自然弯曲指向掌心，食指靠在颌下面，弓弦对正鼻、嘴和下巴的中央。这是一种基本的靠弦法。然而由于面部结构各有不同，在多数情况下此种靠弦法容易造成头部后仰或前倾。

图 11-184

② 颌下根部定位法。

基本要求与颌下定位法相同，只是开弓后弓弦靠在嘴右角处（左手持弓者）（图 11-184）。这种靠弦方法带有一定的补偿性质，一般用于前臂较短的运动员。采用这种方法可以加大锁骨和肱骨的角度，使前臂的纵轴更接近于射箭面，这有利于后背肌群的用力。

（2）靠弦技术注意事项。

① 头部自然不动，而是将弦主动拉靠。

② 合理调整好头部位置，固定视线角度，避免出现弦内瞄准。

③ 靠弦还包括弦线在胸前护胸的固定位置必须一致，如有变化说明身体姿势有错误，决不能忽视。

④ 靠弦的定位，其用力必须一次性到位，中间不能有调整过程。

4. 基本姿势的形成

靠弦到位基本姿势形成是射箭运动基本技术中的重要一环，是射好一支箭的基础。它是各部肌肉在开弓以后继续保持连续性紧张以平衡弓的张力，并且是各部肌肉持续正确用力的前提条件。

基本姿势形成以后，总的要求是身体端正，体重平均落于两脚之上；塌肩舒胸，动作层次清楚，左右用力对称；整个动作自然轻松，稳定持久。

5. 瞄准

瞄准是在基本姿势形成的同时，让眼睛通过弓弦的左侧和准星、靶心相吻合，连成一条直线，从而形成瞄准基线。适合青少年射箭运动员采用的瞄准方法为一次性瞄准法，即基本姿势形成的同时，准星也进入瞄准靶心，是理想的瞄准方法，此方法对身体姿势保持、用力不变、不停顿极为有利。

瞄准方法应是运动员依个人习惯，选择将瞄准视线通过瞄准器的准星，使视线焦点聚于靶面上（俗称“靶实星虚”，“星”指准星），或将视线焦点聚于准星上（俗称“靶虚星实”），目前多数优秀运动员选择运用“靶实星虚”的瞄准方式。

射箭瞄准是一定范围的瞄准，而非固定、精确的点的瞄准。为保持连续、流畅的动作，不应苛求瞄准，应允许准星轻巧、有规律地在靶心内呈圆形晃动。

6. 撒放

撒放动作是在瞬间进行的，其质量如何是决定箭命中好坏的重要因素之一，我国古代称其为“画龙点睛”，说明了撒放在射箭动作中的地位。

（1）动作要求。

推弓和拉弓所产生的两个相反的力要平衡、协调，以勾弦点为中心，左右均匀分开，持弓臂随箭射出的方向沿射击面向前运动，勾弦手沿射击面向后运动，形成了一个自然协调的动作。

（2）滑弦撒放。

撒放的方式，目前大多采用滑弦撒放。具体过程是：在持弓臂前撑用力的基础上，利用勾弦手三指肌退让的方式使弦滑离三指，由于后背肌群强有力的收缩，使拉弓臂形成复原的自然反作用力，所以当弓弦离开三指时，带动勾弦手沿射箭面直接向后运动。

滑弦撒放是一种理想的撒放方式，目前被世界上广大运动员所广泛采用。因为这种脱弦的方式和拉弓的用力是完全一致的，是拉弓用力的继续，它能最大限度地减少弓的能量消耗，使弓弦沿比较理想的轨迹将箭推出。由于它的动力主要是来自拉弓臂的后背肌群，当弓弦离开手指时，拉弓臂反射性地向后退回，使之成为一个很自然、舒展大方和协调的动作。

（3）撒放时机。

在正常情况下，信号片落下的同时，就是撒放时机的最后形成。射好一支箭很关键的一点就是能准确地捕捉撒放时机。当各部分动作已完全就绪、各部用力已到最佳状态、准星已稳定在要瞄准的位置上、呼吸已基本停止、全身处于相对静止状态、心理上已感到这时撒放一定能射中10环，以上各条件成熟的同时，信号片也正好响起。这些条件共同形成的时刻，就是撒放时机。

（三）结束动作

结束动作主要指撒放后的余姿。撒放后的余姿正确，可强化正确的射箭姿势，并起到承前启后的作用。余姿包括：动作暂留、信息反馈、收势三个部分。

1. 动作暂留

图 11 - 185

保持撒放动作结束时正确姿势不变，射箭术语称动作暂留(图 11 - 185)，暂留时间以 1～2 秒为宜。它不仅是维持身体姿势，而且要把正确用力表现出来，这不仅强化了正确的射箭姿势，而且可使正确的用力得到进一步加强，在一定意义上讲还可以控制箭的正确飞行方向。

2. 信息反馈

信息反馈在动作暂留里占有很重要的位置。在起射前的准备阶段已发出如何射好这支箭的指令性动作信息，当箭中靶，即刻进行反馈，及时总结这一支箭射的情况，并马上决定下一支箭如何射出。反馈得越快、越及时，效果就越好。

3. 收势

收势是指一支箭起射过程全部结束时，将弓放下，使身体恢复到站立时的姿势。在此过程中放松身心，排除比赛过程中产生的节奏情绪，开始做好射下支箭的准备。

五、射箭的基本训练方法

(一) 表象训练

1. 方法

在骨骼肌最大放松和注意力高度集中的基础上，严格按照射一支箭的动作程序和时间节奏，想象从站立、举弓、开弓与靠弦、瞄准、继续用力、撒放到离弦之箭直飞靶心为止。

2. 目的

建立条件反射，大脑皮层必须处于良好的兴奋状态，通过念动训练可以使动作表象在头脑中更加清晰。在此种情况下进行训练，可提高训练的效果。这是因为人在掌握动作技能的过程中，始终是受大脑控制而进行的。而表象训练正是大脑向机体发出指令前的预先动作设计和构思过程，并通过人的思维产生巨大的动作效应。

这种训练方法主要有以下作用：

(1) 能培养运动员集中注意力、有效控制分散注意力的能力。

(2) 用力感觉是射好一支箭的重要因素，通过表象训练，可以提高控制本体感觉的能力，使运动员有效地做出正确动作。

(3) 培养运动员的放松技能，可使运动员更好地控制情绪和主动放松。

(4) 可使运动员消除紧张情绪和恐惧心理，增强比赛信心。

(5) 表象训练是按个人理想化的动作进行的，这在实践射箭中是不容易做到的，因而它是建立最佳条件反射的最优方法。

(6) 赛前或训练前进行成功的表象练习，可使运动员逐渐恢复到最佳竞技状态。

(二) 利用橡皮条进行基本技术的训练

1. 方法

利用具有一定负荷量的橡皮条进行射一支箭全过程的训练。具体方法与表象训练相似，也可以说是借助橡皮条进行表象训练。

2. 目的

学习射箭动作技能，体会规范动作的肌肉用力的本体感觉，建立良好的条件反射和动力定型，也是比赛和训练前、中体会动作及寻找正确肌肉用力感觉的有效手段。每堂训练课的开始阶段安排一定数量的拉放橡皮条练习，让学生找出正确动作和肌肉用力的感觉后，再开始训练课基本部分的练习，会收到良好的效果。当动作感到不理想时，进行拉放橡皮条的训练，对完善技术动作和获得最佳用力感觉也能起到良好的促进作用。

训练时应与起射一支箭的时间节奏相同，每拉一次橡皮条一般不少于5秒钟。

采用这种训练方法进行训练时，最忌讳的是快于实际起射的节奏。采用此方法训练的主要目的是体会动作，如果快了就达不到体会动作的目的，古人讲要"开满多定"才能收到预期效果。

（三）完善基本姿势动作的训练（拉弓训练）

1. 方法

以拉弓为手段，是学习和强化技术动作及用力方法的训练。进行拉弓训练时，技术规格、动作程序和时间节奏必须按规范动作的要求进行。

2. 目的

学习动作技能，强化技术动作，体会正确的肌肉用力感觉，建立良好的动力定型和时间条件反射。

在每堂训练课的开始，拉放橡皮条训练之后，可安排一定数量的拉弓训练，使动作进入正常状态。待肌肉用力感觉比较清晰后，再进行基本部分的训练。

在每堂训练课的最后，安排部分延长拉弓时间的训练，这对初学者和拉弓能力差的运动员来说，可提高其拉弓的稳定性。

初学者要有较长一段时间的拉弓训练，要使其训练收到良好的效果，有两点必须注意：一是根据射箭运动规范动作的要求和运动员的形态特点，设计出一套较为合理的技术规格作为训练的标准；二是用20磅左右的轻弓进行拉弓训练，初学者力量都比较弱，如果使用较重的弓进行拉弓训练，容易形成一些错误的动作定型，以后再改需用较长的训练周期。

（四）撒放基本功的训练

1. 方法

在距靶5～10米处对靶进行射箭训练，可以不进行瞄准，但必须严格按射一支箭的动作程序、技术规格和起射节奏进行。

2. 目的

练习时没有命中目标的实际结果，因而不受箭中环靶的影响，运动员可以专心致志地体会动作和各部肌肉的正确用力，以达到建立正确的动力定型、完善与强化技术动作、调控技术状态的训练目的。

采用这种方法训练时，要特别注意在起射一支箭的过程中不能出现比对环靶实射时快的情况。因为它不符合条件反射的原理，达不到训练目的。部分运动员总感到撒放基本功和实射结合不起来，原因就在于此。

（五）在比赛射程上对草靶进行射箭训练

1. 方法

在比赛射程上对草靶进行实射训练，瞄准时准星大概瞄准靶的中心部位。

2. 目的

没有清晰的瞄准目标，而又受草靶的制约，箭又必须射到草靶上。运动员在一定的目标限制下，坚持对规范动作进行训练和体会肌肉用力的正确感觉。

在训练课的开始部分，射环靶之前，安排一定数量的这种训练，对进入良好的训练状态是有益的，它能起到承上启下的作用。在比赛前的训练中，安排一定量的这种训练，对适时地进入良好的比赛状态也是十分有益的。

（六）对环靶进行射箭训练（分化训练法）

1. 方法

在比赛射程上对环靶进行射箭训练。若干支箭射在一个靶面上，从箭的中靶位置可显现出运动员的技术状况。

2. 目的

起射环靶，对技术动作质量提出了更高的要求。命中效果的显现，使心理负荷开始增大。在训练时箭中靶的作用只是作为对技术动作的一种反馈信息。

运动员通过这种训练，可以根据箭命中环靶的位置，对技术动作进行鉴别。命中高环区的箭是什么样的技术动作和用力感觉，命中低环区的箭是什么样的技术动作和用力感觉。这样经过一段时间的反复训练，运动员就可以分化出什么样的技术动作和用力感觉对自己来讲是正确的，什么样的技术动作和用力感觉是不正确的。运动员通过这种训练就可以明确，在训练中该强化什么，使训练获得实效。

（七）对环靶进行射箭训练（强化训练法）

1. 方法

在比赛射程上对环靶进行射箭训练。

2. 目的

通过分化训练法，明确了什么样的技术动作和肌肉用力能射进高环区。现在就要用这种训练方法来强化它，向技术动作要高环数。这是从比赛需要出发，提高竞技能力的有效手段。

用射高环区的技术来起射每一支箭，经过多次反复训练，使正确的技术与精确的命中建立起牢固的联系，不断推进技能的提高。

采用此方法进行训练时，学生的注意力都集中在动作和用力上，这就有效地减少了外界干扰，对发挥自己的技术是十分有利的。

六、射箭的竞赛规则

射箭是用弓把箭射出并射中预定目标，打在靶上的技艺。射箭比赛的胜负是以运动员射中箭靶目标的环数计算的，命中靶的箭越靠近中心，所得环数越高。

（一）比赛赛制

奥运会射箭比赛采用单淘汰赛赛制，比赛时间为 6 天。

1. 个人赛

个人赛分为排名赛、淘汰赛和决赛 3 个阶段，射程均为 70 米。首先进行排名赛，男、女各 64 名运动员，每人射 6 组箭，每组 6 支，共 36 支箭；休息 10～15 分钟之后，按照上述程序再射一遍，共 72 支箭。并以这 72 支箭的累积环数排出男、女第 1 至 64 名选手的名次，按照射箭规则淘汰赛配对表进行配对，如第 1 名对第 64 名，第 2 名对第 63 名，依此类推，进行淘汰赛。淘汰赛每名运动员射 12 支箭，分 4 组进行，每组 3 支箭，每箭 30 秒，采用一对一交替发射的方式，胜者进入下一阶段比赛，最后决出 8 名运动员进入决赛。决赛时运动员的发射方法、箭数和淘汰赛相同，最后决出冠、亚军。

2. 团体赛

团体赛分为淘汰赛和决赛两个阶段。每队 3 名运动员，射程均为 70 米。根据个人排名赛中每队 3 名运动员的成绩之和排出男、女团体第 1 至 16 名的队进入团体淘汰赛。每队共射 24

支箭，分4组。每组6支箭，每人射2支，限时2分钟。先发射的队射3支箭（每名运动员轮流各射1支箭）后，计时钟暂停并保留剩余时间，同时，另一个队的计时钟启动，按同样方法射3支箭。然后，先发射的队在剩余的时间里再完成3支箭，接着，后发射的队按同样方法完成这组箭的发射。获胜队进入下一阶段比赛。决赛发射方法、箭数和淘汰赛相同，最后决出冠、亚军。

（二）比赛发射规定

由于射箭项目具有一定的危险性，故对不同射箭比赛的发射有各种明确的规定，如除身体残障或坐轮椅的运动员外，发射时双脚必须分跨在起射线上，或双脚同时踏在起射线上。比赛场内，除了在规定的练习时间或在发令长的信号指挥下，运动员在起射线上可以正对靶的方向外，其他时间不得向其他方向开弓。比赛时，除轮到发射的运动员外，其他人一律不得进入发射区。

（三）计分判环规定

计分方法：射箭比赛的环数也称分数，报环也称报靶或报分。确认淘汰赛和决赛的环值时，裁判员按降序报分，计分员和运动员代理核实计分表上的成绩。其具体的计分方法是：射中最外面的白色环区得1分，射中内黄心得10分。

如果某一箭命中位置触及两个颜色的环区或箭杆触及环线时，被记为高分。如果某一箭正好射在靶面上某一箭尾上，则按已中靶箭的环值得分。如果某一箭射穿了靶面，或者射中靶面后反弹落地，根据该箭在靶面上留下的中靶点或未标箭孔计分。无论是否射中箭靶，箭在越过3米线以外就被记分；如果箭不慎落地，但箭杆的一部分落在3米线内，裁判员判该箭为未射出，运动员可再射一支箭。

（四）判环规定

判环依据箭的箭杆在靶上所嵌位置记录环（分）数。所有报分、计分、判环均应在拔箭前进行。记录后，运动员或代理人应标出已射中的箭的箭孔。当箭太靠近环线、靶上出现特殊情况（如穿箭等）或本靶运动员对所报环数有异议时，必须请裁判员判环。对于裁判员判环，规则也有明确规定。如：箭杆触到环线，判高环；如果箭射到了已中靶的箭后又射中其他地方，则按最终着靶的位置判环等。

（五）犯规处罚

射箭比赛，犯规的主要处罚包括口头警告、黄牌警告、红牌警告及相应的扣环、取消比赛成绩等。口头警告为轻微犯规；黄牌警告也属轻微犯规；红牌警告为严重犯规。团体比赛时，当运动员无视黄牌警告，继续发射，裁判员出示红牌，并扣除该队在本组环数最高环值的得分。除此以外，运动员使用不符合国际箭联规定的器材、弄虚作假、服用兴奋剂等，都要受到取消比赛成绩的处罚。

思考题

1. 试述学习太极拳有哪些锻炼价值。
2. 民族民间传统太极拳有哪些主要流派？并简述其主要特点。
3. 散打的基本腿法有哪些？如何进行练习？
4. 练习跆拳道需要注意的事项有哪些？
5. 毽球运动怎样才能更好地开展？
6. 射箭的基本训练方法有哪些？

延伸阅读书目

[1] 全国体育院校教材委员会.中国武术教程[M].北京：人民体育出版社,2004.

[2] 中国国家体育总局.中国体育教练员岗位培训教材：武术(散手)[M].北京：人民体育出版社,1999.

[3] 罗时铭.传统射箭史话[M].北京：社会科学文献出版社,2016.

[4] 田麦久,蔡睿.飞镖与射箭运动[M].南京：江苏科学技术出版社,2013.

参考文献

[1] 罗红元,古岱娟.太极拳技理与训练[M].2 版.广州：广东高等教育出版社,2004.

[2] 人民体育出版社.太极拳全书[M].北京：人民体育出版社,1988 年.

[3] 武冬.24 式太极拳入门与提高[M].太原：山西科学技术出版社,2001.

[4] 徐志平,孙刚.散打[M].北京：高等教育出版社,2005.

[5] 王智慧.现代散打技法[M].北京：人民体育出版社,2005.

[6] 中国射箭协会.中国青少年射箭训练教学大纲[M].北京：北京体育大学出版社,2015.

[7] 中国射箭协会.射箭竞赛规则[M].北京：北京体育大学出版社,2014.

第十二章　休闲娱乐运动

第一节　台　　球

台球源于西欧。1510年台球出现在法国，法国国王路易十四在凡尔赛宫玩的台球是“单个球”(single pool)，在桌上放一个用象牙做的拱门(port)和一根象牙立柱叫“王”(king)，用勺形棒来打球，把球打进门或碰到王便可得分。由于国王路易十四的御医建议他餐后做台球活动来健身，所以在17世纪，台球在法国逐渐风行起来，这可能就是台球起源于法国的根据。据说台球活动初始是在户外地面上挖洞，把球用木棒打进洞内的一种玩法，后来才从室外改在室内桌子上活动。

台球是一项在国际上广泛流行的高雅室内体育运动，是一种用球杆在台上击球、依靠计算得分确定比赛胜负的室内娱乐体育项目。台球多种多样，有中式八球、俄式落袋台球、英式落袋台球、开伦台球、美式落袋台球和斯诺克台球，其中斯诺克最为普遍，已成为一项比赛项目。在中国，台球也叫桌球(港澳的叫法)、撞球(台湾的叫法)。现在的台球都是用合成树脂做的，主要有聚酯、不饱和聚酯、酚醛树脂、脲醛树脂等品种。不同材料的价格和档次相差很远。国际比赛的标准用球是用酚醛树脂做的。

一、台球的基本技术

(一) 握杆与身体姿势

1. 握杆

(1) 球杆重心。

拿到球杆时，你首先要了解球杆的重心位置，然后由重心点向杆尾处移动约40厘米，这段距离内握住球杆是比较合适的。

当然，根据主球离库边的远近，需要不同力度出杆等情况，握杆的位置可以偏前或偏后。比如：主球贴库时，要握接近杆的重心位置；主球较远时，可以握杆靠近尾部的位置；如需要大力击球时，握杆手亦可以往后握，以加大握杆和出杆的距离，便于发力。

(2) 握杆方法。

握杆的方法正确与否直接影响到出杆的好坏。正确的握法是拇指和食指在虎口处用轻力握住球杆，其余3个手指要虚握。这样握杆的优点在于保证手指手腕和整个手臂适度放松，便于肌肉能更协调地工作；另外，手指、手腕和整个手臂的适度放松，有利于手指、手腕和整个手臂在运杆时的流畅，充分地感觉出杆触击球一刹那间杆头与球撞击的效果，给手指、手腕以及手臂肌肉更丰富的信号，便于正确掌握技术动作以及及时发现和纠正训练过程中出现的动作错误。握杆时手腕要自然垂下，既不要外翻，也不要内收。一个正确的手腕位置对于一位球手的成功十分重要，但这并不意味着所有优秀的台球选手握杆时手腕位置都是一模一样的。戴维斯和亨德利的手腕位置就各有不同，戴维斯的手腕要稍向外些，亨德利的手腕则是平直的。一般来讲，握杆时的手腕位置有差异，是由如下因素决定的：手腕和手臂在解剖结构上有所差异；个人长期养成的不同的用力习惯；握杆的方法、肘部位置、肩部位置、身体姿势、站位有所差异。总之，在台球训练中，应当时刻注意"手腕位置要自然垂下，既不外翻，也不要内收"的基本要求，这个基本要求不是绝对的，而是有一个限定的范围。

斯诺克选手应比美式台球选手更重视这一要求，因为斯诺克台面大，袋口相对球而言比美式台球小，所以对准确性的要求更高。

2. 身体姿势

击球的方向是由站位和身体位置来决定的，保持正确的身体姿势有助于完成正确的击球动作。

(1) 站立位置。握好球杆后，面向球台向用主球击打目标球的方向直立，球杆指向主球，握杆手置于体侧，同时对击打目标球的下球点和主球将要走的位置进行确定。

(2) 脚的位置。当身体位置确定后，握杆的手保持在体侧不动，以右手握杆为例，左脚向左侧前方迈出一小步，与脚距离大约与肩同宽。左腿稍微弯曲，右腿保持自然直立。

(3) 上体姿势。站好脚位置后，上体向右侧转，并向下弯身，使肩部拉起，上体前倾，与台面接近，头微微抬起，下颌正中部位与手或球杆相贴，双眼顺球杆方向平视。

(4) 面部位置。尽量使球杆保持在额头中轴线上，双眼保持水平前视，使面部之中线与球杆和右臂处在一个较为垂直的平面上。

(二) 站位与击球

1. 站位

正确站位有助于完成正确的击球动作。右手握杆，以右脚为轴，左脚略向侧前方迈出一步，两脚分开不宜过大，身体保持平衡。身体位置与球杆的关系：保持上体前倾，脸的中心保持在球杆之上，架杆的手臂肘关节充分伸展。架杆手的位置应与本球保持约 15 厘米距离。

站位要点提示：

(1) 两脚略前后分开，处在合理位置。

(2) 身体保持平衡。

2. 击球

以肘部作为支点，像钟摆一样前后晃动，球杆向前移动时要平稳，直线前移，不宜上下左右晃动。肘的动作要像一条链，前臂像一个钟。

击球时以肘部作为支点，像钟摆一样前后晃动。击球时球杆要平稳，直线前后移动。

击球动作要点提示：

(1) 以肘关节为支点，前臂自然地前后摆动。

(2) 球杆平稳地直线前移。

(3) 出杆击球时不能上下左右摆动。

架杆的手臂肘关节充分伸展，架杆手的位置应与本球保持约 15～20 厘米距离。出杆击球要点提示：

(1) 出杆击球前，球杆略有停顿。

(2) 瞄准目标球时全神贯注。

(3) 出杆击球要有自信心。

(4) 面部保持向下。

3. 击球杆法

台球的击球杆法是指台球击球时，使球得分或落袋所使用的正确撞击方法。

(1) 跟球杆法。

用撞点为中上部的杆法击球。本球碰撞目标球后，目标球被撞走，本球随之向前行进。

(2) 缩球杆法。

用撞点为中下部的杆法击球。本球碰撞目标球后，目标球被撞走，本球随之向后行进。

(3) 反弹球杆法。

反弹球杆法是利用碰岸后反弹使球落袋。它是落袋台球比赛的基本技术之一。因为落袋台球要求打指定球的时候多，所以使用反弹球的机会也较多。

反弹球的原理，与前面讲过的碰岸打法一样，应用入射角与反射角的原理。

(4) 薄球杆法。

打薄球是比较难的技术，若打得不正确，碰撞得太厚或太薄，本球就不能沿着正确路线行进。

瞄准方法是将本球与靠近目标球边缘连成线，以目标球侧面不到一个球的地方为瞄准点，然后对着本球撞击。这时可采用中下杆打法，这种杆法可避免乱出杆，它比逆族打法更能防止碰撞目标球太厚。

(5) 空岸球杆法。

空岸球是指本球先碰岸一次，然后再碰撞目标球。它的基本原理是以撞击本球的中心，使入射角等于反射角。

(6) 贴岸球杆法。

当球贴岸时，应离开球的半径瞄准，使主球在撞击目标球时也撞岸边，即可送球落袋。

(7) 综合撞击杆法。

本球瞄准目标球撞击，被撞击的目标球又撞击另外的目标球，并使其落袋，叫综合撞击。

基本瞄准方法是将袋口前的球，与本球先碰撞的目标球，通过两球中心连结成的延长线，用本球碰撞即可落袋。

(8) 扎杆杆法。

扎杆是使球杆立起来撞击本球的一种击法，属台球的一项高级技术。扎杆前先靠近球台，两脚稍微分开，上体略前倾，脸部比杆稍向前些，面颊内收，将球杆立起约 70 度，击球时从球的上方给球以逆旋的力，使本球沿着弧线运动的同时，还向前移动。

扎杆的撞点范围应在球的 6/10 同心圆内。

二、台球基本技术的练习及应用

技术运用就是控制母球，当你打这一杆球的时候，就得把母球走到好打下一杆球的位置，也就是人们所说的走位。

(一) 无旋转的走位

这个时候主要是击球点的选择、目标球所进的袋的选择和力度的控制。母球碰到了目标球以后，会按两球的切线方向反弹。

当目标球离袋口较近的时候，击球点的选择就相应会多一点，你可以利用这一点来走母球的位，看看反弹以后会向哪里走。

同样一个球，你可以进中袋，也可以进底袋，这个时候就应该选择击打以后母球能走到下一个球位的那个袋口，当然，这样可能会给击球带来一点难度，所以击球一定要准。

击球的力度也是决定母球会最终停在什么地方的一个关键，在选择击球角度的同时有一个力度控制，你可以调节它，选择不同的力度，而当你打熟了以后，一般都是以手感来控制那个力度的，这个只要多练就可以了。

（二）旋转球的走位

1. 低杆

大家都知道当击球点在中点下面的时候，母球击打到了目标球后会往后退，一般来说，击球点越往下，退得就越多。

当然，仅仅这一点是不够的，还得配合上角度（角度是指球杆与桌面的夹角），那么加多少角度才合适呢？加了角度以后，母球又会怎么走呢？应该加多大的力度来配合呢？这里有一个力度的合成和衰减的问题。

(1) 当母球击打的是目标球的正中的时候，若力度的衰减不大，那么角度越大退得就更远；若力度衰减较大，那么旋转的衰减也相应较大，这个时候，就算是加上大角度也会因为旋转的衰减而退不动了。

实战中是这样的：近球加大角度退得较远，远球加角度（一般在 30 度左右）退得较远（这里是指的全退＋大力而言，若不是全退，那么角度会有相应的变化，击球点越靠近中点角度相应要调大一点）。

(2) 当母球击打的是目标球的侧面的时候，角度是以 45 度为分界的。具体的理论如下：母球击打目标球以后，全退加 45 度角，若无力度的衰减，母球会向两球的中心连线方向反弹；角度小于 45 度，会向母球前进的方向偏出；大于 45 度，会向反方向偏出。击球点偏向中心点越近，偏出就越大，力度衰减越大，向母球前进方向偏出就越大。退的力度会因为击球点的不同而不同，击球点越薄，反弹的分力越小，退得自然就不远，越厚就越远，当然有力度的衰减相应退得就不够远，这个大家可以细细去体会。

2. 高杆

当击球点在母球的中点上面的时候，母球击打到了目标球以后，会往前跟，击球点越上，跟得就越多。

(1) 击打目标球的正中的时候，角度的大小和力度的衰减原理同上，这里不再赘述。

(2) 当母球击打的是目标球的侧面的时候，全跟加角度，母球就会向切线的方向前进，例如，全跟加 30 度，那么母球前进的方向就是和切线的 30 度角。当然这里还得考虑力度的衰减和摩擦力，会有小小的偏差。

(3) 若目标球的前方还有一个球挡住，由于那个球的反弹，而你现在又是加的大角度，跟进的速度较快，就会有两次击球的机会，这就是为什么两个相贴的球会在加大角度的情况下两个球都一起进的原因，大家可以在实战中去体会。

3. 偏杆

当击球点在中点的左边或是右边的时候，母球碰到库边会向相应的方向反弹。击球点偏左的时候，碰到库边就会向左边跑，击球点偏右的时候同理。由于是碰到库边有个反弹力，再加上偏杆让球产生旋转和库边产生的摩擦力，这个时候母球走的方向就是两个力的合成的方向，这里同样有个力度的衰减的问题，基本原理同上面的旋转相同。所以这就是为什么加大角度有时候反而没有加小角度碰到库边反弹的角度大的道理。所以，打偏杆的时候，你可以试试加大力再加小角度的偏杆，会有惊人的偏转。

4. 勾球

勾球是指母球碰到库边反弹再击打目标球的击球方法。

(1) 基本理论是入射角等于反射角。在这里要说明的是，反弹的线是按和库边相差半个球位来计算的。

(2) 当母球吃库反弹的时候(即碰库边反弹),高杆和低杆会有所衰减,但是还是能跟进和退回,所以勾球的时候,是可以加上高低杆的。

(3) 高低杆和偏杆的结合。高偏杆吃库后碰到目标球会按目标球前进的方向跟进。低偏杆吃库后碰到目标球会按目标球前进的反方向反弹。掌握好了以上几点,你就可以随意地把母球走到你想要走到的位置了。建议有时间去打打九球,因为九球的走位要求较高。

三、台球的基本战术

(一) 进攻

进攻就是为了一杆接一杆地打球,直到打进最后一个球为止。这里说说进攻的注意事项:

1. 击球的次序

击打的次序一定要想好,先打什么球、后打什么球对你最后能不能收台起决定性的作用。主要有以下原则:

(1) 好打的球若不是作为现在过渡的需要,尽量留到最后再打,因为当你需要炸球的时候,这个球还可以给你过渡一下,让你的击球多一个选择,尽量减少难度。

(2) 封住了对方球路的球,最后打。

(3) 利用好打的球把不好打的球踢到更好打的位置。

(4) 要懂得什么球是作为过渡的,应该什么时候打,这样,就可以做到心中有数了。

2. 母球的走位

一个球会有很多的走位的方法,首选的应该是不加旋转的走位,因为那样可以确保准度,也可以节约时间。当然,一个球的走位有好多种方法,你必须在最短的时间里做出选择,不要左右徘徊。

若是没有必要,尽量不要让自己的母球碰到对方的球,以避免碰到对方的球以后拦住了自己的目标球或是把自己的母球碰到了很难击打下一个球的地方。当然,要是你知道碰到对方的球以后母球会到什么位置或是对方的球会到什么位置,那么你可以放心地打。当你的球在对方的空位里穿进穿出而把自己的球清台的时候,那种感觉真的是美妙极了。

3. 边打边踢,尽量给自己创造能踢球的机会

(1) 炸球,就是利用自己打的这一杆球,把一些本来打不到的球碰开。这里要说明的是,好多人都是全力炸球,这有一些运气的成分,有时候其实不用太大的力,你只要轻轻碰出其中的一个,再利用那一个球又去碰开其他的球,这样就步步都在你的掌握之中,不会出现模糊走位。对运气成分的依赖越少你的水平就越高。

(2) 把自己的球轻轻地碰到袋口附近,这样可以减少难度,进而减少失误。

(3) 有些袋口(比如说右上袋)有一定的难度,如果有可能,你也可以把需要打那个袋口的球碰到更好打的袋口,当然这里对力度、角度的要求较高。

(4) 对方的球封住了自己的袋口,可以想办法把它踢开,或者干脆帮他打进去,给自己的球开路。

4. 思路一定要开阔

(1) 好多人打球的时候看不到母球吃两库走位,即打了目标球以后,碰两次库边再走到下一个球的位置,这种球就需要多看多练,有现实中打球经验的人对这一点掌握得都比较好。

(2) 走位尽量走到可以同时选择击打几个球的位置,这样就算是你走位有失误也会有其他的球可以再过渡一次。

（二）防守

防守是为了让对方增加击球的难度，进而会失误，给自己提供更好的击球机会。进攻是先发制人，那么防守就是后发制人，这需要一定的耐心。

1. 什么时候应该防守

（1）当你没有把握清台的时候，请不要先把好打的球打进，先防守。因为你的球越多，对方的球路被你的球挡住的可能性越大，对方失误的可能性也就越大。

（2）你的球都有一定的难度，有些球和对方的球贴在一起，双方都要碰散那些球才可以继续击打，而你又实在想不出办法的时候，就先防守吧，把这个难题给对方。

（3）当你的球有一定难度，正好这个时候可以给对方做一个斯诺克，请防守。

（4）当对方给你做了一个斯诺克，你这个时候又正好可以给对方做一个更难的斯诺克的时候，请不要救你的球，反做对方一个。

2. 怎么样防守

（1）给对方做个斯诺克。

（2）让对方虽然能打到球，但是难度很大，或者根本就没有下球的线路。

（3）把自己的球打到洞口附近，封住对方的球路。

（4）让对方能打到一些简单的球，但是却不能利用那个球过渡，进而无法连续击球。

好多人不会防守，不知道什么时候该防守，甚至有时候是看到球打了再说，所以，也成不了高手，真正的高手知道什么时候应该防守，什么时候应该进攻。就算是有好打的球他也可能不打，因为这个时候做球防守更重要。这就要多打积累经验才行，所以水平差不多的选手，经验多的胜机大。

四、台球的价值

台球的好处在于健身兼健脑。如果说，棋类运动考验的是人的智能，田径运动挑战的是人的体能，台球运动则是力与智的结合，台球融入了数学和力学的知识，加上不同的杆法、战术、谋略，既是一种身体的运动，更是一种思维的训练，真正融艺术、技术和体力于一体。除此以外，学习台球，还可以修身养性。台球是一门高雅的艺术，从事这一运动，必须举止文明、行为良好，着装整洁，遵守规矩。不能高声喧哗，不能吃零食，不能吸烟，不能留下垃圾，东西用完要归位，球杆用完要架好。总之，台球运动可以促使人养成良好的行为习惯，成为一位受欢迎的文明人。

第二节　高 尔 夫

一、高尔夫概述

“高尔夫”是 golf 的音译，由四个英文词汇的首字母缩写构成。它们分别是：green，oxygen，light，friendship。意思是“绿色，氧气，阳光，友谊”，它是一种把享受大自然的乐趣、体育锻炼和游戏集于一身的运动。高尔夫运动是一种以棒击球入穴的球类运动。

高尔夫运动在室外广阔的草地上进行，设 9 或 18 个穴。运动员逐一击球入穴，以击球次数少者为胜。比赛一般分单打和团体两种。

（一）高尔夫的起源与发展

1. 高尔夫的起源

关于高尔夫的起源问题，长期以来一直有种种不同说法。在这一问题上产生了很多古老神秘的传说，为高尔夫运动增添了一些朦胧的色彩。根据最早的文字记载，高尔夫出现在苏格兰。1457年3月，苏格兰国王詹姆士二世颁发了一项完全停止并且取缔高尔夫的法令，因为这项消遣性极强的运动妨碍了苏格兰正常的军事射箭演练，而作为苏格兰“国术”的射箭是当时最重要的军事操练活动。现代高尔夫运动诞生于苏格兰的圣·安德鲁斯，那里至今还保存着与现代高尔夫球场相同的古老的高尔夫球场。而且高尔夫球场无论建在世界何地，均必须仿照最初玩高尔夫球的苏格兰特有的生长着草丛的海边沙地进行铺设，既要有平坦的沙滩和葱绿的草皮，又要有一定的起伏和沟壑溪流。设在海滨的现代高尔夫球场仍袭用苏格兰语的称谓，称球场为林克斯(links)。世界上第一家高尔夫球俱乐部设立在苏格兰的爱丁堡，最有名气的高尔夫球俱尔部——圣·安德鲁斯皇家古代高尔夫球俱乐部也在苏格兰。世界上第一家女子高尔夫球俱乐部也建于苏格兰。此外，高尔夫球运动最初的规则是由苏格兰的爱丁堡高尔夫球俱乐部制定的。

2. 高尔夫的发展

从1457年至今，高尔夫运动已经从英伦三岛之一的苏格兰流传到世界各地，历时500余年而不衰。该项运动是典型的男女老幼咸宜的“绅士淑女”运动，19世纪从英国传入印度、澳大利亚、新西兰、加拿大、南非、泰国和美国。高尔夫在1900年和1904年奥运会上曾被列为比赛项目，但不算奥运会的正式项目。从1953年起，职业运动员每年举办一次世界杯赛。业余运动员男子从1958年起，女子从1964年起每2年举办一次世界锦标赛。

这项运动于19世纪末传入中国。1931年，中国、英国和美国商人合办高尔夫俱乐部，在南京中央体育场附近开辟了高尔夫场地。1984年以来，我国与外国合资，先后建设了多个高尔夫球场。1986年1月，我国首次举办了“中山杯”高尔夫邀请赛。目前高尔夫运动正在我国流行起来。

（二）高尔夫运动的锻炼价值

高尔夫运动是一项亲近与爱护大自然的运动，让参与运动的人在大自然中得到最大的释放。同时高尔夫运动需要运动者极大的耐心，一场球约3～4个小时，需要保持高度的注意力，关注动作节奏的连贯和一致，尤其注重身体的协调性、稳定的节奏感，上肢力量和身体的柔韧性。另外，高尔夫的18个洞走下来差不多也有近7 000米的距离，也属于有氧运动。由于高尔夫球场一般都被大量的绿色植物覆盖，空气中的氧含量较高，空气新鲜，对于长期生活在都市中的上班族，无疑是一个排毒的好机会。相对于跑步、室内健身，高尔夫更具有天然的运动优势。

（三）高尔夫的场地和设备

1. 高尔夫场地

高尔夫球场呈带状，铺设在一片开阔地上，球洞也挖在一块平整的草坪上，用一个标志旗示意球洞所在。各球洞因地形变化而出现不等的距离，通常将此不等的距离分成长、中、短三种。18个球洞，长、短距离的球洞各有4个，中等距离的球洞有10个。球场的球洞大部分有4个三杆洞、10个四杆洞、4个五杆洞。

高尔夫场地一般由会馆、发球台、球道、果岭、障碍区等部分组成(图12-1)。

(1) 会馆。

会馆多设于球场的入口处，是为球员提供休息、更衣、餐饮的场所。会馆前设有停车场，并且一般常设置可供球员登高远望的观景点。

(2) 发球台。

发球台是每个球道发球的开始，一个球道常包括3个远近不同的发球区，分别为女发球区、男发球区及比赛发球区，有时也将3个发球场合并成一个大的发球区。发球台的形状多种多样，以长方形、正方形、椭圆形为常见，另外还多用半圆形、圆形、S形、L形等。一般面积为30～150平方米，较周围高0.3～1.0米，以利于增加击球者的可见度。

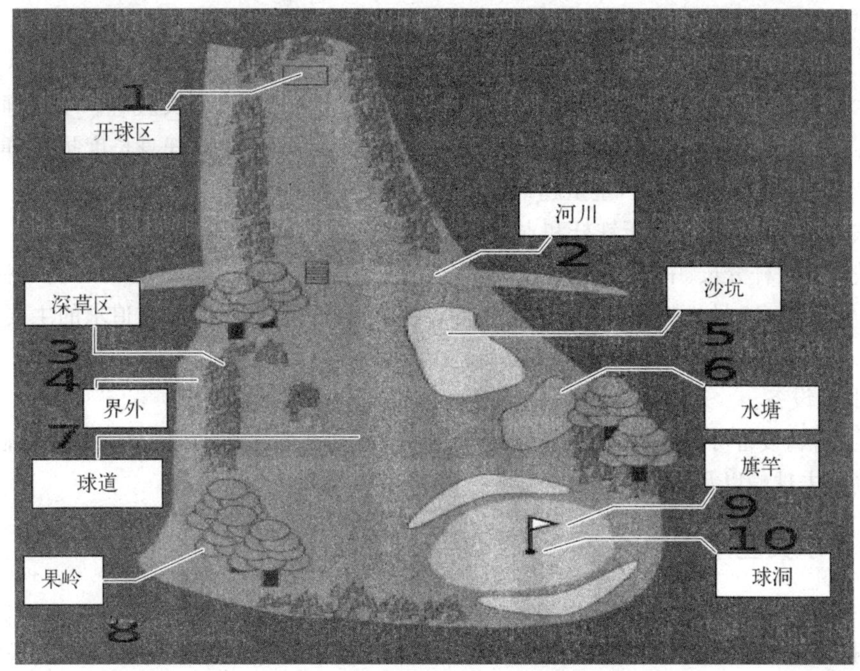

图 12-1

(3) 球道。

球道是球场中面积最大的部分，是从发球区到果岭所经过的路段，球道两侧是起伏的地形或树丛，使球道和球道相分离，球道为宽阔的草坪，球员一般能够在发球区看到果岭。南北方向是较理想的球道方向，球道一般长为 90～550 米，宽 30～55 米不等，平均宽约 41 米。

(4) 果岭。

果岭是高尔夫球场的关键区域，是球洞所在地。球被打入球洞后，也就是该球道的结束，进入下一个球道。果岭的面积为 111～2 545 平方米，形状有圆形、椭圆形等，高度比四周地势高 30～100 厘米。

(5) 障碍区。

障碍区一般由沙坑、水池、树丛组成，其目的是用来惩罚运动员的不准确击球，将球从障碍区击出要比在球道上击球困难得多。

2. 高尔夫设备

(1) 高尔夫球。

① 单层球。这种球也可以叫作一体球或一件头球，一般仅用于练习或用于练习场。球体由硬橡胶压制而成，并且涂漆。

② 双层球。双层球也叫作双体球或两件头球，是最常用的球。球心外面为硬橡胶或塑料，或者是用两者的混合物制成外壳，厚度约 1 毫米。

③ 三层球。三层球也可以叫作三件头球，是高水平球手常用的球。在由橡胶、塑料或两者混合物制成的相当于榛子大小的球心外面包围着充满液体的胆，像线团状缠绕着薄橡皮条，外壳为橡胶制品。这种胶核液体球心球，是目前最具有高旋转性和击球感觉的球。

④ 多层球。击球越有力，球越容易变形。多层球就是根据这个道理设计和制造的，目的在于使用任何击球力度都能产生最佳效果。球心的设计是为了开球更远，中间层为适合铁杆击球，外壳是为获得最佳击球感觉和产生最大回旋。

(2) 高尔夫球杆。

高尔夫球杆主要分为木杆、铁木杆、铁杆。

① 木杆。木杆主要用于打出远距离的球，它的特点是杆身长，杆头较轻。木杆通常分为1号木杆、3号木杆、4号木杆、5号木杆、7号木杆、9号木杆。号码越小，杆身长度越长，重量越轻；反之，号码越大，杆身长度越短，重量越重。

② 铁木杆。铁木杆是介于铁杆和木杆之间的球杆，又叫混合杆。

③ 铁杆。铁杆分长、中、短杆，长铁杆通常指的是3号和4号，5号、6号、7号为中铁杆，短铁杆则为8号、9号、10号。铁杆多在球道上使用，或在三杆洞开球时使用，它追求的主要是稳定性而非距离。一般男子七号铁杆距离为150码，女子则为100码左右。

(3) 其他设备。

高尔夫附属设备可以一定程度上提高击球成绩，例如高尔夫运动服、高尔夫运动鞋、高尔夫球手套、高尔夫球帽以及高尔夫球包等。

二、高尔夫基本技术

(一) 握杆

想要打好高尔夫，先决条件就是把“握杆”练好。握杆和站姿是高尔夫的基础，很多错误的动作或重大失误都是因为不标准的握杆和站姿造成的。三种常见的基本握杆方式如下。

1. 叠式握杆方法

叠式握杆方法是很多著名球手常用的方法。大约20世纪的时候，哈里·沃尔登让这种握杆方式变得很普及。这种握杆方式用手指握杆，也是初学者最常用的握杆方法。

叠式握杆的方法：将双手放在握把上，将右手小指放在左手食指和中指之间。左手的食指应该跟右手的生命线重合(图12-2)。

2. 交叉握杆法

交叉握杆方式深受LPGA球手的欢迎，一些顶级的PGA球手如杰克·尼克劳斯和泰格·伍兹也喜欢采用这种握杆方式。简单地说，这种握杆方式将双手锁在一起，但是使用这种握杆方式时也容易用掌心握杆。手比较小、前臂和腕部力量微弱的球手，以及初学者也爱采用这种握杆方式。

采用“交叉握杆法”的方法是：握杆的时候将右手的小指和左手的食指交叉，左手的食指应该和右手手掌的生命线重叠(图12-3)。

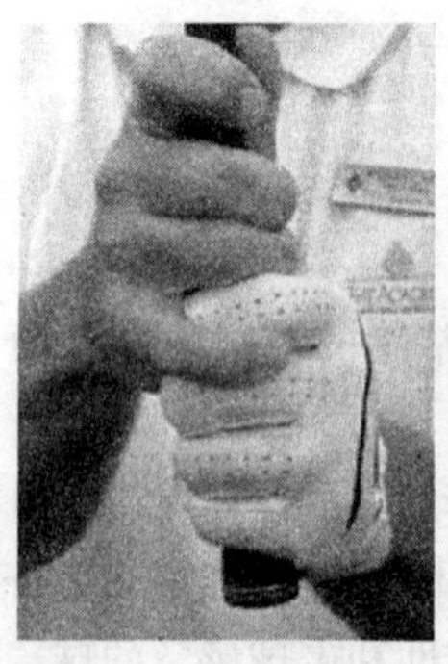

图12-2

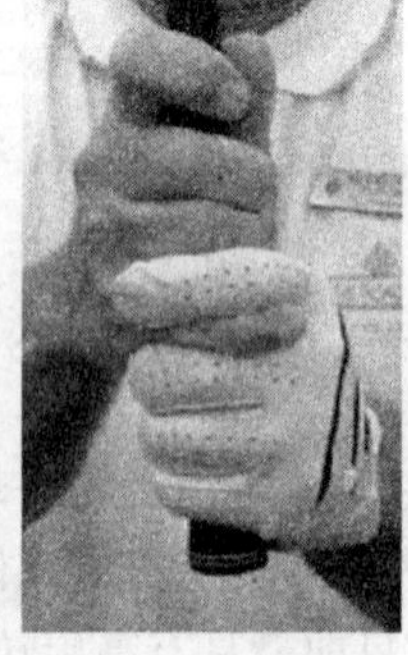

图12-3

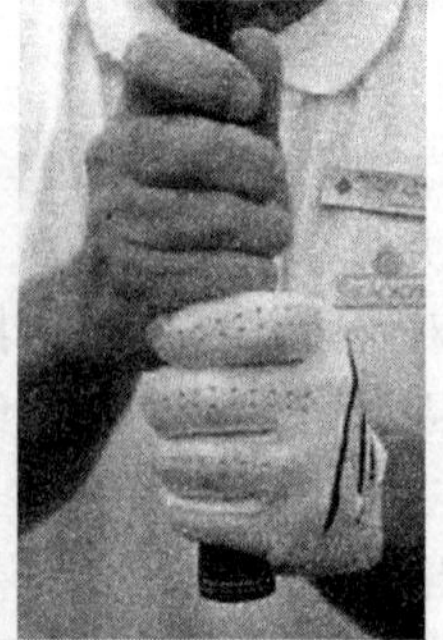

图12-4

3. 十指握杆法(棒球握杆法)

教练经常让初学者采用十字握杆方式，以便简化初级阶段的教学。这种握杆方式也很适合手掌较小、缺乏力量或者患有关节炎、风湿的球手采用。

采用十指握杆的正确姿势是，开始时用左手握杆，然后将右手的小指靠近左手的食指，左手食指与右手手掌的生命线重合(图 12-4)。

除了掌握正确的握杆方式外，另外一种较好的握杆技巧是采用较轻的力量握杆。握住力量太大会导致打薄、击球无力从而打出右曲球。握杆力量较轻会增加球杆的转动，增加杆面的转动，这会使你击球时球杆更容易对正目标。

如果将握杆的力量分为 1～10 级，那么 1 代表用力最轻，10 代表用力最大。建议使用的握杆力度为 4～5 级。这将让你的挥杆既有力又容易控制。当你瞄球的时候，双手和前臂应该感到放松，不感到紧张。

（二）站姿

挥杆状态好坏与否取决于你的站姿。良好的站姿并不能够确保你取得成功，然而可以极大地促进你的挥杆技术。基本练习步骤如下：

第一步：双手置于背后站直，目视前方，双脚平行站开与肩同宽(图 12-5)。

图 12-5

图 12-6

第二步：保持两腿直，双手移至身体两侧且双手手掌指向身体前方。身体前倾，重心均匀分布在两脚前脚掌上，眼睛依然目视前方(图 12-6)。

第三步：双膝微屈，此时重心仍是均匀分布于两脚上，此时眼睛还是目视前方。

第四步：双臂自然垂直，眼睛看着球的位置，能看到球就可以了，切不可过于低头(图 12-7)。

第五步：双臂不动握好杆，此时双臂和双手放松(图 12-8)。

图 12-7

图 12-8

（三）挥杆

正确的挥杆可以挥出流畅的、正确的强劲一击，基本可以分为以下几个步骤：

1. 瞄准

肘部处于髋部内侧，使肩部与目标垂直。

2. 上杆

将手臂与球杆一起沿目标线往后带，此时身体、肩膀保持不动，将双掌带到右大腿前方的位置。杆头处于胸部前方，双臂之间，注意不要过早屈腕（图 12 - 9、图 12 - 10）。

图 12 - 9

图 12 - 10

图 12 - 11

3. 转身

以脊椎为中心，左肩旋转至下巴下方，在上臂与身体的夹角不变的情况下，左手自然伸直往右上方推出。当双臂与肩同高或稍高时屈腕将球杆定位，做出一个大幅度的上杆动作。左肩转至正对右脚内侧（图 12 - 11）。

4. 移动重心

重心由右腿内侧，轻移至左腿内侧同时右肩下沉，右肘带到右肋前方，进入“击球准备位置”。杆身与前臂中线处于同一平面（图 12 - 12）。

图 12 - 12

5. 下杆

下杆的过程中保持腕部屈腕动作不变，直到进入“击球准备位置”。大约手腕到达腰部之后，才释放手腕使杆头方正的通过击球区，借以得到最快的杆头速度击球（图 12 - 13）。

6. 随杆

在送杆的过程中，身体持续向左旋转，直到身体正面朝向目标。此时身体姿势重心在左腿上方，右脚膝盖靠向左腿，脚尖点地（可看见整个脚底），右肩下沉，身体跟上，旋转到朝向目标，手臂充分伸展，杆头循着挥杆路线沿目标线继续前进，当杆头位在左膝盖高度时杆趾部应指向天空（图 12 - 14）。

7. 收杆

当杆头刺穿过球位后击球动作已经完成，然后借由惯性，随着手肘的弯曲而逐渐往上移，同时大腿并拢，右脚鞋带朝向目标，进入

图 12－13

图 12－14

图 12－15

最后收杆的姿势(图 12－15)。

(四) 开球

开球不仅要将球打远,同时要因地制宜,根据比赛情况,采取不同的方法击球入洞。开球可以使用 1～4 号木杆,这里介绍 1 号木杆开球步骤:

第一步:预备击球时,两脚站位距离稍宽于肩。

第二步:由于挥杆的幅度很大,在上引杆时必须充分转动身体,在挥杆最高点时左肩必须转到下颌下方,而且保持上挥杆时右膝的稳定。

第三步:在后引杆时,要保持两臂和肩构成的三角形,并保持左臂和球杆的一体化。在两手位置到达腰部高度继续上引时,左腕才开始向拇指方向屈曲,随着摆臂、转肩、转体,将球杆引至顶点。

第四步:因为球的位置在左脚跟内侧前方,加上球被球座架起,所以挥杆的最低点应在球的后面。冲击球时,是在球杆杆头从挥杆轨迹的最低点开始上升的瞬间。球杆向球的冲击是一个圆中的一个点。

第五步:击球后顺摆应是向目标方向大幅度地挥动,结束动作要做完整。

(五) 劈起球

劈起球是一种中等距离击球,即比起扑球长,比全挥杆短。劈起杆使用的范围约距果岭 18～27 米,适用于旗杆在沙坑前。劈起球的要求如下:

(1) 利用双臂和双肩挥动球杆,转动上身将球击出。

(2) 所有部位都要协同行动,在后挥杆中保持协调一致,它比双手和双臂独自行动更加稳定。

(3) 身体的旋转应该控制你的后挥杆幅度,而且双臂的动作也要与之协调来维持各自之间的联系。

(4) 同样,在下挥杆中,要有意识地使双臂与身体共同控制挥杆动作,双手则要处于被动地位。

(5) 加快杆头向球运行的速度及击球速度,这个动作主要靠身体来完成,而不是双手。

(六) 起扑球

起扑球是先低飞再滚动的球,通常适用于球洞在果岭边缘地区,同劈起球不同的是起扑球在空中停留的时间相对较短,之后在地面上向球洞方向滚动的距离较长。基本要求如下:

(1) 采用一种开放式站姿，即双脚靠拢，重心偏左。记住“球在后，手在前，重心在前”这句话。

(2) 要保持重心在左脚上，完成一次准确的后挥杆动作。

(3) 尽可能减少腕部动作——挥杆时腕部只需稍稍转动。这会有效控制双手的动作，使其处于一种很理想的状态。

(4) 击球时，感觉到球被压在杆面与草皮之间。这种向前挤球的感觉有助于回旋球的产生。

(5) 在击球时你的双手也应该位于杆头之前。

(七) 沙坑球

沙坑里的沙质有粗有细，有深有浅，有干有湿。每一个球场沙坑里的沙质都不一样，甚至连同一个球场的沙质也不同，而高尔夫球随时有掉进沙坑的可能，这就要求打高尔夫球的人一定要掌握好打沙坑球的基本功。基本要求如下：

(1) 使身体，尤其是臀部、肩部及双脚与目标左侧对齐。双脚进入沙坑，立足要稳，并且要采取一种比正常情况更开放的站位。握住球杆，但是要保证杆面与站位相比是开放的，而且稍稍指向目标右方。

(2) 向后挥动球杆，挥杆轨道要与双脚之间的直线平行，仍然保持开放式杆面。

(3) 向后挥杆时，转动手腕使球杆处于较陡的平面上。必须保证击球时杆面处于开放式状态。

(4) 下挥杆时，流畅地加快杆头触击球下沙土的速度。

(5) 在开放式杆面及从外向内的挥杆路线的共同作用下，球径直飞向了旗杆。

(八) 推杆

推杆，是击球技术中挥杆幅度最小、杆头速度最慢的，也是精准度最高、对力量把握最敏感的，约 40%的得分是推杆得来的，熟练掌握推杆击球技巧可有效提高得分。

1. 控制推击距离

控制球的滚动速度，即当球接近洞口时有合适的速度，球能够安全地落入洞中。即使偏离洞口，球也能和洞口保持安全的距离。这是推击技术的关键。

2. 瞄准推击方向

利用洞口附近的一个目标，这一目标在球和洞口间更高的一侧。通过这两种校准的叠加，来决定最终的目标点。最终，让杆面沿着直线对准这一目标点(图 12－16)。

3. 阅读推击线路

通过球速的想象准确判断球的滚动线路直至洞杯(图 12－17)。

图 12－16

图 12－17

图 12－18

4. 沿出球线路推击

预备击球时，首先瞄准杆面，杆头底面平放在果岭上，控制上半身，让双肩连线和杆面的瞄准方向平行；双臂和双手自然下垂，让双手靠近握把握杆，而不是用双手提起握把；用引导手（右手球手的左手）自然地持握球杆，注意力度适当；后侧手（右手球手的右手）配合引导手握杆，后侧手不得干扰引导手的握杆（图 12－18）。

第三节　飞　　镖

一、飞镖运动的发展历程

飞镖（darts）起源于 15 世纪的英格兰，皇宫的侍卫在休闲时向树墩投掷标枪，既是练兵也是游戏。在英格兰漫长的雨雪冬季，因为天气关系无法在户外活动，只能在室内做简单训练，投掷目标也由树墩演变为圆形酒桶的木盖，渐渐地飞镖成为一种大家都喜爱的竞技游戏。尤其是英王亨利八世特别喜爱飞镖，很多大臣贵族们都投其所好，纷纷加入飞镖游戏的行列，所以当时的飞镖运动又被誉为“皇室贵族运动”，国王喜欢的运动自然迅速广泛地流行于民间。至 1896 年 44 岁的英格兰木匠布莱恩・甘林将木制镖靶均分为 20 等份，并配以分数值，划分单倍、双倍、三倍、内圆心及外圆心的区分系统，这一发明标志着现代飞镖运动的诞生。

20 世纪初期，飞镖运动在英国迅速普及，成为酒吧里的一项非常受人欢迎的体育休闲娱乐运动。随着飞镖选手水平的不断提高，观赏性日益增强，飞镖运动吸引了许多商业赞助，带来了可观的收益，组织全国性赛事的有关组织也诞生了。1973 年英国飞镖组织成立，1975 年美国飞镖组织成立，1976 年澳大利亚飞镖联合会成立，1977 年加拿大全国飞镖联合会成立。欧洲很多国家和南非、日本、巴西等国家也相继成立了全国性飞镖组织。1976 年，国际飞镖协会（WDF）诞生，它被公认为是众多国际比赛的正式官方团体，各个国家的飞镖运动协会陆续加入国际飞镖协会，成为国际飞镖运动大家庭的一员。目前，世界上有三大国际飞镖组织：面向职业选手的国际飞镖协会（IDA）和世界职业飞镖联盟（PDC），面向业余选手的国际飞镖联合会（IDF）。国际飞镖协会和世界职业飞镖联盟每年均有几项固定的锦标赛，选手资格的取得依赖于锦标赛中的成绩，即国际排名。

飞镖运动在全世界呈现出了一种积极向上的发展状态，为了推动全民健身运动在全国的深入开展，进一步普及飞镖运动，国家体育总局社会体育指导中心，于 1999 年 5 月把飞镖运动列为正式体育项目，这标志着飞镖运动在我国得到了认可，成为一项名副其实的运动项目。第五届全国飞镖公开赛于 2003 年 12 月 25 日—28 日在广州广东国际大酒店举行，此次比赛吸引了来自全国的 200 多名高水平选手参与，设立了近 10 万元人民币的奖金。赛事的副裁判长（中山大学教师郑建民）及全部裁判员（中山大学学生）由中山大学提供并培训上岗，圆满地完成了比赛任务。近几年飞镖运动在中国的推广也获得了较好的成绩，特别是在青少年这个群体中获得较好成绩。坚持走“体教结合”的道路，夯实飞镖项目的基础建设和重点布局，北京体育大学与清华大学的校际飞镖对抗赛已成为传统项目，并将飞镖运动列入选修科目；上海徐汇中学、北京第五十七中学设置了飞镖课外小组，每年选送优秀学员参加全国青少年飞镖比赛。2012 年起，广州飞镖协会每年在广州绿翠中学举办中学生飞镖比赛，参加比赛的中学也日益增多。

二、飞镖运动的价值

（1）飞镖运动相对射箭、射击来说，有明显的区别，后者为静态瞄准，肌肉伸张到一定程度保持静止，毛细血管不扩张，长期运动可能形成职业病。而飞镖运动过程中有动的部分，也有静的部分，既可以锻炼身体，还可以缓解紧张情绪、消除疲劳，是一项有益身心的运动。

(2) 飞镖运动也是一种团体运动，有利于心理健康，并可为现代人提供社交舞台。

(3) 飞镖运动中主要参与和收缩的肌肉、关节有指、腕、肘、肩关节，三角肌、肱三头肌、腕、指部肌肉等，特别是对于一些较小的平时很少锻炼的肌肉的训练很有效果。运动量不大，还可以调整，往返取镖也是一种很好的锻炼过程。

(4) 提高视力水平。飞镖运动要求眼睛节奏性的瞄准、放松，对于放松眼睛，缓解眼肌的疲劳有一定好处。

(5) 飞镖运动可以提高神经精确控制肌肉的能力。

(6) 飞镖运动是一项竞技性、对抗性很强的运动，同时休闲性、娱乐性也很强，可以调整心理状态，提高心理素质。

(7) 飞镖运动可以调整左右脑的平衡，也就是在逻辑思维判断和空间控制方面的平衡。

三、飞镖运动的场地

(一) 飞镖的场地

飞镖运动对场地要求低，运动场地也不受太大的限制，室内室外都可以。一般情况下，将飞镖器材安置在室内，只需要找一块 1.5 米×3 米的地方就可以了。你可以因地制宜设置投镖区，关键是设置正确的靶心高度和投镖距离。标准的飞镖场地又称为“投镖区”或“镖道”，应设置在室内，这样可以有效地避免刮风时，飞镖被风刮得偏离飞行路线，影响投镖的准确度。根据投镖距离要求，安装飞镖器材的室内高度不得低于 2.8 米，最好比较空旷，地面平整无杂物，同时避免阳光直射到场地影响投掷的注意力。选择安置器材的地面要平整，宽度不得少于 1.5 米，地面长度不得少于 3 米，这样给投镖者留有一定的活动空间。

(二) 靶心高度和投镖距离

1. 靶心高度

从内圆心(50 分区)的中心点到地面的垂直高度为 1.73 米。镖靶整体应垂直于地面。

2. 投镖距离

(1) 软式飞镖：投镖线和镖靶垂直地面之间的直线距离为 244 厘米，投镖线和镖靶中心点之间的对角线距离为 298 厘米(图 12－19)。

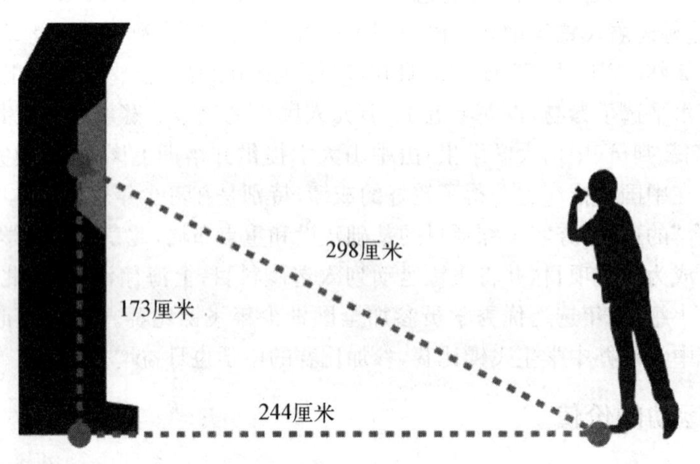

图 12－19

（2）硬式飞镖：投镖线和镖靶垂直地面之间的直线距离为237厘米，投镖线和镖靶中心点之间的对角线距离为293厘米。

（三）灯光要求

（1）照明灯光应充足，并聚光在镖盘上，尽可能使镖盘上的飞镖没有阴影，采用强度不小于100瓦的聚光射灯。

（2）镖盘背景灯光不能太强，必须均匀，以不超过镖盘亮度为准，使运动员在投镖时不受灯光影响。

（3）观众席的亮度不得超过赛场亮度。

（4）在主赛场进行决赛，应采用灯光强度不少于200瓦的聚光射灯。为保证整体效果，应使用地面灯和聚光灯，但应避免镖盘反光。

四、飞镖运动的器材

飞镖运动的器材由飞镖和镖靶两部分组成。飞镖运动器材根据镖头的质地分为软式飞镖（电子计分）和硬式飞镖两大类，它们在飞镖重量、材质、镖靶分区和投镖距离的要求上都有一定的差别。

（一）飞镖

飞镖由镖针、镖身（亦称镖筒）、镖杆、尾翼构成（图12-20），一套标准的飞镖共有三支，其最主要的部分就是镖身，它是决定飞镖重量、质地、形状和价格的关键因素。软式飞镖和硬式飞镖的主要区别是镖头的不同，软式为塑胶镖头，硬式为钢制镖针。

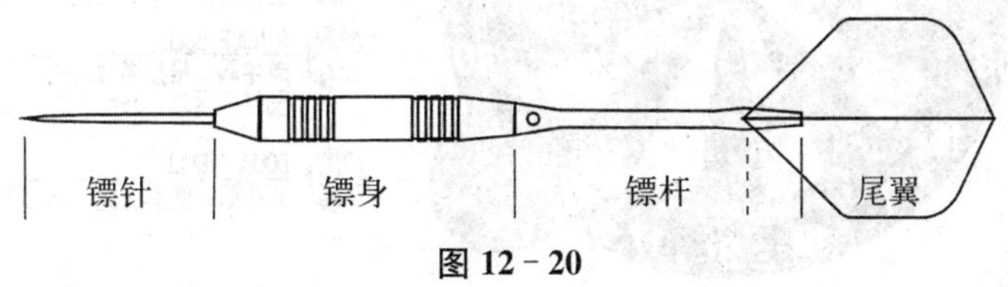

图12-20

1. 飞镖的类型

（1）直筒型：镖身细长，重心一般在镖身的中间，尤其适合初学者使用，也是大多数飞镖参赛者使用的类型。

（2）酒筒型：镖身较粗、较短，重心一般在镖身的中间或稍靠前半部，飞行路线较难控制，使用的人比较少。

（3）鱼雷型：镖身前粗后细，重心在镖身的前端，由于此类型飞镖的飞行路线相对于直筒型飞镖较难控制，因此使用此种飞镖的人不多。

2. 飞镖的材质

（1）木质飞镖：镖身一般用软木制成，尾翼则是羽毛的，它是最原始的飞镖，目前还有厂家少量生产，已成为镖迷收集的对象。

（2）黄铜镖：其重量较轻，价格便宜，重量在12～20克之间，多为初学者和儿童使用。

（3）镍合金镖：这是另一种重量较轻的飞镖，是由镍、铜和锌构成的合金制成，多为银白色电镀，易于生产制作，价格也较便宜，缺点是容易折断。

（4）钨合金镖：它是由钨镍铜或铁合金制成的。钨合金材料比重密度大，镖身直径较细，不容易折断，比较耐用，但加工难度高，其价格往往是以上两种镖的数倍乃至十倍以上。因为相同重量的飞镖，钨合金镖的体积（粗细）就要比其他质材的飞镖小很多，这就能提高将镖投中在同一个高分区内的可能性。绝大多数的专业参赛者使用的都是钨合金镖。

（二）镖靶

1. 软式镖靶

软式飞镖器材的镖靶主要为塑料材质，主要是靠镖靶表面有规则设计的蜂窝状的小孔，在投镖时来吸附塑料镖头，安全性能比较高，一般软式飞镖均有电子计分系统，游戏比硬式飞镖多，而且趣味性浓，是适合男女老少的休闲康体运动。软式镖靶直径为15.5英寸。软式镖靶可以分为壁挂式及柜式两种，一般壁挂式为家庭用较多，而柜式则用于娱乐场所营运，及大型飞镖比赛使用，随着科技的发展，壁挂式软式飞镖机已可通过蓝牙技术配合App，使用智能手机或平板电脑提升玩飞镖的乐趣。柜式飞镖机也可以通过互联网在不同的国家、城市异地进行飞镖比赛，相信在科技日新月异的发展下，未来的飞镖机设备，会带给爱好飞镖的人士们更多惊喜。

2. 硬式镖靶

硬式镖靶以剑麻作为材料，为国际飞镖比赛普遍使用的镖靶。其投掷感觉好，扎孔自行愈合，基本没有痕迹，成本较高，一般只有18英寸一种规格，有效计分区13英寸（图12－21）。

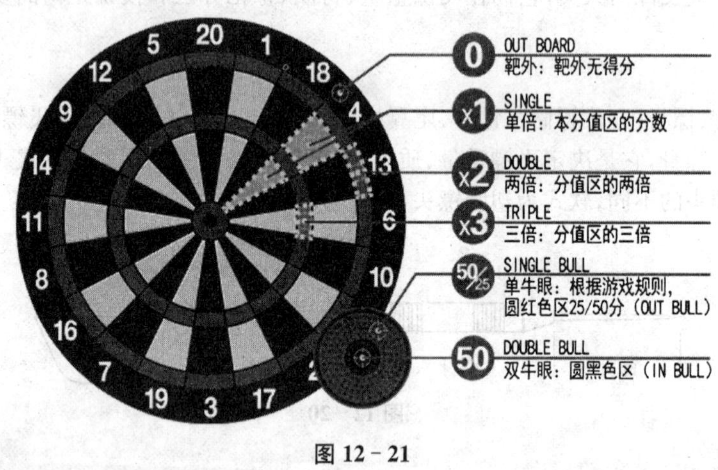

图 12－21

五、飞镖基本动作

与其他体育运动一样，飞镖练习也注重投掷技巧，力求使身体姿势优美平衡，持镖与出镖方式正确，手臂和手腕的动作协调，击靶数字搭配合理及注意力集中，也就是提高心、眼、手、脑协调配合的能力。要掌握飞镖的完整技术，练习者必须细心领会飞镖的基本技术动作要领及握镖、站立姿势和投镖。

（一）握镖

握镖是动作要领中变化最多的部分。大致上说来，只要你自己觉得舒服，怎么握都可以（图12－22）。

1. 握镖动作要领

把飞镖放在掌沿上，找出它的平衡点（即重心），用拇指把飞镖滚到四指尖端，再把拇指放到重心后面一点，最后用其余手指抓住它，至于用几个手指就随你自己方便。

2. 握镖基本要求

稳定但不紧张。握镖必须稳定，但不能使你的手指肌肉紧张。如果你的指尖因压力过大而发白，或者镖筒上的纹路已印到你的指尖上，就是你过分紧张了。握镖只要飞镖不会滑动就够了，不

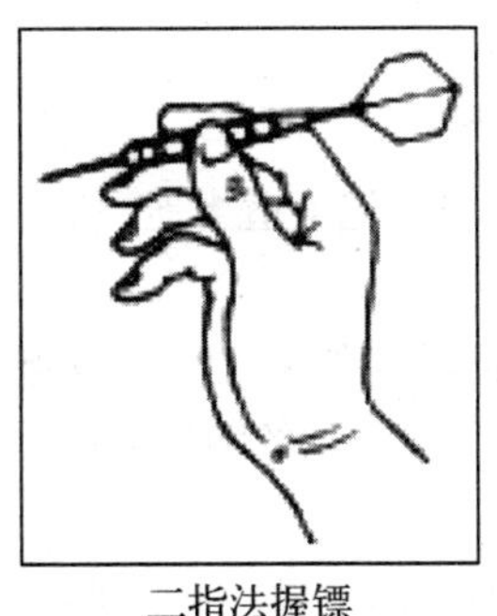
二指法握镖

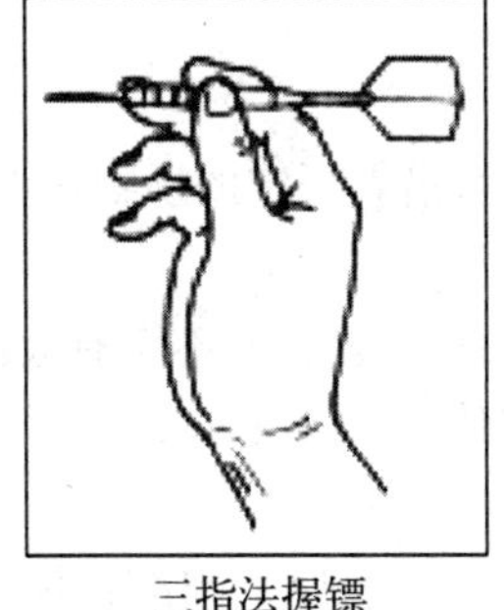
三指法握镖

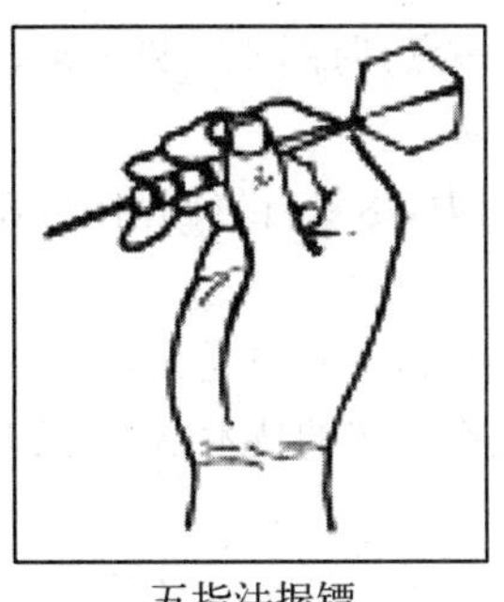
五指法握镖

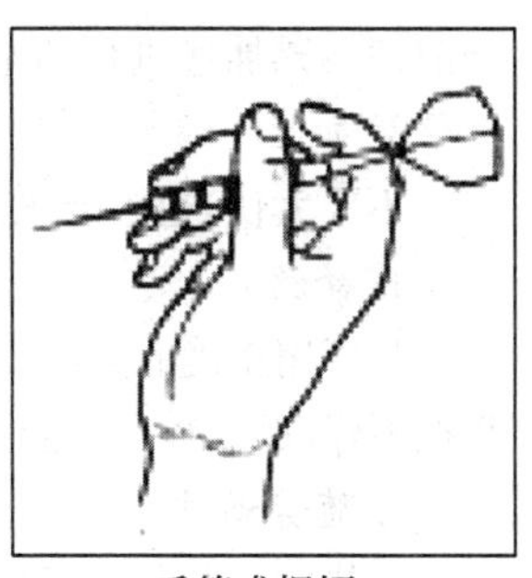
毛笔式握镖

图 12－22

过要保证在加速过程中能很好地控制飞镖。在握镖中通常出现的错误都是太紧了而不是太松了。

（二）站立姿势

(1) 在投掷线前站立的姿势是准确投掷飞镖的重要因素，应该用最自然的投掷状态并保持舒适、稳定和完全的平衡。

(2) 站姿的第一要素是脚的位置。有些人双脚分开，平行站在投镖线上（和投掷的手臂相对应的脚靠近镖盘——右手镖手右脚靠前），还有一些人 45 度角斜对着镖盘。实际上，站立习惯是因人而异的，不管采取何种站立姿势，每位练习者都应找到一个适合自己的最佳姿势并保持住。

（三）投镖

飞镖的飞行轨迹是一条抛物线，就像一块抛出的石头或一颗射出的步枪子弹所循的路线一样（图 12－23）。

抛物线的曲率可大可小，意味着飞镖飞行可高可低，这取决于飞镖投掷的力度。一次完美的投掷应该使飞镖在加速时恰好沿抛物线，并且保证在飞镖脱手后仍沿着原来的路线运行。

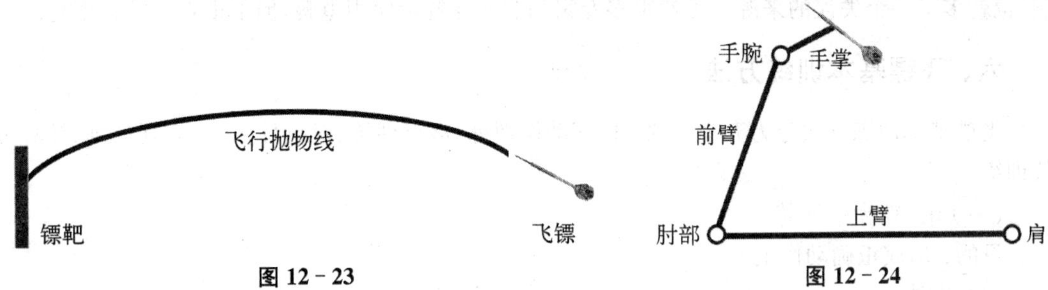

图 12－23　　**图 12－24**

为什么必须使飞镖沿一定的曲线运动呢？要回答这个问题，我们得看一下做投掷动作的手臂的机械原理，我们把它简化成有两个铰链连接、一端固定的“三连杆机构”（图 12－24）。

两个铰链分别为肘和腕，一端固定点为肩，而三连杆为上臂、下臂和手。

（四）投掷过程

投镖包括五个步骤：瞄准、后移、加速、释放和随势动作。这五个连贯动作类似于篮球的投篮动作，动作基本要求也很相似，要做到流畅、舒展、协调。

1. 瞄准

两眼盯着目标，肘关节抬起，上臂与地面垂直，让眼睛、飞镖、目标点对成一线。

2. 后移

后移多远依个人而定，但一般说来越远越好。常见的错误是因为控制困难而后移得不充分，从而达不到足够的加速度和精度。在投掷动作的前期即手臂后移时肘部应基本保持不动，在手臂前挥飞镖加速过程的某一点,肘部才顺势上扬。

3. 加速

不要太快,也不要太用力,尽量自然圆滑地运动,沿着一定的抛物线方向。记得适当地提肘。

4. 释放

只要用正确的方法投掷,这一步只是前面几步的自然延伸,不会有大问题。如果觉得释放点掌握不好,那么很有可能是有上述的技术错误(没有移动肘部或者没有进行下面说到的随势动作)。

5. 随势动作

随势动作是很重要的一点。在投出镖之后,手应沿着原来瞄准目标的方向继续运行。典型的错误就是释放飞镖后手臂马上垂下。

(五) 投掷过程中的注意事项

(1) 肩:必须保持肩部不动,也就是在投掷过程中,只有手臂是动的,身体的其他部分都应保持一定的姿势不动。

(2) 肘:在投掷动作的前期即手臂后甩时肘部应基本保持不动,在手臂前挥飞镖加速过程的某一点,肘部才顺势上扬。你也许会听到这样的建议:"飞镖投掷时肘部千万不要动。"这实际上是一种错误的说法。如果保持肘不动,你将不得不提前释放飞镖,也就是飞镖沿抛物线的引导过程过短。这就像手枪和步枪在精度方面的差异:步枪的较长的枪筒使它的准星提高。所以,飞镖的引导路线越长,准确率就越高,为了使飞镖沿需要的路线前进,必须在投掷动作的后期提肘。还要注意的是手在脱镖后应继续沿着原来的路线运行,这使释放过程变得简单,只要在某一段任何一点让飞镖脱手都能保证飞镖的飞行路线。

(3) 腕:腕的动作是经常引起争论的话题。很多职业参赛者使用甩腕的动作来增加速度。由三连杆结构很容易联想到甩鞭子的动作,如果你使用腕力,鞭子的一端将跑得更快,因而其他的部分就可以少用力,从而提高准确性。但是甩腕也容易出现失误,因为多了一样东西需要控制,也就多了一个失误的来源。虽然很多专家和职业参赛者使用甩腕,但不推荐初学者用它。

六、飞镖基本训练方法

飞镖基本训练方法分为五个步骤:投掷动作训练、落点训练、对抗性训练、心理训练、计算分数训练。

(一) 投掷动作训练

目的:形成正确动作定型。

训练方法:

(1) 站立姿势。投镖时双脚应站在投镖线后,前脚与投镖线在 0～45 度之间,身体微微前倾,以投镖手同侧的腿为支撑腿,另一条腿向后伸展以保持平衡,侧身,以投镖手一侧的肩部正对镖盘,挺胸,大臂上举与肩平齐,小臂自然上举。投镖时,身体保持稳定。

(2) 握镖。持镖方法因人而异,需要在平时练习中摸索掌握。但要注意,持镖时拇指应放在飞镖的重心点上。

(3) 瞄准。在每一轮投掷过程中,让你的眼睛、飞镖、目标点对成一线,固定不变。

重点:仔细体会投掷动作,投掷时身体保持不动。

(4) 投镖。投镖时肩部保持不动,用小臂带动手腕和手将镖投出(投掷动作的前期即手臂后甩时肘部应基本保持不动,手臂前挥飞镖加速过程的某一点,肘部才顺势上扬)。投出镖后,手应继续沿着原来瞄准目标的方向移动,手腕自然下垂。每次投镖时留意投镖的感觉,让每次投镖的感觉尽可能相同(提高命中率)。

（二）落点训练

目的：提高投掷的准确性。

训练方法：

(1) 熟记镖盘各分值区所在位置。了解飞镖盘上各分值区的位置，并在投镖练习中牢记。

(2) 密度训练。在每轮投镖过程中，投掷的感觉越相同，三镖之间的距离就越小，落点的密度就越高。

(3) 落点训练。从 1～20 分值区及其二倍区、三倍区和红心区，按顺序分别进行练习，争取达到三镖的落点可在任意选择的分值区内。

重点：熟记镖盘各分值区的位置，确定各落点的感觉。

（三）对抗性训练

目的：在前两个步骤的基础上进行综合训练，提高整体水平。

训练方法：

在实战训练过程中，总结和巩固前两个步骤并使其在训练中有机结合，提高实战能力，摸索实战技巧，使基础训练能更好地为比赛服务。

重点：在对抗中严格贯彻前两个步骤的训练内容。

（四）心理训练

目的：提高竞技心理，在比赛中发挥正常水平。

训练方法：

在实战训练和对抗中，调整心态，更多地参与各类正式大赛，及时总结经验和教训，力求达到更高的竞技心理水平。

重点：飞镖比赛中对心理要求极高，不许有任何杂念。

（五）计算分数训练

目的：提高计算能力，保证在比赛中不因计算分数缓慢而影响投掷的连续性。

训练方法：

口算加减法练习，最高分结束练习。

以上是飞镖动作的训练方法，训练由易到难，基本原理是将训练过程中的技术教学和技战术结合运用。

七、飞镖的竞赛规则

（一）飞镖竞赛通则

(1) 参赛者每轮每次最多可投 3 镖。

(2) 投镖时必须单手投镖，一次投 1 镖。

(3) 参赛者站在投镖线前，脚可踏于投镖线上方，但不得超越投镖线的前端，身体可前倾越线；在有凸起的投镖线上，脚不可踏于上方，身体可前倾越线。

(4) 参赛者可在投镖线上任何一处投镖，包括其两侧的延长线。

(5) 参赛者站在投镖线上必须在 30 秒内投完 3 镖。

(6) 非投镖的参赛者，必须站离投镖的参赛者后方至少 1 米处。

(7) 参赛者投镖动作完成前，脚部不可跨越投镖线。

(8) 飞镖一经掷出便算作一次投掷，掷出的飞镖不论是中靶或从镖靶弹落，还是完全没投中镖靶，均算作一次投掷。

(9) 参赛者在指定的镖道前练习 9 镖后开始比赛。

(10) 双人或队际赛事中,队友可互相提示,但不能拖延时间,所有单人赛事不允许教练指导提示。

(11) 大会随机抽签编排参赛者比赛。参赛者必须关注自己参赛证或大会对阵表,各自找寻所属对阵表及赛道(大会不会广播提示),并马上到指定的赛道进行比赛。

(12) 工作人员将透过广播系统提示缺席参赛者,10 分钟内提示三次,三次仍未出现者,大会直接判缺席者为弃权。

(13) 小组循环制:在已安排的小组中按记录纸上的次序进行比赛,并填上各参赛者结果,评级及各方确认并签名。小组赛完成后,由胜方把结果填好并交回组委会。

(14) 单淘汰制:比赛完毕后,胜方必须亲自把记录纸交到组委会,各参赛者必须注意自己在对阵表上的位置及下一场走向。

(15) 双方对赛参赛者必须出示参赛证,确认对赛参赛者正确无误。

(16) 双方对赛参赛者必须确认指定赛道及比赛项目为正确。

(17) 比赛期间参赛者若发现有犯规行为,按情节轻重,予以警告,取消参赛资格,或要求离开赛场。已缴交的报名费不会退回。

(二) 软式飞镖竞赛规则

1. 比赛争先后

(1) 参赛者掷硬币争先,猜对的一方先开始比赛。

(2) 参赛者争红心争先,双方各投一镖,距离镖盘中心最近的一方先开始比赛。

(3) 若第一次投镖,双方未能决出胜负,必须进行第二次投镖,第二投由第一投后者先投,如仍未能决出胜负,第三投由第二投后者先投,如此类推。

(4) 争红心时,所投飞镖一定要插在靶上,若落靶,则须重投。

(5) 所有投中镖靶的飞镖不得拔出,直至决出先后。但若第一位投镖者投在圆心正中心位置,则必须拔出飞镖,让对方同样有机会投中圆心正中心。

(6) 队际赛项目,由各队选派一位参赛者为代表争先手,选派代表后不得更换。

(7) 如在 3 局 2 胜的比赛中,第一局为争得先手参赛者先开镖,第二局比赛为第一局的负者先开镖,当决胜局时,则由第二盘负者先争红心争先。

2. 比赛计分

(1) 比赛期间,发现飞镖机不正常运作或计分有差异,马上停止比赛,不可移动任何飞镖,对赛双方同意更正,才能使用退镖功能,否则通知裁判到场处理。

(2) 比赛中飞镖投到靶上却掉靶,计分以飞镖机显示分数为准,如飞镖已经插在靶上与飞镖机显示分数不同,双方同意,可以使用退镖功能手调更正分数。

(3) 决胜镖出现后,如飞镖没插在靶上而飞镖机显示结束,则以飞镖机显示数据为准;如决胜镖已经插在靶上而飞镖机没有计分或未显示正常分数,也算胜出,由裁判以人手调整分数。

(4) 飞镖已经拔离镖靶,对方也已投镖后,不能要求任何更正。

(5) 参赛者在投完 3 镖后,不论飞镖机是自动或需要手动按键"参赛者更换",在飞镖机显示屏尚未显示下一参赛者投镖时,另一参赛者不能投镖,已投的飞镖视为处罚,不能再投,若投错别人分数,对手可以选择保留分数或退回之前的分数。

(6) 如飞镖机因某些故障及在比赛期间停电,比赛中断,裁判会尝试复原比赛至中断前状态,若无法复原,必须重新进行比赛。

(三) 个人技术评级

1. PPD (Point Per Dart)

在 01 比赛中,每镖平均分数,简称 PPD,例如在 501 比赛,参赛者的第 15 投镖结束胜出,他的 PPD 为 501÷15=33.4。

2. MPR(Mark Per Round)

在米老鼠比赛中，每轮平均 Mark 数得分，简称 MPR，例如参赛者在第 30 次投镖结束胜出，他的 Mark 数 45，他的 MPR 为(45÷30)×3=4.5。

3. 个人技术评级表格

根据软式 01 比赛的单镖平均分(PPD 值)和米老鼠比赛中每轮投中的分区次数(MPR 值)来评定镖手等级。在软式比赛结束时，飞镖机会自动给出 PPD 或 MPR 值。有联网功能的飞镖机可以为办理会员卡的镖手自动计算并统计等级。

八、飞镖礼仪

飞镖是一项以握手开始、握手结束的休闲运动，并且带有很大的游戏成分，要认真比赛，并保持愉悦的精神状态，不必过于严肃、拘束和较真。

(1) 争红心前与对方适当谦让，后争红心者可替对方拔镖。将飞镖交给对方时，应手持镖尖，将镖身递给对方。双方应握手或碰手致意，互祝“好运气”(good luck)。

(2) 对方比赛时要保持安静，避免走动，不要干扰对方参赛者。在比赛参赛者和镖靶之间，其他人不要在比赛参赛者的视线之内，比赛的另一方应在对方右身后的 60 厘米以外，不要探身去看对方飞镖的落点，或报对方的分数。在对方参赛者投完一轮后，可予以适当称赞，如“好镖”(good darts，nice shoot)。

(3) 自己投完镖后，确认分数无误后再拔镖。如场地情况允许，拔完镖后一般从镖靶右侧面离开，以避免干扰对方参赛者并保障自己的安全。

(4) 爆镖后，不要再投手里的镖。自己发挥不好时，不要随意或使劲投镖，并表现出急躁的情绪。

(5) 在任何情况下，不要抱怨场地情况。

(6) 不要议论他人的缺点或过分评论他人的姿势，当别人未向你请教时，不要过分热心地去指导别人的姿势。以上三种情况，都是不礼貌和缺乏修养的行为。

(7) 未经许可，不要动或使用对方的飞镖。

(8) 一局比赛结束后，应在拔完镖后再与对方握手致意，可道声“谢谢”或“好镖”(thank you，good darts)，胜者可说“我运气好”(I am lucky)。无论胜负，都应该表现出“胜不骄，败不馁”的平和态度。

(9) 整场比赛结束后，应由队长带领全体队员与对方逐一握手致意，可说“谢谢”“比赛很好”(thank you，good game)。

九、学校飞镖运动的价值

(一) 飞镖运动在学校的推广普及与当代教育理念和改革方向一致

有这么一种说法：“20 世纪 80 年代流行打台球，90 年代打保龄球，21 世纪将是飞镖的时代。”飞镖运动集独特的趣味性、运动性、普适性于一身，既可缓解持久学习导致的精神紧张和神经疲劳，增强学生的身体素质和健康状况，更因其普适性，关注不同层次和不同身体条件的学生需求，确保每个学生受益，符合当代的教育理念。

(二) 有利于促进校园体育文化建设

飞镖运动是规则和技术简单易学、场地不受限制的健身项目，组织学生参加飞镖运动，不仅能扩展学生的视野，丰富他们的课余生活，而且有助于营造良好的校园文化氛围，为建设和推动美好和谐校园发挥重要的作用。

（三）飞镖运动的规则和独有的行为准则，有助于提高学生综合素养

飞镖运动是强调礼仪的绅士运动。礼仪贯穿于参与飞镖运动的全过程，包括日常生活、训练、交流、比赛、经营和组织管理中。学生作为飞镖运动的参与者，必将使其自身的综合素养在参与过程中得到提升，对于人际交往、自我情操的陶冶等将有着不可估量的作用，尤其是毕业后走向社会，在职场面试和竞争中能够发挥独具特色的现实作用。

（四）体育＋互联网的完美结合

在体育与互联网＋的新态势发展中，飞镖将传统的体育锻炼与互联网紧密结合，以一种全新的运动、娱乐、竞技的方式出现，飞镖机已完全实现电脑裁判、电子计分，能够跨单位、跨系统进行视频对战，方便组织单位开展各种比赛，同时也使广大学生能够尽情享受互联网社交的乐趣。永不言败的体育精神，配以先进的互联网技术，可以轻松约战世界各地选手。

（五）让所有人都享有体育的权利

开设飞镖课外运动项目，对一些不能参加剧烈运动或身体生理上有所缺陷的学生提供体育锻炼的可能，让所有的学生充分享受体育的权利。

此外，常见的休闲娱乐运动还有轮滑、板球、象棋、围棋、桥牌等项目，可通过扫描二维码了解。

思考题

1. 简述台球的基本技术。
2. 高尔夫场地主要有哪几部分组成？
3. 飞镖运动的基本训练方法有哪些？
4. 简述飞镖运动的礼仪。

延伸阅读书目

[1] 刘琦，马良.轮滑[M].北京：北京体育大学出版社，2009.
[2] 刘静民.板球基础教程[M].北京：人民体育出版社，2009.
[3] 许毅涛.高尔夫实用教材[M].昆明：云南人民出版社，2012.

参考文献

[1] 许斌.现代大学体育：实践篇[M].北京：北京体育大学出版社，2012.
[2] 袁运平，凌奕.高尔夫球运动手册[M].北京：人民体育出版社，2001.
[3] 中国飞镖协会.中国飞镖竞赛规则与裁判法[M].北京：人民体育出版社，2007.
[4] 尹斌.飞镖[M].成都：成都时代出版社，2013.

第十三章　定向运动

第一节　定向运动概述

一、定向运动的起源与发展

20世纪初的北欧，户外休闲娱乐活动进入了人们的生活，过去在军队使用的地图和指北针逐渐成为野外旅行者和其他户外休闲活动的工具。1919年3月25日在斯德哥尔摩南部的树林中举行了一场由217人参加的定向比赛，标志着定向运动作为一项独立的运动项目开始存在。1961年5月，国际定向运动联合会(IOF)在丹麦首都哥本哈根成立。1977年，国际定向运动联合会成为国际奥委会认可的"世界单项体育组织"，并得到国际奥委会精神和物质上的支持。1983年3月10日，中国解放军体育学院在广州白云山举行了"定向越野试验比赛"，此后，定向运动在我国陆续开展起来。1994年9月，首届全国定向运动锦标赛在北京怀柔举行，标志着我国定向运动赛制建设开始。1995年中国定向运动协会成立，为普及和推广定向运动奠定了基础。

二、定向运动的概念与竞赛项目类型

(一) 定向运动的概念

定向运动是一项运动员借助地图和指北针，在尽可能短的时间内徒步到访若干个检查点的体育运动。定向运动通常在野外森林进行，也可在城市的近郊、公园和较大的校园等各种场所进行。

(二) 定向运动竞赛项目类型

(1) 按竞赛时间划分：有在日光下进行的日间赛和没有日光的夜间赛。

(2) 按竞赛性质划分：有由运动员独立完成比赛的个人赛；有由两名或两名以上运动员组成团队，按顺序一个接替一个分别完成各自的赛段的接力赛；有由两名或两名以上运动员组成团队协作完成比赛的团队赛。

(3) 按到访检查点的顺序划分：有到访顺序被指定的特定顺序；有到访顺序由运动员自由选择的无特定顺序；有部分到访顺序被指定，部分到访顺序由运动员自由选择的特定顺序和无特定顺序混合。

(4) 按比赛线路长度划分：有长距离赛、中距离赛、短距离赛、短距离接力赛以及其他距离赛(含百米定向赛)。

第二节　定向运动的器材与场地

一、地图

地图是定向运动比赛中最重要的工具，地图详细地标明了赛区的地理情况，如道路、建筑物、石块、等高线、水系及植被的茂密程度等；标明了定向比赛的线路，如一个用三角形表示的起点、一个用双圆圈表示的终点和若干个用单圆圈和数字表示的检查点，以引导运动员顺利完成比赛。

二、指北针

指北针是运动员在比赛过程中用来借助定向的重要的工具。指北针的外壳通常用透明可视的有机玻璃制成，红针指北、白针指南。

三、点标旗

点标旗是由三面标志旗围成的“灯笼”，每个面左上为白色、右下为橙色，尺寸为30厘米×30厘米；它被放置在与地图标示对应的检查点实地位置上，每一个点标旗都标有代号，以便于运动员判断是否找到了正确的检查点。

四、点签器

点签器是运动员到访实地检查点时签到的仪器，它放置在点标旗的上方，当运动员用随身携带的指卡与点签器感应区接触时，点签器会发出响声并将到访时间写入指卡，以记录其已到访。

五、号码布

号码布是用来识别运动员身份的必要用具，运动员要将号码布佩戴于胸前及背后，以便裁判工作顺利进行。号码布的规格一般不超过24厘米×20厘米，号码数字的高度不小于12厘米。

六、参与者的服装

参与者的服装衣裤面料最好相对紧身且以透气性良好的纱或纯棉织品为主，这样既可以防刮，又可以免受害虫的侵袭，同时即便在雨中比赛也不会因浸水而增加太多的身体负担，并可在最短时间内风干。在不同场地条件或气候下要选择不同的鞋子，如果比赛在以水泥路面或石阶为主的公园中举行，则轻便且鞋底稍微软一点的跑鞋为佳；如果是山地赛，则需要鞋底稍硬且有花纹或是高凸、深凹的鞋子。护腿要采用有弹性面料制成的，以便于防止在奔跑过程中被刮伤或被虫、蛇等咬伤。

七、场地要求

场地要求以难易程度与参赛者的能力相适应为准，如果是初级选手，则场地应相对简单且安全；如果是已具有相当水平的选手，则场地应相对复杂且具有一定的爬高量，让参赛者的识图用图、指北针使用能力和体能得到充分发挥。比赛地点与地图要求严格保密，不允许参赛者赛前进入比赛区域进行场地适应练习，且地图必须在出发时刻才能拿到。

第三节　定向运动地图的基本知识

地图是按一定的数学法则，运用符号系统，概括地将地球表面上各种自然和社会现象缩绘在平面上的图形。简单地说，地图是地球表面（或局部）在平面上的缩写。定向运动地图是由专门的定向运动制图人员根据制图原则，用磁北方向线定向，将实地的山地、河流、居民地、道路、围墙等地理信息绘制于图纸上而得到的一种图形（图 13－1）。它特别强调描述奔跑中可能观察到的明显特征、阻碍或妨碍通行的特征、植被的可跑性和通视度特征。

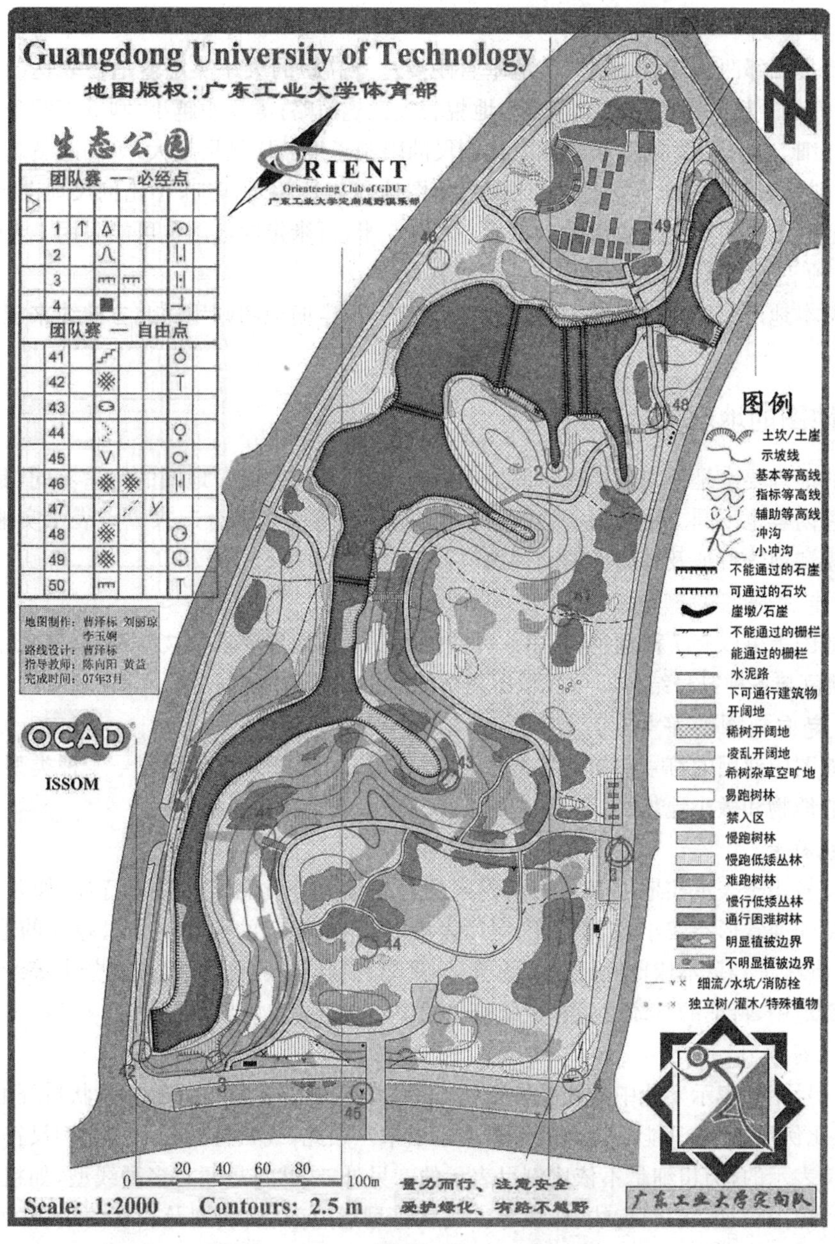

图 13－1

定向地图的基本内容包括数学要素、地理要素和整饰要素三个部分。

一、定向地图的数学要素

（一）地图比例尺

地图比例尺是指地图上某一线段的长度与实地相应水平距离之比。地图比例尺的大小决定了地图内容表示的详细程度和地图测量的精度。地图的比例尺越大，地图测量的精度越高。比例尺越小，图上量测的精度就越低，地理信息也就越粗略。比例尺是地图上最重要的信息之一。只有懂得了地图比例尺的意义才能熟练地使用地图。定向地图的比例尺通常在 1∶500 至 1∶15 000之间。比例尺的选择主要取决于项目类型、参赛者的年龄和使用领域。如百米定向地图通常为 1∶500 和 1∶1 000，长距离赛比赛地图通常为 1∶10 000 或 1∶15 000。

（二）等高距

等高距是相邻两条等高线间的实地垂直距离。等高距的大小决定着地貌表达的详略程度，同一地区，等高距越大，则等高线条数少，地貌表现就越简略；等高距越小，则等高线条数多，地貌表现就越详细。但等高距的大小受地图比例尺的限制。地图比例尺越大，等高距就越小；地图比例尺越小，则等高距就越大。因此，大比例尺地图地貌表达相对详细，小比例尺地图地貌表达相对简略。定向地图的等高距通常为 2 米、2.5 米和 5 米，百米定向地图也可能采用 1 米的等高距。

（三）地图的定向

国家基本地形图用地理坐标定向，以北极为北。而定向地图则用磁北方向线来定向，以磁北极为北。

二、地图的地理要素

地图的地理要素是地图所要表示的地理内容，是地图的主体。地图的用途不同，其所要重点表示的地理内容也不同。定向运动地图用颜色、符号和等高线结合起来重点表示实地具有导航意义的地貌和地物特征及其属性的地理内容。

（一）定向地图的颜色

定向地图上可以有 7 种颜色，其中 6 种颜色用于表示地理要素和技术符号，紫色用于表示路线。6 种颜色与各种符号结合即可表示出复杂的地物和微小地貌。

（二）定向地图的符号

定向地图中使用的符号包括点状符号、线状符号、面状符号及配置符号 4 种类型，分别用于表示相应的地物和微小地貌。

1. 点状符号

点状符号用于表示实地中必须表示出来的具有重要方位意义的独立特征，如独立树、山洞等。独立特征通常形态较小，无法依比例尺表示，只能用规定的点状符号以夸大的形式表示出来。因此，点状符号是不依比例尺表示的符号，只能表示特征的性质、定位和分类等级，如石头和巨石。在实地中，特征的具体位置在点状符号的中心位置。

2. 线状符号

线状符号用于表示实地中的线状特征，如道路、沟渠、垣栅、输电线等。线状特征通常宽度较窄，无法依比例尺表示，只能以夸大的形式表示出来。因此，线状符号是半依比例尺符号，其长度是依比例尺表示的，而粗细是不依比例尺表示的。另外，线状符号还有多种线型，如粗实线、细实线、长虚线、短虚线、齿线、斜齿线、珠线等。线状符号通过颜色、线型及长度的组合，可以表现出各种线状特征的具体长度、类型与宽度等级（如路的易跑性）、高度等级（如陡崖的可通过性）、深度等级(如水道的可通过性)、导航等级(如明显和不明显小路)等属性。

3. 面状符号

面状符号用于表示实地的面状特征,如房屋、湖泊、耕地等。面状特征的长和宽都可以依比例尺表示。因此,面状符号是依比例尺符号。面状符号通过颜色或颜色与图案的组合,可以表现出特征的具体位置、准确的分布范围、外部轮廓及属性(如阻碍或妨碍通行的情况,易跑性和通视性及特征的长、宽和面积等)。

4. 配置符号

配置符号指在一定空间范围内,按一定的密度配置相应的点状符号形成的类似面状符号的符号,用于表示实地中呈面状分布,但分布较凌乱,分布界限、具体位置和数量很难确定的特征,如沙砾地、石块地等反映地表性质的区域微地貌及果林、坟地等呈区域分布的地物特征。配置符号只能表示实地中达到一定分布密度的特征的范围及其相对边界。在实地中,边界外也可能有少量零散的特征分布。

(三) 等高线

1. 等高线表现地貌的基本原理

等高线是地球表面上高度相等的各点连接而成的曲线。假想把一座山从底到山顶按相等的高度一层一层水平切开,山的表面与平面相交的部分将出现一条条截口线,将这些截口线垂直投影到平面上,将出现一圈套一圈的曲线。同一条曲线上各点的高度都相等,称为等高线。相邻两平面间的垂直距离或相邻两等高线间的垂直距离为等高距。

2. 等高线表达地貌的特点

等高线表达地貌具有以下特点:同一条等高线上,各点的高度相等;等高线为连续闭合的曲线;同一幅地图上,等高线越密,坡度越陡;等高线越稀,坡度越平缓;等高线的弯曲形状与相应实地的地貌形态相似;等高线与山脊线、山背线(分水线)、山谷线(合水线)正交,当等高线穿过河流时,逐渐折向河流上游,并与岸线正交。

3. 等高线的类型及示坡线

定向地图的等高线按其作用不同分为基本等高线(等高线)、加粗等高线、细节等高线三种。

基本等高线是一幅地图中按注明等高距所绘的细实线,用以显示地貌的基本形态。

加粗等高线是一种为方便概略判读地貌、计算高程对基本等高线进行加粗以突出显示的等高线,在定向地图中,每隔 5 条基本等高线,用一条加粗等高线代替一条普通等高线。这样,相邻两条加粗等高线间的高程为 5 倍等高距。

细节等高线是一种在相邻两条基本等高线之间补充测绘的细长虚线,用来表示基本等高线不能反映而又重要的局部形态(局部地貌)。由于只用于表示重要的局部地貌,细节等高线通常是没有具体高程的非闭合曲线,由于细节等高线是任意高度的,故也称为任意等高线。

示坡线是一种与等高线垂直相交用来指示斜坡方向的短线,短线与等高线相连的一端指向上坡方向,另一端指向下坡方向。示坡线为坡向的判定提供了方便,在定向地图中,只有在表示较大洼地和丘陵及坡向易混淆的情况下才用示坡线,其他情况下一般不用。

三、地图的整饰要素

地图的整饰要素是为方便地图使用而在地图上附加的文字和工具性资料,如图例、检查点说明表、图名、比例尺、编图单位、编图时间和编图依据等。

(一) 图例

为了使定向爱好者能读懂定向地图,国际定向联合会统一规定了定向地图的符号和颜色制成图例(图 13－2),将地图符号分为植被符号、人工地物符号、石块符号、水系与淤泥地符号、比赛路线与技术符号等。

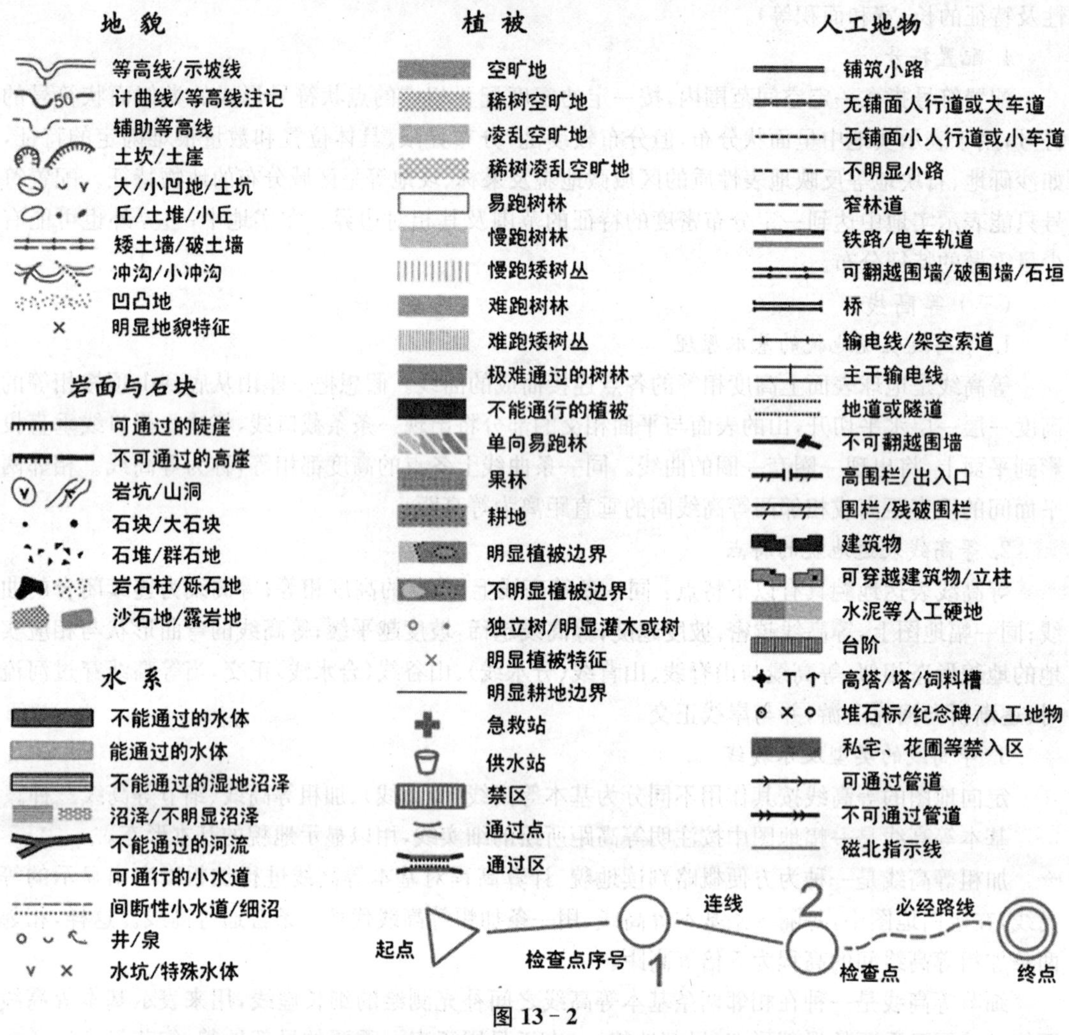

图 13－2

(1) 地貌符号用棕色。这类符号包括有土崖、冲沟、小丘、凹地和等高线。

(2) 岩石与石块符号用黑色。地图中有代表性的岩仓或石块往往能为参与者行进或找点提供重要的信息。

(3) 水系与湿地符号用蓝色。这类符号包括海、溪流等明水系,也包括如水井、暗泉或沼泽地带等。

(4) 植被符号用空白或黄色、绿色。

(5) 人工地物符号用黑色、棕色。此类符号与岩石符号的区别是前者相对更为规则,留有典型的人工痕迹。

(6) 比赛路线与技术符号用紫色或红色。地图上,路线检查点及检查点编号惯用红色来画或连线外,比赛路线中选手有可能遇到的危险区域也用这种颜色。

（二）检查点说明表

检查点说明符号，是国际定联规定的世界通用的统一符号标志，它详细标注了检查点所在的地物、地貌及定标旗与该地物、地貌的位置关系。

第四节　定向运动基本技术

定向运动技术是指定向参赛者完成定向运动所运用的各种方法，科学合理地运用各种定向运动技术是参赛者取得比赛胜利的基础。定向运动技术体系由读图技术、指北针使用技术、距离判断技术、路线选择技术、重新定位技术和检查点捕捉技术几部分组成。

一、读图技术

读图技术包括标定地图、确定前进方向、折叠地图和拇指辅行，这是快速高效读图的基础。读图动作技能与认知技能的训练常常同步进行，只是不同阶段侧重点不同而已。通常先以动作技能训练为主，然后动作技能和认知识技能练习并重，当动作技能达到熟练水平甚至自动化水平时，则以认知能力练习为主。

（一）标定地图

标定地图，使地图与实地保持一致。

（二）确定目标的方位

利用地图信息和指北针确定下一个目标的方位，是在标定地图后接着要掌握的技能。在很多情况下，标定地图和确定前进方向是同时进行的。

（三）折叠地图

折叠地图能更便捷有效地读图。拿到地图后应根据个人的习惯将地图折叠成方便持图的大小，在跑动中要不断根据需要折叠地图，以便能更舒适的读图。

（四）拇指辅行

拇指辅行是初学者所采用的基本技术。从起点开始，将拇指压于站立点侧后方，在行进过程中不断移动拇指，使拇指在地图上的移动与人在实地行进过程保持同步。在用地图导航行进中，不断移动拇指，转动地图，保持位置、方位的连贯性与正确性。

（五）简化地图

简化地图指忽略地图上复杂的或次要的特征，只选择出重要的对导航和“捕捉”检查点有实际意义的特征。在许多情况下并不是所有的细节都有导航作用，如非必要，只需要读地图上比较大的或具有导航作用的特征(图 13 - 3)。

（六）概略读图和精确读图

概略读图和精确读图对初学者而言没有任何区别，初学者使用概略读图技术几乎总是找出能够直接引导到达检查点的那些大的特征，而概略读图和精确读图是到达在中级水平时才开始出现，这时必须通过检查点附近区域的地形细节来导航。

1. 概略读图

概略读图是一种在简化地图的基础上发展起来的图地对照技术，是指在快速行进过程中，忽略细小的特征仅核对地图上大的特征与实地中特征的一致性的读图技术。

2. 精确读图

精确读图是一种在简化地图的基础上发展起来的图地对照技术，是指借助拇指辅行技术，核

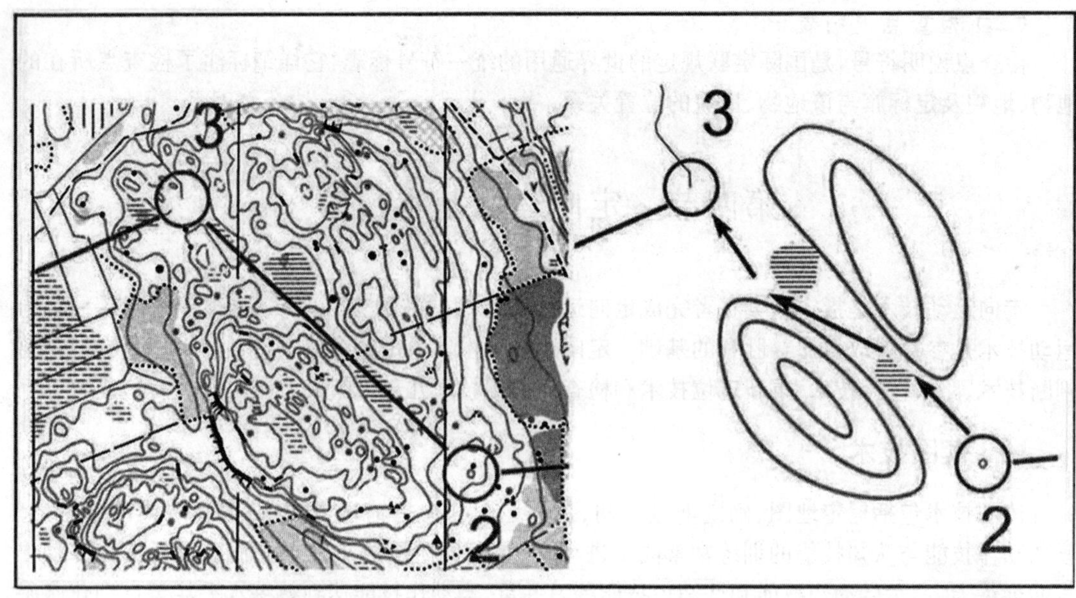

图 13－3

对地图上大多数特征与实地一致性的读图方法。

图 13－4 和图 13－5 显示了概略读图和精确读图的区别。图 13－4 为实际地图，图 13－5 为应该从地图中获取的有效信息。对于概略读图来说，只有较大的明显特征具有导航价值，大多数细节都被忽略。而对于精确读图来说，简化地图同样重要，尽管需要仔细核对检查点周围大多数细节的一致性，但也不必获取地图上的所有信息，只需要获取具有导航意义的细节。

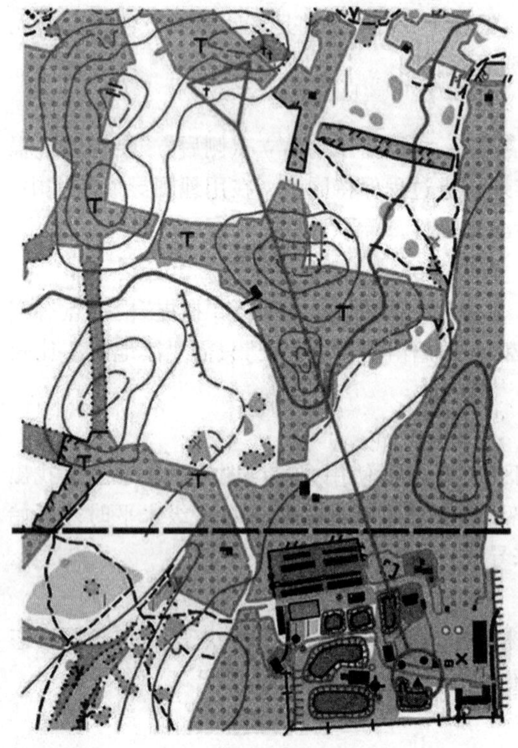

图 13－4

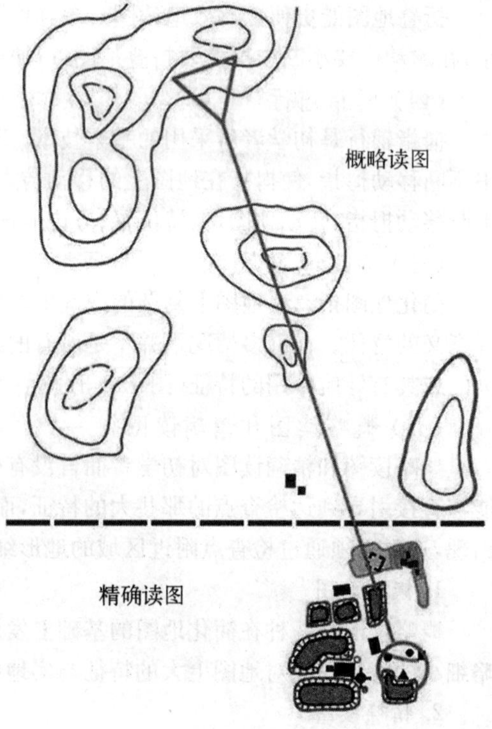

图 13－5

在实际应用中何时运用概略读图，何时运用精确读图主要取决于地图和地形、所选择的路线及定向技能的高低。多数情况下，路线的开始部分一般地形较简单，多应用概略读图技术，而在后一部分一般地形较复杂，应用精确读图技术的机会较多。

（七）提前读图

提前读图是中等水平以上定向参赛者需要掌握的一项技术。在定向比赛前，通过提前读图，将能随着地形的变化而跑得更快、更顺畅。在具备了一定的读图技巧之后，在继续的练习中就要开始有意识地培养提前读图的技能。

掌握提前读图技能主要培养提前读图意识。当对地图的符号体系有了较好的理解并有了一定的标定地图、折叠地图、拇指辅行基础后，就可以在动作技能的练习中开始增加提前读图的练习内容，即在持图走中有意地进行提前读图，可反复按以下程序进行练习：确定站立点；标定地图；确定前进方位；提前判读前方、左右侧即将出现的特征；前进中对照实地地形；核查自己是否通过提前读图正确地预计到将要看到的特征，同时拇指也相应地向前移动。

二、指北针使用技术

与地图的重要性相比，指北针只是一种辅助读图和导航的工具，指北针的使用必须建立在读图的基础上。

（一）定向运动中指北针使用的要点

(1) 指北针的主要作用是标定地图和确定前进方位。

(2) 用指北针确定前进方位时，应该确保指北针正好位于身体前方正中线位置。

(3) 读指北针时应该确保指北针呈水平位，并在磁针稳定后再进行。

(4) 如果要沿着前进方向穿越特征稀少的开阔地，仅依靠指北针很容易偏离航向，应该在用指北针确定前进方位后，沿着前进方位向前看，尽量利用前进方位方向上可视的目标来导航，减少对指北针的依赖。

(5) 在使用地图就能很好地进行导航时，不要使用指北针。这时应用指北针反而可能降低行进速度。

（二）以下情况下特别适合应用指北针来辅助读图

(1) 读图技能差，需要掌握好方向才能沿着正确的路线行进时。

(2) 实地中特征或扶手很少，如在旷野中、平坦的地形、长的平缓坡地中。

(3) 在浓密的植被，或雾、雨和阴天等不良气候条件下林地中通视度不良。

(4) 长路段穿过相似特征（小路，山凸，山凹）多的地域，不想降低速度来判读每个特征时。

(5) 短路段或离开攻击点前往检查点的最后一部分路段上：地图上细节很少，需要掌握好方向时；地图上细节太多，判读每个细节可能使速度下降时。

三、距离判断技术

距离判断是指利用所遇到的特征、步测技术、时间判断技术、比例尺和目测技术判断实际行进的距离。距离判断的准确性主要取决于平时积累的经验，它只是一种经验性的估计手段，受参赛者当时所处的环境影响，如地形、心理状态、外界干扰等。如何在复杂的地形环境中，在高度紧张的比赛中综合运用各种距离判断技能准确地判断距离，需要经过长期的练习和比赛实践，在实践中总结经验，形成自己的距离判断风格。

（一）基本步测技术

步测是定向运动中测量距离的基本方法，简单实用。在定向运动中，步测通过计算复步数，即以两步为一个单位(同一支脚的着地次数)来估计两点间水平距离。基本步测技能是指在平坦的地形中通过步测来估计距离的技能。通过步测技能培养比较精确的距离感,需要使用不同比例尺的地图进行反复练习。开始时练习者可能会因比例尺的变化出现距离感混乱,经过一定时间的练习后又会在更精确的水平上恢复良好的距离感。

(二) 不同地形条件下奔跑时的步测技术

在实际比赛中,参赛者几乎都是在奔跑中穿越起伏多变的地形,因此,掌握在不同地形上奔跑时的步测技能更有实用价值。奔跑中的步测技能在比赛中主要用于以下情况:由攻击点向检查点行进时、在网状特征中行进时、穿越通视度不良的树林时。

四、路线选择技术

路线选择是指在检查点间选择行进路线的技能,它是定向运动的灵魂,是定向运动区别于越野跑的最重要的本质特征。定向运动要求参赛者在尽可能短的时间内完成比赛,但距离最短的路线并不一定是最佳的路线。路线选择受到竞技状态、地形、植被、爬高量等因素影响。一般认为找到检查点最重要,但路线选择与找到检查点同样重要。在选择路线时,首先要确定检查点特征,然后确定攻击点,最后才确定路线。与路线选择相关的技术主要有攻击点技术(图 13-6)、偏向瞄准技术(图 13-7)、等高线技术(图 13-8)等。

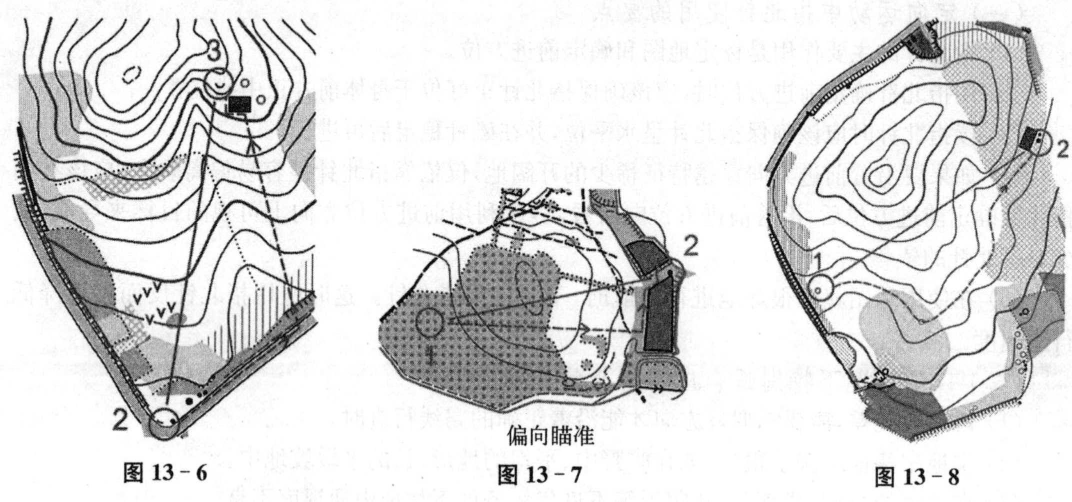

图 13-6　　图 13-7　　图 13-8

五、重新定位技术

重新定位是指在丢失站立点后利用标定地图、路线回忆、安全方位和重新定位特征重新确定站立点的技术。发现丢失站立点后首先要做的是立即停下来,标定地图,进行地图与实地对照、回忆与思考。重新定位时需要回忆和思考的主要内容有:经过的路线;步测距离与地图上的距离是否一致;是否在易跑路段发生了方向偏移;在此之前你经过哪些特征地物;在此之前地图上能够准确定位的最后位置;目前能看到的最显著特征是什么。如果得到的结论不能解决重新定位问题,应该检查地图,然后跑向最近的显著特征处,在显著特征处通过标定地图进行重新定位。

六、检查点捕捉技术

捕捉检查点是定向运动最重要的环节之一,所有的技术都是围绕检查点的捕捉来进行的。

捕捉检查点首先要找到检查点附近的大的地物、地貌，再根据检查点说明表上所指示的检查点的具体位置来捕捉检查点，在能够确定检查点的位置后，不要急于打卡，而应快速确定下一个检查点的出口方向，确定后以最快的速度打卡并快速离开。从捕捉检查点到打卡，再到离开检查点奔向下一个检查点，整个过程应做到快速、流畅。

攀岩

思考题

1. 定向运动的比赛形式有哪些？
2. 定向运动的器材设备有哪些？
3. 定向地图上各种颜色表达的含义是什么？

延伸阅读书目

闻兰.户外运动[M].北京：高等教育出版社，2005.

参考文献

[1] 张晓威.定向越野[M].2版.北京：星球地图出版社，2013.
[2] 王翔，彭光辉，梁方勇，等.定向运动[M].2版.北京：高等教育出版社，2009.

第十四章　推拿与导引养生

第一节　推　　拿

推拿古称按跷、乔摩，是运用各种不同的手法作用于人体的特定部位，以提高机体的机能、消除疲劳和治疗疾病的一种手段，属于中医外治法范畴。它能调节机体的生理机能和病理状况，以达到调整和纠正人体解剖结构等治疗的效果。

一、推拿的生理作用和介质

（一）推拿的生理作用

1. 推拿对神经系统的作用

推拿是一种良性的物理刺激，通过信息的调整能够改善大脑皮质的兴奋与抑制过程，并可以通过神经反射影响各器官的功能。运用不同的推拿手法和推拿方式，对神经系统起着不同的作用，如扣打法、重推法起兴奋的作用，轻推、轻揉、摩法起抑制的作用。运用同一种推拿手法，但运用方式不同，对神经系统也有着不同的影响，如用力轻重、手法缓急、持续时间长短等，其作用也各不相同。一般来说，急速而重、时间较短的手法，则起到兴奋的作用；缓慢而轻、时间较长的手法，有镇静和抑制的作用。

2. 推拿对运动系统的作用

推拿可以使肌肉中的毛细血管扩张和后备毛细血管开放，使局部血液供应增强，营养改善，并可加速肌肉中乳酸的消除，有利于消除疲劳，提高肌肉的工作能力和防治肌肉萎缩。采用适当的推拿手法，在运动前可增强肌力，运动后可消除肌肉酸痛，促进疲劳的恢复。此外，经常进行推拿可增加韧带的柔韧性和加大关节的活动度，这不仅在体育运动中有实际意义，而且还能消除骨伤病人因固定过久对关节、韧带、肌腱的不良影响，并能预防关节韧带因过度牵拉而引起的损伤。活动关节手法还能增加关节滑液分泌，改善软骨营养。

3. 推拿对循环系统的作用

推拿可使外周血管扩张，降低大循环中的阻力，又可加速静脉血的回流，因此，能减轻心脏的负担，影响血液重新分配，调整肌肉和心脏的血液流量，有利于机体的工作。推拿能直接地挤压淋巴管道，促进淋巴液的回流，有助于渗出液的吸收，对消除局部水肿具有良好的作用。推拿还可以引起血液成分的改变，可使血液中的红细胞和血小板有所增加，还可使白细胞的吞噬能力提高，增强机体的免疫能力。

4. 推拿对呼吸、消化系统的作用

推拿可以直接作用于胸壁或通过神经反射使呼吸加深。经常进行胸部推拿，不但可以改善呼吸功能，而且可以增强体质，减少感冒的发生。推拿腹部，能增强胃肠道的分泌能力和加强胃肠道的蠕动，促进腹腔血液循环，从而改善和提高消化及吸收的能力。

5. 推拿对皮肤的作用

运用推拿手法时，首先作用于机体的皮肤，能使局部衰亡的上皮细胞清除，改善皮肤的呼吸，有利于汗腺和皮脂腺的分泌以及汗液和皮脂的排出。推拿可使皮肤内某些蛋白质分解，产生一种组织胺或类组织胺的物质，这种物质能活跃皮肤的毛细血管和神经，使毛细血管扩张、血流量增加，从而改善皮肤的营养，使皮肤润泽而富于弹性。经常进行推拿，可以促进皮肤的代谢，加强皮肤的屏障作用。

6. 活血化瘀、消肿镇痛的作用

推拿能加强血液和淋巴的循环，提高伤部的物质代谢，促进淤血吸收和消除肿胀。推拿可以降低伤部的血管痉挛，并能降低周围神经的兴奋性，从而减轻疼痛。推拿可以改善软组织挫伤、肌肉拉伤和关节扭伤等的局部营养供应，促进新陈代谢，增加肌肉的伸展性，使损伤的组织逐渐恢复。

7. 舒筋活络、缓解痉挛的作用

损伤后疼痛可导致相关部位的肌肉紧张或痉挛，推拿可使局部血液循环改善，提高痛阈，肌肉充分拉伸，从而可以放松肌肉，解除肌肉紧张和痉挛。推拿可舒通经络，使紧张痉挛的肌肉放松，气血畅通。

（二）推拿的介质

推拿介质是指推拿者推拿时在手上蘸油、水或酒类等物质，为了减少推拿时的阻力，这些可以避免与皮肤之间的摩擦和增强推拿效果的作用的物质的统称。根据介质的功能不同，下面介绍几种常用的推拿介质。

1. 生姜汁

将生姜捣烂，去渣取汁，或以生姜片倒入 75%酒精中浸出姜汁使用。具有温经散寒、解表之功，多用于春、冬季的感冒。

2. 滑石粉

滑石粉有润滑的作用，可以减少与皮肤间的摩擦，还有吸水、清凉等作用。一般在夏季使用，在小儿推拿中被广泛地使用。

3. 红花油

红花油用冬青油、红花、薄荷脑和凡士林配成，有消肿止痛等作用，常用于软组织损伤的治疗。

4. 薄荷水

薄荷水以薄荷脑和 75%酒精按比例配制而成，用于夏季，有清凉解表、清暑退热的功效，治疗小儿发热及风热外感等。

5. 麻油

在推、擦、摩等手法运用时，涂上少许的麻油，可加强手法的透热效果，提高疗效。另外，多用于我国民间的刮痧疗法或拧法推拿中。

6. 外用药酒

把有治疗作用的草药浸泡于白酒内，数日后取出药酒使用。中药可选择活血化瘀、疏经通络、祛风湿、止痹痛类药物，用于风湿类疾病、急慢性损伤等。

二、推拿的注意事项和禁忌证

（一）推拿的注意事项

（1）推拿者推拿前要修整指甲，用热水洗手，同时，将指环等有碍操作的物品摘掉，以免擦伤被推拿者的皮肤。天气寒冷时，推拿者在推拿前应先把手搓热，然后再进行推拿。推拿者的态度要和蔼，严肃细心，要耐心地向患者解释病情，争取患者合作。

(2) 为了保证推拿的顺利进行，取得良好的效果，推拿者和被推拿者所取的体位和姿势非常重要。推拿时的体位选择，应能使被推拿者的肌肉充分放松，感觉舒适，有利于手法的操作。推拿者的姿势，要以便于力量的发挥和用力持久为原则。

(3) 推拿时的方向一般来说应按照静脉流动的方向进行。

(4) 饭后，不要急于推拿，一般应在饭后两小时左右。推拿时，有些患者容易入睡，应取毛巾盖好，以防着凉，注意室温。当风之处，不做推拿。

(5) 推拿时可选用一些介质，以减少推拿时对皮肤的摩擦。使用的介质有粉剂、油剂、酒剂、酊剂和水剂等，常用的推拿介质有舒活酒、三七酒、跌打酒和滑石粉等。

(二) 推拿的禁忌证

推拿得当，可起到良好的效果；推拿不当，会产生不良反应或严重的后果。因此要严格掌握它的禁忌证，主要有以下几类：

(1) 恶性和良性肿瘤部位忌做推拿。

(2) 妇女经期的腰骶部、腹部，妊娠期和产后未恢复健康者一般不做推拿。

(3) 局部患急性炎症及任何部位的脓肿部位，不做推拿。

(4) 开放性损伤、新伤骨折脱位、急性软组织损伤初期和风湿性关节炎急性期不做推拿。

(5) 患有紫癜病、血友病者不做推拿。

(6) 年老体弱、久病体虚、过度疲劳、过饥过饱、醉酒过后、严重心脏病以及病情危重者禁用或者慎用推拿。

(三) 推拿的基本要求

推拿者运用手、肘或足部刺激身体一定的部位或活动肢体以达到保健治病目的的规范化技巧动作，称为推拿手法。推拿手法要轻重合适，并随时观察病人表情，使患者有舒适感。手法操作要遵循“有力、柔和、均匀、持久和深透”等基本要求。

1. 有力

有力是指运用手法时的力度必须适当，手法过重或过轻都达不到疗效。因此，具体应用时需根据病人不同的年龄、体质、病情、季节等情况而灵活掌握。还需根据需要确定治疗的力度，并且要注意在整个治疗过程中合理分配体力，不能在治疗的开始力量大，随着体力的消耗，在治疗的后半段所用的力减弱，这实际上也是“均匀”中所要求的。

2. 柔和

柔和是指手法操作时轻而不浮、重而不滞，用力不可生硬粗暴或用蛮力。而这一基本要求实际上主要是指手法必须熟练，变换自如。只有勤练手法，领会每一种手法的动作要领，才能真正做到“熟能生巧，巧能生变”。

3. 均匀

均匀是指推拿过程中变换动作要自然，操作要有节奏而连续，速度不能时快时慢。包括手法的力度和频率两个方面。首先，要求在治疗中手法的力度须均匀，不可忽轻忽重；其次在施行推拿治疗时，同一手法的频率，要保持均匀一致，不可忽快忽慢。

4. 持久

持久是指手法施治时要持续操作一段时间，主要包括两方面：首先治病的总时间，其次治疗过程中每个手法所用的时间。在治疗中必须根据病情需要确定治疗总时间，使手法的作用力达到一定的量，从而向质转化。再者就是治疗的每一种手法需持续作用一定的时间，不可变换太频繁。

5. 深透

深透是指手法作用于体表时，应使手法的作用达到深部病变部位，在手法操作过程中要全神贯注，做到意到、气到、力到，只有如此才能随着医疗实践的增多而使手法得到较大的渗透力。

以上五点相互联系、相互制约、相辅相成，缺一不可，在学习时要充分理解。要熟练掌握各种手法并能在临床上灵活运用，必须经过一定时期的手法练习和临床实践，才能由生而熟，乃至得心应手，运用自如。

三、手法操作时的形体、呼吸、用力要求

（一）手法操作时的形体要求

1. 体松

体松是指身体放松。要做到身体放松，首先要精神放松；其次是颈肩部放松，以保证沉肩；肩部放松，以保证肘部自然下垂；肘以及上臂放松，以保证肘以及腕关节能自由屈伸；松髋、屈膝，两足抓地以保证下肢的稳定与放松。放松并不等于注意力可以不集中、肢体懈怠，而是要“松而不懈、紧而不僵”。

2. 体正

体正是指身体正直。在手法操作过程中，身体要保持正直，即头正、颈直、含胸、拔背、塌腰、敛臀以保证脊柱的正直，脊柱无屈伸、侧屈和旋转。

（二）手法操作时的呼吸要求

在手法操作过程中，要自然呼吸，不要憋气，做到“静、缓、深、匀”，以保证能够连续、持久地应用手法。“静”是指呼吸要静，呼吸的动作不宜过大；“缓”指呼吸要慢，不宜太快；“深”指呼吸要沉，气达丹田；“匀”指呼吸要均匀，呼吸的频率要和手法的用力、快慢相配合。

（三）手法操作时的用力要求

1. 以近带远

用力的基本要求是以近端带动远端。如掌揉法是以上肢带动手掌进行按揉，拇指拨法是以上肢带动拇指进行操作，而拇指的掌指关节以及指间关节不动。

2. 刚柔并济

刚柔并济是指刚中有柔、柔中有刚。有些手法应以刚为主，而有些手法则应以柔为主。在施行以刚为主的手法时，患者应该感觉到力量很大但是能够忍受；在施行以柔为主的手法时，患者应该感到很舒适但是手法有一定的力度。

3. 整体用力

在施行手法时，身体各部位应该协同用力，起于根（足或丹田），顺于中（下肢、腰、上肢），发于稍（掌、指）。切记以掌着力时力发于掌、以指着力时力发于指。

四、推拿的基本手法

（一）抚摩

抚摩是指手指自然伸直并分开，用手掌或指腹贴于皮肤上，做来回直线、螺旋形或圆形的轻轻的抚摩运动。

1. 操作要领

多用单手操作。放松肩部，微屈肘关节，自然伸直腕关节。操作时发力在肩部，由肩而肘至手。抚摩时手不离开皮肤，动作要求轻缓、柔和、用力均匀。抚摩力量轻，只作用于皮肤，每分钟100次左右。在躯干、四肢等较大部位可用全掌或四指指腹操作，小部位可用拇指指腹操作。

2. 作用

能使皮肤表层的衰亡细胞脱落，改善皮脂腺和汗腺的机能，恢复皮肤敏感性，缓解肌肉紧张状态与疼痛，有助于局部组织消肿、止痛和消除麻木。对神经末梢起着良好刺激作用，有镇静、催眠等作用。

3. 应用

在推拿的开始及结束时常用此手法，推拿开始时作为过渡手法，推拿结束时作为整理手法。适用于男女老少的全身各个部位的损伤和疼痛。在损伤的急性期，一般只用表面抚摩以起到止痛的作用。此法可与揉、推、按等法配合使用。

（二）揉

揉是指用全手掌、掌根或指腹紧贴于皮肤上，做直线来回或圆形回旋的揉动。

1. 操作要领

用单手或重叠双手操作。根据不同部位，可选用掌揉法或指揉法。松肩垂肘，手掌或指腹紧贴于皮肤，使皮肤、皮下组织和肌肉随着动作一起运动，手法操作后皮肤不应发红。用力均匀，动作协调，速度不宜过快，一般每分钟 60～100 次为宜。

2. 作用

加快血液循环，促进组织的新陈代谢，能使局部的肿胀加快消退，并可缓解深部肌肉、韧带的紧张或挛缩状态，松解粘连和瘢痕组织，减轻疼痛。

3. 应用

适用于男女老少的全身各个部位及多种伤病。掌揉法多用于较大部位，如腰背部、大腿部和臀部；指揉法多用于小部位，如关节附近、手、足等。在肌肉比较丰满的部位可以用全掌、掌根或双手重叠操作，力量可以达到深部组织。此法可单独使用，也可贯穿于各个手法之中。

（三）捏

捏是指手掌自然分开，拇指外展，四指并拢和拇指成钳形，相互对合用力按压肢体的肌肉或其他组织。

1. 操作要领

可以循着肢体纵轴方向或固定在一处操作，间断或不间断地用力。松肩、沉肘，并要保持一定的力度，用四指与拇指对合握住肢体，五指一齐用力做间断的捏合动作。肌腱韧带用指尖捏，肌肉用指腹捏。频率不宜过快，每分钟约为 50～60 次。

2. 作用

可消除组织肿胀和肌肉酸胀的疲劳感，缓解肌肉痉挛和肌腱挛缩，促进萎缩肌肉张力的恢复等。

3. 应用

对肢体肿胀、肌肉劳损、肌肉萎缩和关节功能障碍等都可使用此法。在四肢使用时，常由肢体的远端向近端捏，到一定距离后手不离开皮肤迅速返回，反复进行。

（四）揉捏

揉捏法是指揉法和捏法的协同动作。四指并拢，拇指外展和四指成钳形，将大小鱼际、掌根以及各个手指的指腹紧贴于皮肤上。拇指和四指一起用力做揉和捏的动作，或拇指多做揉的动作，四指多做捏的动作，不移动或做直线向前的运动，移动到一定的距离后，手掌不离开皮肤迅速返回，反复地进行。

1. 操作要领

发力主要在手指，动作要连贯、圆滑，力量要到达组织的深层。在操作时，有揉和捏的动作，两者是同时进行的。

2. 作用

良好地刺激深部组织、血管和神经，松解深部肌肉、肌腱的粘连，加快血液循环，促进新陈代谢。对组织的肿胀、疼痛和淤血有良好的消除作用。

3. 应用

多用于治疗偏瘫、风湿症、肌肉劳损以及陈旧性损伤所致的淤血肿胀不消，组织内有硬块、硬条索状病变，关节损伤后肌腱、韧带紧缩变硬等病变。

（五）搓

搓是指双手自然地伸直，五指并拢，双手夹住肢体对称部位，相向用力，来回搓动肌肉或肢体。

1. 操作要领

沉肩垂肘，双手夹住肢体，来回搓动。动作频率快，每分钟可达 150～200 次，动作轻巧、协调，力量均匀、连贯，根据损伤情况的不同，确定手法力量的轻重。此手法对操作者的力量和持久性要求较高，因此，平时要加强手臂部力量的练习。在胸部和腰背部，双手分开呈八字形置于两侧操作。

2. 作用

放松肌肉，促进血液循环、组织代谢，消除肌肉的疲劳、酸胀，提高皮温和肌肉的工作效率。

3. 应用

在四肢、胸部和腰背部的肌肉，以及肩部、膝关节等处常用搓法。此法可以消除肌肉疲劳，是一种常用手法。

（六）摩擦

摩擦是指手掌自然伸开，五指伸直并拢，全掌紧紧地贴于皮肤上做直线或回旋形的动作。也可以用拇指指腹或四肢指腹操作。

1. 操作要领

发力在肩部，以肘关节带动手的运动，操作时紧贴于皮肤上，作用力要达到深部组织。摩擦动作要柔和，力量均匀，速度较快，每分钟可达 120 次左右。

2. 作用

此法是一种良性的刺激，能加快组织血液、淋巴的循环，调整血液重新分配和改善组织营养等。

3. 应用

多用于腰背、胸腹、上臂和腿部。可治疗肌肉麻痹、萎缩以及慢性劳损所产生的酸痛和风湿病痛等症。经常摩擦胸腹部和腰背部，可治疗多种慢性伤病，如慢性胃肠炎、肾虚、膝痛和神经衰弱等。

（七）推压

手掌自然伸开，四指并拢，拇指外展，以掌根和小鱼际紧贴于皮肤上，做直线向前的单向推压。也可单用拇指做单纯的推动。在脊柱上操作时双手伸开呈八字形，沿着脊柱两侧推压。

1. 操作要领

沉肩垂肘塌腕紧贴于皮肤，有节奏地做间断的一推一压，或不间断地推、压同时进行，缓慢向前推动，推时速度宜把握好，不宜过快过猛。推压到一定位置后，将手撤回到开始部位，重复进行操作。

2. 作用

促进血液和淋巴液的循环，舒筋活络，解痉，消肿镇痛。

3. 应用

常用于四肢、腰背和胸腹。对于局部损伤瘀肿，可从肿胀部位向四周推压。对于骨伤后肢端肿胀，可从肢端做向心性推压。可治疗胸腹胀满、腰肌劳损和肌肉麻痹等慢性疾患。作为保健以及伤后康复阶段的推压，动作可稍快，在治疗肿胀时动作宜缓慢。

（八）摇晃

摇晃是指手握着关节的近端，另一手握着关节的远端肢体，使关节远端做被动的回旋转动或外展内收或屈伸运动。

1. 操作要领

摇晃时动作要柔和、缓慢而富有节奏，连续不断。活动幅度应由小到大，忌超过关节的生理活动范围。摇晃是关节被动运动的一种手法，其操作方法随着部位的不同而不同。

2. 作用

能松解关节囊的粘连、关节滑膜和韧带，促进关节滑液的分泌，增加关节的灵活性。在关节僵硬等功能障碍时使用此法，效果明显。

3. 应用

多用于颈部和四肢关节。根据关节部位活动范围的不同，使用不同的力量和不同的摇晃幅度。对于各种关节功能障碍作用较好，但对于新伤和严重的损伤，此法不宜使用。

（九）抖动

抖动是握着患者肢体的远端，在向远端牵引的基础上，将患肢用力有节奏地做连续的小幅度的上下或左右的颤动。

1. 操作要领

在实行手法时，必须在牵引的基础上进行，且所牵引的肢体肌肉应完全放松，不可用蛮力。抖动的频率快，一般每分钟为 120 次左右。开始时抖动幅度小，逐渐增加。操作方法根据部位的不同而不同。

2. 作用

松解粘连，缓解肌肉痉挛，能够增大关节活动范围等。

3. 应用

多用于腰部和四肢关节，常常与摇晃手法配合使用。

（十）提弹

提弹是指拇指与其余各指对合将肌肉或肌腱提起，然后在放开肌肉或肌腱时弹动肌肉或肌腱。

1. 操作要领

手指必须紧抓着肌肉或肌腱，要求快提快放，动作应有力而迅速。

2. 作用

促进血液循环，恢复神经敏感性，有助于使紧张的肌肉放松、萎缩的肌腱强健、松解粘连等。

3. 应用

用于身体各个部位肌肉的劳损、紧缩和麻痹、萎缩，以及坐骨神经痛等。常与拨法配合使用，松解粘连效果更佳。

（十一）振动

振动是指手掌紧贴于皮肤上，另一手握空拳有节奏地敲打置于皮肤上的手背。

1. 操作要领

敲打力度应适宜，使被推拿者有被振动的感觉。频率不宜过快，一般每分钟为 60～80 次。

2. 作用

使深层的组织和内脏器官得到间接的振动，有理气行血、消除闷气等作用。

3. 应用

多用于胸背部深层组织的损伤、脑震荡后遗症、感冒头痛等症。

（十二）扣击

扣击是指用空拳、指尖或指腹击打身体某个部位，可用单手或双手交替地进行。

1. 操作要领

扣击时动作应稳准、协调、轻松而有节奏，手腕灵活而不僵硬，力量均匀，快慢适中。扣击时可用单手或双手交替进行，发力在腕和肘。

2. 作用

促进血液循环、活血化瘀、理气行滞，消除疲劳酸胀和神经麻木。

3. 应用

可应用于肌肉的劳损、肌肉萎缩、肌肉酸胀疲劳和筋骨的麻痹等症。

（十三）按压

用掌根或掌心紧贴于皮肤上，用适当的力量垂直向下按压，单手或双手重叠进行。

1. 操作要领

利用上肢的重力进行按压，躯干稍前倾，肘关节伸直，腕关节充分背伸，手紧贴于皮肤上，力量由轻至重。按压时一般有两种方法：一种是慢速间断按压，频率为每分钟 20 次左右，有间歇，重复次数不宜过多，每次 1 分钟即可；另一种是快速连续按压，频率快，每分钟 120～180 次左右，发力连续，持续 30 秒钟到 1 分钟即可。

2. 作用

活血消肿，整复腰椎小关节轻微移位和腰骶关节错缝。

3. 应用

适用于背及腰骶部的损伤，如脊柱小关节紊乱、腰椎间盘突出和骶髂关节轻度错缝等症。

（十四）滚法

滚法是指掌指关节略屈曲，用手背近尺侧贴于皮肤上，通过腕关节屈伸及前臂旋转的协同动作，用交替的、持续不断的力作用于治疗部位。

1. 操作要领

各手指呈自然的微屈曲状态，用手掌的尺侧接触被推拿的部位，连续不断地做旋前旋后的滚动，均匀用力，协调动作，有节奏地逐渐向前移动，不宜跳动，一般每分钟 120 次左右。

2. 作用

有促进血液循环、疏通筋络、活血化瘀、缓解痉挛和松解粘连等作用。

3. 应用

常用于颈、肩、腰背、臀部以及四肢肌肉较丰厚的部位。

（十五）拨法

拨法是指用手指按于一定部位或穴位上，对肌束做横向的拨动。

1. 操作要领

用拇指或四指的指端用力，移动范围较小，沿着肌束的纵轴方向做横向拨动。手法应轻巧有力，一拨一放以患者能忍受为度，1 分钟拨 10 次左右较好。

2. 作用

松解粘连，缓解痉挛，消肿镇痛。

3. 应用

常用于肌腹和关节韧带部位。适用于软组织损伤后的粘连，骨折、脱位后期肌肉僵硬、挛缩或萎缩等症。注意力度的掌握,以患者能忍受为度,操作后应给予其他手法缓和刺激。

（十六）扳法

扳法是指双手做同一方向或相反方向的扳动肢体,使关节伸展或旋转的一种关节被动运动的方法。

1. 操作要领

使肢体做适当幅度的单一屈曲、伸展、旋转、内收或外展等活动,等关节活动到一定程度后,施加一个短促的、快速的、有力的相向运动方向的继续运动。扳动范围一般不超过各关节的正常生理活动范围。扳法常分为侧扳、斜扳和旋转扳等。

2. 作用

有纠正关节解剖位置失常、恢复关节功能的作用。

3. 应用

常配合其他手法使用,多用于脊柱及四肢关节错缝或功能障碍。

（十七）拉法

拉法是指固定肢体的近端而牵拉肢体远端的方法。

1. 操作要领

操作时应用力均匀而持久,动作缓和,力量应逐渐增加。

2. 作用

有解痉止痛,整复移位关节、扭伤肌腱的作用。

3. 应用

常用于关节错缝、肌腱跳槽、肌肉痉挛、关节僵硬等症。

（十八）背法

背法是指推拿者将被推拿者背对背地背起的方法。

1. 操作要领

推拿者与被推拿者背对背地站立,推拿者双肘屈曲,挽住被推拿者的手臂,将其背起,用臀部力量顶住被推拿者的腰骶部,先做左右方向的摆动,使腰肌放松;再做上下方向的抖动,使腰部有牵拉感。摆动和抖动的速度应均匀,频率不宜过快。

2. 作用

消除腰背部肌肉的酸痛,恢复腰椎生理弯曲,纠正腰椎小关节错位。

3. 应用

常用于消除运动后肌肉的酸痛,有消除机体疲劳的作用。

（十九）拔伸法

拔伸是指牵拉或牵引,固定肢体或关节的一端,牵拉关节的另端,使包绕关节的肌肉、韧带、筋膜等软组织发生不同长度的延长。

1. 操作方法

(1) 颈部拔伸法。对于由于颈椎损伤而导致颈椎生理前凸减少的运动员,运动后可以采用颈椎拔伸法减轻颈部不适症状。方法是让被推拿者正坐,推拿者站于其后,用双手拇指托于枕骨隆凸的侧下方,食、中指托于被推拿者的两侧下颌骨,然后逐渐用力向上拔伸。也可用一臂的肘弯部托住患者的下颌,手扶住其对侧头部,另一手托住其枕后部,双手同时用力向上拔伸,牵引颈椎。

(2) 肩部拔伸法。患者坐位,患肢放松,医者站于后外侧,用双手握住其腕部慢慢向上牵拉。动作要缓和,向上拔伸时坐低凳。

(3) 腕部拔伸法。患者坐位,医者对面而坐,用双手握住患手腕掌部,逐渐用力拔伸,与此同时患者上身略向后仰，形成对抗牵引。

(4) 踝关节拔伸法。患者仰卧，医者双手分别握住其足跟和足掌，逐渐用力拔伸踝关节。

(5) 指间关节拔伸法。用一手握住患者腕上部，另一手捏住患指端，双手同时向相反方向用力拔伸。

2. 动作要领

顺势而行，因势利导。操作时要与患者配合密切，嘱患者注意放松。用力要持久、稳定、均匀，缓缓用力拔伸，由轻到重。拔伸时用力与拔伸强度要恰如其分，适可而止，切忌粗暴，以免发生损伤。

3. 作用与应用

拔伸法的作用主要是拉宽关节间隙，调整有关的肌肉韧带等软组织，理顺筋骨、松解粘连、滑利关节。

(二十) 运拉法

在双手的配合下，使关节作屈伸、旋转及环转的方法，即运动关节法。一般先做旋转，再屈伸，最后环转，环转又可单称为摇法。

1. 操作方法

(1) 肩部运拉法：一手握肘部，另一手按于肩上以固定，做肩关节的屈、伸、内收、外展、内旋、外旋及环转等活动。

(2) 肘部运拉法：一手握腕部，另一手托着肘关节后部，然后使前臂旋后，同时屈肘，待屈到一定程度后，再使前臂旋前伸肘。

(3) 腕部运拉法：一手握腕关节上部，另一手捏着手的四指做屈伸和环转运动。

(4) 髋部运拉法：一手握踝关节上部，另一手按在膝关节上，使膝关节屈曲并始终保持锐角。先做髌关节屈伸，做由内向外或由外向内的运动，使髋关节旋转。

(5) 膝部运拉法：一手握小腿下部，另一手扶着膝关节，做由外向内或由内向外的旋转、屈伸活动。

(6) 踝部运拉法：手握小腿下部，另一手握足，做屈伸、内翻、外翻和环转运动。

(7) 颈部运拉法：一手扶住被推拿者的头顶，另一手托住其下颌部，轻轻地做左右旋转和前俯后仰的屈伸运动。

(8) 腰部运拉法：患者仰卧，屈膝屈髋。医者立于其侧方，以双手及前臂扶按其膝，另一手握踝或托臀，做腰椎左右环旋摇动。

2. 动作要领

动作要缓和，用力要平稳，适当保持一点拔伸力。操作时要顺其自然，因势利导，切忌动作粗暴和蛮干。活动幅度要由小到大，切忌超过关节生理活动范围。

3. 作用与应用

此法属于被动活动的一种手法，临床应用较多，常在治疗的中后期使用，只用于四肢关节部及颈、腰部，具有滑利关节，松解粘连，增强关节活动功能，可促进关节内滑液代谢和炎症的吸收。

第二节　导引养生

导引亦作“道引”。导引术相当于现代的气功和体育疗法，气功、保健按摩、养生武术(比如太极拳、大成拳)都可以归入其中。导气令和，引体令柔，呼吸俯仰，屈伸手足，使血气流通，促进健康。常与服气、存思、咽津、自我按摩等相配合进行。导引俗称医疗保健体操,又有称肢体导引为外导引、内气运行为内导引。

一、导引术的概念及治病原理

(一)导引术的概念

导引术起源于上古,原为古代的一种养生术,早在春秋战国时期就已非常流行,为当时神仙家与医家所重视。后为道教承袭,作为修炼方法之一,并使之更为精密,使“真气”按照一定的循行途径和次序进行周流。道教将其继承发展,以导引为炼身的重要方法,认为它有调营卫、消水谷、除风邪、益血气、疗百病以至延年益寿的功效。传统导引术是中华养生学的重要组成部分,是通过肢体动作、按摩拍打、呼吸吐纳、行气意想等一系列特殊方法,来调动和激发人体内气,从而达到强身健体的目的。

引导养生是从导引养生功发展而来的。自从 1990 年经国家教委中国高等教育学会批准成立了全国性导引养生功学术研究组织——中国高等教育学会导引养生功研究会之后,1991 年又将导引养生功批准为导引养生学,同时批准将导引养生功研究会更名为导引养生专业委员会。

(二)导引术的理论基础

导引术的理论基础是经脉学说,其目的是疏通经络、活跃气血,使经脉正常发挥其运行气血、联络全身的功能,从而达到维持人体的正常生理活动,维持人体上下左右经脉平衡,调养脏腑气血伤损,调整人体机能失调,恢复保持人体自身天然的抗病能力和修复能力。导引术对人体所产生的调节作用有以下几点:

1. 改善气血津液的运行以优化身体素质的作用

经脉是人体气血津液的信道,人的五脏六腑、五官九窍、四肢百骸都依赖气的推动、血的濡养、津的滋润、液的润滑,才能维持其正常的生理活动。疏通周身经脉,并且是逐经、顺经、沿着经脉,循环疏通周身经脉,从而改善气血津液的运行、供给和代谢产物的排泄,因此能够起到优化身体素质的作用。

2. 加强人体各部的沟通联系以提高整体协调性、适应性

人体是个有机的整体,人体的各个部分不是孤立的,而是有机地联系在一起的。这种相互联系是以五脏六腑为中心,通过经络的沟通作用实现的。经脉操逐经、顺经、循经,循环疏导十二经脉和奇经八脉;经脉疏通,经脉的沟通联系作用得以较正常发挥,从而人体的整体协调性、适应性便可以得到优化、提高,整体素质也因之而提高。

3. 疏导经脉,气顺情和,提高情商

气不顺则情不和,情不和则气逆乱。如肝气不舒则怒,心气不顺则烦,脾气不和则怪。导引对情绪的调节作用有:

(1) 可以消解各种不良情绪,如消怒、除烦、解忧、化悲、解闷。

(2) 改良人的性格、脾气及性情的稳定性。

(三)导引适应证、禁忌证和注意事项

作为一种绿色、无创伤的养生保健方法,导引术适合慢性病的辅助治疗,对于呼吸、消化、神经、泌尿系统以及心理方面的慢性疾病都有一定的调节作用,但是对于精神疾病、急病,比如急腹症、骨折等急性病和外伤就不适合。因此学习导引术治病最好要有相关的老师指导,以便及时处理学习过程中出现的种种问题。

(四)导引养生术的练习方法

导引属于中国传统的养生运动,它不同于现在的某些以展示人体极限能力为目的的竞技体

育项目。竞技必须竭尽全力，因而在运动中难免会受到损伤。因此，竞技体育与养生锻炼并不相同。中国传统的养生原则，讲究“闲心”（精神要悠闲）、“劳形”（形体要运动）。导引正是为“闲心”“劳形”而设。就“劳形”而言，又必须“常欲小劳，但莫大疲”，也就是说要轻微运动，不要精疲力竭。在这一点上，中国和印度两大文明古国的传统锻炼方法不谋而合。

如印度“瑜伽”的“体位法”，也是为“骨正筋柔”而设的。它缓慢平静的动作，使身体各部分的肌肉、关节得到充分锻炼。高明的瑜伽师，其肢体柔软如婴儿，这完全符合中国古代老子的养生思想：“人之生也柔弱，其死也坚强。草木之生也柔脆，其死也枯槁。”可见，柔软意味着生命力旺盛，僵硬意味着机体趋向老化。人体衰老的先兆之一就是关节僵直、活动欠佳甚至步履蹒跚。因此，中国的导引、印度的瑜伽，都是为柔筋软体而设的，并不追求肌肉发达、力量强大。

接下来就让我们学习“导引养生功十二法”：

1. 预备势

正身端坐，两脚分开，与肩同宽，脚尖朝前，两掌劳宫穴对准伏兔穴，顶平项直，下颌微内收，两眼平视前方或轻闭。

2. 第一式　乾元启运（做一个 8 拍）

第 1 拍：随着吸气，提肛收腹；脚趾上跷；同时，两掌随两臂内旋分别向左右摆至与肩平，掌心朝后，两臂自然伸直，眼看左掌动作不停，两掌随两臂外旋使掌心朝下身前平摆，两掌之间距离与肩同宽，两臂自然伸直，眼兼视两掌。

第 2 拍：随着呼气，松腹松肛，脚趾抓地；同时，两掌随两肘下沉落于伏兔穴之上成正身端坐势，眼平视前方。

第 3 拍、5 拍、7 拍同第 1 拍，第 4 拍、6 拍、8 拍同 2 拍。

3. 第二式　双鱼悬阁（做一个 8 拍）

第 1 拍：随着吸气提肛收腹，脚趾上跷，身体左转约 45 度；同时两室随两骨内旋分别向左右摆起、两臂伸直，掌约与髋同高，掌心朝后；眼平视左前方，随着呼气松腹松肛，脚趾抓地，身体右转，同时左掌随左臂外旋收于右小腹前，掌心向上；右掌内收下落于左腕之上，无名指指腹置于太渊穴处呈切脉状；眼之余光看手。

第 2 拍：随着吸气，提肛收腹；脚趾上跷；身体左转；同时两手仍呈切脉状顺势由身体右前方弧形平摆至左前方，左臂自然伸直；左掌心朝上；眼兼视两掌，随着呼气，松腹松肛；脚趾抓地；身体向右转正；同时左臂内旋，右臂外旋，右掌指随之捻转太渊穴后，与左掌相叠于胸前，两掌心相合，劳官对劳宫，左掌心朝外，掌距胸部约 20 厘米，眼之余光看双掌。

第 3 拍：随着吸气，提肛收腹；脚趾上跷；同时两掌稍横向对摩，继而，左掌随左臂内旋下按于左胯旁，离胯约 20 厘米，左臂成弧形，左掌指朝右；右掌随右臂内旋上架于头之右前上方，右臂成弧形，右掌指朝左；眼向左平视。

第 4 拍：随着呼气，松腹松肛；脚趾抓地：同时右掌随右臂沉肘与左掌一起分别垂于体侧；眼平视前方。

第 5 拍、6 拍、7 拍、8 拍同第 1 拍、2 拍、3 拍、4 拍，重复以上动作，左右交替。

4. 第三式　老骥伏枥（做一个 8 拍）

第 1 拍：随着吸气，提肛收腹；脚趾上跷；同时，两掌随两臂外旋前摆至与肩平，掌心朝上，两掌之间距离与肩同宽；眼看两掌。随着呼气，松腹松肛；脚趾抓地；同时，两手握拳随两臂屈肘于胸前，肘尖下垂，两前臂相靠贴身，拳高与下颏齐平；眼平视前方。

第 2 拍：随着吸气，提肛收腹；脚趾上跷；同时，两拳变掌随两臂内旋向前上方伸出，掌心朝前，两臂自然伸直，两掌之间距离稍宽于肩；眼平视前方。随着呼气，松腹松肛；脚趾抓地；同时，两掌变成勾手(少商与商阳相接)分别从体侧向身后勾挂,勾尖朝上,两臂伸直;眼向左平视。

第3拍:随着吸气,提肛收腹;脚趾上跷;同时,两勾手变掌随两臂内旋在腹前相靠,掌指朝下;眼平视前方。动作不停,两掌背相靠上提依次卷指于面前弹甲(指甲)向左右分开置于体侧,两臂自然伸直,掌指朝上,手腕高与肩平;眼平视前方。

第4拍:随着呼气,松腹松肛;脚趾抓地;同时,两掌轻轻下落垂于体侧:眼平视前方。

第5拍、6拍、7拍、8拍同第1拍、2拍、3拍、4拍,重复以上动作,左右交替,做完第8拍后,两掌握拳收于腰侧。

5. 第四式　纪昌贯虱(做两个8拍)

第1拍:随着吸气,提肛收腹:脚趾上跷;同时,两拳变掌坐腕前推,两臂自然伸直。手腕大抵与肩齐平,两掌之间的距离与肩同宽,掌指朝上;眼看双掌。

第2拍:随着呼气,松腹松肛;脚趾抓地;同时,两手先轻握拳(方拳)随身体左转,左臂放松,高与肩平;右臂弯曲,右肘屈于左胸前:眼看左拳。动作不停,身体继续左转停于身体左后方;左臂伸直,右拳拉至右胸前,两拳紧握,手抠劳宫,舒胸直背;眼看左拳。

第3拍:随着吸气,提肛收腹:脚趾上跷;同时,两拳变掌随两臂内旋顺势平移至身前,两臂伸直,高与肩平,掌心朝下;眼看两掌。

第4拍:随着呼气,松腹松肛;脚趾抓地:同时,两掌下落随之握拳(方拳)收于腰侧,拳心朝上;眼平视前方。

第5拍、6拍、7拍、8拍同第1拍、2拍、3拍、4拍,重复以上动作,左右交替。

6. 第五式　躬身掸靴(做两个8拍)

第1拍:随着吸气,提肛收腹;脚趾上跷,舒胸展体;身体左转:同时,左拳变掌随左臂内旋后伸上举;眼看左掌。动作不停,左掌随左臂外旋和身体右转顺势摆至身体右前上方,左臂伸直;眼看左掌。动作不停,左掌落于右肩前(拇指背和食指桡侧面贴右肩),屈肘翘指;眼之余光看左掌。

第2拍:随着呼气,松腹松肛;脚趾抓地;上体向右前方侧倾;同时,左掌稍外旋沿右腰侧依次摩运下行,经大腿、小腿至右外踝处(指腹沿足太阳膀胱经、掌心沿足少阳胆经,掌根沿足阳明胃经);稍抬头。动作不停,身体向左转正;同时,左掌随左臂内旋经脚面摩运至左脚外侧呈掸靴状,稍抬头;眼之余光看左掌。

第3拍:随着吸气,提肛收腹;脚趾上跷;同时,左掌随左臂外旋握拳,并随上体稍起提至左膝关节处;稍抬头。

第4拍:随着呼气,松腹松肛;脚趾抓地,上体直起;同时,左拳收于腰侧,拳心朝上,中冲点抠劳宫;眼平视前方。

第5拍、6拍、7拍、8同第1拍、2拍、3拍、4拍,重复以上动作,左右交替。

7. 第六式　犀牛望月(做两个8拍)

第1拍:随着吸气,提肛收腹;脚趾上跷;同时,两拳变掌随两臂内旋下按后撑、掌心朝下;眼平视前方。动作不停,两掌随两腕放松下伸、掌心朝后,掌指朝下;眼平视前方。

第2拍:随着呼气,松腹松肛;脚趾抓地;同时,两掌随身体左转分别于头之左右前上方抖腕亮掌,两臂均成弧形,掌心朝前上,掌指相对;眼看左后上方,呈望月状。

第3拍:随着吸气。提肛收腹;脚趾上跷:身体向右转正;同时,两掌下沉随两臂外旋弧形摆至胸前,两臂自然伸直,掌心朝上,掌指朝前,两掌之间的距离与肩同宽:眼兼视两掌。

第4拍:随着呼气,松腹松肛;脚趾抓地;同时,两掌随两臂内旋下落垂于体侧后,继而握(方拳)收于腰侧,拳心朝上;眼平视前方。

第5拍、6拍、7拍、8拍同第1拍、2拍、3拍、4拍,重复以上动作,左右交替,第2个8拍的第

8拍不握拳。

8. 第七式　芙蓉出水(做一个8拍)

第1拍：随着吸气，提肛收腹；脚趾上跷；同时，两掌背相靠于腹前，掌指朝下；眼平视前方。动作不停，两掌由腕掌骨、第二指骨、第二指骨、第三指骨依次卷曲，顺势弹甲(指甲)变掌分别向左右分开达于体侧，掌高与肩平，两臂自然伸直，掌心朝上；眼平视前方。

第2拍：随着呼气，松腹松肛，脚趾抓地；同时，左掌随身体左转、左臂内旋握拳稍下落，拳心朝下；右掌随右臂内旋握拳平摆至身体左前方，拳心朝下；眼看右拳。动作不停，身体向右转正；同时，左拳下落于左胯旁，左臂成弧形，翘腕使拳眼翘后，拳距离胯约30厘米；右拳顺势随右臂内旋收于右胸前，拳眼朝下，拳距胸约30厘米；眼向左平视。

第3拍：随着吸气，提肛收腹：脚趾上跷：同时，两拳变掌，右臂下沉，两掌根相靠，上托于胸前呈莲荷开放状；眼兼视双掌。动作不停，两掌呈莲荷开放状顺势续上托，两臂自然伸直：眼看双掌。

第4拍：随着呼气，松腹松肛；脚趾抓地；同时，两掌分别向左右下落垂于体侧；眼平视前方。

第5拍、6拍、7拍、8拍同第1拍、2拍、3拍、4拍，重复以上动作，左右交替。

9. 第八式　金鸡报晓(做一个8拍)

第1拍：随着吸气，提肛收腹：脚跟提起；百会上顶；同时，两掌逐渐变勾手(六井相会)分别向两侧、向上摆起，两臂自然伸直，两腕约与肩平；眼看左勾手。

第2拍：随着呼气，松腹松肛；脚跟落地；同时，两勾手变掌随沉肘弧形下按于体侧，两臂自然伸直，掌心朝下，掌指朝外；眼平视前方。

第3拍：随着吸气，提肛收腹：左腿屈膝上提，脚尖朝下，同时，两掌随两臂内旋经腹前变成勾手，继而向前、向上提至头的左右前侧上方，两臂伸直，勾尖朝下；眼平视前方。

第4拍：随着呼气，松腹松肛；左脚下落回至原位；同时，两勾手变掌下按于伏兔穴之上；眼平视前方。

第5拍、6拍、7拍、8拍同第1拍、2拍、3拍、4拍，重复以上动作，左右交替。

10. 第九式　平沙落雁(做一个8拍)

第1拍：随着吸气，提肛收腹：脚跟提起；同时，两掌以腕关节顶端领先分别向两侧弧形摆至与肩平，两臂自然伸直，掌心朝下；眼看右掌。动作不停，两掌随两肘下沉弧形回收，掌高与肩平、掌心朝下；眼看右掌。

第2拍：随着呼气，松腹松肛；脚跟落地；同时，两掌随两臂分别伸肘、坐腕弧形侧推，两臂自然伸直，手腕约与肩平，掌心朝外，掌指朝上；眼看右掌。

第3拍：随着吸气，提肛收腹：脚跟提起；同时，两手以腕关节顶端领先稍侧伸上摆至与肩平，两臂自然伸直，掌心朝下，眼看右掌。

第4拍：随着呼气，松腹松肛；脚跟落地；同时，两掌随沉肘垂于体侧，掌指朝下；眼转视正前方。

第5拍、6拍、7拍、8拍同第1拍、2拍、3拍、4拍，重复以上动作，左右交替。

11. 第十式　云端白鹤(做一个8拍)

第1拍：随着吸气，提肛收腹；脚趾上跷；同时，两合谷穴随两臂内旋沿体侧向上摩运至大包穴附近；眼平视前方。动作不停，两掌随两臂外旋以合谷为轴旋转使掌指朝后；眼平视前方。

第2拍：随着呼气，松腹松肛；脚趾抓地；同时，两掌背挤压大包穴，继而靠叠于胸前，两臂屈肘，掌指朝里；眼平视前方。继而，两掌依次卷指分别向左右分摆、两臂自然伸直，高与肩平、掌心朝前；眼平视前方。

第3拍：随着吸气，提肛收腹；脚趾上跷；同时，两掌随两臂内旋分别摆至头的左右前上方，抖腕亮掌，两臂成弧形；眼平视前方。

第4拍：随着呼气，松腹松肛；脚趾抓地；同时，两掌分别从两侧下落垂于体侧：眼平视前方。

第5拍、6拍、7拍、8拍同第1拍、2拍、3拍、4拍，重复以上动作。

12. 第十一式　凤凰来仪（做一个8拍）

第1拍：随着吸气，提肛收腹；脚趾上跷：身体左转约30度；同时，两掌随两臂内旋分别摆至身后：眼平视左前方。继而，随两臂外旋从两侧向前摆至与肩平，两臂自然伸直，两掌之间的距离与肩同宽，掌心朝上；眼平视左前方。

第2拍：随着呼气，松腹松肛；脚趾抓地；同时，两掌随两臂内旋逐渐变勾手（少商与商阳相接）分别向身后勾挂，两臂自然伸直，勾尖朝上；眼平视左前方。

第3拍：随着吸气，提肛收腹；脚趾上跷：身体向右转正；同时，两勾手变掌经腰侧交叉于胸前，左掌在里，掌心朝里；眼兼视两掌。动作不停，两掌随两臂内旋经面前分别向两侧分开，两臂自然伸直，手腕高约与肩平，掌指朝上；眼平视前方。

第4拍：随着呼气，松腹松肛；脚趾抓地；同时，两掌从两侧下落垂于体侧；眼平视前方。

第5拍、6拍、7拍、8拍同第1拍、2拍、3拍、4拍，重复以上动作，左右交替。

13. 第十二式　气息归元（一吸一呼为一次，共做3次）

第1拍：随着吸气，提肛收腹：脚趾上跷；同时，两掌随两臂先内旋后外旋分别摆至体侧，掌心由朝后转为朝前，臂与上体之夹角约为60度，两臂自然伸直；眼平视前方。

第2拍：随着呼气，松腹松肛；脚趾抓地；同时，两掌内收回抱将日月精华之气归于气海；眼平视前方。

14. 收势

第三次“气息归元”后，两掌再随着两臂先内旋、后外旋叠于关元，男性左手在里，女性右手在里；接做“赤龙搅海”左右各三次，以增加“琼浆玉液”，分三口咽下后，两掌落于伏兔穴之上，两脚并拢，缓缓收功，结束全套动作。

二、推拿导引术

中国传统康复疗法源远流长，枝繁叶茂。在春秋战国时期以中医理论为指导的推拿导引术等中国传统康复疗法已经广泛应用于医学实践，在此后的历史长河中，推拿导引术不断丰富、不断发展、不断完善，为我国和世界人民的健康做出了贡献。

（一）推拿导引术养生的由来和发展

推拿导引术之称源自《黄帝内经·异法方宜论》，文中记载“中央者，其地平以湿，天地所以生万物也众。其民食杂而不劳，故其病多痿厥寒热。其治宜导引按跷，故导引按跷者，亦从中央出也。”这里的导引按跷即推拿导引术。唐代王冰对导引按跷的解释为：“导引，谓摇筋骨、动支节，按谓抑按皮肉，跷谓捷举手足。”可见推拿导引术是被动运动与主动运动相结合的康复疗法。推拿导引术在历史上或称按摩，或称推拿，或称导引，或称行气，或在一起称谓，实际上两者密不可分，实为一体，两者即形成现在所说的推拿学。然而今天，我们往往认为推拿就是患者被动接受手法治疗，缺少主动运动。其实不然，推拿防治疾病的手段包括手法治疗和功法训练。功法训练就是以主动运动为主的导引，它是根据临床需要，推拿医生指导患者进行功法训练，以巩固、延伸临床的治疗效果。

（二）推拿与导引的关系

推拿与导引关系密切。导引和推拿常常联系在一起称谓，或者两者互称。在推拿学科形成的今天，推拿包括了被动运动为主的推拿手法和主动运动为主的导引运动。然而这不是人为的因素，也不是牵强附会的说辞，而是推拿导引术的原貌。

历史上，导引有时称为“按摩”，有时称为“按摩气功”。唐代药王孙思邈在《备急千金要方》中介绍的《婆罗门按摩法》《老子按摩法》，名为按摩法，实为各种肢体的主动导引运动。1934 年，北平宝仁堂书店以《按摩气功易筋经图说》为书名发行“易筋经”，并附有十二段锦。易筋经为少林寺导引术，导引术以按摩气功为名发行，由此可见导引属于按摩。

推拿有时也称为导引。中国最早的导引专著《引书》，即 1984 年出土的简书中，发掘出几例治疗性被动式推拿手法，有治疗颈项强痛的仰卧位颈椎拔伸法、治疗痢疾的腰部踩踏法和腰部后伸扳法、治疗喉痹的颈部后伸扳法，以及治疗颞颌关节脱位的口内复位法等。有专家对其机理和临床价值作了评述，认为上述作用于脊柱的手法是我国脊柱手法的最早记载，《引书》中的颞颌关节脱位口内复位法也是首次记载。导引并不仅仅是主动操作，导引如由他人操作，可称之为导引手法，其实就是推拿。

《辞海》“导引”词条作如下解释：“中国古代一种强身除病的养生方法，以主动的肢体运动，配合呼吸运动或自我按摩而进行锻炼。”但从《引书》来看，导引包含了被动运动的手法。某些书中强调推拿防治疾病，包括推拿手法和功法训练。推拿包括主动运动为主的功法训练。

由此可见，推拿与导引实为一体，即推拿包括被动的手法治疗，也包括主动的功法训练。

思考题

1. 导引术的概念？
2. 导引术对人体所产生的调节有哪些？
3. 导引养生功十二法是哪些？
4. 推拿的介质有哪些？
5. 推拿的注意事项和禁忌证有哪些？
6. 推拿的基本手法有哪些？

延伸阅读书目

[1] 封进启.全身按摩[M].天津：天津科技翻译出版公司，2008.
[2] 赵鹏.零基础学会推拿按摩[M].南京：江苏凤凰科学技术出版社，2015.
[3] 严蔚冰.中医引导学[M].北京：中国中医药出版社，2017.

参考文献

[1] 王国顺.保健按摩基本技能[M].3 版.北京：中国劳动社会保障出版社，2013.
[2] 赵斌，万昌智，陈上越.体育保健学[M].桂林：广西师范大学出版社，2005.

高等教育出版社

教学资源索取单

尊敬的老师：

您好！

感谢您使用龚建林主编的《大学体育与健康》。为便于教学，本书另配有课程相关教学资源，如贵校已选用了本书，您只要添加 QQ 服务号 800078148，或者把下表中的相关信息以电子邮件或邮寄方式发至我社即可免费获得。

我们的联系方式：

联系电话：（021）56718921/56718739　　电子邮箱：800078148@b.qq.com

大学语文、写作教师 QQ 群：279433803　　通识论坛 QQ 群：278499548

地址：上海市虹口区宝山路 848 号　　邮编：200081

姓　名		性别		出生年月		专　业	
学　校				学院、系		教 研 室	
学校地址						邮　编	
职　务				职　称		办公电话	
E-mail						手　机	
通信地址						邮　编	
本书使用情况	用于______学时教学，每学年使用______册。						

您对本书有什么意见和建议？

您还希望从我社获得哪些服务？

□ 教师培训　　□ 教学研讨活动

□ 寄送样书　　□ 相关图书出版信息

□ 其他________________________